KB057550

고조선적연구

리지린의 북경대학 박사학위논문 『古朝鮮的硏究』

고조선적 연구

박준형 편저

서경문화사

책머리에

필자가 리지린의 『고조선연구』를 처음 접한 것은 지금으로부터 30년 전인 1990년 12월 25일이었다. 대학 합격자 발표를 하루 앞두고 연세대 앞 서점에서 아무 선입견 없이 이 책을 구입하였다. 그때까지 읽어본 역사책이라곤 중고등학교 교과서가 전부였던 필자에게 이 책은 충격이었다. 저자가 사료를 구사하고 논리를 전개하는 방식이 필자를 매료시켰다. 그날 밤늦게까지 흥분된 상태에서 책을 읽었던 기억이 지금도 선명하다. 필자와 리지린과의 인연은 이렇게 시작되었다.

어느덧 리지린의 『고조선연구』를 읽은 지 30년이 흘렀다. 학부 · 석사 · 박사과정을 거치면서 고조선사를 전공하는 입장에서 계속 읽었다. 주지하듯이 이 책은 리지린이 북경대학에서 받은 박사학위논문을 귀국 후 북한에서 발간한 것이다. 몇 년 전 어느 연구자한테서 북경대학 도서관에서 그의 학위논문을 찾아보았지만 결국 찾지 못했다는 말을 들었다. 그제서야 필자도 리지린의 학위논문을 찾아봐야겠다는 생각이 들었다. 그러던 중 2017년 5월 중국 헌책방에서 그의 박사학위논문인 『고조선적연구(古朝鮮的硏究)』와 연구계획서인 『고조선연구(古朝鮮硏究)-적요(摘要)-』를 함께 입수하게 되었다.

자료 발굴의 기쁨을 제대로 만끽하기도 전에 2017년 7월 1일 해군사관학교 박물관장 겸 군사전략학과 교수로 부임하게 되었다. 새로운 환경에 적응하기에 바빴고 그 와중에 거북선 3차 건조, 박물관 리모델링 등 업무에 쫓기는 과정에서 리지린의 박사학위논문은 멀어져만 갔다.

2018년 4월 남북정상회담이 이루어지자 양측 역사학계에서도 상호 학술교류의 움직임이 보였다. 리지린의 박사학위논문을 공개할 시점이 다가오고 있다는 느낌을 받았다. 그래서 은퇴 후 고조선사 연구에 매진하셨던 송암 김용섭 선생님을 찾아뵙고 새로 발굴한 자료를 보여드리며 조만간 논문을 쓰고 영인·출판해서 연구자들이 볼 수 있도록 하겠다고 약속했다. 이렇게 하면 스승과의 약속을 지키기 위해서라도 논문을 쓰게 될 것만 같았다. 이제서야 은사님과의 약속을 지키게 되었다.

리지린의 『고조선연구』는 남한 역사학계뿐만 아니라 일본·중국·러시아에까지 큰 영향을 끼쳤다. 그의 저서가 나온 지 약 60년이 지났다. 이제 그의 견해는 시비를 떠나서 사학사적인 차원에서 재평가되어야 한다고 본다. 그런 점에서 1961년에 쓴 박사학위논문인 『고조선적연구』를 1963년 북한에서 발간된 『고조선연구』와 비교·분석하는 작업은 매우 중요하다고 할 수 있다. 여기에다 1960년 그의 지도교수였던 고힐강이 남긴 「고조선연구제강(古朝鮮硏究提綱)」과 1960년 8월 이후에 연구계획서로 제출한 『고조선연구-적요-』를 함께 분석한다면 리지린의 학위논문 작성 과정을 보다 생생하게 복원할 수 있을 것이다. 언젠가 남북이 통일된 후 20세기 후반 북한에서 이루어진 고조선사 연구를 연구자들이 어떻게 평가할지는 모르겠다. 하지만 현시점에서 리지린을 대표로 하는 북한의 고조선사 연구를 객관적으로 평가하기 위해서는 이번에 필자가 발굴한 자료가 중요한 역할을 할 것이라고 본다. 리지린의 박사학위논문을 영인·출판하는 목적이 바로 여기에 있다.

필자가 리지린의 『고조선적연구』와 『고조선연구-적요-』를 영인·출판하기까지 감사해야 할 분들이 많다. 먼저 송암 김용섭 선생님은 이번 자료 발굴을 누구보다도 기뻐하시면서도 필자가 고조선 연구에 좀더 정진하도록 격려해 주셨다. 이제는 고인이 되신 그분의 영전에 이 책을 바친다. 졸업 후에도 늘 필자의 학문적 방향에 대해 조언을 아끼지 않으셨던 하일식 선생님의 은혜도 잊을 수 없다. 박물관장직을 수행하면서도 교수로서 연구할 수 있도록 배려해 주신 해군사관학교 중장 김현일 교장님께도 깊은 감사를 드린다. 필자가 박물관장직을 잘 수행할 수 있도록 보좌해 준 최권호 부장관을 비롯한 박물관 직원들에게도 고마움을 전한다. 그리고 필자와 공동으로 해제 논문을 작성하다가 개인적인 사정으로 그만둔 단국대학교 오대양 교수에게는 미안한 마음을 금할 수 없다. 마지막으로 필자의 출판 제안을 선뜻 응해주신 서경문화사 김선경 사장님에게 고마움을 전한다.

2021년 2월

옥포만을 바라보며

저 자 씀

목 차

리지린의 북경대학 박사학위논문 『古朝鮮的研究』

Ⅰ. 해방 이후 고조선사 연구와 리지린

해방 이후 고조선사 연구는 남한학계보다 북한학계에서 활발하게 이루어졌다. 1956년 10월 과학원 력사연구소에서 주최한 "삼국의 사회경제 구성에 관한 토론회"를 통해 삼국시기의 성격에 대한 논쟁이 본격적으로 시작되었다.[1] 논쟁의 초점은 삼국시기의 성격을 노예제사회로 볼 것인가 아니면 봉건제사회로 볼 것인가의 문제였다. 이 논의의 귀결은 삼국시기 이전의 고조선사회를 바라보는 시각과 자연스럽게 맞물리게 되었다. 결국 삼국시기를 봉건제사회로 보는 시각이 우세한 가운데 삼국시기에 앞선 고조선사회를 고대노예제사회로 규정하게 되었다.

이후 1959년부터 1962년까지 20여 차례에 걸쳐 고조선에 관한 토론회가 열렸다. 이 과정에서 논쟁의 핵심은 고조선 중심지의 위치와 강역

1) 이 토론회의 결과는 과학원 력사연구소 편, 1957, 『삼국시기의 사회경제 구성에 관한 토론집』으로 간행되었다. 이 책은 한국에서 김광진 · 도유호 외, 1989, 『삼국시기의 사회경제 구성에 관한 토론집』(일송정)으로 재간행되었다.

문제였다. 도유호를 중심으로 하는 고고학자들은 고고학 자료의 해석을 기반으로 청천강 이남에 고조선의 중심지가 있었다고 보았다. 이에 반해 김석형 등 일부 문헌사학자들은 압록강 이북 지역에 고조선의 중심지가 있었던 것으로 보았다. 초반에는 전자의 견해가 우세하다가 1961년 8월 "《고조선의 생산력과 국가 형성》에 관한 과학 토론회"에서 리지린이 요령 중심설을 발표하고 토론을 주도했던 백남운·김석형 등이 이를 지지하면서 전반적인 분위기가 요령중심설로 기울어 졌다. 이 토론회의 결과는 평양설을 주장했던 도유호의 글이 생략된 채 나머지 6명의 발표문이 수록된 『고조선에 관한 토론 론문집』(1963.8., 사회과학원 력사연구소)의 출판으로 이어졌다.[2)]

이처럼 북한학계의 고조선 중심지에 대한 논쟁은 당시 북경대학 유학 중에 잠시 귀국하여 발표한 리지린의 요령중심설로 결론을 맺게 되었다. 이후 그는 1961년 9월 고힐강(顧頡剛)의 지도하에 『고조선적연구(古朝鮮的研究)』라는 논문으로 박사학위를 받았다. 귀국 후 그의 논문은 1963년 2월에 『고조선연구』(과학원출판사)로 출간되었다. 이후 리지린의 요령중심설은 약간의 수정이 가해졌지만 1993년 단군릉 발굴 이전까지 북한학계의 공식적인 입장으로 채택되었다.

리지린의 『고조선연구』가 발간되자 『력사과학』(5호, 1963.9.5.)에는 "이 저서는 그러한 광범한 사료들을 맑스-레닌주의 력사관의 립장에서 종합·정리하고 조선 고대사에 관한 자기의 새 체계를 수립한 것으로서 조선 고대사 발전에서의 하나의 리정표로 된다"고 하는 극찬에 가까운 서

2) 리지린, 「고조선의 위치에 대하여」; 김석형, 「고조선의 연혁과 그 중심지들에 대하여」; 황철산, 「고조선의 위치와 종족에 대하여」; 정찬영, 「고조선에 관한 몇 가지 문제들에 대하여」; 리상호, 「단군고(檀君考)」; 림건상, 「고조선 위치에 대한 고찰」.

평이 실렸다.[3)] 이 책은 1964년 5월에 일본에서 번인 · 발행되었다.[4)] 이어서 1966년 이노우에 히데오(井上秀雄)는 리지린의 주장에 대한 비판적인 견해를 제시하였다.[5)] 중국에서는 리지린과 그 이후에 나온 북한학계의 재요령설에 대한 관심이 지속되어 1975년에 길림성박물관(吉林省博物館)에서 『고조선참고자료(古朝鮮參考資料)』를,[6)] 1980년에 조선역사연구회주비조(朝鮮歷史研究會籌備組)에서 『조선역사역총(朝鮮歷史譯叢)』[7)]으로 번역하였

3) 과학원출판사, 1963, 「서평 및 서적 해제 : 《고조선연구》에 대하여」 『력사과학』 5, 102쪽.

4) 리지린, 1964.5.20., 『고조선연구』, 東京: 학우서방 번인 발행.

5) 井上秀雄, 1966, 「書評 : 古朝鮮の研究(李趾麟 著)」 『朝鮮研究年譜』 8, 朝鮮研究會.

6) 『古朝鮮參考資料』에 실린 번역논문은 다음과 같다. 「關于"古朝鮮位置和領域"的學術討論會」(許宗浩, 1961, 『歷史科學』 5) ; 「關于古朝鮮問題的討論概要」(1961, 『歷史科學』 6) ; 「關于古朝鮮領域的學術討論會」(1963, 『歷史科學』 2) ; 「眞番和沃沮城的位置-關于古朝鮮領域問題」(都宥浩, 1962, 『文化遺産』 4) ; 「關于穢貊朝鮮」(都宥浩, 1962, 『文化遺産』 6) ; 「秦開和衛滿」(李址麟, 1962, 『歷史科學』 5) ; 「關于所謂"箕子東來說"荒謬性的科學討論會」(1961, 『歷史科學』 4) ; 「對所謂"箕子東來說"的批判」(洪熙宥, 1961, 『歷史科學』 4) ; 「關于滿朝鮮王朝」(朴時亨, 1963, 『歷史科學』 3) ; 「秦漢遼東郡的位置」(李址麟, 1963, 『歷史科學』 1).

7) 『朝鮮歷史譯叢』에 실린 번역논문은 다음과 같다. 「古朝鮮」(1975, 『百科辭典(第2卷)』) ; 「古朝鮮的遺址和遺物」(1975, 『百科辭典(第2卷)』) ; 「古朝鮮的社會性質及其形成時期」(1976, 『古朝鮮問題研究論文集』) ; 「『史記』等所記載的古朝鮮的位置」(鄭世浩, 1956, 『歷史科學』 2) ; 「秦漢兩代遼東郡的位置」(李址麟, 1963, 『歷史科學』1) ; 對把平壤作爲古朝鮮中心的一些見解的批判(上 · 下)」(李相昊, 1963, 『歷史科學』 2 · 3) ; 「關于公元前四世紀以前古朝鮮西端和中心地區(上)」(李相昊, 1964, 『歷史科學』 2) ; 「古朝鮮的領域及其中心地」(1976, 『古朝鮮問題研究論文集』) ; 「公元前一千紀前半期古朝鮮的社會和文化」(朝鮮社會科學院考古研究所, 1977, 『朝鮮考古學概要(第2篇第1章)』).

다.[8] 또한 부찐(Ю. М. ВБYТИН)이 1982년 소련과학아카데미 시베리아부에서 출판한 『ДРЕВНИЙ ЧОСОН(историко-археологический очерк)』[9]는 러시아에서 고조선 문제를 가장 포괄적으로 다룬 것으로서 리지린의 영향을 강하게 받은 것으로 알려져 있다.[10]

한국에서는 1988년 소위 7 · 7선언을 계기로 남북의 대결과 적대관계를 청산하고 같은 민족공동체로서 민족의 공동번영을 추구해 나가겠다는 정부의 방침에 따라 납북 · 월북 작가의 작품에 대한 해금과 더불어 북한자료에 대한 개방이 급속도로 이루어졌다. 그 가운데 북한에서 간행된 고도의 정치성을 띤 역사책들까지 원문 그대로 편집 · 발간하는 원서 출간이 붐을 이루었다.[11] 리지린의 『고조선연구』(1989.3., 열사람)를 비롯하여 『삼국시기의 사회경제구성에 관한 토론집』(1989.8., 일송정)이 국내에서 영인 · 출판 및 재간행되었고 『고조선에 관한 토론 론문집』 등이 유통되었다.

이에 따라 한국학계에서 해방 이후 북한 역사학계 연구 성과에 대한 전반적인 검토가 이루어졌다.[12] 고대사 분야 중에서도[13] 고조선이 중요하

8) 강인욱, 2015, 「리지린의 『고조선 연구』와 조중고고발굴대」 『선사와 고대』 45, 40~41쪽.

9) 유. 엠. 부찐 저 / 이항재 · 이병두 옮김, 1990, 『고조선 -역사 · 고고학적 개요-』, 소나무.

10) 이기동, 1988, 「북한에서의 고조선 연구」 『한국사 시민강좌』 2, 90쪽 ; 강인욱, 2009, 「러시아와 미국의 고조선사 인식」 『고조선사 연구 100년 -고조선사 연구의 현황과 쟁점-』, 학연문화사, 272~274쪽.

11) 이기동, 1997, 「북한 역사학의 전개과정」 『한국사 시민강좌』 21, 1~4쪽.

12) 안병우 · 도진순, 1990, 『북한의 한국사인식(1 · 2)』, 한길사 ; 국사편찬위원회, 2003, 『북한의 한국사 연구동향』 ; 한국역사연구회 북한사학사연구반, 2003, 『북한의 역사만들기 -북한역사학 50년-』, 푸른역사.

13) 역사학회 편, 1991, 『북한의 고대사연구』, 일조각 ; 김정배 편, 1991, 『북한

게 다루어졌다.[14] 단연 그 관심은 리지린의 『고조선연구』에 집중될 수밖에 없었다. 리지린과 이후 북한학계의 견해는 1980년대 이후 남한학계에서 고조선의 시간적인 범위를 기원전 1000년기 전반기까지 소급하고, 공간적으로 중국 동북지방까지 관심의 범위를 확대하는데 큰 영향을 끼쳤다.[15]

최근 리지린의 지도교수였던 고힐강의 전집이 출판되면서[16] 그의 고조선 연구에 대한 관심이 새롭게 주목받게 되었다.[17] 전집 중의 『고힐강독서필기(顧頡剛讀書筆記)』(17冊)에는 리지린의 박사학위논문 초고의 목차와

의 우리 고대사 인식(1 · 2)』, 대륙연구소출판부 ; 김정배 편, 1994, 『북한의 고대사 연구와 성과』, 대륙연구소출판부 ; 문창로, 2007, 「북한의 고대사 인식과 연구 경향」 『한국학논총』 29.

14) 이기동, 1988, 앞의 글 ; 이광린, 1989, 「북한학계에서의 「고조선」 연구」 『역사학보』 124 ; 권오영, 1991, 「고조선사연구의 동향과 그 내용」 『북한의 고대사연구』 ; 조법종, 1991, 「북한의 고조선사 인식체계에 대한 고찰」 『북한의 우리 고대사 인식(1)』 ; 조법종, 1994, 「북한 학계의 고조선 연구」 『북한의 고대사 연구와 성과』 ; 노태돈, 1999, 「북한 학계의 고조선사 연구동향」 『한국사론』 41 · 42, 서울대학교 국사학과 ; 오강원 · 윤용구, 2003, 「북한 학계의 고조선 · 단군 연구 동향과 과제」 『북한의 한국사 연구 동향(1) -고 · 중세편』, 국사편찬위원회 ; 김창겸, 2004, 「북한의 고조선사 연구 동향과 남북한 학술 교류」 『남북 사회 문화 교류와 북한의 한국학』 ; 하문식, 2006, 「북한 학계의 고조선 연구 경향」 『백산학보』 74 ; 이형구, 2011, 「리지린의 『고조선 연구』 그후」 『한국사 시민강좌』 49.

15) 문창로, 2007, 앞의 글, 189~195쪽.

16) 顧頡剛, 2010~2011, 『顧頡剛全集』(62卷), 中華書局.

17) 조법종, 2014, 「리지린 『고조선연구』의 학문적 계보 검토」 『동북아역사문제』 88, 동북아역사재단 ; 조법종, 2016, 「리지린의 『고조선연구』와 북경대 顧頡剛교수와의 관계」 『신라문화』 48 ; 강인욱, 2015, 앞의 글 ; 송호정, 2015, 「리지린의 고조선사 연구와 그 영향」 『문화사학』 44, 한국문화사학회.

심사보고서, 그를 통해 관심을 갖게 된 고조선 및 한국고대사 관련 논고 등이, 『고힐강일기(顧頡剛日記)』(12冊)에는 논문 지도 과정과 학위 취득 후 리지린의 활동이 수록되었다. 이미 『고조선연구』(1963)가 리지린이 북경대학에서 받은 박사학위논문을 번역 · 출판한 것으로 알려져 있었지만 정작 박사학위논문의 실체가 밝혀지지 않은 상황에서 더 이상의 접근은 불가능했다. 전집에 수록된 관련 내용은 박사학위논문의 전문(全文)은 아니지만 『고조선연구』를 새롭게 접근할 수 있는 근거를 제공했다는 점에서 중요하였다. 그러나 2014~2016년에 집중되었던 리지린에 대한 관심은 이후 지속되지 않았다. 더 이상의 자료 발굴 없이 『고힐강전집』에 수록된 한정된 자료만으로 연구의 진척을 기대하기는 어려웠다.

이런 상황에서 2017년 5월 필자가 리지린의 『고조선연구-적요-』와 『고조선적연구』를 입수하게 되었다. 이 글에서는 두 자료의 해제를 비롯하여 박사학위논문인 『고조선적연구』와 그것을 귀국 후 수정해서 출판한 『고조선연구』를 초보적인 수준으로 비교 · 분석하였다. 이 글의 마지막에는 독자의 편의를 위해 고힐강의 『고힐강독서필기』 「고조선연구제강」(1960년 1월), 『고조선연구-적요-』(1960년 8월 이후), 『고조선적연구』(1961년 6월 17일), 『고조선연구』(1963년 2월 28일)의 목차를 표로 정리하여 쉽게 비교할 수 있도록 했다. 앞으로 리지린을 비롯하여 초기 북한학계의 고조선사 연구를 이해하는 데에 있어서 이 영인본이 조금이나마 도움이 되기를 바란다. 중국어로 된 두 자료를 한국어로 번역하지 못하고 영인 · 출판한 점에 대해 독자들에게 양해를 구한다.

Ⅱ. 리지린의 박사학위 취득 과정

리지린이 저술한 『고조선연구』가 한국학계에 끼친 영향에 비해 그의 생애와 활동은 잘 알려져 있지 않았다. 다행히 이광린이 미국국립고문서관(美國國立古文書館)에 소장되어 있는 〈노획문서〉 중에 포함된 그의 이력서 내용을 소개하면서 한국전쟁 이전의 행적에 대해 개략적으로 파악할 수 있게 되었다.[18] 그리고 최근 『고힐강일기』를 통해 북경대학 유학시 논문 지도과정과 학위 취득 후 그의 활동에 대해 구체적으로 살펴볼 수 있게 되었다.[19] 여기에서는 이런 성과를 바탕으로 전쟁 이전 리지린의 생애와 북경대학 유학 이후 활동을 정리해 보고자 한다.

리지린은 1916년 7월 평안남도 강동군 원탄면(元灘面) 문양리(文陽里) 34번지에서 부농의 아들로 태어났다. 1935년 3월 평양 광성고등보통학교(光成高等普通學校)를 졸업하였는데 졸업생 99명 중 우등생 8명에 그가 포함되었다.[20] 1936년 4월 일본 와세다대학 제2고등학원 문과에 입학하여 1938년 4월 문학부 철학과 중국[지나]학과에 진학하였고, 1941년 3월에 졸업하였다. 이후 같은 대학의 대학원에 들어가 1년간 수학하였다. 1942년 4월 모교인 광성중학교 교사로 임명되었다가 1944년 3월에 병으로 사임하였다. 그 뒤 1945년 4월에 평안북도 선천중학교 교사로 임명되었다. 1945년 8월 해방과 더불어 경성법학전문학교 역사학 교수로 임명되었으나 건강이 좋지 않아 사임하고 귀향하였다. 1946년 9월 평양고등사

18) 이광린, 1989, 앞의 글, 13~14쪽.

19) 조법종, 2014, 앞의 글 ; 조법종, 2016, 앞의 글 ; 강인욱, 2015, 앞의 글.

20) 『동아일보』 1935년 3월 7일(석간) 3면 9단.

범학교[후에 평양교원대학으로 바뀜] 교수로 임명되었다. 한국전쟁 이후 1952년 10월 과학원이 창설되고 그 산하에 력사연구소가 설치되면서 고대사연구실로 자리를 옮겨 1957년 북경대학으로 유학가기 전까지 근무하였다.

이처럼 리지린은 42세에 북경대학으로 유학가기 이전까지 구체적인 고조선 관련 연구 업적을 내지는 못했다. 다만 해방 이후 경성법학전문학교에서 역사학 교수로 짧게 근무한 것과 1952~1957년까지 과학원 력사연구소 고대사연구실에서 근무한 경력이 있을 뿐이다.[21] 다만 그가 일본 와세다대학에서 중국철학을 전공했던 만큼 중국 고문헌에 해박한 지식을 갖추고 있었다고 추론해 볼 수 있을 정도이다.

리지린의 본격적인 고조선사 연구는 북경대학 유학을 통해서 이루어진다. 이 부분은 『고힐강일기』를 통해서 구체적으로 살펴볼 수 있다. 리지린과 관련된 내용을 날짜별로 정리하면 다음과 같다.

권수	년	월 일	일기 내용
권8	1958	3. 25.	숙부집에 들러 『東北通史』를 얻어서 돌아옴. 金毓黻의 『東北史綱』을 點讀함. 『朝鮮史略』 을 봄.
		3. 26.	『東北史綱』을 이어서 봄.
		3. 27.	『東北史綱』을 이어서 봄. 北京大 許大齡이 朝鮮 敎授 리지린과 함께 찾아와 中朝民族史에 대해 대담함.
		4. 11.	리지린이 방문해서 東夷 史料에 대해 詢함.
		6. 4.	리지린이 방문함.
		10. 26.	리지린이 방문함.
		12. 11.	『史記』 南越列傳을 읽음.
		12. 12.	『史記』 南越列傳을 勘함.

21) 『顧頡剛日記』(권9, 402쪽)에서는 리지린을 '朝鮮教授李址麟'이라고 했다.

권수	년	월 일	일기 내용
		12. 13.	『史記』 南越列傳 勘을 마침. 朝鮮列傳 勘을 마침. 東越列傳 勘을 마침.
	1959	1. 13.	리지린이 방문하여 東夷文化에 대해 詢함. 朝鮮科學院에서 리지린을 통해 『高麗史』(3冊)를 기증함.
		2. 11.	리지린이 방문함.
		7. 2.	리지린이 방문하여 길게 담화함.
		10. 2.	건국기념일에 리지린 · 金基雄이 방문함.
		12. 2.	리지린의 考試 준비를 위해 『史記』 朝鮮列傳을 읽음.
		12. 3.	『後漢書』 東夷傳에 標點하였으나 마치지 못함.
		12. 4.	王先謙의 『後漢書集解』 중 동이열전 標點을 마침. 내일 고시 論題 준비를 위해 四史 東夷傳에 세밀하게 斟酌함.
		12. 9.	1차 구두시험을 봄. 북경대 黨위원회 書記 겸 부교장 陸平을 만남. 심사위원 : 翦伯贊, 周一良, 張政烺, 鄧廣銘, 曹紹孔
권9	1960	1. 2.	리지린에게 쓴 편지를 寫함.
		1. 9.	리지린이 방문함.
		4. 16.	리지린에 쓴 편지를 寫하고 발송함. 「中國文獻上古朝鮮位置」를 봄.
		4. 20.	리지리이 방문하여 길게 담화함.
		4. 30.	「古朝鮮」 논문을 修改함.
		5. 2.	『水經注』 大遼水 · 小遼水 · 浿水篇을 點全校함.
		6. 21.	리지린이 방문하여 길게 담화함.
		7. 5.	리지린에게 쓴 편지를 寫함.
		7. 10.	리지린 · 李龍福이 방문함.
		7. 22.	리지린 논문을 봄.
		7. 23.	리지린의 논문을 이어서 봄. 대략 마침.
		7. 24.	『後漢書』 東夷傳을 읽음.
		10. 20.	「中國文獻上古朝鮮領域的變動」을 고쳤으나 마치지 못함.
		10. 21.	리지린 논문을 이어서 고쳤으나 마치지 못함.
		10. 25.	논문 제2절(「中國文獻上古朝鮮領域的變動」) 검토를 마침.
		11. 18.	리지린이 몽골 여학생 罕德蘇倫과 함께 와서 길게 담화함.
	1961	1. 3.	리지린이 방문해서 논문 원고를 보냄.
		1. 4.	리지린 논문을 북경대학생에게 검토시킴. 非文, 錯字, 標點混用 등 문제 제기함.

권수	년	월 일	일기 내용
		1. 10.	리지린에게 쓴 편지를 寫함.
		1. 17.	리지린이 방문해서 王險城 등 문제에 대해 담화하고 그 논문을 봄.
		2. 5.	「檀君傳說考」·「箕子朝鮮傳說考」를 봄.
		2. 7.	「秦-漢初遼河和浿水的位置」를 봄.
		2. 8.	「王險城位置」 보는 것을 마침.
		2. 16.	리지린이 洪·湲·堪 세 아이를 데리고 북경대학에 와서 숙박함.
		3. 17.	「檀君傳說考」 교열을 마치고 그 자료를 뽑았으나 마치지 못함.
		3. 18.	「箕子朝鮮傳說考」 보기를 마침.
		3. 21.	「秦-漢初遼河和浿水的位置」 修改했으나 마치지 못함.
		3. 22.	「遼河和浿水的位置」 마침. 리지린의 문장에 대한 불만을 표시함.
		3. 23.	「王險城位置」 교열을 마침. 『史記』 朝鮮列傳 各家注釋 鈔를 마침.
		3. 24.	「遼河和浿水的位置」를 다시 보고 근거 자료를 鈔出하였으나 마치지 못함.
		3. 25.	「遼河和浿水的位置」를 다시 봄. 「王險城位置」를 다시 보았으나 마치지 못함.
		3. 27.	「秦-漢初遼河和浿水的位置」를 三讀했으나 마치지 못함.
		3. 28.	「遼河與浿水」 三讀을 마침.
		3. 29.	「王險城位置」와 「箕子傳說考」 三讀을 모두 마침.
		3. 31.	「檀君傳說考」를 다시 봄.
		4. 1.	리지린 논문 4篇이 우체국에 도착함.
		4. 2.	리지린에게 쓴 편지를 寫함.
		4. 12.	리지린이 罕德蘇倫과 방문함.
		5. 10.	「濊貊考」를 읽고 誤字를 改正하였으나 마치지 못함.
		5. 11.	「濊貊考」 제1편을 마침. 「肅愼考」·「沃沮考」를 마침.
		5. 12.	「三韓考」 읽다가 마치지 못함.
		5. 13.	「三韓考」 읽기를 마침. 「夫餘考」를 마치지 못함.
		5. 15.	「夫餘考」 교열을 마침. 리지린이 방문하여 中朝古代關係에 대해 토론함.
		5. 17.	「根據考古資料所看到朝中關係」를 봄.
		5. 31.	리지린·罕德蘇倫이 와서 길게 담화함.
		6. 2.	「濊貊考」를 다시 봄. 「古朝鮮的國家形成及其社會經濟形態」를 봄.
		6. 5.	「濊貊考」·「肅愼考」를 다시 봄.

권수	년	월 일	일기 내용
		6. 7.	「三韓考」를 다시 보았으나 마치지 못함. 리지린 · 罕德蘇倫이 방문함.
		6. 15.	「三韓考」·「沃沮考」를 다시 봄.
		6. 19.	「先秦時代朝中關係」를 마침.
		6. 28.	논문 평가 준비를 위해 자료 정리함.
		6. 29.	「古朝鮮硏究」 논문심사보고서 작성을 마침. 약 2,800자. 鈔寫未完.
		6. 30.	논문심사보고서 鈔寫를 마침. 周一良 · 리지린에게 쓴 편지를 寫함.
		8. 10.	리지린 · 白瑢基가 와서 길게 담화함.
		8. 18.	논문심사보고서 필기를 기록함.
		9. 2.	조선노동당중앙에서 리지린 논문 작성 지도에 대한 답례로 人蔘 1盒을 줌.
		9. 23.	리지린 방문하여 『三國史記』·『三國遺事』를 줌.
		9. 29.	리지린의 考試辨論會에 출석하여 보고함.
		10. 3.	리지린이 방문하여 책을 줌. 책에 제목을 씀.
		10. 6.	논문 서문을 작성했는데 마치지 못함.
		10. 8.	「古朝鮮硏究」 서문을 작성함. 등사를 마침. 약 3千言.
		10. 9.	리지린이 귀국함.

고힐강이 리지린을 지도교수로서 처음 만나는 것은 1958년 3월 27일이다. 『고힐강독서필기』(권10)에 실린 「"古朝鮮硏究"之審査報告」에 의하면 리지린은 1957년부터 1961년까지 5년간 북경대학연구소에서 수학한 것으로 되어 있다. 리지린이 북경대학으로 유학온 것이 1957년이고 지도교수가 결정되어 고힐강과의 만남이 시작된 것은 1958년 3월 27일이었다. 『고힐강독서필기』(권9)에 의하면 고힐강은 리지린을 '조선대학 역사계 부교수'로 적었다. 고힐강은 리지린이 고대 조선사와 조중 양국 고대 관계를 연구하기 위해 북경대학으로 유학온 것이며 북경대학 당국에서 자신이 역사지리에 밝다는 점에서 지도교수로 위촉했다고 밝혔다. 고힐강은 동북민족사에 대해 깊이 알지 못하기에 위촉을 고사하였으나 결국 수

락할 수밖에 없었다고 했다.[22] 고힐강이 리지린을 만나기 이틀 전부터 부사년(傅斯年)의 『동북사강(東北史綱)』(1932), 김육불(金毓黻)의 『동북통사(東北通史)』(1941)와 『조선사략(朝鮮史略)』을 읽은 것은 리지린을 지도하기 위해 중국동북사와 한국사에 대해 관심을 갖기 시작했던 것으로 볼 수 있다. 고힐강과의 첫 만남 이후 리지린은 1959년 12월 구술시험을 보기 전까지 7차례 고힐강을 방문하였다. 이때 동이(東夷) 사료와 문화 등에 대해 논의했다.

1959년 12월 9일 리지린은 1차 구두시험을 보게 된다. 고힐강은 시험출제를 위해 『사기』 조선열전 등 사사(四史)[『사기』·『한서』·『후한서』·『삼국지』] 동이전을 읽었다. 심사위원은 전백찬(翦伯贊)·주일량(周一良)·장정랑(張政烺)·등광명(鄧廣銘)·조소공(曹紹孔)이었다. 고힐강은 이날 구두시험에 대해

> 리지린이 민족자존심을 위해 조선사군(朝鮮四郡)의 위치를 우리나라 동북지역으로 보고 패수(浿水)를 요수(遼水)로 해석하였다. 전백찬 선생이 우려를 표명하였고 우리들은 마르크스-레닌주의의 역사연구자로서 실사구시 해야 함을 강조하였다.(『고힐강일기』 권8, 1959년 12월 9일, 732쪽)

라고 하여, 리지린이 민족자존심 때문에 조선4군[한사군]을 중국 동북지역으로 보고자 패수를 요수로 이해하였다고 하였고,[23] 심사위원 중의 하나였던 전백찬이 우려를 표명하면서 마르크스-레닌주의 역사연구자로서 실사구시해야 함을 강조하였던 상황을 기록하였다. 물론 고힐강 자신도

22) 『顧頡剛讀書筆記』(卷9) 「湯山小記(17)」(1960년 1월), 「李址麟《古朝鮮研究提綱》」, 214쪽.

23) 리지린은 박사학위논문인 『古朝鮮的研究』와 단행본인 『고조선연구』에서 浿水=大陵河說을 주장하였다. 고힐강과의 논의 과정에서 패수=요수설이 패수=대릉하설로 바뀐 것으로 보인다.

"조선 유학생으로 인해 사사(四史) 동이전을 세밀하게 읽을 수밖에 없었으며 나 또한 그 덕에 적지 않은 수확이 있었다"고 그날의 소감을 적었다.

구두시험 이후 리지린은 고힐강에게 1960년 1월 박사학위논문 목차를 제출하였다. 물론 『고힐강일기』에는 이러한 사실이 기록되어 있지 않다. 『고힐강독서필기』(권9) 「탕산소기(湯山小記)」(17)에 수록된 「李址麟《古朝鮮研究提綱》」에 리지린의 박사학위논문 목차가 수록되어 있다. 그런데 「탕산소기」는 월별로 구분되어 있다. 「탕산소기」(17)는 바로 1960년 1월에 작성한 것들만 모아 놓은 것이다. 그래서 리지린이 박사학위논문 목차를 제출한 시점을 1960년 1월이라고 볼 수 있다.

고힐강이 리지린의 논문에 대해 검토하기 시작한 것은 1960년 4월부터이다. 4월 16일에 1장 1절인 「中國文獻上古朝鮮位置」를 보았고, 4월 30일에 「고조선」 논문을 개수(修改)했다고 되어 있다. 이후 10월 20일에 1장 2절인 「中國文獻上古朝鮮領域的變動」을 고치고 25일에 검토를 마쳤다고 되어 있다. 이처럼 1960년에는 고힐강이 리지린의 논문을 적극적으로 검토하지는 않은 것으로 보인다. 그러나 리지린이 5번이나 고힐강을 방문했고 고힐강이 리지린에게 3번이나 편지를 쓴 것으로 보아 논문 지도 과정이 계속 진행되었던 것으로 보인다.

고힐강의 논문 검토는 1961년에 본격적으로 이루어진다. 1월 4일 1장 3절을 읽기 시작해서 1월 17일 리지린과 왕험성에 대해 토론을 한 후 1장 4절 「王險城的位置」를 읽었다. 이어서 그는 6월 19일 「先秦時代朝中關係」를 끝으로 논문 검토를 마쳤다. 「檀君傳說考」·「濊貊考」는 2번 보았으며 「秦-漢初遼河和浿水的位置」의 경우에는 3번 읽기도 했다. 아마도 6월 29일에 논문심사보고서를 작성하고, 9월 29일에 고시변론회에 출석했던 점을 미루어 볼 때 1961년 상반기에 논문 검토를 집중적으로 했던 것을 알 수 있다.

여기에서 한 가지 짚어볼 것이 1960년 1월에 리지린이 박사학위논문 목차만 제출했을까에 대한 의문이다. 고힐강은 1960년 4월 16일에 논문의 1장 1절인 「中國文獻上古朝鮮位置」를 보았다고 되어 있다. 특별히 일기 중에 리지린이 논문 원고를 보내왔다는 기록이 없고 4월 16일부터 원고를 읽었던 점을 고려한다면 이미 이전에 원고를 받았다고 볼 수 있다.

그렇다면 1960년 1월에 고힐강이 기록한 「李址麟《古朝鮮研究提綱》」에는 리지린에게 받은 논문 원고 중에서 목차만 수록했던 것일까? 여기에서 고힐강이 '목차(目次)' 혹은 '목록(目錄)'이 아닌 '제강(提綱)'이란 용어를 쓴 점에 유념할 필요가 있다. 실제 「李址麟《古朝鮮研究提綱》」에는 목차만 수록된 것이 아니다. 예를 들어 3장 1절 「예맥고」에서는 절 제목과 함께 "穢貊是不是一個種族?", "穢貊族的歷史地理", "穢貊與古朝鮮的關係", "穢貊與中國的關係", "社會發展程度" 등 해당 논문의 중요한 주제를 적시하였다. 서론, 3장 2절 「숙신고」, 3절 「부여고」, 4절 「삼한고」, 5절 「옥저고」, 4장 1절 「정치경제상관계」, 2절 「문화상관계」, 결론 부분이 모두 이러한 구조이다. 이에 비해 1장 「고조선역사지리」과 2장 「고조선건국전설고」에는 절 제목만 기록하였다. 전자의 3장 1절 「예맥고」는 절 제목만으로는 그 절에서 주장하고자 하는 내용이 잘 드러나지 않는 반면에 후자의 1장 1절 「中國文獻上古朝鮮位置」에서는 절 제목만으로도 그 내용이 잘 드러난다. 이처럼 고힐강은 리지린의 박사학위논문 원고를 보고 목차만이 아니라 논문에서 주장하는 내용이 잘 드러나도록 '제강(提綱)'한 것으로 보인다. 즉, 고힐강은 구두시험을 마친 이후 1960년 1월에 리지린으로부터 학위논문 초고를 받았던 것으로 볼 수 있다.

1961년 6월 29일 고힐강이 논문심사보고서를 작성함으로써 논문심사는 일단락된다. 9월 2일 조선노동당중앙위원회에서 고힐강에게 논문 지도에 대한 답례로 인삼 1합(盒)을 선물했다. 이것만 보더라도 리지린의 북경대학 유학은 당 차원의 지원에 의해 이루어졌음을 알 수 있다.

1961년 9월 29일 고힐강이 리지린의 고시변론회(考試辨論會)에 출석하여 보고했다. 전백찬(翦白贊)·주일량(周一良)·등광명(鄧廣銘)·전여경(田餘慶)·하자강(夏自强) 등이 북경대학 교수로서 참석하였으며 조선대사관 문화비서 김석춘(金錫春)과 통역을 위해 유학생 이주봉(李住鳳)이 배석하였다. 고힐강은 이날 고시변론회에 대해

> 오늘 고시가 있었으나 형식적인 것에 불과하였다. 주일량이 먼저 나에게 알리기를 논문의 결함을 지적하지 말아 줄 것, 이는 양국의 우호를 위한 것으로 반드시 통과되어야 한다는 것이다. 리지린은 조선과학원 고조선사연구실 주임이 되기 위해 이번에 귀국할 것이다. 그가 나와 전백찬에게 내년 여름에 평양으로 피서올 것을 청하였지만 이번 일이 순조롭게 마무리될지라도 내 마음대로 허락할 수는 없는 일이다(『고힐강일기』 권9, 1961.9.29., 330쪽).

라고 하였다. 주일량이 미리 자신에게 양국의 우호를 위해 논문이 통과되어야 하므로 논문의 결함을 지적하지 말라고 주문했는데 그것은 리지린이 논문 통과 후 귀국하게 되면 조선과학원 고조선사연구실의 주임이 되어야 하기 때문이라는 것이다. 이처럼 고힐강은 그날의 고시변론회가 매우 형식적으로 진행되었던 점에 대해 불만을 표현하였다. 이후 10월 9일 리지린은 고힐강의 서문을 받아 귀국하였다.

Ⅲ.『고조선연구-적요-』와『고조선적연구』의 검토

1. 서지 검토

1)『고조선연구-적요-』

『고조선연구-적요-』는 표제지와 본문으로 구성되어 있다. 크기는 가로 19.5cm, 세로 25.9cm로 두께(책등)는 3mm이다. 본문은 활자로 인쇄되어 있으며 23장(45쪽)이다.[24] 인쇄지의 판심을 접어 집철하고 앞뒤로 표지를 붙여 제책(製冊)하였다.

표지는 별도로 인쇄하지 않고 상단에 육필로 '古朝鮮硏究 / 摘要 / 李

<그림 1>『고조선연구-적요-』표지

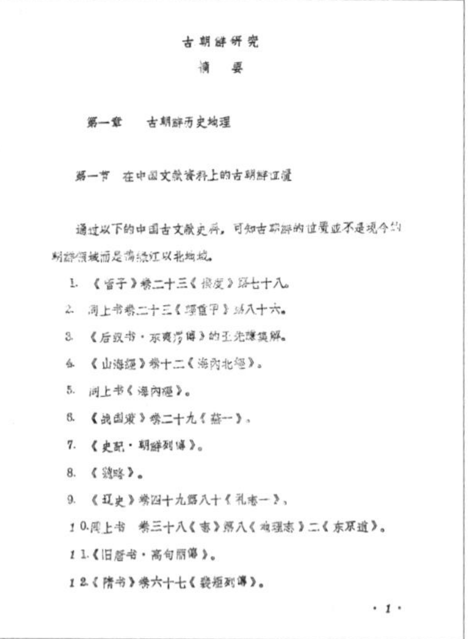

古朝鲜研究
摘要

第一章 古朝鲜历史地理

第一节 在中国文献资料上的古朝鲜位置

通过以下的中国古文献史料，可知古朝鲜的位置并不是现今的朝鲜领域而是鸭绿江以北地域。

1. 《管子》卷二十三《揆度》第七十八。
2. 同上书卷二十三《轻重甲》第八十六。
3. 《后汉书·东夷列传》的王先谦集解。
4. 《山海经》卷十二《海内北经》。
5. 同上书《海内经》。
6. 《战国策》卷二十九《燕一》。
7. 《史记·朝鲜列传》。
8. 《魏略》。
9. 《辽史》卷四十九第八十《礼志一》。
10. 同上书 卷三十八《志》第八《地理志》二《东京道》。
11. 《旧唐书·高句丽传》。
12. 《隋书》卷六十七《裴矩列传》。

·1·

<그림 2>『고조선연구-적요-』1쪽

24) 3장 1절의 제목인 '濊貊考'의 경우에 濊와 貊에 해당하는 活字가 없어서 인쇄 후에 手記로 보입하였다.

址麟'이라고 적었다(그림 1). 하단에는 가운데에 꽃그림이 있다. 하단의 그림과 '摘要', '李址麟'의 필선을 비교해 보면 같은 펜으로 그린 것으로 보인다. 이런 점에서 표지는 『고조선연구-적요-』를 처음 제책할 때 있었던 것이 아니라 후에 누군가에 의해 다시 제작된 것으로 보인다.

우측 상단에 스템프로 '002'라는 일련번호가 찍혀 있다. 이것은 이어서 살펴볼 『고조선적연구』에 '012'가 찍혀 있는 것과 비교된다. 45쪽 하단에 '中文手稿'라는 누군가의 육필 메모가 있다. 『고조선연구-적요-』 본문의 인쇄된 상태를 언뜻 보면 마치 육필원고처럼 보인다. 그래서 '手稿'라는 메모를 남겼던 것으로 보인다.

본문은 '摘要'의 의미처럼 논문의 각 절에 개략적인 내용과 각 절에서 인용한 '참고서목'이 일련번호에 따라 기록되어 있다(그림 2). 이어서 살펴볼 『고조선적연구』와 달리 집필 시점을 명시하지 않았다.

2) 『고조선적연구』

『고조선적연구』는 표지 · 표제지[내지] · 목록 · 본문 · 부도 · 도판 · 뒷표지로 이루어졌다. 크기는 가로 18.4cm, 세로 25.0cm, 두께 2.0cm이다. 본문은 활자가 아닌 등사로 되었으며 187장[374쪽]이다. 인쇄 용지의 판심을 접어 집철하고 앞뒤로 표지를 붙여 제책하였다. 책은 본문 1~366쪽(183장), 부도 2면 367~368쪽(1장), 도판 6면 369~374쪽(3장)으로 이루어져 있다. 부도는 판심을 접지 않고 오른쪽 부분을 2번 접지하였다.

표지 상단에 '古朝鮮的硏究 / [內部資料 · 注意保存]', 하단에 '中國科學院考古硏究所 / 1965.3.'로 되어 있다(그림 3). 우측 상단에 '012'라는 일련번호가 있는데 『고조선연구-적요-』와 같은 스템프의 일련번호가 있는 점으로 보아 당시 중국의 어느 연구기관에서 소장도서에 일련번호를 부여한 것으로 추정된다.

<그림 3>『고조선적연구』 표지

<그림 4>『고조선적연구』 표제지

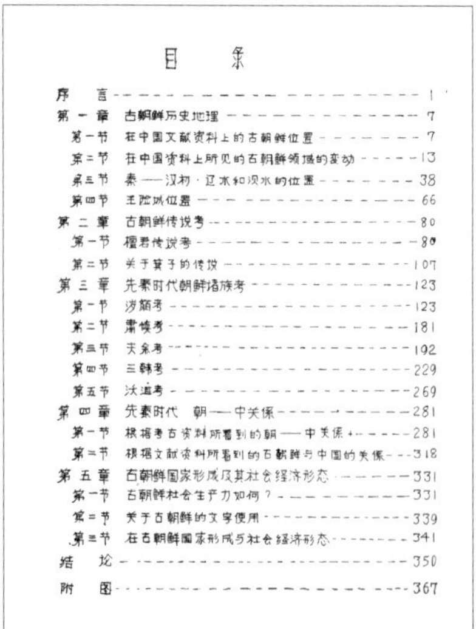

目 录

<그림 5>『고조선적연구』 목차

표제지 상단에는 '古朝鮮的研究 / 朝鮮 : 李趾麟', 하단에는 '中國科學院考古研究所 / 1965.3.'이라고 되어 있다(그림 4). 목록의 필체는 표제지와 본문의 필체와는 다르다. 또한 목록은 별도로 인쇄하여 표제지 뒷면에 오려 붙였다(그림 5). 중국과학원 고고연구소에서 이 책을 제작할 1965년 3월 당시에는 목록이 없었던 것으로 보인다. 이 연구소에서 책을 활용하다가 불편하

여 목록을 추후에 등사하여 붙였거나 이 책을 소장한 다른 연구기관에서 사용의 편의를 위해 목록을 부착하였을 가능성이 있다.

뒷표지 좌측 하단에는 '曲春福', '1967 20/10 購'라는 메모가 있다. 즉, 이 책을 제작한 1965년 3월에서 2년 반 정도 지난 시점에서 곡춘복이라는 사람이 1967년 10월 20일에 구입한 것이다. 곡춘복이 구입한 것이 '012'라는 일련번호를 부여한 기관에 소장된 것인지, 이 소장기관의 도서가 유출되어 곡춘복이 구입한 것인지 현재로서는 명확하지 않다. 아마도 중국과학원 고고연구소가 배포한 자료가 이 소장기관에 입수되었고 이 기관에서 소장했던 도서가 유출되어 곡춘복이 구입한 것이 아닐까 한다. 참고로 필자는 『고조선연구-적요-』와 『고조선적연구』를 요령성 심양시 화평구(和平區) 소재 대은어가(大銀魚家) 서점에서 구입하였다.

본문 서언(序言)의 마지막(6쪽)에는 '1961.6.17 / 在北京大學 26齋'라고 하여 리지린이 1961년 6월 17일에 북경대학 26재에서 서언을 쓴 것으로 되어 있다. 그런데 결론 마지막(366쪽)에는 "1961.5.24."라고 하여 1961년 5월 24일에 결론을 작성한 것으로 되어 있다. 즉, 리지린은 본론과 결론을 1961년 5월 24일에 마치고 난 다음 6월 17일에 서언을 작성함으로써 최종적으로 논문 집필을 마무리한 것으로 볼 수 있다.

부도(367쪽)에는 '附圖 : 見李址麟著 : "古朝鮮研究"的附圖"'라고 쓰여 있다. 이 책을 제작한 중국과학원 고고연구소에서 리지린의 『고조선연구』의 부도를 옮긴 것으로 되어 있다. 실제 단행본에도 이 부도가 포함되어 있다.

2. 『고힐강일기』와 『고조선적연구』의 차이

『고힐강일기』에 의하면 고힐강은 1961년 1월부터 6월 17일까지 리지린의 논문 각 장절을 검토하고 6월 18~19일에 논문심사서를 작성하였으며, 6월 20일에 서언과 결론을 교열하였고 6월 30일에 논문에 대한 보고서를 마무리한 것으로 되어 있다.

그런데 『고조선적연구』 결론 마지막(366쪽)에 '1961.5.24.'라고 쓰고, 서언 끝부분에 '1961.6.17. / 在北京大學 26齋'라고 하여 1961년 6월 17일에 북경대학 26재에서 최종적으로 논문 작성을 마쳤던 것으로 되어 있다. 『고힐강일기』에서 6월 20일에 서언과 결론을 교열했다고 한 것과 시차가 있다.

5월 24일과 6월 17일이라는 『고조선적연구』의 집필 시점을 기준으로 볼 때, 리지린의 논문에 고힐강이 교열한 내용이 제대로 반영되지 않았다고 보인다. 만약 고힐강의 교열 내용을 반영했다고 한다면 본문과 서언의 집필 날짜가 6월 20일 이후로 수정되었을 것이다. 논문심사위원이었던 주일량 교수가 고힐강에게 최종 논문심사시 국제우호관계를 고려하여 논문 내용 중 결점사항에 대해 비평하지 말 것으로 요구한 사실과 심사 장소에 북한대사관 문화비서 김석춘이 배석했던 점은 리지린의 학위논문심사가 외교적인 사안으로서 매우 형식적으로 이루어졌음을 보여 준다.

리지린이 본문과 결론을 마친 5월 24일 이전까지 고힐강의 교열 내용을 얼마만큼 자신의 논문에 반영했는지는 정확히 판단하기 힘들다. 리지린은 1961년 1월 17일 고힐강을 방문해서 왕험성에 대해 토론하였으며 2월 3일, 3월 8일, 4월 7일, 4월 12일 등 4차례 고힐강을 방문하였다. 그리고 5월 15일 리지린이 방문하여 논문의 제4장에 해당하는 조중 고대관계에 대해 토론하였다. 5월 31일에는 리지린이 몽골 여학생 한덕소륜(罕德蘇倫)과 함께 방문하여 길게 담화하였다. 이 과정에서 리지린이 고힐강의 견해를 받아들여 일부 수정하였을 가능성이 있다.

패수의 위치에 대해서는 리지린이 견해를 수정한 것으로 보인다. 고힐강은 1959년 12월 9일 치룬 1차 구두시험에서 리지린이 한사군의 위치를 중국 동북지역으로, 고조선과 한(漢)의 경계였던 패수를 '요수'로 본 시각에 대해 심사위원의 우려를 지적하였다. 그런데 박사학위논문인 『고조선적연구』와 단행본인 『고조선연구』에서는 패수를 대릉하로 보았다.

주지하듯이 고조선의 영역과 관련해서 가장 중요한 것이 패수의 위치이다. 패수를 요수(현재 요하)로 보았다는 것은 고조선과 한(漢)의 경계가 현재 요하이고 요하 이동 즉, 요동이 한대(漢代) 고조선의 영역이었다는 것이다. 그런데 리지린은 박사학위논문에서 한과의 경계를 요하보다 더 서쪽에 있는 요서지역의 대릉하(大陵河)로 보았다. 구술시험 단계에서보다 고조선의 영역을 좀더 서쪽으로 확장시켜서 이해한 것이다. 따라서 진개의 공격 이전 고조선의 영역은 패수인 대릉하보다 더 서쪽인 난하(灤河)로 볼 수밖에 없었다. 그래서 리지린은 사료상에 보이는 한대 이전의 요수는 현재의 요하가 아니라 난하였다는 논리를 만들게 된 것이다.

한편 일기의 내용을 보면 결론을 작성한 5월 24일 이전까지 고힐강은 리지린의 논문 중 아직 5장과 결론을 제대로 읽어보지도 못했을 뿐더러 제4장도 6월 19일에 가서야 읽기를 마쳤다. 결국 리지린은 고힐강의 수정 지시를 제대로 반영하지 않았던 것으로 보인다. 고힐강이 논문 내용에 대해 심하게 불평했던 점을 고려해 본다면 거친 문장을 고치거나 오탈자 정도를 바로 잡는 정도였지 않을까 추정해 본다. 확실한 것은 리지린이 탈고한 6월 17일 이후에 고힐강이 교열한 내용은 전혀 반영되지 않았다는 점이다. 결국 리지린은 서언을 마친 6월 17일 이후에 논문 인쇄[등사]를 위해 원고를 필사자에게 넘겼다.

3. 『고조선적연구』와 중국과학원 고고연구소의 관계

『고조선적연구』는 1965년 3월에 중국과학원 고고연구소에서 제본한 것으로 되어 있다. 표지 제목 밑에 '內部資料 · 注意保存'이라고 하여 대외적으로 공간된 것이 아니라 내부자료용으로 제본한 것이며 '보존을 주의하라'는 내용으로 보아 대외비적 성격의 자료로 구분되었던 것으로 보인다.

그렇다면 왜 중국과학원 고고연구소에서 리지린의 논문을 제본하였을까? 이와 관련하여 박사학위 취득 후 리지린의 활동을 주목할 필요가 있다. 리지린은 귀국 후 고조선 관련 토론회에 2차례 참여하였고[25] 이후 북한의 고조선 요동중심설을 대표하는 역할을 수행하였다. 1961년 7월 11일 조중우호협력 및 상호원조조약이 체결되고 1963년 4월 김일성 주석과 주은래 수상이 만주지역 고고유적에 대한 조중공동발굴을 합의하였다. 1963년 8월 중국학자들과 공동으로 '조중공동고고학발굴대'를 조직하여 1965년 7월까지 4차례에 걸쳐 만주 일대의 고조선·고구려·발해 유적을 공동으로 발굴하였다.[26]

이 과정에서 리지린이 공동학술발굴단의 책임을 맡아 중국(사회)과학원을 수차례 방문하였고 이때마다 고힐강을 방문하였다.[27] 고힐강은 1964년 8월 13일 일기에 리지린의 이런 활동에 대해 다음과 같은 우려를 표명하였다.

> 조선 사학가들은 고조선족이 일찍이 우리나라 동북지역에 살았던 것을 들어서 자존심의 회복을 바라며 "수복실지(修復失地)"를 기도하는데 리지린은 그 임무를 집행하는 사람 중의 하나였다. 그 목적은 고대 동북 각족(숙신·예맥·부여·옥저 등)이 모두 고조선족의 밑에 있었다고 보는 것이며

25) "'단군건국신화'에 대한 과학토론회"(1962년 7~8월)와 "고조선 령역에 대한 학술토론회"(1962년 10월 25일, 12월 17일, 1963년 2월 14일).

26) 조법종, 2016, 앞의 글, 15~17쪽 ; 강인욱, 2015, 앞의 글, 39~40쪽.

27) 『顧頡剛日記』(권9), 1963년 2월 9일, 6월 15·23·27일 ; 『顧頡剛日記』(권10), 1964년 7월 22일.

이로 인해 우리 나라 동북지역 전체가 조선의 옛 강역이었다고 보는 것이다. 지금 다시 동북지역의 발굴을 통해 얻어진 지하의 유물로써 그것을 증명하고 싶은 것이다. 그러나 우리 정부는 이를 용인해 주었을 뿐만 아니라, 심지어 발굴과정에 사람을 파견하지도 않은 채 일체를 그들에게 맡겼다. 나는 나라를 사랑하는 마음에 그러한 사실을 기록해 둘 뿐이다.[28)]

고힐강은 리지린의 주도하에 진행되는 조중공동고고발굴대의 요동지역 발굴이 고조선족이 중국동북지역에 살았던 사실을 고고학적으로 증명하려는 것으로 보았다.

이처럼 리지린을 대표로 하는 요령지역 발굴 조사는 중국에 적지 않은 영향을 끼칠 수밖에 없었을 것이다. 한대 이전의 사료에 등장하는 요수를 현재의 난하로 비정하면서 이를 진개의 공격 이전 고조선의 서계(西界)로 보고 한과의 경계였던 패수를 현재의 대릉하로 보는 리지린의 주장은 중국학계에서 전통적으로 주장하는 패수=청천강설[혹은 압록강설]과는 너무 차이가 났다. 1963년 북한 과학원출판사에서 그의 논문이 『고조선연구』로 출간되면서 패수=대릉하설이 북한학계의 공식적인 입장이 된 것이다. 나아가 그가 중국(사회)과학원을 왕래하면서 조중공동고고발굴대를 이끌고 그러한 주장을 고고학적으로 증명하려고 했던 것이다.

이런 상황에서 중국과학원 고고연구소에서 1965년 3월에 중국과학원 고고연구소에서 리지린의 박사학위논문을 내부자료로 발간하게 된 것이다. 나아가 중국학계에서 요동설에 대한 관심이 지속되어 1975년에 길림성박물관에서 『고조선참고자료(古朝鮮參考資料)』를, 1980년에 조선역사연구회주비조에서 『조선역사역총(朝鮮歷史譯叢)』으로 번역하게 된다.[29)]

28) 『顧頡剛日記』(권10), 1964년 8월 13일, 112쪽.

29) 강인욱, 2015, 앞의 글, 40~41쪽.

4. 『고조선연구-적요-』의 저술 시점과 성격

『고조선연구-적요-』(②)는 서론과 결론이 없이 각 절의 내용을 요약하고 그 절에 인용된 참고문헌이 나열되어 있다. 목차는 따로 설정되어 있지 않지만 각 장절의 제목을 정리하면 말미의 표와 같다. 장절의 내용은 『고조선적연구』(③)와 거의 일치한다. 다만 제목이 '古朝鮮研究'로 '古朝鮮的研究'와는 차이가 있다. 제1장 제4절이 '王險城考'인데 ③에서는 '王險城位置'로 되어 있다든지 제2장 제2절이 '箕子傳說考'인데 ③에서는 '關于箕子的傳說'로 되어 있는 차이가 있는 정도이다.

②에서 인용한 참고문헌의 순서는 대체로 ③에서 인용한 순서와 일치한다. 그러나 ②의 제1장 제1절에서 인용한 '15. 『열자(列子)』 권5 「탕문(湯問)」'과 '16. 『사기』 권29 「하거서(河渠書)」'는 ③에서 인용되지 않았다. ②의 제1장 제2절에서 인용한 '6. 『대명일통지(大明一統志)』 권5 「영평부경(永平府境)」조'는 ③에서는 『대명일통지』를 인용하면서 '「영평부경」조'라는 문구가 없다. 이와 달리 ③에서 인용한 김학봉의 『조선고이(朝鮮考異)』가 ②의 제1장 제2절의 인용문헌에는 빠져 있다. 이외에 문헌의 권수에서 서로 약간의 차이가 있다.

이런 점에서 『고조선연구-적요-』(②)는 『고조선적연구』(③)를 완성한 다음에 심사를 위해 압축본으로 작성된 것이 아니라고 할 수 있다. 일반적으로 적요는 초고가 어느 정도 정리되어 있어야 작성이 가능하다. 이처럼 ②의 참고문헌과 ③에서 실제 논문에서 인용된 문헌에 차이가 있다는 점에서 ②가 저본으로 삼았던 원고와 ③이 다르다는 사실을 알 수 있다. 따라서 ②가 ③보다 앞서 작성되었다고 볼 수 있다.

②를 『고힐강독서필기』 「古朝鮮研究提綱」(①)의 목차와 비교해 보면 전체적인 구성에 있어서 약간의 차이가 있다. 다만 ①의 제1장 제4절이 '王

險城的位置'인 반면에 ②에서는 '王險城考'로 되어 있다. ①의 제3장 제목은 '古代先秦朝鮮諸族考'인 반면에 ②는 '先秦時代古代朝鮮諸族考'로 되어 있다. ①의 제4장 제목이 '古朝鮮與中國的關係'인 것에 비해 ②에서는 '先秦時代朝-中關係'로 되어 있으며 오히려 ③의 제목과 같다.

②의 목차가 ①과 다른 가장 큰 차이는 ②의 5장 절 '關于古朝鮮文字使用'에 해당하는 부분이 ①에는 없다는 점이다. 잘 알려져 있듯이 리지린이 북경대학 유학 중인 1960년에 「고조선 국가형성에 관한 한 측면의 고찰(상·하) -한'자사용의 시기에 대하여-」라는 논문을 『력사과학』 2·4호에 나누어 게재하였다. 『력사과학』 2호는 1960년 3월 29일에, 4호는 1960년 7월 29일에 발간되었다. 따라서 박사학위논문의 목차에 '關于古朝鮮文字使用'이 포함될 수 있었던 것은 그가 이 논문을 게재한 이후인 1960년 8월 이후에야 가능했다고 본다.

일반적으로 '적요'는 논문 작성 후 그 내용을 압축적으로 요약한 일종의 '초록'으로 이해할 수 있다. 대개는 결론보다도 내용이 더 짧게 압축되기 마련이다. 그런데 『고조선연구-적요-』는 각 절에서 요약문과 함께 사료 목록을 함께 적어 놓았다. 그러다 보니 분량이 45쪽에 이르게 된 것이다. 또한 박사학위논문에서 사용하지 않는 사료도 언급되어 있다. 이런 점에서 『고조선연구-적요-』는 일반적인 박사학위논문의 초록에 해당되는 적요로 볼 수 없다고 본다.

『고조선연구-적요-』에는 서론과 결론이 없지만 각 절의 내용을 아주 간략하게 요약하고 인용된 사료 목록이 적시되어 있다. 이것은 누구가에게 연구 내용을 간략하게 설명하기 위한 것으로 보인다. 아마도 박사학위논문의 심사위원들에게 심사 원고와 함께 제출했던 '연구개요'였던 것으로 추정된다.

Ⅳ. 『고조선적연구』와 『고조선연구』의 내용 비교

1. 목차 및 구성

『고힐강독서필기』「고조선연구제강」(①)·『고조선연구-적요-』(②)·『고조선적연구』(③)이 목차상에서 큰 차이가 보이지 않는다. 반면에 『고조선적연구』(③)과 『고조선연구』(④) 사이에는 몇 가지 상이한 점이 있다(말미 표 참고).

1) 第一章과 제1장

③은 4절로, ④는 5절로 구성되어 있다. ③의 '제3절 秦-漢初遼水和浿水的位置'은 '一. 燕長城的東端和遼水的位置'와 '二. 秦-漢初浿水的位置' 두 목(目)으로 되어 있는데 ④에서는 ③의 두 목을 각기 독립 절인 '제3절 기원전 2세기 말(한4군의 설치 시기)까지의 료수의 위치(연·진의 장성의 동단과 관련하여)'와 '제4절 고조선의 패수의 위치에 대하여'로 분리시켰다.

2) 第三章과 제3~7장

③은 '제3장 先秦時代朝鮮諸族考' 밑에 제1절 濊貊考, 제2절 肅愼考, 제3절 夫餘考, 제4절 三韓考, 제5절 沃沮考를 두었다. 이에 비해 ④에서는 ③의 5개 절을 각기 독립된 장으로서 「제3장 예족과 맥족에 대한 고찰」, 「제4장 숙신에 대한 고찰」, 「제5장 부여에 대한 고찰」, 「제6장 진국(삼한)에 대한 고찰」, 「제7장 옥저에 대한 고찰」 등으로 분리시켰다.

그리고 ③의 삼한을 ④에서는 진국(삼한)으로 바꾸었다.

3) 第四章과 제8장

③의 '제4장 先秦時代朝-中關係'는 ④의 '제8장 고고학적 유물을 통해

본 고대 조선 문화의 분포'에 해당된다. ③의 제1절은 '根據考古資料所看到的朝-中關係'로 고고학 자료를 분석의 대상으로 삼았고, 제2절은 '根據文獻資料所看到古朝鮮與中國的關係'로 문헌자료를 분석 대상으로 삼았기 때문에 장의 제목을 고고학 자료와 문헌 자료를 포괄할 수 있는 '先秦時代朝-中關係'로 삼은 것이다. 이에 비해 ④에서는 ③의 제2절을 과감하게 생략하였다. 그러다 보니 장 제목이 자연스럽게 '고고학적 유물을 통해 본 고대 조선 문화의 분포'로 바뀌게 된 것이다. 또한 ③의 제1절 6개 목 중에서 '四. 卜骨', '五. 墓葬制'를 생략하고 '석기 · 토기 · 거석문화 · 청동기' 만을 대상으로 4개의 절을 구성하였다.

4) 第五章과 제9장

③과 ④의 장제목은 큰 차이가 없다. ③의 제2절이 '關于古朝鮮的文字使用'인 반면에 ④에서는 이를 '고조선의 문화'로 바꾸었다. ③의 제3절이 '在古朝鮮國家形成與社會經濟形態'인 반면에 ④에서는 이를 '고조선의 국가 형성'과 '고조선의 사회 경제 구성'으로 2개로 절을 나누었다.

5) 結論과 맺는말

③에서는 결론을 一. 關于古代朝鮮族, 二. 關于古代朝鮮族居住的地域, 三. 關于三國之前古代朝鮮諸國的形成以及其經濟形態, 四. 關于繼承古朝鮮文化的問題, 五. 關于先秦時代朝-中關係 등 크게 5가지로 정리하였다. 이에 비해 ④에서는 ③의 四 · 五를 빼고 '1. 사료 취급에 대하여'라는 항목을 새롭게 포함시키고 항목을 약간 고쳐서 '1. 사료 취급에 대하여, 2. 고조선의 위치에 대하여, 3. 고대 조선 종족에 대하여, 4. 사회 경제 구성에 대하여, 5. 정치 제도의 특수성에 대하여'로 구성하였다.

2. 序言과 머리'말

『고조선적연구』의 서언은 일반적인 박사학위논문의 서론의 형식을 갖추고 있다. 먼저 삼국시기 사회성격 논쟁에 이은 삼국 이전의 사회인 고조선사회에 대한 성격 논의의 필요성을 강조하였다. 고조선이 계급국가였다고 한다면 언제부터 국가형성기로 볼 수 있으며 국가의 사회경제형태에 대한 문제제기를 한 것이다. 이어서 고대조선의 생산방식은 아시아적 생산방식과 연결시켜서 이해해야 한다는 점을 강조하면서 노예제적 생산방식에 대한 접근에서 아시아적 특수성을 함께 고려해야 한다고 보았다. 또한 고대조선의 역사지리 연구에 있어서 그 영역을 한반도에 국한시킬 필요가 없고 압록강 이북을 영역으로 보는 시각을 견지한다. 연구방법론으로써 비교언어분석 방법을 제시하였다.

또한 고대조선족의 이동경로, 기자조선전설에 대한 검토, 요동과 요서지역에서 발견되는 고고 유물들에 대해 성숙되지 못한 결론을 도출한 점을 연구의 한계로 지적하였다. 마지막으로 지도교수였던 고힐강을 비롯하여 심사원원이었던 전백찬, 주일량, 장정랑 교수에 대한 감사를 표시하였다.

『고조선연구』의 머리'말은 『고조선적연구』의 서언에 해당되는데 구성이나 내용면에서 차이가 많이 난다. 머리'말에서는 먼저 고조선의 역사가 과학적 · 체계적으로 해명되지 못한 이유에 대해 방법론상의 결합과 자료의 결핍을 들었다. 그러나 자료 결핍의 문제는 역사적 유물론이라는 방법론을 통해서 극복할 수 있다고 보았다. 사료의 수집과 취사 선택의 문제에 있어서는 이전 봉건시대 역사가들의 세계관과 역사관이 관련론적인 점을 지적하면서 통치자의 요구와 명령에 의해 저술된 정사(正史)에 비해 야사(野史)의 중요성을 강조하였다.

고조선의 역사와 지리가 중국 봉건사가들에 의해 왜곡되었으며 주변 이민족을 열등시하였기에 『사기』 조선열전, 『수서』, 『구당서』, 『신당서』 등 정사(正史)의 한계가 명확하다고 지적하였다. 또한 일제 사가들에 의해 고조선 역사가 자신들의 이익에 맞게끔 다시 왜곡되었다고 보았다. 일부 애국문화계몽 사상가들이 일제어용사학을 반대하여 고조선사를 연구하였으나 민족주의적 관념론적 사관으로 인해 과학적 해명이 불가능했다고 보았다. 이러한 왜곡 문제는 맑스-레닌주의 방법론에 의거해야만 제대로 밝혀낼 수 있고 노동계급의 역사가들만이 이 문제를 제대로 해명할 수 있다고 보았다.

그러면서 본론에서는 고조선의 전설, 종족, 역사지리, 국가형성 시기, 생산력과 생산관계, 계급 투쟁 및 문화 등 각 방면에 걸쳐서 일괄하겠다고 하였다. 이를 위해서 예, 맥, 숙신, 부여, 진국(삼한) 및 옥저에 대해서도 다시 검토할 것임을 밝혔다.

이러한 연구를 위해서는 (1) 왜곡된 문헌사료를 복원시키기 위해 야사, 개인문집 등 자료를 수집하여 사료적 가치를 재판단할 것임을 밝혔다. 대표적으로 『요사(遼史)』의 재평가하겠다고 하였다. (2) 고고학적 연구 성과에 의거하여 청동기와 철기 사용 연대를 밝혀 고조선의 국가 형성 문제와 생산력 문제를 추단하겠다고 하였다. (3) 일제 부르죠아 역사가들의 연구 성과를 비판하고 (4) 우리 민족사의 유구성을 정확히 밝히겠다고 하였다. (5) 고대사회 발전의 합법칙성을 탐구하되 외부적 요인에 의해 발전한 것으로 보는 시각의 비과학성을 폭로하겠다고 하고, 맑스-엥겔스이론에 입각하여 아세아적 고대사회의 일반적 특성이 우리나라 고대국가들에 어떻게 실현되었는지를 설명하겠다고 하였다. (6) 고대국가들에서 계급투쟁의 역사를 찾아보겠다고 하였다(예: 위만정권의 수립). (7) 고조선의 위치와 관련하여 기원전 3세기 초까지 요동·요서지역에 걸쳐 있었고 서변(西邊)은 우북평지역에 있다가 기원전 3세기 초 대릉하[패수] 이동으로 축소되었던 점을 증명해 보겠다고 하였다.

이처럼 『고조선적연구』와 『고조선연구』의 서론은 큰 틀에서는 비슷한 내용이지만 세부적으로는 차이가 많이 난다. 아마도 박사학위논문으로서 기본적인 체제를 갖추어야만 하는 상황에서 『고조선적연구』 서언은 『고조선연구』 머리'말과 다를 수밖에 없었을 것이다. 귀국 후에는 학위논문이라는 제약에서 벗어나 북한 당국의 입장과 자신의 견해를 좀더 잘 드러내기 위해 많은 수정을 가했던 것으로 보인다.

3. 본론

『고조선적연구』(③)와 『고조선연구』(④)의 본론 각 내용은 각 장절의 제목이 거의 같다. 그러나 세부적으로는 내용의 가감·보완 등에 있어서 상이한 점이 상당히 많다. 대표적인 사례를 나열해 보면 아래와 같다.

1) 사료나 자료를 새롭게 추가한 부분

③의 1장 1절 「在中國文獻資料上的古朝鮮位置」(13쪽)에서는 고조선의 위치를 오늘의 요동으로 인정한 사례로 『구당서』 고려전과 『수서』 배구열전, 『후한서』 광무제기, 『성경통지』만 인용하였지만 ④의 1장 1절 「고대 문헌 자료 상에서 본 고조선의 위치」(20쪽)에서는 사료적 가치가 의심스러운 『만주원류고』를 추가로 인용하였다. 그러면서 역시 사료적 가치에 있어서 의심스러운 『료사』에 대해 긍정적으로 보는 내용을 보완하였다.

④의 2장 1절 「단군 신화 비판」(100~101쪽)에서 ③에서 인용하지 않은 『제왕운기』를 언급하면서 이에 대한 설명을 자세히 하였다. 또한 3장 2절

「예, 맥과 고조선의 관계」(170쪽)에서 국내 독자의 이해를 위해 ③에 없는 지도를 삽입하였다.

2) 중국인 심사위원을 배려해 과도하게 설명한 부분

③의 3장 5절 「夫餘考」(204쪽)에서 부여의 사출도를 설명하면서 '加'에 대해 고구려의 '加'와 비교하여 과도하게 자세히 설명하였다. 이것은 조선인 고대사 연구자들에게는 간단히 언급하면서 넘어갈 수도 있다. 하지만 리지린은 북경대학에서 중국인 심사위원들을 설득시켜야만 논문이 통과될 수 있기 때문에 그들에게 익숙하지 않은 용어를 자세히 설명했던 것이다. 이런 부분은 북한에서 단행본으로 출판하면서 과감하게 생략되었다.

3) 중국적인 용어나 설명을 조선적으로 풀어쓴 부분

③의 3장 1절 「濊貊考」(156쪽)에서 '戰國以前'으로 표현한 것을 단행본에서는 '기원전 6세기'(172쪽)로 바꾸었고 '先秦的文獻'(123쪽)을 '기원전 3세기 이전의 문헌'(137쪽)으로 바꾸었다. ③의 3장 1절 「濊貊考」(176쪽)에서 중국 人民出版社에서 번역한 엥겔스의 『家庭 · 私有財産及國家的起源』(1954)을 인용한 반면에 ④에서는 북한 조선로동당출판사에서 번역한 『가족, 사유 재산 및 국가의 기원』(1955)으로 바꾸었다.

4) 간략하게 서술한 내용을 자세히 보완한 부분

④의 1장 4절 「고조선의 패수의 위치에 대하여」(80~83쪽)에서는 ③에 간단하게 서술하였던 압록강설의 문제점을 4가지로 나누어 아주 자세하게 설명하였다. 이 부분은 귀국 후 자신의 논지를 좀더 선명하게 드러내기 위해서 충분히 보강한 부분이라고 할 수 있다.

5) 중국학계를 의식해서 서술했던 것을 과감하게 바꾼 부분

③의 3장 1절 「濊貊考」(131쪽)에서 인용한 『여씨춘추』 시군람편의 해석 부분에서 예족이 '요동지역'에 있었다고 한 부분을 ④의 3장 1절 「예족과 맥족에 대하여」(148쪽)에서는 '오늘의 료동 혹은 료서와 료동에 걸치는 지방'으로 바꾸었다. ③의 같은 절 '요동의 許多 족속의 명칭'(132쪽)이란 부분을 '오늘의 료서 · 료동에 거주한 종족들'(149쪽)로 바꾸었다. ③의 4장 제1절 「根據考古資料所看到的朝-中關係」에서 '고대조선문화'(295쪽)와 '중국동북'(296쪽)을 ④의 8장 2절 「토기 유물의 분포」에서는 '고조선과 맥국의 문화'(327쪽)와 '고조선과 맥국이 위치했던 중국의 동북'(329쪽)으로 과감하게 수정하였다.

6) 논문 체제를 바꾸면서 생략된 부분

③의 4장 「先秦時代朝-中關係」은 1절 「根據考古資料所看到的朝-中關係」와 2절 「根據文獻資料所看到古朝鮮與中國的關係」로 이루어져 있다. 1절은 고고학 자료를 통해서 朝中 간의 문화 교류 관계를 살핀 것이고 2절은 문헌 자료상에서 고조선과 중국의 관계를 살핀 것이다. 4장 제목이 선진시대의 조중 관계이기 때문에 이를 두 측면인 고고학 자료와 문헌 자료를 통해 접근했던 것이다. 그러나 ④의 단행본으로 발간하면서 8장을 「고고학적 유물을 통해 본 고대 조선 문화의 분포」로 바꾸게 되면서 문헌자료상에서 본 조중 관계를 다룬 4장 2절 부분이 필요가 없게 된 것이다. 그래서 이 부분은 통째로 삭제되었다. 이와 더불어 ③의 4장 1절의 토기 부분에서 중국적인 영향을 가장 잘 보여주는 삼족기에 대한 설명을 과감하게 생략하였다. 그럼으로써 단행본에서 8장은 조중 관계가 아니라 온전히 고조선의 고고학적 문화로 재구성된 것이다.

아무래도 ③의 4장 2절은 중국에서 박사학위논문을 심사받아야 하고 북한과 중국의 외교적 관계를 고려하여 정략적으로 포함시킨 부분으로 보인다. 그러나 귀국 후에 리지린 개인적으로 보나 북한학계의 입장에서는 굳이 선진시기 조중 간의 우호적 관계를 단행본에 포함시킬 이유가 없었다고 보인다. 또한 『고조선연구』라는 제목에 어울리지 않는 부분을 과감하게 생략함으로써 단행본으로서의 완성도를 높혔다고 할 수 있다.

4. 結論과 맺는말

③의 결론에서는 본론에서 논증한 것을 고대조선족, 거주지역, 삼국이전 조선 제국(諸國)의 형성 및 경제형태, 고조선문화의 계승, 선진시기 조중관계 등 크게 5가지 부분으로 나누어 정리하였다. 분량도 『고조선연구』에 비해 상당히 많다. 결론이 ④의 맺는말과 가장 큰 차이는 본문 내용의 정리에 그치는 것이 아니라 고조선사의 인식체계와 이후 삼국과의 관계에 대한 리지린 자신의 견해를 아주 잘 드러냈다는 것이다.

④의 맺는말은 ③의 결론에 비해 분량이 상대적으로 적고 내용이 간결하다. 특히 ③에서 다룬 조중관계에 대한 부분이 생략되면서 맺는말의 이 부분이 필요가 없어진 것이다. 맺는말의 마지막 부분에서는 ③에서 위만을 '연에 동화된 고조선인'이라고 본 것과 달리 '고조선 사람'이라고 분명히 밝히고 있다. 그런 점에서 리지진이 학위논문의 한계를 어느 정도 극복했다고 본다.

5. 附圖와 圖版

③에는 '公元前5-4世紀朝鮮古代國家位置略圖'와 '公元前3-2世紀朝鮮古代國家位置略圖'가 있다. ④에는 같은 부도를 번역하였지만 순서가 바뀌

어 ‘기원 전 3~2세기 조선 고대 국가들의 위치 략도’와 ‘기원 전 5~4세기 조선 고대 국가들의 위치 략도’가 수록되어 있다.

③에는 도판 1. 石鋤, 2. 石犁, 3. 月狀石斧, 4. 星狀石斧, 5. 磨石, 6. 節紋陶가 수록되어 있다. ④에는 도판 1. 돌 호미, 2. 돌 보섭, 3. 달 도끼, 4. 별 도끼, 5. 갈 돌, 6. 빗살 무늬 토기, 7. 토기 무늬 비교도, 8. 흑색 토기, 9. 화분형 토기, 10. 청동단검, 11. 청동 단검, 12. 청동 거울이 수록되어 있다. 6번까지는 ③과 같지만 7~12번은 단행본에서 새롭게 추가된 것이다.

V.『고조선연구』 발간의 의미

『고조선연구-적요-』는 리지린이 박사학위논문 심사위원들에게 심사 전에 초고와 함께 제출했던 연구개요로 보인다. 『고조선적연구』는 리지린의 박사학위논문으로 1961년 5월 24일에 본론과 결론을 썼고 이후 6월 17일 서언을 마쳤다. 고힐강은 1961년 6월 19일까지 논문 각 절에 대한 검토를 마쳤으며, 6월 29일에 논문심사보고서를 작성하였다. 리지린은 고힐강의 검토 내용을 충실히 반영하지 않은 채 논문의 인쇄를 맡겼다. 결국 학위논문의 심사과정이 매우 형식적이었다는 것을 알 수 있다. 그러면서도 리지린은 구술시험 단계에서 가졌던 패수=요수설을 박사학위논문에서 패수=대릉하설로 수정하여 고조선의 영역을 서쪽으로 더 넓혀 보았다.

리지린은 귀국 후 1963년에 박사학위논문을 『고조선연구』라는 단행본으로 발간하였다. 이 단행본은 박사학위논문과 큰 줄기는 같지만 세부적으로 적지 않은 차이가 있다. 단행본에서는 박사학위논문의 서언을 북한

역사학계의 요구에 맞게끔 대폭 수정하였으며, 결론을 매우 간략하게 압축하였다. 그리고 중국 심사위원을 배려해 과도하게 설명한 부분을 생략하고, 중국식 용어 등을 과감하게 조선식으로 바꾸었으며, 새롭게 사료를 가감해서 논리를 전개하였다. 특히 고조선과 중국의 고고학적 관계를 다룬 박사학위논문 제4장 제2절을 과감하게 생략하여 '제8장 고고학적 유물을 통해 본 고대 조선문화의 분포'라는 새로운 장으로 탈바꿈시켰다.

리지린은 북경대학 유학을 통해 박사학위를 취득할 수밖에 없는 상황에서 중국인 심사위원들을 어느 정도 의식할 수밖에 없었지만 중국학계의 견해에 경도되지는 않았다. 그는 귀국 후에 학위논문이라는 한계를 벗어나 북한학계의 요구와 현실에 맞게끔 수정하여 『고조선연구』를 새롭게 출간하였다. 그리고 북한학계는 고조선 중심요령설을 고고학적으로 뒷받침하기 위해 리지린에게 조중공동고고학발굴대의 책임을 맡겼다.

리지린의 『고조선연구』는 북한학계뿐만 아니라 한국 · 일본 · 중국 · 러시아에까지 영향을 주었던 만큼 의미가 큰 저작이라고 할 수 있다. 그의 『고조선연구-적요-』와 『고조선적연구』가 발견됨으로써 기존에 학위논문 목차 정도만 확인할 수 있었던 상황에서 나아가 박사학위논문 자체에 대한 본격적인 분석이 가능하게 되었다. 그와 관련된 「고조선연구제강」(1960), 『고조선연구-적요-』(1960.8. 이후), 『고조선적연구』(1961), 『고조선연구』(1963)를 연속적인 시각에서 접근한다면 리지린의 고조선사 인식체계 형성과정을 좀더 깊이 있게 이해할 수 있을 것으로 기대된다.

※ 이 글은 필자가 발표한 논문인 「리지린의 북경대학 박사학위논문 『古朝鮮的研究』의 발견과 검토」(『선사와 고대』 62, 2020.4)를 단행본의 출판에 맞게끔 일부 수정한 것이다.

리지린의 "고조선연구" 목차 비교

구 분	「李址麟《古朝鮮研究提綱》」(①)	『古朝鮮研究-摘要』(②)	『古朝鮮的研究』(③)	『고조선연구』(④)	
시 기	1960년 1월	1960년 8월 이후	1961년 6월 17일	1963년 2월 28일	
제 목	古朝鮮研究	古朝鮮研究	古朝鮮的研究	고조선연구	
序言(論)	序論 : 研究目的, 研究方法, 研究的意義	없 음	序 言	머리'말	
第一章	**古朝鮮歷史地理**	**古朝鮮歷史地理**	**古朝鮮歷史地理**	**제1장**	**고조선의 력사 지리**
第一節	中國文獻上古朝鮮位置	在中國文獻資料上的古朝鮮位置	在中國文獻資料上的古朝鮮位置	제1절	고대 문헌 자료 상에서 본 고조선의 위치
第二節	中國文獻史料上古朝鮮領域的變動	中國文獻資料上所見的古朝鮮領域的變動	在中國資料上所見的古朝鮮領域的變動	제2절	고대 문헌 상에서 본 고조선 령역의 변동
第三節	秦至漢初遼水·浿水的位置	秦-漢初遼水與浿水的位置	秦-漢初·遼水和浿水的位置 一. 燕長城的東端和遼水的位置 二. 秦-漢初浿水的位置	제3절	기원 전2세기 말(한4군의 설치 시기)까지의 료수의 위치(연·진의 장성의 동단과 관련하여)
				제4절	고조선의 패수의 위치에 대하여
第四節	王險城的位置	王險城考	王險城位置	제5절	왕검성의 위치에 대하여
第二章	**古朝鮮建國傳說考**	**古朝鮮建國傳說考**	**古朝鮮傳說考**	**제2장**	**고조선 건국 전설 비판**
第一節	檀君傳說考	檀君傳說考	檀君傳說考 一. 依據對檀君傳說的文獻資料的考察來推斷檀君神話的編造時期 二. 檀君傳說的分析與批判	제1절	단군 신화 비판 1. 단군 신화에 대한 문헌 자료 고찰과 이 신화의 형성 시기 2. 단군 신화의 분석과 비판
第二節	箕子傳說考	箕子傳說考	關于箕子的傳說	제2절	기자 조선 전설 비판

구 분	「李址麟《古朝鮮研究提綱》」(①)	『古朝鮮研究-摘要』(②)	『古朝鮮的研究』(③)	『고조선연구』(④)	
第三章	**古代(先秦)朝鮮諸族考**	**先秦時代古代朝鮮諸族考**	**先秦時代朝鮮諸族考**		
第一節	穢貊考 · 穢貊是不是一個種族? · 穢貊族的歷史地理 · 穢貊與古朝鮮的關係 · 穢貊與中國的關係 · 社會發展程度	濊貊考	濊貊考 一. 濊 · 貊是不是單一族屬的名稱? 二. 濊 · 貊與朝鮮的關係 三. 貊的社會經濟狀況	**제3장** 제1절 제2절 제3절 제4절	**예족(濊族)과 맥족(貊族)에 대한 고찰** 예족과 맥족에 대하여 예 · 맥과 고조선과의 관계 『삼국지』와 『후한서』의 「예전」과 「옥저전」에 기록된 '예'의 위치에 대하여 맥국의 사회 경제 구성
第二節	肅愼考 · 先秦文獻上肅愼是不是挹婁的祖先? · 肅愼的歷史地理 · 肅愼與中國的關係 · 肅愼的社會發展程度	肅愼考	肅愼考	**제4장** 제1절 제2절	**숙신에 대한 고찰** 고대 숙신(肅愼)의 위치 고대 숙신(肅愼)과 고조선과의 관계
第三節	夫餘考 · 夫餘是何族? · 夫餘與古朝鮮的關係 · 夫餘國家形成時期	夫餘考	夫餘考 一. 夫餘是何族的國家? 二. 夫餘和古朝鮮的關係 三. 夫餘的社會經濟構成	**제5장** 제1절 제2절 제3절	**부여(夫餘)에 대한 고찰** 부여는 어느 종족의 국가인가? 부여와 고조선과의 관계 부여의 사회 경제 구성
第四節	三韓考 · 韓族是何族? · 三韓與古朝鮮的關係 · 三韓國家形成時期	三韓考	三韓考 一. 對于三韓東遷說的批判 二. 三韓的歷史地理和三韓的分立 三. 三韓人是什麼族屬? 四. 三韓的社會經濟形態	**제6장** 제1절 제2절 제3절 제4절	**진국(삼한)에 대한 고찰** 삼한 동천설에 대한 비판 진국의 북변 삼한인은 어느 종족인가 진국의 사회 경제 구성

구 분	「李址麟《古朝鮮研究提綱》」(①)	『古朝鮮研究-摘要』(②)	『古朝鮮的研究』(③)	『고조선연구』(④)	
第五節	沃沮考 · 沃沮是何族? · 沃沮與古朝鮮的關係 · 沃沮的歷史地理	沃沮考	沃沮考	**제7장**	**옥저에 대한 고찰**
				제1절	옥저에 관한 자료에 대하여
				제2절	옥저의 위치에 대하여
				제3절	옥저인은 어느 종족인가
第四章	**古朝鮮與中國的關係**	**先秦時代朝-中關係**	**先秦時代朝-中關係**	**제8장**	**고고학적유물을 통해 본 고대 조선문화의 분포**
第一節	政治 · 經濟上關係 · 文獻上 · 考古材料上的關係 · 先秦時代古朝鮮人民與中國人民的關係	根據考古資料所看到的先秦時代朝-中關係 一. 石器 二. 陶器 三. 大石文化上的相互關係 四. 卜骨 五. 墓葬制 六. 青銅器文化上的朝-中關係	根據考古資料所看到的朝-中關係 一. 石器文化上互相的關係如何? 二. 陶器文化上的互相關係如何? 三. 大石文化上的互相關係如何? 四. 卜骨 五. 墓葬制 六. 青銅器文化	제1절	석기 유물의 분포
				제2절	토기 유물의 분포
				제3절	거석 문화의 분포
				제4절	청동기 유물의 분포
第二節	文化上關係 · 古朝鮮凋自性文化 · 中國文化對于古朝鮮文化的影響	根據文獻資料所看到的朝-中關係	根據文獻資料所看到古朝鮮與中國的關係		삭 제
第五章	**古朝鮮社會經濟構成**	**古朝鮮國家形成及其社會經濟形態**	**古朝鮮國家形成及其社會經濟形態**	**제9장**	**고조선의 국가 형성과 그 사회 경제 구성**
第一節	考古材料上社會生産力的發展程度	古朝鮮社會生産力如何?	古朝鮮社會生産力如何?	제1절	고조선 사회의 생산력
第二節	古朝鮮社會經濟形態	關于古朝鮮的文字使用	關于古朝鮮的文字使用	제2절	고조선의 문화
第三節	國家形成時期	古朝鮮國家形成與社會經濟形態	在古朝鮮國家形成與社會經濟形態	제3절	고조선의 국가 형성
				제4절	고조선의 사회 경제 구성

구 분	「李址麟《古朝鮮研究提綱》」(①)	『古朝鮮研究-摘要』(②)	『古朝鮮的研究』(③)	『고조선연구』(④)	
結 論	·從來內·外學者關于古朝鮮的研究 態度及對它的批判 ·古朝鮮人民獨自性的文化創造 ·古朝鮮人民與先秦中國人民的血緣上及文化上友好關係	-	一. 關于古代朝鮮族 二. 關于古代朝鮮族居住的地域 三. 關于三國之前古代朝鮮諸國的形成以及其經濟形態 四. 關于繼承古朝鮮文化的問題 五. 關于先秦時代朝-中關係	맺는말	1. 사료 취급에 대하여 2. 고조선의 위치에 대하여 3. 고대 조선 종족에 대하여 4. 사회 경제 구성에 대하여 5. 정치 제도의 특수성에 대하여
附 圖	없음	없음	부도 2, 도판 6	부도 2, 도판 12	

古朝鮮研究

摘要

李趾麟

古朝鮮研究

摘　要

第一章　古朝鮮历史地理

第一节　在中国文献資料上的古朝鮮位置

通过以下的中国古文献史料，可知古朝鮮的位置並不是現今的朝鮮領域而是鴨綠江以北地域。

1. 《管子》卷二十三《揆度》第七十八。
2. 同上书卷二十三《輕重甲》第八十六。
3. 《后汉书·东夷涉傳》的王先謙集解。
4. 《山海經》卷十二《海內北經》。
5. 同上书《海內經》。
6. 《战国策》卷二十九《燕一》。
7. 《史記·朝鮮列傳》。
8. 《魏略》。
9. 《辽史》卷四十九第八十《礼志一》。
10. 同上书　卷三十八《志》第八《地理志》二《东京道》。
11. 《旧唐书·高句丽傳》。
12. 《隋书》卷六十七《裴矩列傳》。

13.《后汉书》卷一下《光武帝本紀》一下建武六年六月条李賢注。

14.《盛京通志》卷十《建置沿革》。

15.《列子》卷五《湯問》。

16.《史記》卷二十九《河渠书》。

第二节　中国文献史料上所見的古朝鮮領域的变动

通过如下中国文献資料，我們可以知道在燕昭王时期（公元前311—279年）古朝鮮領域有了大变动。分析这些資料可知变动以前的古朝鮮領域是現今辽东和辽西地域。但辽东是古朝鮮的∟屬邉┐眞番（即眞汗、番汗以及莫汗地域。这∟屬邉┐是与∟侯国┐相同而决不是隶屬他族的。

古朝鮮国是在現今灤河流域形成起來的。而且維持了很长时間。这种說法的理由如下。

1.《魏略》上記載朝鮮被燕夺取西方二千余里地域，並且以滿潘汗为界綫。《史記・朝鮮列傳》記載东胡被燕击退而被夺取西方千余里。这是一个历史事实的两种記載。司馬迁所說的∟东胡┐就是指古朝鮮和貊。我認为《史記・匈奴列傳》里的∟东胡┐也是貊族。貊从春秋时代起就是在中国北方的最强大的族屬，当匈奴出現以后，貊是东胡中最强大的族屬。汉武帝以后烏桓、鮮卑等才是与中国有了联系的族属，所以没有有資料能夠知道其战国时代的历史。《后汉书》的《鮮卑傳》和《烏桓傳》上虽然記載战国时代的东胡就是鮮卑和烏桓的先族。可是我認为这个記載是不正确的。司馬迁在記載上是把烏桓和东胡区别开来。烏桓、鮮卑在后汉代还没有国王，但《匈奴列傳》里的东胡在战国时代已有国王存在了。古代中国人把古代朝鮮人也称为＂胡＂。貊往往称为＂胡貊＂，其貊国（一名橐离国）在战国时代已有国王存在了。其 长久居住在燕北与东北方，其南方与古朝鮮国相邻接。並且在燕与朝鮮洌水之間，使用了同一的方言。这个事实意味着古代朝鮮人长久在这个地域里居住过。关于＂朝鮮＂这个国名，县的說法即由来于湿水、洌水、汕水等水名的說法是正确的，而且可以証明这些江就是現今灤河。这就說明，＂朝鮮＂这个国家是在灤河地域形成的。可以知道，在永平府境內有＂朝鮮城＂与＂乐浪＂这些古代地名。

根据这些資料，我們認为古朝鮮国家到公元前四世紀末为止一直位于辽西地域。所以我認为直到同时为止中国人居住在永平府以东地域的事实是没有的。

参考书目：

1.《史記·朝鮮列傳》

2.《魏略》

3.《史記》卷三十四《燕召公世家》

4.丁若鏞《我邦疆域考》

5.《史記·匈奴列傳》

6.《大明一統志》卷五《永平府境》条。

7.《后汉书·烏桓列傳》、同《鮮卑列傳》。

8.《汉书·地理志》玄菟郡　顏师古注。

9.《三国魏志·东夷高句丽傳》。

10.《水經注》卷三《小辽水注》。

11.《史記》卷一百二十五《貨殖列傳·烏氏倮》条。

12.《战国策》卷十九《赵策二》。

13.《山海經》卷十一《海内西經》。

14.《战国策》卷二十九《燕策一》。

15.　楊雄《方言》。

16.《新增东国輿地胜覧》卷五十一《平壤府名称考》。

17.安鼎福《东史綱目》附下《杂誌·朝鮮名称考》。

18.申采浩《朝鮮史研究草》。

19.郑寅普《朝鮮史研究》上。

20.梁柱东《朝鮮古詩歌研究》。

21.《史記·朝鮮列傳》集解所引用的張晏的关于"乐浪朝鮮"名称的由来之説法。

22.《滿洲源流考》卷一《部族·肃慎》。

23.《通典》卷百八十五《边防一·朝鮮》里引用的張华的关于"乐浪朝鮮"名称之由来的説法。

24.《水經注》卷十四《濡水注》。

25.《热河志》卷六十九《热河》条。

26.《水經注》卷十四《湿水篇》經文及其注。

27.同上书《　河》經文及其注。

28.《热河志》卷六十九《灤河》条。

29.《三国遺事》卷三《兴法第三・順道肇丽》。

30.《三国史記・地理志》。

31.《史学杂誌》(日本)第七編第一卷白鳥庫吉《朝鮮古代地名考》。

32.《永平府志》卷四《山川》条。

33.《逸周书》卷七《王会解》。

34.《史記・五帝本紀》。

35.《史学杂誌》第十六編第六卷　白鳥庫吉《国語与外国語的比較研究》。

36.《禹貢》第二卷七期　馮家昇　《东北史諸名称之解釋》。

37.《魏书》卷一百之上《志》第五《地形》上《北平郡》条。

38.郭造卿《卢龙塞略》卷十三《傳部・黄烈傳》。

39.楊守敬《历代輿地沿革險要图》、《前秦疆域图》。

第三节　秦一汉初　辽水与浿水的位置

秦一汉初(即武帝以前),辽东郡是現辽河以西地域。这从《通典・州郡》資料上可以知道得很明白。所以秦一汉初的辽水应当位于其辽东郡西边。其江就是現今的灤河。我們有資料可以知道現今灤河曾称做⌊辽水⌉。那就是《水經注》卷十四《濡水注》上所記載的傳說。郭造卿引用《管子·小問篇》时增添了可以把現灤河称为⌊辽水⌉的資料。郭氏分明認定現灤河为⌊辽水⌉，他插入了《管子》原文上所沒有的資料。我認为他一定有某种資料根据而且他的意見是正确的。为什么可以这样說呢？

因为我們从語言上解釋可以証明古代称現灤河为辽水。現灤河的古名是武列水（略称为⌊列水⌉）。"洌"与"黎"通音，"黎"与"辽"也通音。即"辽水"这个名称由来于古名"武列水"。汉武帝时，因为領土扩張，辽东郡向东移动，⌊辽水⌉的名称也随着移动，从而产生了現辽河这个名称。直到卫氏朝鮮灭亡时为止，此辽河一直被称为"洌水"。

中国古代史家們因为不理解古朝鮮領域的移动，所以用后代的地名解釋古代的地理。从而对于秦的万里长城东端也产生了各个不同的說法。即辽东說、辽西說以及乐浪說等等。这个事实就是由于对古代地理沒有正确理解而引起的。秦长城的东端就是碣石山，其位于現山海关附近。如果認定古代的辽水为灤河的話，则辽东說（司馬迁）是正确的，張守节在認定唐代的辽河为古代辽水的前提下認为秦长城东端为辽西，这个說法大体上是正确的。房玄齡与杜佑都說乐浪郡遂成县是乐浪郡的东端，但他們的說法是由来于对古代地理的誤解。但他們会有这样的說法是有根据的，即，战国时代称现灤河地域为乚乐浪⅂，而且乚遂成⅂这个名称我認为是乚驪城⅂的誤記。我認为灤河下游的驪成由来于古朝鮮的乚列水⅂，乚列⅂与乚驪⅂通音，乚驪⅂与乚黎⅂通音，乚黎⅂与乚辽⅂通音，因此我認为乚辽⅂字与轉載时誤写为乚遂⅂，从而产生了乚遂成⅂这个名称。事实上乐浪郡里並沒有遂成县。如果在古代乐浪地域冽城里有秦长城东端的話，則其位置就是正确的。所以我認为直到唐代为止，这些資料就是不正确地被傳留下来。因此，我們完全沒有資料能夠在在現今辽东找到秦长城的东端。因为这个緣故，我們不能簡单地考慮司馬迁关于燕长城的东端是襄平的說法。換句話說，我們难于把襄平解釋为武帝以后的辽东襄平。据我解釋，襄平这个地名在秦—汉初也許在現辽河以西。燕长城一直修筑至現辽阳这个事实其本身就有疑問，而且燕长城东端（即今辽阳）与秦长城的东端距离太远。如果长城东端是在辽阳平野的話，那么不可能达到軍事上的目的。虽然不知燕长城东端—襄平是今日哪个地域，但我認为　是距离山海关不会很远的。

浿水是哪一条江呢？古代朝鮮几个地域里都有浿水。这个水名也是随着疆域的移动而移动。“列水”从古代朝鮮語来看，就是“大江”的意思，“浿水”可以解釋为“江”的意思。我应当把《史記·朝鮮列傳》上的朝—汉国境綫浿水与《汉书·地理志》上的乐浪郡浿水区别开来。王險城与国境綫浿水的距离是百里以上，卫滿在篡夺古朝鮮王权之前曾居住在那个地域里。乐浪郡浿水正是临王險城的一条水。因为在考察古朝鮮浿水时脱离了这些历史事实，所以至今为止各說其異。在王險城西方有两条浿水。即，国境綫浿水与乐浪郡浿水，其間相距百余里。王險城临乐浪郡浿水。这两条浿水不可能認定是鴨綠江或且大同江。过去国内外許多学者因为認为只有一条浿水，所以主張这条浿水或是鴨綠江或是大同江的說法。可是，这些說法不可能証明浿水与王險城的地理位置。

我認为《水經》的浿水說是正确的。为什么呢？因为东流以及东南流入海的江就是現今的大凌河，而且可以証明称大凌河为浿水，大凌河的古名叫做“白狼水”，它与“浿水”（pa－la、pia－la、pila等發音）正是異字同名。眞番郡的沛水就是大凌河。郦道元論駁了水經說，但郦氏由于全然无視古代历史而犯了錯誤。乐浪郡浿水是現乐东的游泥河。这据《辽史·地理志》、《盛京通志》等資料可知。並且，現今辽河在古朝鮮和卫氏朝鮮当时被称为列水。現今辽河的古名是「烏列水」（即，“武列水”一大河的意思）。《水經》是关于中国河川的記录，但为什么沒有記录大凌河而可以記載大同江或鴨綠江呢？

只有認定国境綫浿水为大凌河与乐浪郡浿水为游泥河才能夠与卫滿居住在秦故空地的历史事实相符合。並且，眞番是在辽河与大凌河之間的地域。楊守敬也認为眞番在現今辽河流域。武帝以后列水改名为辽河，辽东郡的一部地域就直到辽河中游以东为止。

参考书目：

1. 《史記·匈奴列傳》

2. 《史記·燕召公世家》

3. 《史記·朝鮮列傳》

4. 《史記·蒙恬列傳》

5. 《魏略》

6. 《汉书·地理志》

7. 《史記·秦始皇本紀》

8. 《通典》卷一百八十六《边防》二《东夷·高句丽》

9. 《晋书》卷十四《地理志》

10.《战国策》卷二十九《燕一》

11.《通典》卷一百八十《州郡十·古青州》

12.同上书《安东府》

13.同上书卷一百七十八《州郡十·柳城郡》

14.郭造卿《卢龙塞略》(明万历庚戌刻本)

15.《水經注》卷十四《濡水注》

16.顾炎武《营平二州記》(《槐庐丛书》)

17.《永平府志》卷十《古蹟》

18.《水經注》卷十四《大辽水注》

19.《通典》卷一百七十八《州郡八·卢龙县》

20.《后汉书·郡国志》

21.《永平府志》卷十《古蹟·碣石》

22.《昌黎县志》(同治五年知昌黎县事何崧泰等纂)

23.稻叶岩吉《秦长城东端考》《史学杂誌》第十二編第二号

24.《水經注》卷一《河水注》

25.《三国史記·地理志》

26.《三国遺事》卷第三《兴法第三·順道肇丽》

27.《水經注》卷十四《浿水》經文及其注

28.《热河志》卷五十六《大凌河》条

29.《黑龙江志稿》卷七《方言》

30.《辽史》卷三十八《地理志二·东京道》

31.《盛京通志·山川》

32.楊守敬《前汉地理图》

第四节　王險城考

历代国内外的史学家們都主張王險城就是現今平壤，可是这个說法到底是不可能成立的。如上所述，浿水不可能是鴨綠江或大同江。因为我認为，做为国境綫的浿水应当是現今大凌河，而乐浪郡　水应当是淤泥河，因此可以考証，王險城就是蓋平。蓋平的古名叫做蓋牟城，可以証明它与王險城是同名異字的記名。然而《汉书·地理志》注释辽东郡險瀆县是王險城，这个注釋是有問題的。我認为，从朝鮮古代語来看，这个險瀆也是与王險城具有完全相同意义的地名。

我們可以考証險瀆就是現今朝阳，其地域正是貊国（即槀离国）的地域，所以我認为險瀆是貊国的首都。从資料上可以看到，其疆域正是紫蒙川地域，而且是古代北夷的首都。《晋书·載記》做了这样的說明，顧炎武也是这样認定的。根据齐召南的說法，我們可以証明昌黎（「天辽」或「交黎」即險瀆地）的故名称为「夫辽」，其「夫辽」正是古代朝鮮語的「不」、「发」、「伐」、「夫里」、「卑离」、「乐浪」等相同的吏讀式記名。古朝鮮东迁之前的首都，我們还无法考証它。

参考书目：

1. 《史記·朝鮮列傳》
2. 《魏略》
3. 《汉书·地理志》辽东郡險瀆县注。
4. 《三国志·魏志·东夷韓傳》
5. 白鳥庫吉《汉四郡疆域考》《东洋学报》第二卷３号
6. 《辽史》卷三十八《地理志》东京道辰州条。
7. 《盛京通志》卷二十八《古蹟》辰州条。
8. 楊守敬《前汉地理志图》
9. 《后汉书·郡国志》
10. 《晋书·武帝紀》
11. 《水經注·大辽水注》
12. 顧炎武《日知录》卷三十一《昌黎辨》
13. 顧炎武《考古录》
14. 楊守敬《晦明軒稿·王險城考》

15.齐召南　武英殿本《后汉书·郡国志》考証。

16.《后汉书·安帝紀》

17.《后汉书·鮮卑傳》

18.顾炎武《营平二州記》

19.《唐书·地理志》

20.《辽史·地理志》东京道条

21.《晉书》卷一百八《載記·慕容廆》

22.同上书《載記·慕容皝》

23.《昌黎县志》

24.《永平府志》

25.《滦州志》

26.《热河志》

第二章　古朝鮮建国傳說考

第一节　檀君傳說考

檀君傳說决不是佛教傳入朝鮮后由佛教徒的虛构出来的。当然，这傳說是被佛徒所潤色的。可是其基本神話是至迟公元前二千年以前即殷代以前就已产生了。为什么可以这样說呢？因为古朝鮮族（即汐族）在殷代就已居住在渤海沿岸，可是其神話可以解釋是在山間地带发生的。我們可以認定，关于檀君氏族的图騰的神話是古朝鮮族在山間地带居住向軍事民主阶段过渡时发生的。所以我們应当認定，古朝鮮族在渤海沿岸定居之前其神話就已經产生了。至今我們还不知道北方系統的古朝鮮族（即涉族）的发兴起是何处，而且他們通过哪一条路徑而定居渤海沿岸。我把檀君傳說上的地名“阿斯达山”解釋为中国古地名“阿䦨达山”（水經注河水注），並且把“三危”解釋为与《尚书·禹貢》里的“三危”相同的地名。“藏唐京”是无法考察的。所以我忆测，檀君氏族是从 Altai 地域通过中国西北和北部地域而移动到渤海沿岸和鴨綠以南地域的。今天國內外語言学者們大体認定朝鮮語是属于 Ural-altai 語系統，有人主張朝鮮語是蒙古語系統与通古斯語系統混合起来的。並且我想，史家們大体認定古代朝鮮族（北方系）是从北方移动，与渤海沿岸及現今朝鮮半島上原住民融合起来的。我認为其北方系族是涉与貊，涉在新石器时代已經移至朝鮮半島。鳥夷系統族属是居住在渤海沿岸与朝鮮半島的原住民。檀君氏族是涉族的軍事首长氏族。鳥夷系統族属有卵生神話而北方系統族属却全然沒有。我否認神圣地把檀君視为朝鮮民族唯一的祖先的民族主义史家們的看法，同时也不能同意主張在公元后伪造檀君神話的說法。

参考书目：

1. 恩格斯《家庭·私有制及国家的起源》

2. 白南云《朝鮮社会經济史》

3. 袁珂《中国古代神話》

4. 《三国遺事》卷一《紀異·古朝鮮》

5. 同上书卷一《紀異·高句丽》

6. 同上书卷一《王历·高句丽》

7. 《三国史記》卷十《高句丽始祖东明王》

8. 《世宗实录·地理志》

9. 李肯翊《燃藜述記述》

10.《三国史記》卷二十八《高句丽本紀·嬰阳王十一年》条

11.同上书卷二十四《百济本紀·近肖古王二年》条

12.同上书卷四《新罗本紀·真兴王六年》条

13.白鳥庫吉《朝鮮古傳說考》《史学杂誌》第三編第十二号。

14.郑客普《朝鮮史研究》卷上34頁。

15.赵翼《二十二史劄記》

16.《三国遺事》卷一《紀異第二·新罗始祖赫居世王》

17.《魏略》

18.《論衡》卷二《吉驗篇》

19.《好太王碑》銘

20.《史記·殷本紀》

21.《史記·秦始皇本紀》

22.《博物志》卷七《異聞》

23.白鳥庫吉《古代支那人的民間信仰》(《东洋思潮》本)

24.《左傳》昭公十七年傳。

25.《韓苑·三韓》

26.《三国魏志·东夷韓傳》

27.《周书》卷四十九《異域上·高句丽》

28.梁柱东《朝鮮古詩歌研究》

29.《史記·五帝本紀》

30.《汉书·礼仪志》

31.《山海經·海外經》

32.《三国魏志·东夷濊傳》

33.徐居正《笔苑杂記》

34.徐居正《东国通鑑外記》

35.《新增东国與地勝覽》

36.《尙书·舜典》

37.《尙书·禹貢》

38.顧頡剛《禹貢》注釋　中国科学院地理研究所編《中国古代地理名著选譯》

39.《三国史記·地理志》

40.《水經注·河水注》

第二节　箕子傳說考

箕子朝鲜傳説編作于秦一汉初。所以我們不能完全相信这个傳說。可是我們不能認为宅是凭空虛构的，而是有一定的历史根据的。

西周初［箕］国是在河南省商丘县（程恩澤、杨守敬説）。可是《汉书·地理志》琅邪县条上有箕县，同注解釋为"侯国"。据《左傳》资料，可知在山西省汾水东有箕国。我認为，这个箕国是河南省商丘县（或河北琅邪郡箕县）迁徙去的。箕子分明是居住在古箕国而且故于那里（即梁国蒙县一河南商丘县）很显然，箕子决不是受封或亡命于现今朝鲜。

那么，为什么产生了箕子朝鲜傳說呢？

那是有一定的理由的。在古箕国地域有古涉水（河南商丘县）（看杨守敬《战国疆域图》），在河北省也有涉水（清漳水支流），其附近有古涉邑。这个地域大約与琅邪郡地域一致。河北清漳水上游一名叫做［高丽水］。总之古箕国位于涉水流域。我認为这个涉水地域是　人（即古朝鲜族的一部）居住的地域。

所以我判断，箕子是亡命到这个涉人的地域里来，而成为古［国］的統治集团之一員。因此我認为，这个傳說傳到古朝鲜来以后，到了卫氏朝鲜时，宅被体系化而成为統治古朝鲜人民的工具了。我認為，古箕国灭亡以后，涉人向东移动，而且箕子后裔受封于山西汾水东而統治箕国。古箕国的［箕］並不是华語而从古代涉人的語言中来的地名。古朝鲜王系是否有［箕］氏姓虽然不明确，但即使使用了箕氏姓，那是和箕子沒有任何关系。箕子本来不是人名，而是后代人根据国名而附与的。总之，古箕国不是西周的侯国而是涉人的国家（城市国家）。箕子亡命到那儿去的。「箕」是城市名，我把它解釋为与「王險城」相同的「王城」。

参考书：

1.《新唐书·高句丽傳》

2.《高丽史》卷六十三《礼》五《杂記》

3.韓百謙《箕国考》（1837年海昌蔣氏刻別下斋丛书本）

4.李栗谷《箕子实記》

5.《周书大傳》卷三《周傳·洪范》

6.《三国志魏志·东夷韓傳》

7.顧頡剛《箕子封国》（油印本《浪口村随筆》）

8.《史記·朝鮮列傳》

9.《魏略》

10.《論子·微子篇》

11.今本《竹书紀年》卷四《周武王》

12.《韓詩外傳》卷三《武王》

13.《史記·殷本紀》、同书《周本紀》、同书《宋微子世家》。

14.崔述《崔东壁遺书·商考信录》卷一

15.丁若鏞《我邦疆域考·朝鮮考》

16.程恩澤《战国地名考》（《粤祁堂丛书》本卷十八《箕国》）

17.《左傳》僖公十五年傳。

18.今本《竹书紀年》卷三《殷商紀》

19.顾炎武《日知录》卷三十一《大明一統志》条

20.《左傳》僖公三十三年經文。

21.《左傳》昭公二十三年傳。

22.《左傳》成公十三年傳。

23.顾炎武《日知录》卷三十一《箕》条。

24.《汉书、地理志》琅邪郡条。

25.楊守敬《水經注图·淇水篇·浊漳水篇·河水篇》

26.楊守敬《战国疆域图》

27.《国語·晋語四》

28.《山西通志》卷八十九《金石器、箕鼎》

29.《史記》卷二十七《天官书》

30.《汉书》卷二十六《天文志》

31.《唐书》卷三十六《天文志》

32.《三才图会》卷一《天文》

33.《水經注·清漳水注》

第三章　先秦时代古代朝鮮諸族考

第一节　濊貊考

在先秦时代的中国文献資料里，涉与貊是区别記載的。涉与貊虽然也有区别，但同时两者也被混合而記載为∟涉貊┐。所以，我認为，在先秦时代涉与貊都建立了国家。后来貊国被燕所敗亡而东迁，当它移动到涉地以后两者就混合起来了。即，夫余与高句丽就是貊族移动到涉地（即古朝鮮地域）与其涉人联合建立的国家。

涉是古朝鮮族的通称。其在殷代就已居住在从河北省涉水流域起至辽西、辽东地带，其一部族则移动到鴨綠江以南。其先进部落已經在西周初在河北省清漳水（古涉水）流域形成了国家。在辽西、辽东居住的涉的諸部落联合建立的国家就是古朝鮮，移动到鴨綠江以南的涉人与其原住民鳥夷族属混合建立的国家就是三韓前身的古辰国。

另一方面，貊在西周时代在山西北部，春秋时代漸次东迁而移动到現今河北省北部和东北部，至迟在春秋末在今热河至朝阳地域建立了貊国。貊国的南部与古朝鮮接壤。西周时代貊位于古韓国的北部。我推断古韓国是西周人佔領貊的地域的。我認为∟韓┐这个字是由来于貊的語言∟汗┐的。自古以来，中国有些史家們說古韓国东迁而成为三韓。固然我們不能相信那是历史事实，可是古韓国与貊具有密切的关系，这是很明白。而且我們也可以推測，韓侯国的名称是由来于貊人的∟汗国┐。所以，我認为貊在西周时代已处在国家形成过程中，至迟在春秋末形成了貊国（槀离国）。涉与貊是使用同一語言的一个族属的两个部族。貊移居在山西西北部以前，是从何处通过哪一条路徑移来的，我們无法知道。那是不一定与涉的移动路相同的。

参考书：

1. 《逸周书·王会解》

2. 《尚书·禹貢》

3. 《史記》卷三十《平准书》

4. 《汉书》卷二十四下《食貨志》第四下。

5. 《潛夫論》第二《思賢》

6. 《汉书·武帝紀》元朔元年条。

7. 《三国魏志·东夷傳》

8. 《后汉书·东夷傳》

9. 《汉书》卷九十九中《王莽傳》

10.《史記·匈奴列傳》

11.《史記》卷一百二十九《貨殖列傳》烏氏倮条。

12.《史記》卷三十《平准书》

13.《史記》卷五十五《留侯世家》

14.《隋书》卷六十四《来护儿傳》

15.白鳥庫吉《汉四郡疆域考》

16.《汉书·地理志》

17.《隋书》卷三十《地理志》

18.《呂氏春秋》卷二十《恃君覽》

19.《水經注·浊漳水注》

20.《太平寰宇記》河北道鎮州平山县条。

21.《續汉书·郡国志》

22.程恩澤《战国地名考》卷八《赵·上漳》

23.楊守敬《水經注图·浊漳水篇图》

24.《詩·大雅·韓奕》

25.《尚书·禹貢》梁州条。

26.《潛夫論》卷九《志·氏姓》

27.郭造卿《燕史·燕雄記》

28.章炳麟《太炎文錄續編》卷一

29.顧頡剛《燕国曾迁汾水流域考》（《責善》第一卷五期）

30.《詩·魯頌·閟宮篇》

31.《墨子》卷四《兼爱中》、《非攻篇》

32.《管子》第八卷《小匡》

33.《史記·匈奴列傳》

34.《战国策》第十九卷《赵二》

35.《尚书·武成篇》

36.《战国策》第三卷《秦一》

37.同上书第二十九卷《燕一》

38.同上书第十九《赵二》

39.《汉书》卷四十九《鼂錯列傳》

40.《汉书·高祖紀》

41.《史記·赵世家》

42.《論衡》卷二《吉强篇》

43.《山海經》卷十七《大荒北經》

44.《水經注》卷三《大辽水注》

45.顾炎武《营平二州記》

46.《史記》卷一百十七《司馬相如列傳》

47.《山海經》卷一《南山經》、《海外东經》。

48.《永平府志》卷四《疆域·山川》

49.韓致渊《海东繹史》卷一《青丘国》

50.王先謙《朝鮮彙稿》(未发表稿在北京大学图书館善本室所藏)

51.《热河志》卷五十六《建置沿革》

52.《史記》卷二十《封禅书》

53.《永平府志》卷十《古蹟·山戎国》条里引用的郭造卿关于山戎的文章。

54.《永平府志》卷五《物产》

55.《墨子》卷五《非攻篇》、同书孙詒让《間詁》

56.《山海經》卷十一《海内西經》

57.楊守敬《晦明軒稿·汉志东西汉水考》

58.《黑龙江志稿》卷二《地理志沿革》

59.《水經注》卷十四《濡水》

60.《史記》卷一百二十九《貨殖列傳》

61.白鳥庫吉《东胡民族考》(《史学杂誌》第21、22、23編)

62.《魏书》卷一百一《吐谷渾傳》

63.《周书》卷五十五《吐谷渾傳》

64.《唐书》卷二百七十五上《突厥傳》

第二节　肃愼考

从来正史上把先秦文献上所見的古肃愼說是挹娄（即女眞）的先族。我們不能同意这个說法。古肃愼是涉与鳥夷的一部混合的。乚肃愼乛这个名称与乚朝鮮乛一样是由来于水名，归根結底，朝鮮与肃愼是同名異字。古肃愼地域与灤河流域即古朝鮮地域一致。

参考书目：

1. 《尙书·书序》
2. 今本《竹书紀年》卷一《五帝本紀》
3. 《史記·周本紀》
4. 《尙书·禹貢》
5. 伪《古文尙书》。《伪孔傳》。
6. 《国語》卷五《魯語下》
7. 《三国志·魏志·东夷挹娄傳》
8. 《史記·五帝本紀》
9. 《逸周书·王会解》
10. 《滿洲源流考》卷一《部族一·肃愼》

11.《左傳·昭公九年傳》

12.《山海經·海外西經》

13.八木奘三郎《滿、蒙、支的古銅器

14.《史記》卷一百十七《司馬相如列傳》

15.《淮南子》卷四《墜形訓》

16.池內宏《肃愼考》《滿鮮地理历史研究报告》第十三冊。

17.八木奘三郎《肃愼考》《滿洲考古学》

18.《怀德县乡土志》(光緒三十四年抄本)

19.洪汝河《东国通鑑提綱》卷一《朝鮮紀》

第三节　夫余考

夫余是从貊国(即北夷槖离国)的王子东明王为首的統治集团的一部分向岁地(即松花江以南地域)移动而建立的国家。我認为其建国时期大約公元前三世紀中叶。其岁地就是古朝鮮地域，所以夫余不是由原始社会剛过渡到阶級社会的国家。其統治集团已具有悠久的貊国的历史，其人民即岁人还具有比其更悠久的古朝鮮的历史。

夫余受殷文化影响很多。夫余是在汉代很发展的奴隶制国家。夫夫余的奴隶制比古代东方諸国的家庭奴隶制更发展。根据現存史料，我們不能認定共同体的存在，而只能知道殘存着很强的共同体遺习。国王受到共同体遺习的一定程度的支配。夫余的下戶不是农奴，而是带有沦落为奴隶的命运的貧民。下戶經济制度是比奴隶制經济制度落后的。

参考书目

1. 《論衡》卷二《吉驗篇》

2. 《魏略》

3. 《后汉书·东夷夫余傳》

4. 《三国志·东夷夫余傳》

5. 《尚书·书序》及《正义》

6. 《史記》卷一百二十九《貨殖列傳》

7. 《山海經》卷十七《大荒北經》

8. 《史記·朝鮮列傳》

9. 申彩浩《朝鮮史研究草、前三韓、后三韓》

10. 《宋书》卷九十六《吐谷渾傳》

11. 《旧唐书》卷一百九十四上《突厥傳》

12. 《后汉书·鮮卑傳》

13. 《三国志·魏志·鮮卑傳》

14. 《周书》卷四十九《百济傳》

15. 《滿洲源流考》卷一《夫余》

16. 《三国志·魏书·高句丽傳》

17. 恩格斯《家庭·私有制及国家的起源》

1954年人民出版社版55頁、103頁、158頁、107頁

18.《后汉书·东夷烏桓傳》

19.《三国志·魏志·三韓傳》

20.《魏略輯本·高句丽》

21.《馬克思·恩格斯通信集》第四卷三联书店1958年版 672頁

22.《馬克思、恩格斯、列宁、斯大林論文艺》1957年 人民文学出版社版30頁

23.恩格斯《自然辯証法》神州国光社版279頁

29.《晋书》卷九十七《东夷夫余傳》

第四节　三韓考

三韓的先行国是辰国。辰国要与汉武帝书信来往，可是途中由于卫右渠的阻害而失败。辰国的领域正是以鴨綠江为界綫的現今朝鮮地域。所以我不能同意从来的三韓地域說（即現朝鮮中部以南）。馬韓的北边是鴨綠江界綫。这一事实可以用《三国史記》的資料来証明。並且馬韓在后汉光武帝侵略以前一名「乐浪国」。

三韓人就是涉的一部族，与古朝鮮同族。在三韓代，原住民（即烏夷系統人）与北方系統即涉人完全混合，其所者的存在在資料上找不到的。三韓的語言是同一的，而且与涉和貊的語言也是相同的。

我認定辰国分立是三韓大約与古朝鮮的灭亡同一时期。即在古朝

鮮的亡人大量向辰国移动的那时期分立的。在辰国时期也有三韓（三个行政区域）的存在。

从来国內外史家們都認定三韓是处在原始社会末期，但我論駁了这个說法。三韓以前，辰国已經具备了完全的国家統治机构。它具备了常备軍和警察机构，而且使用文字了。辰国分立三韓以后，三韓內部地方勢力强化，有的地方行使分权了。从来人們把馬韓五十余国都解澤为氏族共同体，我認定这个說法到底是不可能成立的妄說。

三韓有了殘酷的奴隶制度，其奴隶集体地参加了生产劳动。我們缺乏直接資料說明家庭奴隶的存在。三韓在相当于前汉时期已广泛地使用了鉄制生产工具了。从而可以認定相当于前汉时期，三韓已是相当发展的奴隶制国家了。三韓不仅不是原始社会，而且决不是由原始社会初向阶級社会过渡的国家。其先行国辰国已是阶級国家了。虽然缺乏資料能夠論断辰国的形成期，但如果承認三韓人是𡚸人的一部族的話，那么应当認定辰国的形成期大約处在与古朝鮮相同的时期。

国內外的許多史家从来就不愼重地研究《三国志》与《后汉书》的《韓傳》。日本史家們歪曲了这些史料而且不做正确的分析。

参考书目

1. 《潛夫論》卷九《志氏姓》第三十五

2. 《魏略》

3. 郭造卿《燕史》

4. 章太炎《太炎文录續編》卷一《大雅·韓奕义》

5. 《三国志·魏志·东夷韓傳》

6. 《后汉书·东夷韓傳》

7. 《史記·朝鮮列傳》

8. 《汉书·朝鮮列傳》

9. 南宋紹兴初杭州刻本《史記集解》

10. 《三国史記》卷二十三《百济本紀》第一《始祖十三年八月》条以及其他。

11. 同上书卷十四《高句丽本紀》第二《大武神王十五年夏四月》条

12. 申采浩《朝鮮史研究草·前后三韓考》

13. 梁柱东《朝鮮古詩歌研究》421頁

14. 李星湖《星湖僿説》卷一上《天文》

15. 丁若鏞《我邦疆域考》卷二《弁韓考》

16. 《三国遺事》卷二《馬韓》

17. 《梁书》卷五十四《諸夷列傳》

18. 《尚书·书序》以及伪孔傳

19. 顾炎武《日知录》卷二十九《三韓》

20. 《后汉书·光武紀》建武二十年条

21. 《后汉书·安帝紀》建光二年十一月条

22. 同上书延光六年春二月条

23. 《三国史記》卷十五《高句丽本紀》第三《太祖大王九十年》条

24. 朝鮮科学院考古学研究所編《台城里古坟群发掘报告》

25.《南山里发掘报告》

26.《牧羊城发掘报告》

27.《羊夹洼发掘报告》

28.白鳥庫吉《关于亚细亚北方族的辮髮》《史学杂誌》第三十七編第一号

29.《韓苑·三韓》

30.《周书》卷四十九《異域上·百济傳》

31.《北史》卷九十四《百济傳》

32.《通典》卷一百八十五《边防·百济》

第五节　沃沮考

如果詳细研究《三国志》与《后汉书》的《沃沮傳》的話，我們可以知道其記載不仅仅是关于一个沃沮的記录。在这个記載中，混同地記载着关于沃沮、东沃沮、北沃沮和南沃沮等的資料。我們应当整理这些資料。

∟沃沮⌉本来不是一个专用名詞，而是一个普通的名詞。我肯定《滿洲源流考》把∟沃沮⌉解释为滿語∟窩集⌉（即丛林）的説法。即古朝鮮的丛林地带和地名。在古朝鮮丛林地带居住的古朝鮮民，在亡国以后，有一部分集体地迁徙。一部分迁移到朝鮮咸鏡北道海岸地带，另一部分迁移到今苏联沿海州海岸地带。前者称为东沃沮，后者称为北沃沮。南沃沮是东沃沮的别称。

沃沮地域（即古朝鲜的单单大岭以东地域）就是辽东半岛的南端起至鸭绿江北岸即现今辽宁省辑安县止的地域。

沃沮人就是貊人，决不是单一的族属。所以从来把沃沮認定为原始社会末期的說法是不能成立的。沃沮就是古朝鮮社会的一部分，汉四郡設置以后，受汉乐浪郡的支配，到了后汉初，在高句丽夺回乐浪郡时，它属于高句丽。

今日在苏联沿海州发見的細綫鋸齒紋多紐銅鏡不是偶然的現象。我不能肯定从来考古学者們所謂具有朝鮮人民的青銅器文化遺物的代表性的細綫鋸齒紋銅鏡是由西伯利亚傳播来的說法。我認定在沿海州发見的青銅鏡正是北沃沮人的文化遺物。

参考书目

1. 《三国志·东夷沃沮傳》

2. 《后汉书·东夷沃沮傳》

3. 《汉书·地理志》玄菟郡条。

第四章　先秦时代　朝—中关系

第一节　根据考古資料所看到的先秦时代朝—中关系

我把在朝鮮領域內发見的主要的考古遺物与中国的考古遺物对比

而考察了。

一石器

石锄、石犂、环状石斧、星状石斧、石盘及石棒等石器在朝鲜、辽东、辽西、热河、内蒙古的一部地域里发見过，其形状大体相似。在朝鲜发見的石鏃与在中原发見的东西其形状相类似。有孔石斧只在咸鏡北道一部地域发現过。这种孔石斧在辽东、赤峰以及中国广泛的地域里出土。

从而，可以說朝鮮的石器文化是与辽东、辽西、热河以及內蒙古一部地域的石器文化属于同一系統的，而与中原的石器文化沒有直接的关系。

二陶器

1. 三足陶器

三足陶器在朝鮮境內完全沒有发現过。这陶器在鴨綠江以北地域里广泛地流布着，可以認定这陶器是与中原陶器文化有直接的联系。

2. 篦紋圜底陶器

这陶器在朝鮮西北海岸地域发現得很多，而且它在西海岸全地域流布着。这陶器是北方系統的。它在內蒙古发現过。这陶器是与中国中原的陶器沒有联系的。

3. 彩色陶器

在朝鮮彩色陶器只在咸鏡北道和汉城郊外发現过。彩色土器在辽东半島、沙鍋屯、老哈河流域以及赤峰紅山后等地广泛地流布着。在咸鏡北道发现的彩色陶器带有几何学紋样，在这点它是与在辽东半島发现的东西属于同一系統的。根据上列的石器文化的流布情况，我推断在朝鮮发现的彩色陶器是与上列地域发现的彩色陶器属于同一系統的。

4.黑陶

在朝鮮咸鏡北道发现的黑陶与龙山文化有沒有联系这个問题还沒有定論。朝鮮某些考古学者主張这黑陶不是属于龙山文化系統的，而是属于Skitai 文化系統的。可是我以为这說法是很难成立的。因为豆、甗等是龙山文化系統的东西，而且在辽东半島和鴨綠江沿岸发现的黑陶可以認定与龙山文化有关系的緣故。特別是根据最近在咸鏡北道茂山发掘的卜骨可以这样推断的。

5.深鉢形陶器

从来这陶器被認为是所謂北方系統的，而且是从北方異族傳播来的。在朝鮮这陶器大量地出土，並且与此同一形态的銅鍑和鉄鍑等也发现。要之，这陶器是与中国陶器沒有关系的。我不能肯定这陶器是从北方異族傳播来的这个說法。我想，在鴨綠江以北地域居住过的古代朝鮮族（即[illegible]和貊）的陶器傳播到鴨綠江以南地域这个看法是較妥当的。这陶器在中国辽宁省和和赤峰等地也发现。

三大石文化上的相互关系

对于朝鮮的两种石棚还没有定論。日本考古学者駒井和爱主張：把南方式石棚的起源应該寻找在中国南方。可是，在中国南方还没有发見这种石棚。並且朝鮮青銅器文化的代表性的东西之一細綫鋸齒紋銅镜（据他說这是在南方式石棚里发現过）的起源是我們决不可能寻找在中国南方的。我認为，他的这样的說法是主張古朝鮮文化都是从外部傳播来的資产阶級考古学者的反动的看法和立場的表現。与朝鮮南方式石棚同一的东西在山东半島也存在着。

我認为南方式石棚是比北方式石棚其时代是較晚的。因为，在北方式石棚里还沒有发見过青銅器遺物。所以，我不能肯定朝鮮南方式石棚傳播到北方去而发生了北方式石棚的这个說法。並且也不能肯定石棚是屬于南方式文化系統文化。而它从南方随着海流傳播到朝鮮和山东半島的这种說法。因为中国黃海沿岸和日本沒有石棚的緣故。我認为朝鮮的石棚是劣和貊族的墓葬制之一，而它傳播到鴨綠江以南和山东半島。在山东半島居住的东夷和朝鮮族有了共通的风格。

四卜骨

1959年7月在朝鮮咸鏡北道茂山第一次发掘了无字卜骨。这卜骨是与城子崖和辽东半島发現的卜骨有直接的联系，这个看法是較妥当的。这卜骨說明龙山文化与古代朝鮮文化有直接的联系。

五墓葬制

在朝鮮发現的新石器时代的坟墓很少。过去日本考古学者們在咸镜北道发掘了几座新石器时代的坟墓。这些坟墓是比北方式石棚较晚的，而且这墓制是与在满、蒙和中国北方发見的墓制相一致的。这墓制被訊为是积石塚的原始型。积石墓是在朝鮮、辽东、辽西和內蒙一部地域流布着的。这是与其他石器文化一样在这些地域共通的，这是說明这些地域里古代朝鮮族居住过的。

六、青铜器文化上的朝—中关系

我考察朝鮮青銅器中的代表性的几个考古資料来推断其历史性質。

1. 細形短劍

这短劍是在朝鮮各地发现的。同类的短劍在日本九州北部，辽东、朝阳等地也发现。这短劍的劍柄头在辽宁省好几个地域里发現过。与其类似的东西在陝西省也发现过。这短劍的鎔范在朝鮮发现得不少。內外考古学者們公認这短劍是与細綫鋸齒紋銅鏡属于同一系統的。有人主張这短劍是西伯利亚青銅器文化傳播来的，可是我不能同意这种說法。我認为，这短劍不是北方異族青銅器文化的傳播，也不是中国青銅器文化的傳播，而是古代朝鮮人民創造的自己的独自性的文化遺物。因为除了古代朝鮮人民的居住地域以外，在別的地域里沒有发見过这短劍的緣故。

2. 細綫鋸齒紋青銅鏡

这銅鏡在前者发现的地域里发现。在朝鮮的許多地方，日本的三个地方，朝阳和苏联沿海州等地。有人主張这銅鏡是西伯利亚文化的傳播，駒井和爱主張这可能是从中国南方傳播来的。这些說法都是所謂文化移动論的看法，而是沒有什么具体的根据的。这也是与前者一样古代朝鮮人民創造的自己的独自性的文化遺物。如上所述，在苏联沿海州发現的这銅鏡是北沃沮人使用过的，並且在日本发現的这銅鏡是从朝鮮傳播去的。

3. 車輿具

在朝鮮发現的車輿具是与中国的車輿具相異的。朝鮮的銅鐸、各种銅鈴、馬具以及車輿具附屬品等都是具有特殊形态的。日本考古学者們主張这些遺物是屬于北方系統文化的。可是他們不能举出确实的根据。这些青銅器遺物也在古代朝鮮人的居住地域流布着，从而这些遺物也是古代朝鮮人民創造的。我認为这个看法是較妥当的。

4. 兽形带鉤

在朝鮮发現的具有特殊形态的兽形带鉤是与汉式带鉤完全相異的。日本考古学者們主張这带鉤是鮮卑的带鉤的一种，可是这个說法是沒有什么历史根据的。梅原末治認定在瑞典博物館所藏的在内蒙古 Cndae 地域发現的带鉤是与在朝鮮发現的兽形带鉤屬于同一文化系統的。这遺物亦是在古代朝鮮人居住过的地域里流布着，所以可以說这也是古代朝鮮人民創造的文化遺物。

5. 銅鍑

不是中国青銅器文化遺物，而是属于北方系統的，这是沒有問題的。所謂綏远式銅鍑是何族的文化遺物这点还不明确，可是从貊族居住过中国北部这点来考察时，所謂綏远式青銅鍑是否貊族的文化遺物亦未可知。

在朝鮮銅鍑发現得很少，鉄鍑比它更多。从这点看来，可以認定在現今朝鮮領域里使用鍑的时期比北方晚一些。可是与其說这是北方異族文化的傳播不如說在北方居住过的貊文化的傳播，我認为这看法較为妥当。这問題是待將来的考古研究才能得到解决的。

总之，朝鮮青銅器文化与中国青銅器文化沒有直接的联系，而与所謂北方系統青銅器文化有直接的联系。可是，与其說所謂北方系統青銅器文化是他族的青銅器文化不如說那是在北方居住过的岁和貊的青銅器文化，这样的看法是比較妥当的。从来日本考古学者們主張朝鮮民族沒有經过青銅器时代，可我不能肯定这个說法。因为在中国北方、內蒙古一部地域以及辽西地域青銅器早就发达，我們可以認定那是岁和貊的青銅器文化的緣故。所以我認定古代朝鮮族的青銅器文化是在鴨綠江以北地域长期发达的。这青銅器文化与中国青銅器文化有什么关系这点还不明确，可是可以推測这两者一定有密切的关系。

根据考古資料，我們可以知道，古代朝鮮人民从新石器时代起与华人有了經济、文化关系，但是古代朝鮮人决不是把中国文化照样当做自己的文化而使用的，而是創造自己的独自性的文化而发展的。从而，主張古代朝鮮族在中国文化的影响下才具有了文化的資产阶級史家們的說法是完全不可能成立的。

第二节　根据文献資料所看到的朝一中关系

我認为肅愼是鳥夷之一部，就是古朝鮮族。檀君氏族領导的北方族（即㳚）从北方移动，至迟殷代以前到渤海沿岸和朝鮮半島而与其地域的鳥夷混合起来了。在辽西居住过的部族被叫肅愼，其一部在西周初居住在河北㳚水和河南㳚水流域，它叫微㳚人。从而可以說古朝鮮族在殷代以前已經与华人有了关系。

古朝鮮的許多部落联合而形成了古朝鮮国。㳚是古朝鮮族的通称。西周初肅愼与西周有了相当密切的关系，可是在西周以后的中国历史上沒有关于肅愼的具体的記載。

箕子亡命而到㳚地去，而且与㳚人統治集团联合起来而建立了箕国。从西周初华人开始移动到古朝鮮族居住地域去了。华人移居的地方不是現今朝鮮領域，而是現今河北省北部和东北部地域。根据文献資料，我們可以知道鳥夷与殷人有了密切的关系，其后裔肅愼与西周进行了經济、文化交流。其后在春秋初古朝鮮国形成以后，古朝鮮与中国的政治、經济、文化上的关系更加紧密了。

另一方面，貊在西周时期居住在中国山西北方，而与西周王室有了政治、經济、文化上的联系。貊的后裔夫余使用了殷历，从这点看来，可以解釋說貊直接接受了殷文化。春秋时代貊打敗齐桓公的北伐軍，同时期古朝鮮征伐燕而与齐桓公进行了交易。其后古朝鮮与貊国被燕秦开将軍打敗而东迁，其广大領域被燕夺取了。

朝—中两国統治阶級相互进行了侵略的战爭，可是两国人民之間的友好关系継續发展起来了。在战国末特别是秦代，赵、齐和燕民数万名避乱于朝鮮和馬韓。避乱于馬韓的秦人从馬韓受到了一定的地域而安居了。

从来中国学者們認为辰韓是秦人的国家，可是我認为这种說法是完全沒有根据的妄說。並且，我对于卫滿也不得不怀疑。从他夺取古朝鮮王权的經由看来，我推斷他很可能是华化的古朝鮮人。因为我們很容易推斷，古朝鮮被燕夺取西方二千余里（或千余里）的时候許多人民留在原住地而华化了。实际上燕与朝鮮冽水之間有了方言这个事实証明这点。

要之，先秦时代朝鮮人民与中国人民之間的友好关系継續密切化了，而且許多朝鮮人华化，同时許多中国人朝鮮化了。

参考书目

1. 《文化遺产》1958年第1号《江南无岩里原始遺蹟发掘报告》72頁。

2. 《考古学报》1960年第1号吕遵諤《內蒙古林西考古調查》图九第11。

3. 《文化遺产》1957年第6号都宥浩《黃海北道凤山郡智塔里

发掘中間报告》14頁。

4. 《台城里古坟群发掘报告》朝鮮科学院考古研究所編 86—87頁。

5. 《南山里发掘报告》第21、52图。

6. 《文化遺产》1958年第4号 黄基德 《朝鮮西北地方原始土器研究》69頁。

7. 鳥居龙藏 《平安南道、黄海道古蹟調査》1916年。

8. 《考古学报》1957年第一期 汪宇平《內蒙古自治区发見的細石器文化遺址》。

9. 《弓山原始遺跡发掘报告》45頁結論。

10. А.П. Окладников: «Приморье I тысячелетии до нашей эры» «Советская Археология» 1956 XXVI

11. 梅原末治《朝鮮古代文化》41頁。

12. 《考古学》(日本)第6編第2号。

13. 《牧羊城发掘报告》插图十

14. 《文化遺产》1960年第1号62頁。

15. 《羊头洼发掘报告》61頁。

16. 《青丘学丛》第七号 梅原末治《在古代朝鮮的北方系統文化的遺跡》

17. 朝鮮科学院考古研究所編《考古資料》第二集。

18. 駒井和爱《日本訪华考古考察团在中国科学院考古研究所講义

記录》1957年。

19.張政烺等《五千年来的中朝友好关系》3—4頁。

20.《民俗学》(日本)第五卷第六号。

21.《文化遺产》1960年第1号 黃基德《茂山邑虎谷原始遺蹟发掘中間报告》12頁。

22.《考古学报》1958年第4期《邢台曹演庄遺址发掘报告》

23.梅原末治《朝鮮古代文化》1946年版38—39頁。

24.《人类学杂誌》(日本)第5卷第5号。水野《槐状多头石器》

25.朝鮮科学院考古研究所編《考古資料集》第1集 1958年

26.《考古学基础》49頁。

27.《赤峰紅山后》

28.《考古学报》1960年第1期朱貴《辽宁朝阳十二台营子青銅劍墓》

29.《滿洲史学》第二卷第四号島田貞彦《从考古学上看的热河省的古代文化》。

30.《考古杂誌》(日本)第十九卷第三号 高桥健自《关于新发現的細綫鋸齒紋鏡》。

31.《內蒙古·长城地带》65頁。

32.《朝鮮古蹟調查报告》第二冊《在南朝鮮的汉代遺跡》。

33.《东方学报》第二冊 波上《关于师比部落带》

34.藤田亮策《朝鮮考古学》

35.《尙书·禹貢》
36.古今《竹书紀年》
37.《尙书·伪孔傳》
38.《論語·子罕》
39.《墨子》卷五《非攻篇》孙詒德問詁。
40.《博物志》卷一《地理略》
41.陈夢家《殷墟卜辞綜述》285頁
42.徐居正《桂苑杂記》
43.《三国志·魏志·东夷夫余傳》
44.《詩·韓奕》
45.《汉书·地理志》顏师古注。
46.洪伯源《东国通鑑提綱》
47.《管子》卷二十三《揆度》
48.《博物志》卷九《杂說上》
49.《史記·朝鮮列傳》
50.《三国志·魏志·东夷韓傳》

第五章　古朝鮮国家形成及其社会經济形态

第一节　古朝鮮社会生产力如何？

只根据在現今朝鮮領域发現的考古資料，我們不能判断古朝鮮的社会生产力。我們不研究辽东、辽西地域的考古遺物的話，不可能正确地判断古朝鮮社会生产力的发展程度。我們还沒有作这方面的考古研究工作，所以我根据的資料来推断古朝鮮社会生产力的发展程度。

在朝鮮領域內鉄器至迟公元前三世紀被使用了，这点是不可怀疑的。从来日本考古学者們認定在朝鮮最早的鉄器是在慈江道渭原郡发現的战国鉄器。可是，最近朝鮮考古学者們証明了在中国鉄器傳播来以前古代朝鮮人民鑄造与战国鉄器相異形态的鉄器。最近在咸鏡北道茂山发見的鉄鍪是比在渭原郡出土的鉄器早的。朝鮮考古学者們認定在朝鮮最早的鉄器是屬于北方系統的，而不是中国系統的。

我認为这个說法是符合于历史事实的。可是，北方是鴨綠江以北。在这个意思上他們的說法是正确的。假若他們認定那鉄器是从北方外族鉄器的傳播的話，那是不正确的。

战国时代在长城內外地域鉄器相当发达，我認定那地域正是古朝鮮的領域。从而我認为在那里居住过的古朝鮮人自己創造鉄器，与中国同时使用鉄器。我認为，主張在长城內外、热河、辽东地域发見的战国鉄器都是中国鉄器的說法是很难成立的。我們决不可能忽視一直到公元前三世紀初为止古朝鮮和貊国位于这地带的事实。前汉代在辽东鉄器发达这事实說明古朝鮮人在那里生产鉄器的历史。

要之，朝鮮的鉄器是从中国傳播来的說法是很难成立的。可是鴨綠江以南地域即古辰国比中国使用鉄器使用得晚一些。很显然，古朝鮮的青銅器使用是属于鉄器使用以前即战国以前时期。

我們仔細地考察《史記·朝鮮列傳》的話，可以看出卫氏朝鮮具备了强大的軍事力量的事实。防卫武帝的侵略而进行大約一年的防御战，这个事实說明卫氏朝鮮的社会生产力比汉的生产力没有那么大差的。我們应当認定卫氏朝鮮的社会生产力是継承古朝鮮的生产力的。

古朝鮮早就具备了乚犯禁八条㇆的法律。这法律何时制定未可知，可是根据箕子制定这个記录，可知这法律是相当悠久的。我們不可知其法律的全部內容，可是从把盗賊別人的东西的人轉变为奴隶的这法律看来，十分可知古朝鮮的奴隶制是相当发达的。並且根据《汉书·地理志》的記載，可知将要轉变为奴隶身分的犯罪者以五十万錢能贖罪，这事实就是說明奴隶一名的价格是五十万錢。这就是說，古朝鮮奴隶主們以五十万錢买卖一名奴隶。由此可知古朝鮮貨币經济是相当发达的。

第二节　关于古朝鮮的文字使用

因为資料的缺乏，不可知古朝鮮文化的全般。因此我只考察文字使使用时期。《古今注》記載着古朝鮮女人丽玉所作的一篇詩。我判断这作品是汉四郡設置以后的。《論衡》記載着在周时古朝鮮人重譯华語，在后汉初他們吟詩、书，春秋的事实。《三国史記》記載着高句丽在国初有了《留記》百巻的事实。根据这些資料，我們可以知道古朝鲜已經使用汉字。古朝鲜的地名、水名和人名等都是古朝鲜人用汉字来吏讀式地記名的。[朝鲜]这个名称是至迟管子时期中国人也用的。这名称决不是中国人記名的，而是古朝鲜人自己記名的。所以可以説古朝鲜人至迟从春秋初开始使用汉字。

第三节　古朝鲜国家形成与其社会經济形态

根据涉人在西周初建立了箕国这个事实，我認定統合諸部落的古朝鲜国至迟在春秋初形成了。我們没有資料主張肃愼是阶級国家。

燕侯自称为王的时候（即易王公元前３３２—３２１年），古朝鲜統治者也用王的称号而对待中国人，而且具备了发达的官制和軍队。古朝鲜末期奴隶制度相当发达，而且阶級矛盾是相当激烈的。卫滿是利用那阶級斗爭而夺取古朝鲜政权的。我認定在卫滿以前古朝鲜已經买卖奴隶的奴隶制国家。並且我推測卫滿以后其社会經济形态有了一定的变化。

参考书目

1.《文化遺产》　１９５８年３号５６頁

2.《考古学报》　１９５６年第一期　佟柱臣　《考古学上汉代及汉代以前的东北疆域》

3.《考古通訊》　１９５６第一期　郑紹宗《热河兴隆发现的战国生产工具鑄范》

4.《考古学报》1957年第3期 黄展岳《近年出土的战国、两汉铁器》

5.《汉书·地理志》燕地条。

6.《汉书·地理志》辽东郡平郭县注

7.鳥居龙藏《南滿洲調査报告》51頁

8.《文物参考资料》1955年第12期 李文信《辽阳三道壕两汉村落遺址》

9.《史記·朝鮮列傳》

10.《汉书·武帝紀·六》

11.《汉书·高帝紀》第一上

12.《汉书·武帝紀》元 五年条

13.《汉书·食貨志》第四下

14.《古今注》卷六中《管篌引》

15.《論衡》卷十九《恢国篇》

16.《后汉书·东夷涉傳》

17.《三国志·魏志·东夷涉傳》

18.《通典》卷一百八十五《边防》一《东夷上·序略》

19.《魏略》

20.《史記·燕召公世家》

21.洪汝河《东国通鑑提綱》卷一《朝鮮紀上》

中文手稿

古朝鲜的研究

（内部资料·注意保存）

中国科学院考古研究所

1965·3·

古朝鲜的研究

朝鲜：李趾麟

中国科学院考古研究所

1965·3·

目 录

序 言

朝鲜人民具有四千年或且半万年历史，自古以来就是这样想的，就是今天，也有很多人亦是这样认定的。但还有不少的历史家认为朝鲜历史仅约有二千年左右。数十年来，朝鲜史学界虽然不断进行了关于三国社会经济形态的讨论，可是直到现在还未能得到结论。无论是主张朝鲜的三国社会是封建制社会的人也好，主张奴隶制社会的人也好，假若他们对三国以前的社会性质不加以阐明的话，他们双方都难于合理地说明自己的主张。双方都有很多人一致认为三国以前的古代朝鲜诸国（除了古朝鲜以外）是原始社会。即，直到公元前后时期为止，朝鲜民族的大部分还是处在原始社会。如果从这样的前提来出发，那么双方的主张都难于成立。

如果要使封建论得以成立，那么对于从原始社会飞跃进封建社会的必然性就应当加以说明。可是他们对于这个问题，未能用科学的说明来说服人们。无论哪一个民族的历史，其本身的内在的发展法则不可能脱离人类历史的一般的发展法则。但是，由于客观因素的作用，可能发生其主观因素的激变。事实上，有的民族并没有经过奴隶制国家而直接从原始社会飞跃进了封建制社会。不过，其外部因素必须通过其内部因素才能起作用的。所以那样的国家形成过程与奴隶制国家的形成过程是不能不相异的。

如果说三国是封建社会，那么具有这样主张的人，他必须说明在其国家形成过程中其内在的因素由于何种的客观因素的作用而发生了急激的变动？可是他们未能具体地说明其客观因素所通过其内在因素的作用。虽然有些人把汉武帝设置四郡看作其客观因素，可

— 2 —

是他们亦未能具体地说明其客观因素在朝鲜古代史的内在的发展法则上引起了何种的作用？

金昌满同志代表朝鲜劳动党中央委员会对朝鲜历史家的演说中这样说过：

"在我们国家有没有奴隶制社会这个问题已经提出讨论了，但是讨论得还很不够。因此写历史的人因为这问题还没有得到结论，所以他们用了很大的精力写出的《朝鲜通史》也不能说明有或没有奴隶社会。在主张我国没有经过奴隶社会的人中间，有人举出，因为在欧洲的有的民族遇到已经向封建社会发展的先进民族，所以从原始共同体制度直接转入了封建社会这个例子，而说明朝鲜也可能这样。这是荒唐的论据。他们用这样的办法来模糊我国所谓四千年以上的历史。"（《历史研究》1960年第1号，金昌满《在朝鲜劳动党历史研究中要提出的几个问题》3页）

过去日本御用史家们也主张朝鲜民族由于汉武帝的侵略才从野蛮阶段到文明即三国形成阶段。他们试图用这样的"证明"使自己的侵略政策合理化，那就是，朝鲜由于日本帝国主义的侵略才能够从封建社会发展到"文明"的资本主义社会。日本史学家们在朝鲜历史分野上留下了深刻的余毒，因为他们歪曲和抹杀史料的地方很多而且也很奇妙，所以，我们不能仅仅只看作方法论的问题来批判他们，这样是不可能清算他们的余毒的。

我们如果不慎重地研究整理朝鲜古代史的资料，而仅仅争辩地应用历史唯物主义的方法论，那么就不可能得到正确的结论的。在朝鲜社会发展上跨越过奴隶制社会的这个说法不管在方法论上，或者在资料的利用上，令人信服的力量非常弱。同时，如果主张三国是奴隶制社会，其以前为原始社会，关于这个说法，也有很大的理论性问题必须加以解决的。他们也是主张从统一新罗（669年）起转入到封建社会。果如此，朝鲜的奴隶制社会由于何种特殊性而只能持续几百年，这必须在理论上加以说明。 但是其论者还不能科学地说明这个问题。

我认为，三国以前的古代朝鲜社会不加阐明就无法解决三国的社会性质问题。关于认定三国以前是原始社会这一点上，双方的大部分论者是有相同的立场的，所以，我们可以说他们都忽略了对三国以前社会的研究。朝鲜史学界长期以来就是这样忽略了对三国以前的社会研究，从而模糊了古代史。自古以来朝鲜人民就以四千年以上的历史自豪，可是史学者们为什么与其相反地努力于"证明"朝鲜历史只不过二千年呢？这里，我们应当认识，我们史学工作者还有思想方法论问题，必须慎重地进行自我批判。笔者在努力以朝鲜劳动党的思想武装自己的过程中，不能不深刻地自我批判作为史学工作者的思想方法和看法问题。

在朝鲜，三国以前社会到底是不是原始社会呢？如果不是，那么是不是阶级社会？如果是阶级国家，那么何时是其形成期？其国家的社会经济形态又是怎么样？这都是我想要阐明的问题。

这些难题要加以阐明的话，那就要求对历史地理、古代语言、考古学、文献考证等多方面进行研究。这些方面我都是门外汉。但我尽可能地大量批判地利用从来国内外学者们所研究的成果。尤其是，在利用资产阶级史家们的学说上，彻底的要求站在历史唯物主义的观点和朝鲜人民的立场。因为在他们的历史地理、古代语言学、考古学、文献考证等研究上，都反映着他们的资产阶级立场和观点，可是，因为我的思想方法论和观点还不完全坚定，还不能彻底地暴露资产阶级学者们的非科学性，所以我相信在研究过程中难免犯有不少的错误。对于日本资产阶级史家们的朝鲜古代史方面的研究论文，力求能够全部调查，相信我基本上可以做到了这点。当然，我们不能而且也不应该无条件地全盘否认资产阶级学者们的研究成果。我们可以而且应该批判地利用他们所整理的资料。

资料的缺乏是研究朝鲜上古史上最大的困难。如众周知，朝鲜因为历代兵火的缘故，古代的文献史料几乎全部遭焚毁与被夺取，几乎完全没有遗留下来。三国以前的古代史资料只有残留在中国古文献里的断片记载。所以我们必须把这些资料加以体系化的整理。

金日成同志在朝鲜劳动党第三次代表大会的总结报告上对于社会科学工作者们作了如下的指示：

"摆在科学工作者，尤其是社会科学工作者面前的重要课题之一，那就是研究先进科学的同时，要继承我国过去优秀的科学文化遗产，把一切科学研究资料蒐集整理起来，为将来科学文化的健全发展奠定基础。"

我相信遵照领袖的这个指示，多少能给予祖国和人民以报答。在整理我国上古史的资料上，我虽然想把中国与日本的有关史料全部收集整理起来，但由于我的能力与党性的不足，所以做的非常不够。对于资料的蒐集与整理我只不过刚开始着手，今后将在这方面继续努力。

本论文因为文献资料的缺乏，不能提到原始社会，仅仅只论及国家形成时期。在论断古代朝鲜国家形成期上因为缺乏直接资料，所以采用从后代向上追溯的方法。在论断古代朝鲜国家的形成及国家的经济形态时，首先要求正确地解释史料，以辩证唯物主义和历史唯物主义的看法和方法分析其史料，由此寻求朝鲜古代史的发展法则。

如果把人类历史发展的一般法则形而上学地应用于史料，

那么绝对不可能阐明朝鲜古代史的具体的发展情况。举例来说，因为朝鲜也是亚细亚的一个社会，从而得出结论说朝鲜古代社会的生产方式一定与亚细亚的生产方式的特征完全一致。如果我采用根据这个结论来解释一切史料的方法，那么对古代朝鲜的具体历史就不可能得到科学的理解，我们必须从分析具体的史料出发，具体地研究阐明古代朝鲜社会的经济形态。古代朝鲜社会的经济形态的具体内容不可能与古代东方诸国完全相同。换句话说，即使是属于同一的亚细亚的生产方式，但其具体的内容具有其本身的特殊性。朝鲜的奴隶社会其奴隶制没有发展到古典奴隶制的地步，而且残留着很强的共同体的残余。虽然这是事实，但不可能一定与所谓古代东方诸国社会的实际情况相同。我虽然慎重解释史料；想要克服教条主义的方法，但实际上，可能还不能完全把教条主义克服掉。

在古代朝鲜历史地理的研究上，我认为把古代朝族的居住地域固定在现今朝鲜领域之内的这个看法，首先从史料上来看是不正确的，而且在史观上也是不正确的。因为古代人在国家形成以前经济移动，而且在国家形成以后，其领域也有变动，从而，与领域变动的同时，其地名也会移动。朝鲜民族的先祖决不是全部出现于现今朝鲜半岛而从那里渐次创造历史和发展起来的族属。在公元前时期，居住在鸭绿江以北的地方系统族属是更先进而且更优势的。虽然无从知道北方系族属的发生地是在何处，但是他们在新石器时代是定居于现今辽东、辽西地域而一部分向鸭绿江以南地域移动，渐次与原住民相混合的。因此，在公元前时期，朝鲜民族的先祖的居住地域是比鸭绿江以南更广大的鸭绿江以北地域。在研究古代历史地理时必须脱离后代的历史地理以及领土的观念。我们应当彻底地根据正确的史料。我在研究历史地理时，曾经努力于利用恩格斯研究《德国古代的历史和语言》的方法。恩格斯在研究古代日尔曼族的移动情况时利用了以古代日尔曼语解释地名的方法。我为了应用这个方法，收集了古代朝鲜语和在邻接古代朝鲜族的通古斯和蒙古语的历史资料上所看到的词汇。这个方法在历史地理研究上具有重要的意义的。

在这个研究上我只不过得到了还未成熟的初步的结论。同时还留下一些问题，并且对国内外学界也提出了问题。例如北方系古代朝鲜族的移动径路、箕子朝鲜传说、现今辽东、辽西地域所发见的考古遗物等，对这些我不仅作出了未成熟的推断，而且提出了问题。并且，关于三国以前的朝鲜诸国比古代东方奴隶制国家奴隶制更发展，以及三国因为朝鲜古代社会本身的发展法则的必然性，可能转入到封建社会等问题，都作出了初步未成熟的结论。

对于这些难题，我决不认为是我个人的力量所能解决的，我只不过作为我们朝鲜史学徒的集体力量的微小的一部分写出了这篇研究论文。

本论文在写作过程中得到导师顾颉刚、翦伯赞、周一良、张政烺诸位先生以及北京大学历史系的诸先生的极大帮助，特别是顾先生在极忙的时间里，从史料的解释直到文章的作成给予一一的指导，我谨此表示衷心的谢意。

1961.6.17

在北京大学26斋

第一章 古朝鲜历史地理

第一节 在中国文献资料上的古朝鲜位置

在中国文献资料上，〈朝鲜〉名称何时开始记载，它位置如何，如下看。

《管子》卷二十三《揆度》篇七十八云："桓公问管子曰：'吾闻海内玉币有七筴，可得而闻乎？'管子对曰：'阴山之礝碈一筴也，燕之紫山白金一筴也，发，朝鲜之文皮一筴也……'"。同书卷二十三《轻重甲》篇八十大云："桓公曰：'四夷不服，恐其逆政，游於天下，而伤寡人，寡人之行，为此有道乎？'管子对曰：'吴越不朝，珠象而以为币乎。发、朝鲜不朝，请文皮毤服而以为币乎。禺氏不朝，请以白璧为币乎？崑崙之虚不朝，请以璆琳琅玕以为币乎？……一豹之皮，容金而金也，然后八千里之发，朝鲜，可得而朝也'"。

如果此等记载不是后世伪作，那么管子（—公元前645年）时期，中国人业已有〈朝鲜〉这个名称。据前者，朝鲜在海内。据后者，则朝鲜在离齐国八千里之外。我们可以知道，后者之〈八千里〉的概念是远方的意思，因为这个记载的吴越、禺氏、崑崙亦都在八千里之外。要之，我们可知公元前七世纪前半期发、朝鲜特产文皮毤服有频繁的交易到中国去，发。朝鲜被中国人认为海内之夷。

按照《管子》记载，我们不可知发，朝鲜的位置，但我们从先秦时代记载的文皮毤服产地的文献材料里，可以推断出发、朝鲜的位置。

《后汉书》卷一百十五《东夷濊传》云："乐浪檀弓出其地，又多文豹"。王先谦《集解》引惠栋云："博物志云：'海出斑鱼皮，陆出文豹’。《尔雅·九府》云：‘东北之美者，有斥山之文皮焉’”。因为穢…… 斥山（即医巫闾山）等地有关于古朝鲜地域，然而难想古人记载文皮产地如此多，所以，我们可以想到发，朝鲜、乐浪、濊、斥山等地大概是同一范围邻接的地区。关于濊地，下面再论。据后《汉书·东夷·濊》，我们可知此濊就是濊君南閭通于汉武帝而设置沧海郡的地域。我们不可否认沧海郡在卫氏朝鲜与汉领域之间，所以濊地不能在现今朝鲜领域之内，而应在现今朝鲜之北方。其地域大概与斥山（即医巫闾山）一致，关于此问题，下面再论证。据这些材料看来，我们可以知道，公元前七世纪以前在中国著名的文皮产地之发，朝鲜的位置，有根据主张在今朝鲜领域之外。

《山海经》卷十二《海内北经》云：“朝鲜在列阳东，海北山南，列阳属燕”，同书卷十八《海内经》云：“东海之内，北海之隅，有国，名曰朝鲜天毒，其人水居，偎人爱之”。这两个材料可能是关于先秦时代古朝位置的。据前者，我们可以推测列阳过去不是燕地，而是朝鲜地。如果列阳过去也是燕地，不必记“列阳属燕”。然而可知朝鲜是沿海地，就是说朝鲜与海之间没有什么带有别的名称的地域。所以，我们不能想列阳在现今朝领域之内，但，郭璞注列阳云：“朝鲜今乐浪县，箕子所封也。列亦水名也，今在带方，带方在列口县”。他认为列阳是在列水之北方，而古朝鲜地是在带方郡列水之东北方的地域——晋代的乐浪郡。他说的乐浪县可能是今朝鲜平壤附近的地域。如果这样，他的说法不但不合乎《山海经》经文，而且不合乎历史事实。据郭氏的说法，朝鲜不是南沿海的地区，其间有带方郡。所以他的说法不合乎《山海经》经文“海北山南”。然而我们看历史事实，我们不能认为燕地列阳在今朝鲜领域内。所以，郭氏之注是以他自己时代的地理知识来解释古地理的误证。

据后者，我们能看到朝鲜在北海沿岸。这北海不是黄海，而是渤海。'东海之北'，我们不能认为今朝鲜的方向。所以，《山海经·海内经》经文也给我们根据把古朝鲜的地域要探求在今朝鲜领域之外。我们结合《山海经》的两个材料，可以得到结论把古朝鲜的地域探求在渤海沿岸，而且列阳是被燕占取的地方。关于这个问题，下面再论证。

《战国策》卷二十九《燕一》云："苏秦将为从，北说燕文侯曰，燕东有朝鲜，辽东，北有林胡，楼烦，西有云中、九原，南有呼沱、易水，地方二千余里，带甲数十万，车七百乘，骑六千疋，粟支十年。"这文章的内容是很难理解的。据苏秦的说法，好像是朝鲜、辽东也是燕的领土。但，我们据历史事实来看，这个说法不合乎历史事实。因为我们不能找到在苏秦时代燕占有朝鲜，辽东的史料。然而，林胡，楼烦在苏秦时期也还没有被燕占领。古朝鲜领域之一部分被燕侵略的事实，除在燕全盛时期昭王时代（公元前 311—279 年）燕将秦开夺取朝鲜西方二千余里的记载以外，我们不能看到别的材料。《史记卷一百一五《朝鲜列传》也有《自始全燕时尝略属真番、朝鲜，为置吏》的记载。这个记载与下面谈到的魏略记载有完全同一的内容。所以，我们把苏秦说的《燕东有朝鲜、辽东》句，不能解释当'朝鲜，辽东是燕的领土'反之，我们应认为是苏秦的夸张的说法，或后人代苏秦做的文章。尤其是答覆苏秦的燕文侯的说法，"寡人国小"很明白地证明了朝鲜、辽东不是燕的领土。

反正，我们根据苏秦的说法可以推测燕文侯时期（公元前 361—333 年）古朝鲜的大概的位置。苏秦说燕版图从西方云中、九原到东面的朝鲜、辽东相距二千里。据同书"夫秦之攻燕也，踰雲中，九原，过代，上谷”句，我们可以看出雲中是代的西方，就是现在山西省大同市西方长城之外。现在从大同以东二千里决不可能达到今朝鲜之域。据《辽海丛书》，由北京至山海关六百七十里，由山海关至盛京八百一十里，共一千四百七十里。我们算由盛京到鸭绿江大约六百里，可知由北京到鸭绿江大约二千余里。所以，《战国策》关于朝鲜的纪载也给我们根据把古朝鲜领域探求在鸭绿江的北方 《史记》卷六十九》苏秦列传》也有同一的记载，可能是司马迁把《战国策》的文字写进的吧。

以上先秦文献资料给我们根据把先秦时代的古朝鲜的领域探求在鸭绿江以北。

下面，我们考察《史记·朝鲜列传》上的古朝鲜位置。列传云："至浿水为县，属燕"，这句明示浿水是朝鲜与燕的界线。由是，我们可以考证秦到汉初浿水的位置，从这上面阐明古朝鲜的位置。关于这个问题，下面再考证。在这里，只有根据关于楼船将军杨僕的军队行动的记录来考察古朝的大体上位置。

《史记》关于古朝鲜位置的主要记录如下：

1)"遣楼船将军杨僕从齐浮渤海。"

2)"楼船将军齐兵七千人，先至王险。"．右渠城守窥知楼船军少，即出城击楼船，楼船军败走。".

3)"楼船将军亦坐兵至列口，当待左将军，擅先纵，失亡多，当诛，赎为庶人"等。

上引第一项材料说明楼船将军杨僕的水军从齐国出发，浮渤海到王险城去。「渤海」的名称在战国时已经有了。《列子》卷五《汤问》云："渤海之东，不知几亿万里，有大壑……其中有五山焉。一曰岱舆，二曰员峤，三曰方壶，四曰瀛洲，五曰蓬莱。”张湛注云，“史记曰，方丈，瀛洲，蓬莱，此三神山的渤海中。”在中国古代史上，有神山的渤海就是现在的的渤海这是毫无可疑的。尤其是，证明汉武帝时代的渤海就是今渤海的材料就在《史记》卷二十九《河渠书》同书云：“于是河入于渤海”，同注云：“武帝元光二年，河徙东郡，更注渤海，禹时右注渤海也。”大家都知道汉武帝时代黄河注入的渤海就是现今的渤海。由是，可知楼船将军杨僕水军浮渤海侵略王险城的渤海，即今渤海，而不是今黄海。如武帝侵略的古朝鲜首都王险城在今朝鲜平壤，司马迁恐怕能写《浮渤海》，而应当写《浮东海》。

第二项材料说明王险城是沿海的都城。《右渠城守，窥知楼船军少》意味着右渠城守在王险城上直接看到杨僕水军的军势，就是楼船的数目。假如王险城是今平壤，城守在杨僕水军达到王险城以前是不可能不知道敌方的军势的，因为大同江口到平壤距离一百余里。据《史记·朝鲜列传》卫氏朝鲜有相当大的兵力，所以我们不能想像这敌人达到首都前他们竟不知敌方水军的军势。由是我们认为王险城是沿渤海的都城是比较妥当的一个解释。

第三项材料意味着，楼船将军违反在列水口与左将军军队联合攻击王险城的军事计划，独自地行动起来，失败了，所以他连坐。由是我们可知列水口距王险城不太远。关于汉武帝时代朝鲜列水下面再评论。现在我们找不到材料来证明汉武帝时代朝鲜的列水在距平壤不远的地方。所以，我们不能认为列口在今平壤附近。

此外，《史记·朝鲜列传》又云：“满……渡浿水，居秦故空地，上下鄣》。假若浿水是今大同江，秦故空地应在大同江的东边，随而王险城也应在离大同江再远的地方。这个史料证明汉武帝时代古朝鲜都城王险城不是今平壤。

《汉书·朝鲜列传》在内容上与前者完全一致，不必说了。

《魏略》云："燕乃遣将秦开攻其西方，取地二千余里，至满潘汗为界……秦併天下……燕、齐、赵民愁苦，稍々亡往準，準乃置之於西方。及汉以卢绾为燕王，朝鲜与燕界於溴水（浿水之误——著者）……燕人卫满东渡浿水，诣準降，说準求居西界，故中国亡命为朝鲜藩屏，準信宠之，拜以博士，赐以圭，封之百里，令守西边。"

据这个材料，我们能看到浿水与古朝鲜首都之间距一百余里，浿水与王险城之间有一百余里的卫满的封地。所以假如浿水是今大同江，王险城应在大同江东方一百余里之地。同样，假如王险城是今平壤，浿水应在今平壤西方一百余里的地方。由是我们很明白地看出古朝鲜首都和朝鲜—汉的国境线浿水不能在今朝鲜领域之内。当然会有人说浿水是鸭绿江，王险城是平壤。过去许多日本资产阶级史学家这样说了，可是不能解决朝——汉之国境线浿水与乐浪郡浿水位置（汉书地理志）之间的矛盾。在这里我不谈到这个问题，在下面谈到浿水之位置再详论。在这里我只说浿水是鸭绿江的说法也不能成立的。

以上列举的材料都没有确实的根据使我们能主张古朝鲜位置在今朝鲜境内。

然而，《三国志》以后的中国正史差不多都认为古朝鲜的位置在今朝鲜境内。《三国志·魏志·东夷列传高句丽》云："高句丽在辽东之东千里，南与朝鲜、濊貊，东与沃沮，北与夫餘接。"中国正史中，只有《辽史》认为古朝鲜位置在辽东。《辽史》卷四十九第十八《礼志一》云；"辽本朝鲜故壤。"同书卷三十八志第八《地理志·二·东京道》云；《东京辽阳府本朝鲜之地。"除《辽史》外，《三国志》以后，中国历代许多史家们，特别是清朝乾隆时期的史家们每认为古朝鲜的位置在辽东。以下举列其代表性的例子：

《旧唐书．高丽传》云：“侍中裴矩，中书侍郎温彦博曰，辽东之地，周为箕子之国。”

《隋书》卷六十七《裴矩列传》云：“从帝巡于塞北，幸启民帐时，高丽遣使，先通于突厥，启民不敢隐，引之见帝，矩因奏曰，高丽之地本孤竹国也，周代以之封于箕子，汉世分为三郡，晋失统辽东。”

《后汉书》卷一下《光武帝本纪一下》建武六年六月条，李贤注云：“乐浪故朝鲜国也，在辽东。”

盛京通志（乾隆元年刊本）卷十《建置沿革》云：“义州，周初为朝鲜界，后属燕。”

如此，据中国文献史料，我们可以认为古朝鲜位置在今朝鲜以北地域而且古朝鲜领域在燕昭王时期（公元前311～279年）有了大变动。下面，我们要看中国文献资料上，古朝鲜领域的变动状况。

第二节　在中国资料上所见的古朝鲜领域的变动

考察这一问题时，最重要的基本资料是《史记．朝鲜列传》、同《匈奴列传》，和《魏略》残文。其中，《魏略》记载的古古朝鲜领域的变动状况很明白。我们先看《魏略》的纪载。《三国志．东夷列传》注引用了一些《魏略》的记载如下：

昔箕子之后朝鲜侯见周衰，燕自尊为王，欲东略地，朝鲜侯亦自称为王，欲兴兵逆击燕，以尊周室。其大夫礼谏之，乃止，使礼西说燕，燕止之不攻。後子孙稍骄虐，燕乃遣将秦开攻其西方，取地二千余里，至满潘汗为界。”

《魏略》的撰者鱼豢说古朝鲜西方地二千余里的领域被燕

将秦开夺取了。由此可见从辽东满潘汗到西方二千余里的地方是被秦开夺取以前《箕氏朝鲜》的区域。秦开是燕昭王（公元前311～279年）服务的。我们可以判断古朝鲜领域的大变动时期。

燕侵略朝鲜的事实也记录在《史记·朝鲜列传》。其文如下：

"朝鲜王满者，故燕人也。自始全燕时，尝略属真番、朝鲜、为置吏，筑鄣塞。"在这里说的"全燕时"是什么时候，我们似难判断。但，只判断燕的全盛时期，就可以判断燕的侵略朝鲜的时期。据《史记》卷三十四《燕召公世家》记录，可以看出燕的全盛时期是在昭王二十八年（公元前284年）攻占齐首都临淄的时候。

同书云："燕昭王……二十八年，燕国殷富，士卒乐轶轻战，于是，遂以乐毅为上将军，与秦、楚、三晋合谋，以伐齐，齐兵败，湣王出亡以外，燕兵独追北入至临淄，尽取齐宝，烧其宫室宗庙"这是同一个撰者的记录。由此可知《史记·朝鲜列传》的"全燕时"是指燕昭王二十八年前后的时期。

既然没有根据否认《魏略》的记载，那么我们只有依靠这一资料。

李朝末著名的实学派学者丁若镛（号茶山）关于这一个问题在《我邦疆域考》卷一《朝鲜考》（抄本，北大图书馆善本室所藏）里写道：

《镛案，今北京距义州二千一百里，若如〈魏略〉之说，遂失鸭绿江以西矣。宁复得以满潘汗为界哉。其说妄矣。然箕氏拓地，远过辽水，斯可验也。《汉书》辽东郡属县有潘汗县，《后汉书》辽东郡属县有汶县，番汗县，满潘汗者汶潘汗也（汶满声，相近）。《魏书·地形志》北平郡领县有朝鲜县，注云：'二汉，晋属乐浪，后罢。延和元年徙朝鲜民於肥如，復置县。’明一统志云：‘朝鲜城在永平府境内，相传箕子受封之地后魏志县，属北平郡，北齐省入新昌县。’镛案，今之永平府，古之北平郡也。互据《魏略》，滿汗以西二千余里在古为箕氏之有，今自辽东而西行二千余里，正得永平府境，一统志所言真有据也。”

他论驳《魏略》之说法（即，滿潘汗以西二千余里被燕夺取的说法）而认它为妄说。但是他也承认古朝鲜西方二千余里的领土被燕夺取的这事实，而只仅主张那二千余里的地域不是满潘汗以西地域而是鸭绿江以西地域。这就是说，他主张古朝鲜被燕夺取西方二千余里领土以后，古朝鲜与燕的境界线是鸭绿江而不是滿潘汗。他认定鸭绿江以西二千余里地域是箕氏朝鲜扩张的领土，从而同时主张古朝鲜首都在鸭绿江以南即今平壤。他只仅依据《大明一统志》的资料来认为永平府地域是古朝鲜领域，而並不能想到永平府以西地域是古朝鲜领域，要之，他並没有专门研究过古朝鲜历史地理。他认为他的说法是不能成立的，我将在第一章结论里论证这点。

《魏略》之记载一直到现在被许多内外学者们抹杀了，但我不能不认为《魏略》之说有正确的根据。

司马迁写了燕侵占真番、朝鲜的事实外，还在《匈奴列传》里云：“（燕）将秦开为质於胡，胡甚信之，归而袭破走东胡，东胡卻千余里……，燕亦筑长城，自造阳至襄平，置上谷、渔阳、右北平、辽西、辽东郡以拒胡。”

这资料与上引《魏略》的资料有共通点，就是燕秦开将军东伐的事实；也有不相同点，就是前者说秦开夺取朝鲜西方二千余里，后者说秦开击退东胡到一千余里之东方。从而，朝鲜与东胡有什么关系的问题提出来了。同时，《匈奴列传》的这一个资料与《朝鲜列传》的资料有什么关系的问题也提出来了。

如上面所说，全燕时就是燕昭王时期，秦开是给昭王服务的，那么，秦开击退东胡的时期和全燕时燕侵占真番，朝鲜的时期是同一的，我认为可以这样判断。那么，在这里可以提出两个问题。第一个：司马迁为什么把全燕时燕侵占真番、朝鲜的事实和秦开击退东胡到一千余里之外的事实区别起来呢？第二个：鱼豢为什么只写秦开击取朝鲜西方二千里的事实呢？我以为这两个人的写法都是有根据的。这一点到下面再谈。

从来内外许多学者们认为东胡专是乌桓、鲜卑的祖先，所以没有把《史记匈奴列传》里的这一资料如上引的《魏略》资料相结合起来考虑。是否能断定上引的东胡专是乌桓、鲜卑的祖先？如所周知，东胡不是任何一个单一民族的名称，而是居住在胡（匈奴）的东方的好几个民族的泛称。对于这个问题大概没有人可以怀疑的。那么，我们很难断定东胡只是乌桓、鲜卑的祖先。我由此出发以如下的理由来解说被秦开击退到东方一千余里之外的东胡是指着貊族的，而且司马迁把貊族和真番，朝鲜分别来看。司马迁和鱼豢按各自时代的关于朝鲜和貊族的概念来整理传下来的史料，所以这两个人的写法就不同了。我这样想。

第一个理由：同一的时期，同一的人物向同一的方向发动大征服的战争的事实。襄平和满潘汗都位置在辽东。根据《史记·匈奴列传》资料和《魏略》的资料，我们可以看出朝鲜和东胡都是以强大的势力来威胁燕的强敌。燕秦开在同时征伐了这两族。从而，如果朝鲜和东胡是完全没有什么关系的不同的种族的话，我们很难想像同一人物会在同时击破这两个强敌。如果朝鲜与东胡会联合作战的话，还可以想像秦开把朝鲜和古代种族相互之间会联合作战。所以，这两个种族有一定的密切的联系。

第二个理由：自从《后汉书乌桓传》和《鲜卑传》开始规定了东胡是乌桓、鲜卑的祖先之后，历代的许多史家认为其说是不可动摇的。可是我们对于范晔之说不得不怀疑。因为他没有提出了武帝以后才与汉皇朝有联系的乌桓和到了后汉才与后汉皇朝有联系的鲜卑是战国时代很强盛而且与燕有密切联系的东胡的裔孙的材料。而且《胡》的名称是古代中国人对古朝鲜族也叫惯了的。举例如下：

在《汉书地理志》玄菟郡注里，颜师古注云：《应劭曰，故真番，朝鲜胡国》，可见应劭是把真番，朝鲜叫成了《胡国》。

在《魏略》里，鱼豢云：“燕人卫满亡命，为胡服，东渡水”，由此可见鱼豢也把朝鲜叫成“胡”国。

《三国志，魏志，东夷，高丽传》云：“今胡犹名此城为帻沟溇，沟溇者句丽名城也”，这分明是陈寿把高句丽称为“胡国”。

《水经注》卷三《小辽水注》云：“县（高句丽县——著者），胡高句丽胡之国也”，可见郦道元也把高句丽叫为《胡国》。

当然，这儿《胡国》的名称是与匈奴区别开来而写出的。由此可见，这“胡”是东胡，或者是包含于《东胡》内的胡国。所以我们有根据以下解释：在《史记匈奴列传》里谈到的“东胡却千余里”的“东胡”不只指着乌桓和鲜卑的祖先，也可以指着朝鲜或者包含朝鲜、貊族等一些族属。

当然，在“东胡”的概念里可以包含乌桓、鲜卑和其他位置在匈奴东方的所有的民族。可是，陈寿和范晔在《乌桓》、《鲜卑列传》里完全没有谈到东胡被燕将秦开击退到二千余里的东方之事，而只记着汉初乌桓被匈奴冒顿所灭之事。

《后汉书·乌桓列传》云：“昭帝时，乌桓渐强，乃发匈奴单于冢墓，以报冒顿之怨»。由此可以推断乌桓曾有被冒顿败亡之事，可是这资料不能够证明冒顿破灭的东胡就是乌桓之先。同传云："乌桓者，本东胡也。汉初，匈奴冒顿灭其国，馀类保乌桓山，因以为号焉»。照他的说法，乌桓的名称是被冒顿破灭之后才出现的。《史记》卷一百二十九《货殖列传·乌氏倮》条云：《燕……北邻乌桓，夫馀，东绾秽貊，朝鲜，真番之利»。《汉书》卷二十八下《地理志》燕地条云："……燕丹遗风也……北隙乌丸，夫馀，东贾真番之利»。据这些资料，我们可以知道从战国末到汉初在燕北方已经有乌桓。这是否意味着在司马迁的观念里已把东胡与乌桓区别开来？所以，范晔的说法是不一定正确的。假如被冒顿破灭的东胡是乌桓的话，为什么司马迁没有写"冒顿破灭乌桓王"呢？这里可能有理由的。

司马迁在匈奴列传里写到"燕有贤将秦开……袭破走东胡，东胡却千余里""是时（冒顿时——著者）东胡疆盛……东胡王愈益骄西侵与匈奴间中弃地，莫居，千余里"，"冒顿……击大破东胡王"，"至冒顿而匈奴最彊大，尽服从北夷而南与中国为敌国"。由于这些资料，我们容易看出司马迁是认为东胡就是北夷的。

他还在《货殖列传》里写到："杨，平阳……北贾种、代。种、代在北也，地边胡，数被寇。人民矜懻忮，好气任侠，为奸，不事农商。然迫近北夷，师旅亟往，中国委输时有奇羡。其民羯羠不均"，这资料都是赵武灵王以前关于匈奴位置的资料。因为，种、代被匈奴常々侵犯，匈奴迫近代。《匈奴列传》云："赵襄子踰句注，而破并、代，以临胡貉"，赵武灵王"北破林胡、楼烦，筑长城自代並阴山下，至高阙为塞，置云中，雁门、代郡"。那么，上引的"北夷"可见就是胡貊。我们把这些资料互相联系起来看，可以看出北夷就是胡貊，北夷不是东胡。

由此可知，被燕将秦开击退到一千余里东方外的东胡就是貊族的全部，被冒顿灭亡的东胡就是貊族的一支。怎么能这样说呢？因为貊族是有许多部落的大族，那一部落灭亡以后，貊族的大部分还可以存在。司马迁写了东胡灭亡以后，燕北部乌桓、夫馀的事实。如所周知，乌桓不过是一个单位的部落而不是有几个部落的大部族。假如乌桓被冒顿灭亡了的话，怎么能够还在燕的北方存在呢？司马迁虽用了乌桓的名称，可是没有写了它被冒顿灭亡的事实。所以，我们没有根据论断在"匈奴列传"里的东胡就是乌桓、鲜卑的祖先。相反，我们有充分的根据主张那个东胡就是貊族。我们还可以推想乌桓也是貊族的一个部落，可是我们现在还不能证明这个问题。

我们把北夷橐离国（夫馀王的先祖，就是貊族）和被冒顿灭亡的东胡联系起来想吧。在中国史籍上只有北夷橐离国的名称，而完全没有橐离国历史的资料。这不是说明橐离国早就灭亡了的事实么？根据"论衡"的资料，我们可以知道橐离国有了"国王"，东胡也有了国王。可是，乌桓在汉初还没有国王。所以，我们可以推测被冒顿灭亡的东胡王就是貊族的橐离国王。

第三个理由：司马迁在《史记·匈奴列传》里记录了"东胡"，"胡貊"，"濊、貊、朝鲜"等名称：同传云："秦文公……燕北有东胡、山戎，各分散居谿谷……自是之后百有馀年，晋悼公……后百馀年赵襄子踰句注而破并、代，临胡貊……赵有代、句注之北……秦昭王时……秦有陇西、北地、上郡，筑长城以拒胡。赵武灵王亦变俗胡服，习骑射，北破林胡、楼烦，筑长城，自代並阴山下，至高阙为塞，而置云中、雁门、代郡。其后，燕有贤将秦开为质於胡，胡甚信之。归而袭破走东胡，东胡却千余里”。

在这一个资料里成问题的是对于胡，东胡、胡貉的解释.

1，关于胡的问题，先谈一谈吧。如上所说，胡是秦汉间人指着北方野蛮族的泛称，而不是一个特定的族属名，可是一般地指着匈奴系统族。但，“秦开为质於胡，胡甚信之，归而破走东胡”里的“胡”是指着“东胡”而不是匈奴，我这样想因为，如果把“胡”解释当匈奴的话，这一段文章的上下句就不能联系。就是说，“位质于匈奴”的秦开，和“归而袭破东胡”的话，前后句的论理不合。还有一个应该这样解释的理由，司马迁在写到秦开袭破走东胡的事实的前面完全没有写燕与匈奴（或者胡）的关系，而写了“燕北有东胡、山戎”，“秦……筑长城以拒胡”，“赵……北破林胡，楼烦”的事实。由此可见，燕北有东胡、山戎而还没有匈奴（胡），匈奴（胡）只在秦北．“秦……筑长城以拒胡”的“胡”是匈奴，赵的北方也还没有匈奴。那么，当燕秦开时期燕的北方当然还没有匈奴，燕的强敌不是匈奴而是东胡，这事实很容易看出来。从而，秦开“为质於胡”的“胡”不得指成匈奴而只该指为东胡。

2，关于胡貊的问题：把“胡貊”念成为“胡和貊”，或者念成“胡的貊族”，这便成问题了．如上所说，在“赵襄子踰句注而破并、代以临胡貊”的文章前面没有关于胡（匈奴）的记载，而且也没有当赵襄子时期在燕北出现了胡（匈奴）的记载，而只写了“燕北有东胡，山戎”。赵襄子以后才在赵北方出现了林胡、楼烦，赵武灵王击破了它们而设置了代郡，由此可知赵襄子时期在代以东还没有出现了胡（匈奴）。所以，把“胡貊”解释为“胡”与“貊”是不妥当的。因此，我们不能不把“胡貊”解释为“胡的貊族”。那么，这个胡貊就不能不解释为东胡。东胡居住的燕北不跟胡貊居住的代连接么？这就是说，胡貊是在代以东到燕北方居住的。

这个问题还有旁证。《战国策》十九《赵策》云："自常山以至代，上党东有燕，东胡之境"。由此可见，代、上党以东有燕和东胡在向南北邻接。从而，我们很容易看出代与东胡居住的燕北之间没有另外的称为"胡貊"一个族所居住的地域。所以我们没有根据把这里的胡貊解释为东胡外的另外一个族属。从而，可知被秦开击退到千余里东方的东胡就是胡貊。

第四个理由：古代朝鲜族的一支部貊族实际上有居住过燕北方和东北方的事实。《山海经》卷十一《海内西经》云："貊国在汉水东北，地近于燕，灭之"。这一记载和在《史记·燕召公世家》最后面司马迁评论中写的《燕北迫蛮貊》的记载的内容相一致的。司马迁在《匈奴列传》里这样写了："燕北有东胡、山戎"。他是否把蛮貊当成东胡，山戎？在《山海经》记载了燕灭貊国的事实，由此看来，这时期很可能是燕昭王时期，因为貊国被燕灭亡的事实在燕秦开时期以前和以后也没有的。当然，《山海经》的这项资料里的《汉水》的所在地方是成问题的，这一个问题在下面再详论。还有一个问题，就是说，《山海经》编者把东胡和貊国区别来写的。同上文前面有"东胡在大泽东，夷人在东胡东"的记录。《山海经》编者认为东胡与貊是不相同的两个族属。可是他的看法是不一定正确的，并且《山海经》的文章错误的很多，所以这个问题不太大。我认为《山海经》编者很可能没有把从古代传下来的资料加以整理，所以他不能看出东胡与胡貊的关系。

如果我的解释可以成立的话，被燕灭亡了的貊国包含在《魏略》所说的秦开向东击退到二千余里的朝鲜之领域内，同时被秦开的东击退到千余里的东胡之境域内。我们决不能说这些重要的史料是不同的内容偶然一致的。貊是古代朝鲜诸部族中之一，所以鱼豢是否以自己时代的概念来认为猶和真番，朝鲜合在一致是朝鲜？

同时有可以证明燕昭王以前在燕东存在过朝鲜、辽东的资料。《战国策》二十九《燕一》云："苏秦将为从，北说燕文侯曰：'燕东有朝鲜、辽东，北有林胡、楼烦，西有云中、九原，南有呼沱、易水，地方二千余里，带甲十万，车七百乘，骑六千匹……。'"这记载好象燕占领了朝鲜、辽东似的。但，不能把这文章的内容看作历史的事实。燕文公（公元前361～333年）时期是赵武灵王（公元前325－299年）还没有攻击林胡和楼烦之前的时期；而且是燕秦开攻破东胡，建立辽东郡之前的时期；苏秦时期，把没有侵占林胡和楼烦的事写成"燕北有林胡、楼烦"，那么，"燕东有朝鲜、辽东"也这样地解释是妥当的。在《史记苏秦列传》的注里写到《朝鲜音潮汕，二水名也"，那是应当看成拘泥于张晏解释朝鲜名称之说。苏秦之说好象夸张地宣传了燕东的朝鲜和辽东，北方的林胡和楼烦，西方的云中和九原，南方的呼沱和易水地域都是燕能随意支配的。可是在燕文侯的回答里都说出了"寡人国小"，我们在这里明白地看出当时燕国的领土没有包括朝鲜、辽东、林胡、楼烦、云中、九原、呼沱、易水等地。秦苏说到的《燕二千余里》的燕的领土只不过是苏秦为说服文侯而夸张的，或是后人伪托苏秦的话，把"全燕"时期的燕境说成燕文侯时的疆土，我们决不能把"燕东有朝鲜、辽东"的朝鲜、辽东解释为燕的属邦，而只应该解释燕国东接朝鲜、辽东。这是燕的领土向东扩张之前的事实。当然，苏秦当时，燕的东界是今天的哪个地方是不明白的。但在文侯之说里可以看到燕在战国前期还是一个弱小国。由此可以想象到燕决不能越过今天的滦河界线。

苏秦说过"燕东有朝鲜、辽东"，但没有说过燕东北（或北）有朝鲜辽东”。由此可见当时朝鲜的位置不是今天的辽东，也不是今天的朝鲜地域。与此相反，当时的朝鲜的位置是右北平的地域。这样的话，其方向是正确的。

第五个理由：　史记“东胡却千余里”的东胡不是乌桓和鲜卑的祖先的根据还有一个。《匈奴列传》里写到：“冒顿既立，是时东胡疆盛……东胡王愈益骄，西侵”。战国时代在叙述社会情况上有了“王”的事实，这意味着该社会是相当发展的社会。即司马迁承认了东胡是有王的强国。有没有根据能证明在战国时代乌桓和鲜卑是有王的强国？我想没有根据的。如果看后汉书乌桓列传的话，可以知道乌桓在后汉世也没有充分的政治制度，把统治者叫成“大人”，不叫成“王”。同列传云：“有勇健能理决斗讼者，推为大人，无世业相继。邑落各有小帅，数百千落自为部。大人有所召呼，则刻木为信，虽无文字，而部众不敢违犯。氏姓无常，以大人健者名字为姓。”

如果乌桓在战国时代有了王的话，怎么能够在汉之世说“有勇健能理决斗讼者，推为大人”这一个问题很难说明。于是在《史记匈奴列传》里的《东胡王愈益骄，西侵”的记录不是关于乌桓和鲜卑的记录，而是与魏略的记录即“朝鲜侯亦自称王，欲兴兵逆击燕”相一致的。我们在后汉书“乌桓，鲜卑传”里怎么也找不到乌桓和鲜卑的祖先自称为王，猛烈地侵犯燕和匈奴的记录。

所以在战国时代把东胡断定为乌桓和鲜卑的祖先的范晔之说是很难说得通的。（关于鲜卑的后汉书记录和前者文体上一致）。如果我的主张可以成立的话，被秦开击退了的东胡象魏略之说那样，把它看成朝鲜（貊国包含在内）是妥当的。

第六个理由：　有燕和朝鲜之间使用的共通的方言的事实。在杨雄（公元前 53－ 公元后18年）的“方言”里收集了从燕的代，或燕的外郊和燕的东北鄙到朝鲜洌水之间使用的二十六个方言如下。

1，燕之外鄙（鄙，边邑名）、朝鲜洌水之间（朝鲜，今乐浪是也洌水在辽东，音烈），少儿泣而不止，曰咺（少儿，犹言小儿）。(同书第一，郭璞注)

2，瞳之子……燕代、朝鲜洌水之间曰盱，或谓之杨。(同书第二)

3，木细枝……燕之北鄙、朝鲜洌水之间谓之策。（同书第二）

4．揄铺，𧝓，帗缕，叶输，毳也，……燕之北郊，朝鲜洌水之间曰叶输。(同书第二）

5，速逞摇扇，疾也，……燕之外鄙，朝鲜洌水之间曰摇扇。（同书第二）

6，秦、晋之间骂奴婢曰侮、芀，㖡，涅化也。燕朝鲜洌水之间曰洌，或曰㖡，鸡伏卵而未孚，始化之时谓之涅。（同书第三）

7，凡草木刺人，北燕、朝鲜之间谓之茦，或谓之壮。(同书第三)

8，斟协，汁也，北燕、朝鲜洌水之间曰斟。（同上）

9，凡饮药传药而毒，……北燕、朝鲜之间谓之痨。（同上）

10，扉屦，麤履也，……东北、朝鲜洌水之间谓之鞭（同书第四）

11，鍑，北燕、朝鲜洌水之间谓之錪或谓餅。（同书第五）

12，甇……燕之东北，朝鲜洌水之间谓之瓺。（同书第五）

13 甀，燕之东北，朝鲜洌水之间谓之𦈉。（同上）

14，㰏，燕之东北，朝鲜洌水之间谓之椴。（同上）

15. 床，北燕、朝鲜之间谓之树。（同上）

16. 徥，用行也，朝鲜洌水之间或曰徥。（同书第六）

17. 斯，掬离也……燕之外郊，朝鲜洌水之间曰掬。（同书第七）

18. 膊，曬，晞暴也……燕之外郊，朝鲜洌水之间，凡暴肉发人之私，披牛羊之五脏，谓之膊暴。（同上）

19. 魏盈，怒也，燕之外郊，朝鲜洌水之间，凡言呵叱者，谓之魏盈。（同上）

20. 汉漫，賑眩懑也，朝鲜洌水之间，烦懑谓之汉漫，颠眴谓之賑眩。（同上）

21. 树植，立也，燕之外郊、朝鲜洌水之间，凡言置立者，谓之树植。（同上）

22. 貔……北燕、朝鲜之间谓之貊（同书第八）

23. 雞……北燕、朝鲜洌水之间谓伏雞曰抱，爵子及雞雛皆谓之鷇，其卵伏而未孚始化谓之涅。（同上）

24. 猪，北燕、朝鲜之间谓之豭。（同上）

25. 尸鸠，燕之东北、朝鲜洌水之间谓之鶝鴀。（同上）

26. 鹖……燕之东北、朝鲜洌水之间谓之鴠。（同上）

27. 䵹蝓者，侏儒语之转也。北燕、朝鲜洌水之间之蝳蜍。（同书第十一）

这二十七个方言中，第二十里只写到《朝鲜洌水之间……》。上引的第一个例文郭璞注云：《朝鲜今乐浪郡是也，洌水在辽东》，可见朝鲜洌水在于辽东。当然洌水是朝鲜人民居住的地域。这说明居住在燕的边方的人民和朝鲜人民使用了同一的方言。那么，怎么燕的人民和朝鲜人民能够使用同一的方言呢？这是一个问题就提出来了。

方言是人民在同一个地域生活当中，通过长时间逐渐形成的。那么我们可以想象到居住在燕的边方和朝鲜洌水的人民生活在一起所形成了方言，或者受到某一个种族的语言的影响而形成了方言。我们根据历史的事实可以知道燕的势力扩张到辽东的时间是燕昭王以后的时期。事实上燕在辽东的势力是微弱的，所以我们很难说明朝鲜人民使用了的方言就是汉语。这是懂得中国方言可以理解的，並且根据隔了鸭绿江居住了一千余年的朝——中人民没有使用共同的方言的事实也可以理解的。所以我们不可能想象到古代人有在2—3百年不同的种族人民在政治和文化的影响下，把一个种族语用作自己的方言来使用。《汉书·地理志》云：《上谷至辽东，地方民稀，数被胡寇》，可见从燕的地方到朝鲜洌水之间居住的人民是稀少的。所以与这一事实相联系来看更可那样想了。于是可以想象到在通用方言的地域里，朝鲜人民和燕人民生活在一起的。《史记·朝鲜列传》里写到《自始全燕时，就障塞》，与这一记录相联系看我们可以知道在被燕侵占的真番、朝鲜地域里，燕人和朝鲜人民是生活在一起的。于是从燕地方（或者从燕、代）到朝鲜洌水之间存在过的方言的这事实可以证明从燕边方（是燕扩张领域以前）到辽东洌水之间居住了朝鲜人民，这等于说明朝鲜被秦开击退之前，在从燕的北方到东方的地域里居住了朝鲜人民。

第七个理由：《朝鲜》名称的解释是以解决本问题的根据之一，向来内外许多学者解释了《朝鲜》的名称。

1. 新增东国舆地胜览（卷五十平壤府名考）云：《居东表日出之地，故名朝鲜》。

2. 国朝宝鉴云：《朝鲜音潮汕，因水名为名，又云：鲜，明也，地在东表，日光明，故曰朝鲜》。（在安鼎福《东史纲目》附下杂记朝鲜名称考里引用的再引用了）

3. 金鹤峰的《朝鲜考异》云：《鲜，明也，地在东方，

朝日鲜明，故为朝鲜》（同上）

4．安鼎福（1712—1786）的《东史纲目》（附下杂记朝鲜名称考）云：《箕子之地，辽地太半其封域而鲜卑之东，故称为朝鲜》。

5．最近朝鲜学者申采浩和郑寅普根据《满洲源流考》，把它解释为满语“珠申”（臣属，就是庞大国土之意）的字音。（申采浩：朝鲜史研究草前三韩，三朝鲜颠末条。郑寅普：朝鲜史研究上52页）。

6．朝鲜语言学者梁柱东根据从前之说法把“朝”解释为“bag”（明的意思），把“鲜”为“sai”（东方的意思），他主张朝鲜古代语把“朝鲜”应该念成“bog sai”。（梁柱东：朝鲜古诗歌研究391页）

7．张晏说：“朝鲜有湿水、洌水、汕水，三水合为洌水，疑乐浪朝鲜取名于此也”。（史记朝鲜列传集解引用句）

到底这些说法中，哪一种说法是对的呢？

1．首先对于“东表日出之地”的说法而谈。这一说法把“朝鲜”看成汉文式记名而解释了的，所以它很难成立。因为古朝鲜人已经在春秋战国时代用了“朝鲜”的国号，如上面已经谈过的那样，它已经出现在《管子》里。那么这种说法等于说古朝鲜人已经在春秋时代管子时期把汉字以汉文式用法来使用，换句话说公元前七世纪古朝鲜人已经不把汉字以吏读式用法来使用。大家都知道古代朝鲜人在长久期间把汉字使用于吏读文，到新罗景德王代（743-765年）把从来的吏读式记名的地名的地名改为汉文式记名，所以我们很难说在公元前七世纪已有把“朝鲜”的国号用汉文式记录下来的。他们的解释与事实相反地是古代朝鲜人把汉字使用于汉文式之后的理想化的解释。这样解释是妥当的。不然的话，除“朝鲜”以外的所有的吏读式记名的地名我们没有道理来说明。

2. 安鼎福的说法也是不能成立的。因为鲜卑的名称在后汉时代才开始记录在中国史籍，在《箕子之世》里当然不能有“鲜卑”之名称，于是也不能有“在鲜卑之东”的说法。这可以说是安鼎福的片面见解。

3. 申采浩和郑寅普之说法就是清代学者们之说。他们好象因为没有理解《满洲源流考》是大满洲主义思想的产物，他们无批判地看了《满洲源流考》。这本书为了清朝皇室的权威合理化竟把朝鲜的名称也解释为他们自己单语“珠申”（臣属之意）的意义。（同书卷一部族肃慎条）。如果古代朝鲜语能把“珠申”的意思与它同样的解释的话，其说法是可以成立的，但一直到现在没有一个朝鲜学者把“珠申”解释成古代朝鲜语。申采浩没有语言上的说明，只写到”因为乾隆帝的满洲源流考既把肃慎的本音说成《珠申》就是管境，那么《朝鲜》的音也为《珠申》就是管境的意思，这是很明白的……”（申采浩：朝鲜史研究草前三韩、三朝鲜的颠末条）。他把原文的《臣属》解释为“管境”，郑寅普也这样解释了（郑寅普：朝鲜史研究上 53 页）。乾隆帝的说法是为了把殷周时代肃慎当自己的祖先证明的，但他的说法是没有可靠的根据的。事实上殷时代肃慎是满族的祖先的说法是很难成立的，关于这个问题下面详论。但申、郑两位学者竟它来解释了朝鲜的名称。所以我们不能肯定这些没有历史事实根据的解释。

4. 梁柱东的说法也是有一些问题。他主张朝鲜族有了太阳崇拜信仰，并且向东或者向南移动，到处使用了“balg”（明的意思），“sai”（东方的意思）的地名。并且他说《朝鲜》的国名也是在那样的意义上记名的。由是把《朝鲜》解释为“balg sai”（东方明亮的国的意思）。他的语言学的解释有道理似的，但他解释的出发点也是上面所引起的封建史家的解释。如果按照他的说法的话，必须举出古代朝鲜人把《朝鲜》叫成《balg sai 》的确实的根据．如果古代人已把《朝鲜》叫成《balg sai》的话，一定要有以吏读式发它的音的记名。但我们完全找不到那样痕迹。于是他的说法也不能肯定。

5．张晏的说法是近古的，而且符合于历史事实的合理的说明。我们解释古代地名或国名时，要依靠许多解释中最近古的说法来考察问题。

那么，张晏的说法为什么是合理的说明呢？他云：《朝鲜有湿水、洌水、汕水，三水合为洌水，疑乐浪朝鲜取名于此也》（史记朝鲜列传集解引用）在《史记苏秦列传》"燕东有朝鲜、辽东"的索隐也同样地写到"朝鲜音潮汕，二水名"。另外张华也同样地说："朝鲜有泉水、洌水、汕水，三水合为洌水，疑乐浪朝鲜取名于此也"（通典卷185边防—— 朝鲜条注引用文）。

在这些记录来看，朝鲜的名称由水名而来的说法好象在中国从古以来就有似的。

我们想必要根据张晏之说阐明一下湿水、洌水、汕水合流成洌水的江到底是哪一江？我们调查从现今朝鲜领域到燕的北方的各个地方志的结果，可以看出除了今天的滦河（古名濡水）之外，没有地方可以找到。今日在朝鲜的河水当中，根本不存在湿水、洌水汕水合流成洌水的河水。当然古水名也根本不存在。

有人说，张晏说的洌水是现在的辽河。其根据是辽河一名叫三叉河，但没有证据说明这三叉河与湿水、洌水、汕水合流成洌水的河水是同一的。所以这样的说法不可靠。

郦道元在《水经注》卷十四《濡水注》云："濡水…… 又

东南流迳武列溪，谓之武列水”。热河志卷六十九《热河》条云：“行宫内有温泉，流水注之，始名热河，南流折而东，复折而南至下营，入滦河，即古武列水”。

同书《乾隆御制文热河考》云：“热河之武列水，无疑”。同书《开新河记》云：“热河之水……即水经注所谓武列水也”。

据这些资料可以知道古代把濡水的一支流热河叫成武列水。

《水经濡水注》云：“封大水出新安平县，西南流，迳新安平县故城西，地理志辽西之属县也，又东南流，龙鲜水注之”并且又导到封大水同新河合流，新河同濡水合流。由此可知龙鲜水是濡水的一条支流。

《水经注》卷十四《湿余水经文》云：“湿余水出上谷居庸关，东流过军都县南，又东流过蓟县北，又北屈东南至狐奴县西，入于沽河”，同书《沽河经文》云：“沽河……南过渔阳狐奴县北，西北与湿余水合为潞河”，郦道元对于这注云：“沽水又南，左会鲍丘水”，可见湿余水和鲍丘水是合流的。又同书《濡水注》云：“濡水东南流迳乐安亭南，东与新河故渎合，渎自雍奴县承鲍丘水”。由此可见湿余水与鲍丘水合流鲍丘水与濡水合流，那么可以说湿余水合流，从而，湿余水、武列水、龙鲜水合成为濡水。

但，《热河志·热河考》（乾隆御制文）反驳郦道元之说把《汉书·地理志》的泓水（即鲍丘水）误成濡水云：“误以汉书地理志之泓水（亦名鲍丘水即今潮水）为濡水”。如果郦道元认错了的话，其前的说最也可能错了。可是在解释《乐浪朝鲜》的名称上没有什么障碍。因为乐浪朝鲜的地名来自三条河名，并且湿余水离武列水（即濡水）很近。还是我们不能认为热河考文一定是正确的。因为河水古渎的变动很频繁，所以郦道元的说法也可能有道理。因此，我们不因为这一点，就否认乐浪朝鲜和湿水、洌水、汕水在一个地带之说。

总而言之，根据郦道元之说可知湿余水、武列水、龙鲜水合成濡水。这样的话，我们可以说张晏所说的湿水是湿余水的略称，汕水又可以写成鲜水，所以，汕水是龙鲜水的略称。在古代记录里可以看到这样的专用名词的略称。

那么濡水（现滦河）和洌水有什么关系呢？这一个问题就提出来了。我要对这一个问题提出我的意见。

古代把现在热河叫做武洌水（略称洌水），那么它流下来合流的河水也可能被称为武列水，我这样推想。换句话说，因为武列水是濡水的中游，所以它下游的濡水也叫称武列水。那样判断的报告是什么呢？那是武列水是古代朝鲜语，濡水是古代汉人用不一样的汉字来写成的。就是说洌水和濡水是一个名词。

我们在历史上可以看到，有一些地域里先住族移动以后另一个种族住在这一地域的时候，他们根据先住族所叫的名称，把地名以自己的发音或训读叫的事实。举个例子。以前把黑龙江叫成《amur》（音阿母尔），但以后，换了那流域的居住民的时候，把《amur》改名为黑龙江。现在只有黑龙江的下游叫称《amur》了。我们又可以看到濡水的一部分叫乌滦水。《热河志·滦河》条云："王曾〈行程录〉言，自偏枪岭四十里，过乌滦河，盖辽有县名，元人亦名难河"，由此可见乌滦河正是指武列水的讹转音的记名。当然"滦"的音和"洌"的音没有直接的联系，但我认为在写成乌滦河之前，可能把它写成乌濡水，后来把濡水叫作滦河，从此把它改写成乌滦河。

据《热河志》卷69水一的记录，在汉以前把滦河叫作濡水，郦道元把它写成濡水，从唐代开始把它写成滦河。颜师古"濡"乃官反"。那么由此我们可以推测到把它叫做濡水之前，一定把它叫做"武列水"。因为我认为"濡"之音与"洌"之音有关。

我怀疑颜师古解释"濡"的音是否正确。

在唐韻里把"濡"字念成"人朱切"，在集韻里把它念成"汝朱切"，在韻会里把它念成"人之切音而水名"。由此可知把"濡"用在河名时，可能把它发音成"ru"或"ri"。在汉以前写成濡水的，酈道元却写成"雉水"，在唐代就写成"滦河"。我认为这有道理。假如照颜师古之说那样，从汉以前把濡字音成"乃官反"的话，酈道元何必把它改写成"雉水"呢？我认为在酈道元时期，已经把这条水叫称"雉水"，但与"濡"字不適，所以那样写的。

为什么那样推想呢？因为把"武列水"可以解释为意味着古代朝鲜语"大水"或"大河"的"əm-ri"或者"am-ri"或者"a-ri"等的吏读式记名。

以语言学角度来第一次解释"列水"和"洌水"的学者是申采浩，他在朝鲜史研究草《古史上吏读文》条里，把古代朝鲜语的"长"写成"ari"。他说，长白山古名"阿尔民商坚"的"阿尔"就证明它。他还说，把"鸭"也念成"ari"，把"鸭水"叫成"阿利水"，古人把一切长江（大河）称为"ari-garam"；在接受汉字造吏读文时，吸取"ari"的音，写成"阿利水"、"乌列水"、"句丽水"和"郁里河"等；"ari"的"a"是"a"和"o"，"u"的中间音，由于"阿"，"乌"，"句"和"郁"等的多种不同音，所以采取其义，叫成"鸭子河"，"鸭绿江"。他根据语言学的解释，把辽圣宗时改名成"混同江"之前的"鸭子河"，辽河的古名"鸭绿"（三国遗事卷三兴法第三顺道肇丽条），今天的"鸭绿江"，滦河的古名"武列水"，好太王碑铭里的"郁里水"（今朝鲜汉江的古名），今朝鲜庆尚道洛东江的古名"阿尸良"（三国史记地理志）和阿礼津（日本史记）等名称，都解释为有"长江"的意思的"a-ri"

河。我们不得不承认他的意见。

日本史学家白鸟库吉根据德国语言学者Wclhelm grube收集的通古斯系统的词汇(Ce grube galdische Wörterverzeichnisse)曾解释过东明王传说里的掩淲水和鸭绿水。他在日本史学杂志第七编第一卷"朝鲜古代地名考"里写到夫余、靺鞨和朝鲜等国以从上代开始来使用"amun"的名称，把《论衡》和《后汉书》里的"掩淲水"，北史和宋书里的"淹水"都念成"amuko"或"yamuko"，把好太王碑铭里的"奄利大水"念成"amri"水，这些单语与uzi-Tumgus语的"ma mur"一样意味着"大水"。他还说在朝鲜语里把水叫称"mul"，于是这与"amur"、"mamur"、"murer"等语有关系，松花江，鸭绿江等名词，现在也使用它。我认为他的说法有道理。他的说法同申采浩的说法达到同一的结论。只是白鸟库吉没有解释了"浿水"的名称。

可是，与申采浩之说那样，是否一定把"鸭渌河"、"鸭绿江"、"阿利大水"、"武列水"、"乌利水"和"郁里河"等念成"ari"？我不得不怀疑这一个问题。既然grube和fitcen等语言学者们收集的通古斯语系的词汇不能否认，我们不能不承认把古代通古斯语系诸族的大水叫称"amur"，所以我认为上面列举的河名是"amun"名词的转讹音。

"浿水"(列水)是武列水的略称，于是"浿水"是意味着古代朝鲜语的"大江"的普通名词变成专用名词化了。杜佑《通典》卷一百八十六《边防二·东夷下高句丽条》里解释鸭绿江的名称而写到"鸭绿江……水色似鸭头，故俗名之"，但他的说法不过是附会。

假如我上面所说的拙见能成立的话，湿水、浿水和汕水合流成浿水的张晏之说正指今天的滦河。于是，根据他的说法，我们能达到这样的结论：古朝鲜族曾经在滦河一带居住过。

除了武列水之外，在现在的山海关内地域还有叫"鸭子河"的河水。在《永平府志》卷四《大青山水》条里写到今石河的上游叫做"鸭子河"。这名称和辽圣宗时把鸭子河当混同江改称以我们应承认关内的鸭子河的名称是从古代传下来的名称，是否我们能这样说；它是从有武列水的名称时期的河名传下来的。这"鸭子河"也只能说古代朝鲜族留下来的名称。因为"鸭子河"如上面所说，和古代朝鲜语里意味"大水"的"鸭绿"、"阿利"、"乌利"、"武利"等相一致。朝鲜语里把"鸭子"说成"ari"，所以"鸭子河"一定念"ari"河。

右北平还有"黑水"。《永平府志》卷四山川条云："府治内有黑水……或曰燕谓水曰龙，黑曰卢，县名取此，非也"，永平府治内的黑水就是个滦河，或者滦河的支流。燕的方言谓水曰"龙"，这一事实是值得注意的。朝鲜语里把"龙"训成"miri"，或"miru"，而且把"水"训成"mur"或"mul"。我推想到这两个字的训法是同一的，就是说，"龙"的训也是"水"的意思。那么，黑水就黑龙。如上所说，黑龙江是"amur"（大河）的改称。由此我们可以想到在永平府内的黑水（黑龙）也是"amur"（大河，能写成"武列水"）的改称。如上所说，照燕方言与古朝鲜语言有许多相通的事实来看这个问题时，我们可以这样解释。

第八个理由：在今天的滦河流域和辽西方面有用古代朝鲜解释的地名的事实。这是在《逸周书·王会解》里叫《不令支》的《不》，《不屠休》的《不》，在《管子·小匡篇》里叫《发朝鲜》的《发》，在《史记·五帝本纪》和《大戴礼记》里叫《发肃慎》的《发》，在王会解里叫《发人》的《发》等。我们很容易看出《不》和《发》是同名异字。《永平府志》卷五物产条云：《释名》云：不令支，令支也，不屠休屠休也，皆东北夷》。这说明《释名》把《不》字不解释当专用名词。因此可知，《发朝鲜》就是朝鲜，《发肃慎》就是肃慎。可是《不》字应该有什么意思。

我们要说明一下，《不》和《发》字有什么意思的问题。我们首先必要对于《释名》的解释注意，同时也要注意到在古代朝鲜的地名里有同《发》和《不》同音的许多地名和国名的事实。朝鲜音把《不》念为《bul》或《bu》，把《发》念为《bal》。高句丽国内城一名叫称《不耐城》这里的《不》相当于《国》，《耐》和《内》是同音的。在百济的地名里有《古良夫里》，《一夫里》，《竹树夫里》等地名，朝鲜音把《夫里》发成《buri》，那就是和《不》相通的。在新罗国名里有《音汁伐国》，《沙伐国》，《多伐国》，《骨伐国》等，朝鲜音把《伐》发成《bəl》，它也是和《不》相通的。在马韩有《监奚卑离国》，《内卑离国》，《群卑离国》，《平序卑离国》等国名（三国志东夷列传）。朝鲜音把《卑离》，发成（biri），这也可能与《不》相通。

《不》、《发》、《伐》、《夫里》和《卑离》等词汇在古代朝鲜语专家们之间，对于它们的语源和解释法有不同的说法，可是他们的结论大体上一致，就是说，这些字汇都是意味着《首都》，《城邑》，《都城》的普通名词，和《乐浪》（bəl-la）是同一的意思。

对于古代朝鲜语的《不》，《伐》，《发》，《夫里》等语，外国学者也曾经研究过。白鸟库吉对这一个问题用比较语言的方法来解释过。他在《史学杂志》第十六编六卷《国语与外国语的比较研究》里，在西欧东方语言学家们所收集的词汇的基础上（Budeng，alguist，munkacsi 等人），总合了在 Ural-altai 语系的词汇里具有《都城》意思的名词即《fulu》《paul》，《pël》，《pöl》，《uel》，《pahlü》，《pāl》等初音是《p》《f》，《u》，终音是发《l》，《r》音的名词，解释了古代朝鲜语的《不》、《伐》、《发》、《夫里》等是与上引的词汇相通的《村邑》和《都城》的意思，我们认为他的说法与朝鲜语言学者之说法的结论相一致，有科学根据的。

中国学者冯家昇先生也解释了《不会支》的《不》字。他在《禹贡》二卷七期《东北史诸名称之解释》里写到；《王会谓'不屠何'，管子称'屠何'，则'不'字一望而知为附加字……又按王引之〈经义述闻〉卷二十七〈不律谓之笔〉条曰，郭璞曰，蜀人呼笔为〈不律〉也，语之转变。引之谨案：「不」者发声，犹「淯」谓之「不淯」（见释邱），「类」谓之「不类」，「若」谓之「不若」也（见释鱼）。说文曰，楚谓之「聿」，吴谓之「不律」，燕谓之「弗」，秦谓之「笔」，「聿」，律音相近；「不」发声也，「不律」谓之笔，犹言「律」谓之笔耳。郑樵注曰，缓声为「不律」，急声为「笔」，其说似是而非。按王氏于此「不」字所解极当，可与王《王会》「不」字相印证。》

虽然冯先生之说也有道理，但是否在朱蒙的朝鲜和外族的居住地名上附加了《发》和《不》字？他对于这一个问题的理论根据很薄弱，所以很难肯定他的说法。我认为用古代朝鲜语来解释《发朝鲜》的《发》和《不令支》的《不》是妥当的。

第九个理由：在永平府境内有〈朝鲜城〉和〈乐浪〉地方的事实。

《大明一统志》卷五永平府云：《朝鲜城在永平府境》。同志没有说明这朝鲜城的名称的由来。有人可以说北魏延和元年在永平府（即北平郡）里设置朝鲜县，这朝鲜城名由于那个朝鲜县来的。《魏书》卷一百之上志第五地形二上北平郡条云："北平郡领县二……朝鲜、辽东"。可是，《大明一统志》编者没有谈到这个事实。因此，我认为这朝鲜的名称是很可能由于古代这一带的地名"朝鲜"来的。因为这样想是和如上所述的诸事实，尤其是张晏说的朝鲜的名称的解释符合的。

还有一个"乐浪"地方存在过在永平府境的事实。郭造卿:《卢龙塞略》卷十三传部"黄烈传"云："黄烈等于怯懦，则将亦何乐死，死亦安在其不可惜乎！……临津而死，又能明其所以死，隆褒崇祀，庶几燕山乐浪，则人人感奋，何尤虏哉！……"。由此可知，北平郡（滦河右岸）燕山附近有"乐浪"的地名。我们找不到乐浪郡在燕山一带的史料。但，杨守敬认为前燕、后燕、北燕、前秦代的乐浪在辽西。（杨守敬：历代舆地沿革险要图前燕疆域图、后燕疆域图、北燕疆域图、前秦疆域图）。我们可以参考古代朝鲜族住过的地方到处有"乐浪"的地名。那么，可以说在大北平的"乐浪"是不但前燕、后燕、北燕和前秦时代的乐浪，而且也是古朝鲜时代的"乐浪"。

我认为把如上所举的根据来判断古代朝鲜族在燕东方（滦河流域）和北方居住过了相当长的时期是成立的。

我们决不能认为如上所举的材料是偶然一致的。假如没有古代朝鲜族（或濊或貊）居住过燕东方和北方的事实，中国古代许多学者们怎么能够把这些资料记载在中国史籍上呢？所以，我认为如前所提到的那样，《史记·匈奴列传》里的"东胡……却千余里"的东胡是古代朝鲜族之二支的貊族和濊族，司马迁把东胡与真番、朝鲜区别开来，在《朝鲜列传》里写到"自始全燕时，尝略真番，朝鲜"。司马迁利用关于东胡和朝鲜的古来的资料来写了好象燕秦开所击退的朝鲜和东胡是两个种族，这是司马迁以自己时代的概念来把"东胡"和"朝鲜"分别开来的，我以为他的写法也是对的。当然，在司马迁时代貊和朝鲜是不同一的部族名或国名，可是在鱼豢时代可能貊也可以叫做"朝鲜"族。因为在那个时代貊族建立了夫余和高句丽国好久了。相反地也可以想到鱼豢也认为"却千余里"的东胡和朝鲜是完全不同的部族。可是，如果他这样认识的话，他很难说明燕秦开国时击退两个强敌。

魏略云："乌丸者，东胡也。汉初，匈奴冒顿灭其国"。由此可知鱼豢也认为乌桓是东胡。可是，他的看法是不一定正确的。他也没有记东胡被秦开击退到东方千余里外的事实。我们决不能说不知道"东胡东却千余里"的事实，可是他没有记这事实。我认为鱼豢没有记这个事实可能是由于如上的理由的。

要之，根据如上举的资料，我们可知从古到燕昭王时期为止古代朝鲜族在燕北方和东方居住过，在燕昭王时期被夺取其国土西方二千余里（或一千余里）的领域是事实。古朝鲜在燕朝王时期有了其领域的大变动。

第三节　秦—汉初、辽水和浿水的位置

一、燕长城的东端和辽水的位置

关于燕、秦的长城东端和当时辽水的位置这个问题，好象已没有再探讨的必要；但笔者认为从来的说法是值得怀疑的，因此还有必要进一步来探讨。

在《史记·匈奴列传》上关于燕长城位置说："其后，燕有贤将秦开为质于胡，胡甚信之，归而袭破走东胡，东胡却千余里……燕亦筑长城，自造阳至襄平。"《史记·燕召公世家》没有关于筑造长城的记录。"燕召公世家》说燕在昭王时期强盛，攻伐齐国，但並没说他把东胡击退千余里外。司马迁认这燕长城东端为襄平。可是，司马迁在《蒙恬列传》里关于秦长城

的疏造说："始皇二十六年，蒙恬将三十万众，北逐戎狄，收河南。筑长城，因地形用险制塞，起临洮至辽东，延袤万余里，于是渡河，据阳山，逶蛇而北"。司马迁在这传里只说秦长城在河套里越河沿阳山而北，而并没有写明到襄平的路线。《集解》引徐广曰："五原西安阳北，有阴山。阴山在河南，阳山在河北。"张守节的《正义》说："辽东郡在辽水东，始皇长城东关辽水西，南至海上。"张守节认定秦长城东端为辽水西方的海岸。总之，司马迁好象没有把燕长城东端和秦长城东端看做同一的地方。很显然，注释家也没有把两者看做一个地方。

所以，司马迁在《史记．朝鲜列传》上却暗示了燕长城东端和秦长城东端不是同一地点。同书上说："自始全燕时，尝略属真番、朝鲜，为置吏，筑障塞。秦灭燕，属辽东外徼。汉兴，为其远难守，复修辽水故塞，至浿水为界，属燕。"从该文内容来分析，燕在全盛时期征服了真番、朝鲜之后，在它的周边（即东边修筑了障塞。秦灭燕后，秦占领的故真番、朝鲜故地成为秦的辽东外徼。外徼就是外塞之意。所以，它意味着位于正式防御线外的临时防御线。《辞海》"徼"字的解释云："塞也，立木栅为蛮夷界。"由此可见，外徼不是坚固的长城而是位于与外族接境的境界的临时的要塞。总之，秦没有把燕占领的真番、朝鲜旧地放在长城之内，而只作为长城外的辽东外徼。

如上所说，对于燕长城东端，不能不发生疑问。如果燕把长城一直修筑到襄平，为什么秦放弃其障塞，而作为外徼？我认为秦不能维持真番、朝鲜旧地的原因有两个。一个是，可以设想真番、朝鲜人民的反秦斗争很强烈，另一个是秦没有阵地防御这个斗争。因此，很难说把燕在真番、朝鲜东端修筑的障塞看做秦长城的一部。《史记．朝鲜列传》说："满……渡浿水，居秦故空地上下鄣"，卫满居住的上、下鄣在秦故空地内，秦故空地是燕占领了的真番、朝鲜地域。因此，这上、下鄣应该是燕修筑的。关于"上、下鄣"的解释存各种不同说法。但无论怎么解释，对本问题的解决是无关紧要的。总之，不能把燕修筑的鄣塞看做长城。司马迁说燕长城东端为襄平，但我认为这襄平可能是燕代的襄平而不是汉武帝时期的襄平。也许襄平这地名有移动。

这样解释还可以举出下面理由：如果燕长城一直延长到襄平（现今辽阳），长城越过今辽河，直到辽阳平原上，那么这是不合乎筑城的军事目的的。我认为筑城的军事目的在于征服真番、朝鲜后，防御其势力发展：其长城应该围绕着燕地边，其终点必然是南北向，而且向海（即，张守节所说的"南至海之上"。）如果长城筑到襄平，那是不可能防御真番、朝鲜的势力的，我们有必要回忆战国时代修筑鄣塞往々利用江河或山险的地理条件。这种情形，古今是一样的。举一个例子来说，《史记·秦始皇本纪》说："西北斥逐匈奴，自榆中並河以东，属之阴山，以为三十四县，城河上为塞。又使蒙恬渡河，取高阙、陶山、北假中，筑亭障。"由此可见，障塞不是城，应该看成是利用山险或江河的前线堡垒。因此，燕的障塞会得越河以筑到辽阳平原的襄平，但这种说法还不合情理的，因为即使秦能把前线堡垒修筑在襄平，也很难设想把长城一直延到襄平。

那么，燕、秦的长城东端在哪一地域呢？

我们先看看从来有关这个问题的学说：

1、辽东（辽水东方）说。

司马迁在《史记·匈奴列传》说："燕亦筑长城，自造阳至襄平。"在《蒙恬列传》说："秦已並天下，……筑长城，因地形用制险塞，起临洮至辽东，延袤万余里。"司马迁所说的辽水究竟相当于现今的哪一条河呢？这个问题需要进一步探讨。这"辽东"—— 不能性急地以今天的地理概念解释为即现在的辽河的东边。因为秦汉初辽东郡位置不在于今日的辽河以东，而是辽河以西的地域。关于这个问题，下面还要再谈到，不在这里叙述。现在先把我的意思说出来，司马迁的辽东说不应该以今日的辽东的概念来解释。

2. 乐浪说·

《晋书》卷十四《地理志》上，乐浪郡遂城县注说："秦筑长城之所起"。《通典》卷一百八十六《边防》二《东夷·高句丽》条说："碣石山在汉乐浪郡遂城县，长城起于此山；今验长城东截辽水而入高丽，遗址犹存。"

3. 辽西（辽水西方）说。

《史记·蒙恬列传》的《正义》里，张守节说："辽东郡在辽水东。始皇筑长城，东至辽水西，南至海之上。"

以上这些说法各不相同，但都是权威史学家的学说，所以，不能轻易处理任何一种。我认为对于同样的历史地理事实，有各种学说，这是因为史学家们在资料的解释方面，各以自己时代的地理知识解释的缘故。我们通过纠正他们对待资料上的错误，才能阐明长城东端的位置和秦、汉初辽水的位置。

现在，对以上三种说法进行探讨如下：

(1)，对于辽东说。

我认为，司马迁根据长城东端在辽东的资料，把"辽东"和自己时代的"辽东"概念混为一谈，他说燕长城一直延长到襄平，很明显，他认为"辽东"系汉代辽水的东边。

那么，汉初辽东郡在哪一地域呢？司马迁在《史记·朝鲜列传》说："秦灭燕，属辽东外徼。汉兴，为其远难守，复修辽东故塞；至浿水为界，属燕。"他说在汉初、秦的辽东外徼（即故真番、朝鲜旧地）太远，难于守备，所以又修筑了辽东故塞是不同于在辽东外徼的另外一个塞，而且这个故塞在浿水以内。换句话说，真番、朝鲜的旧地——辽东外徼，汉初未能维持住，在退到浿水以内之后，以辽东故塞作为防备之用。那么，这个辽东故塞意味着什么？我们只能说这就是秦修筑的长城。汉放弃了秦的辽东外徼的地域，退却而修筑了故塞，这正是在秦的辽东外徼以内地域的长城，这难道不是易明之理吗？总之，不言而喻，汉初"辽东"地方是在浿水的西边，在浿水东边的"辽东外徼"在汉初已经不为汉之所有。如果说："辽东"的郡名是来源于辽水，那么，这辽水一定是浿水西边的一条河。

汉初放弃了辽东外徼，汉的辽东郡小了些，但汉初的辽东郡西界和燕国的辽东郡西界大体上还是一致的。从文献上看，改编燕的辽东郡区域的资料虽没有，而这看法大体上是不会有错误的。辽东郡的名称系由其位于辽河东边而得的。汉初的"辽东郡"名称来于燕国的"辽水"名称，这是不容置疑的。换句话说，燕设置辽东郡于辽水以地域，后来，"辽水"的名称有了变动，本来的"辽水"被改了名称，而别的河却称为"辽水"，但辽东郡的地位仍旧存在。

那么，燕时的"辽水"究竟是哪一条河水必须加以阐明。但我们没有掌握阐明问题的直接资料，所以不得不用间接资料来阐明燕时辽水的位置。

在第一节里引用的记录，即《战国策》卷二十九《燕策》云："苏秦……说燕文侯曰，燕东有朝鲜、辽东"，是值得注意的。那么，如何解释这里提到的"朝鲜、辽东"呢？燕设置辽东郡是苏秦时期以后，所以苏秦时期的燕国领土还没有能扩大的辽东。据《魏略》，燕时秦开夺取了朝鲜西方二千余里，设置五郡。司马迁关于燕的五郡在《史记·匈奴列传》说燕将秦开击退东胡千余里外，置五郡。很显然，燕的五郡地域也许不是全部地域，但从朝鲜西边二千余里，或从东胡西边千余里的地域原是属于朝鲜或者东胡的地域。关于这个问题，后面还要阐述，不在这里谈下去。我们可以说，即使燕向东扩大领土的东界到襄平，但在此以前千里乃至二千里地域在燕昭王以前就是苏秦时期，无论如何不是燕的领土。如上面所说，笔者认为苏秦的"燕东有朝鲜·辽东"这句话不能解释为燕东方有朝鲜和辽东（即朝鲜和辽东不是燕的领土），而应该解释为苏秦夸张地宣传了燕的朝鲜．辽东是燕能随意支配的。这是不容置疑的。因此，燕秦开征服朝鲜和辽东之后，大体上把辽水以东地域命名为"辽东郡。""朝鲜辽东"应解释为在秦开占领朝鲜西方二千余里以前朝鲜的"辽水"东边，这里要注意的是司马贞的《索隐》对《史记．苏秦列传》"朝鲜辽东"的解释．《索隐》说："朝鲜音潮汕，二水名"。关于这事实，如同第一章论述的，朝鲜国号是得之于水名。可是，不能象司马贞的《索隐》这般把朝鲜只解释为水名．中国人在苏秦时期以前已使用"朝鲜"这个国号来称朝鲜人建立的国家，因而苏秦所说的"朝鲜"应当是国号．

燕昭王以前，朝鲜的辽东是指的哪一地域？辽水又是指的哪一条河？秦始皇 21 年（前 226 年）秦将王贲攻略蓟时，燕王喜避难到辽东，在那里暂时为王（《史记·秦始皇本纪》二十一年条）．我认为这个"辽东"是以前"朝鲜辽东"。因为《汉书·地理志》说："上谷至辽东，地广民稀，数被胡寇"，所以燕王喜避难的地域不会是象"数被胡寇"的那样危险的地域。《汉书·地理志》记录的也许汉代的事情，那么，汉代以前更是危险的地域了．所以燕王喜避难说它就是今天的辽东．秦——汉初辽东究竟在什么地方？下面根据中国学者们的说法，大体上可以了解秦——汉初"辽东郡"地域，而且搞清"辽东郡"名称的来源——"辽水"的位置。

《通典》卷一百八十，《古清州》条说："秦平天下，置郡，此为齐郡，琅琊之东境；辽东，今安东府"。杜佑认为秦代"辽东郡"即唐代"安东府"地域，我们认为这个主张一定有根据的。唐代安东府是现在的什么地方？《通典》卷一百八十《州郡》十，《安东府》条说："东至越喜部落二千五百里，南至柳城郡界九十里，西至契丹界八十里，北至渤海一千九百五十里"。就是说，安东府在柳城北九十里的地域。那么，柳城是在哪里呢？同书卷一百七十八《州郡·柳城郡》条说："东至辽河四百八十里，南至海二百六十里，西至北平郡二百里，北至契丹界五十里，东南到安东府二百七十里"。柳城是今天辽河西方480里的地域。前者说安东府在柳城北方90里的地域后者却说是在柳城东南270里的地方。这就意味着"安东府"的位置已有变化。杜佑并没有明确地指出秦代的"辽东郡"是哪一个"安东府"。即使为后者所说，柳城东南270里地域还达不到今日的辽河。即"安东府"是在辽河以西480里的柳城郡东南270里的地点，大体上是在柳城郡和辽河的中间地域。又关于医巫闾山的位置，杜佑说："《周礼·职方》曰，（东北曰幽州，其山曰医无闾，山在辽东，今于柳城郡东置祠遥礼"（同书《幽州》条）。很明白，现今辽河以西的医巫闾山就是秦代辽东郡地域。关于汉四郡的位置，他说："玄菟，乐浪等郡並今辽水之东，宜在禹贡青州"（同上）。这意味着汉武帝时期以前还有另外一个"辽水"。那么，辽西郡和辽东郡的境界究竟是哪一个地域呢？杜佑在同书《柳城》条说："幽州（今理柳城县），殷时为孤竹国地。春秋时地属山戎。战国时属燕。秦並天下，属辽西郡"。大体上，可以知道，秦代的辽西郡就是唐代的柳城郡地域。那么我们应问柳城郡的东端在何处？根据上面引用的资料，可知是在离海260里，北平郡在200里那个地域。但是郡治的位置，它的边界与它并不是同一地方。《新唐书》卷三十九《地理志》上说：“营州，柳城郡，上，都督府，本辽西郡。……柳城……有东北镇医巫闾山祠，又东有碣石山”。碣石山位于柳城郡的东方。因此，大体上可以知道，柳城郡在现今滦河以西的地域。唐代的碣石山就是现今的碣石山，这是可以肯定的。由此，我们可以判断说，唐代的柳城郡位于从滦河下流西起，由南向北伸展，它的郡治位于离右北平200里，滦河的东部地域。从而，可以判断，秦——汉初“辽西郡”大体是在滦河的西面，它的北边就是滦河的东部。因此，我们应该把现今的滦河看作辽东郡和辽西郡的界线。碣石山在辽西郡的东部，那么碣石山在辽西郡的东部，那么碣石以东不就是辽东郡么？

如果，辽东郡就是辽水的东部地域，而今日的辽河和大凌河却不是那个“辽水”，那么除滦河之外，并没有别条河水。

然则，古时是否称滦河为“辽水”呢？值得庆幸的是，我们占有了这方面的资料。中国唯一著作《燕史》的明代郭造卿在他著作的《卢龙塞略》（明万历庚戌刻本—北大善本室藏）里提供了这方面的资料。这书卷一经部守略经古上说：“《管子》书多谲，故孔门无道焉。《牧民篇》简明，它若是其甚乎？就纪年悖于《春秋》，《轻重》尤为附会，故于疑存之，而因者辨焉”，他依据《管子》卷十六《小问篇》谈到齐桓公和管仲征伐山戎的事实时说：“乃北伐之孤竹，未至卑耳之谿十里，阖然止，瞠然视，引弓而未敢发，谓左右：见是前人乎。不见也。桓公曰：‘寡人见人长尺，而人物具焉。冠，右祛衣，走马前，事其不济乎，寡人大惑，世有人若此者乎？管仲对曰：‘臣闻登山之神有俞儿者，长尺而人物具焉，霸王之兴而登山神见。且走马前疾，道也。袪衣，示前有水也。冠，右袪衣，示从右方涉'。至卑耳之谿，其水曰辽水，有赞水，曰：从左方涉，其深及冠，从右方涉，其深至膝，若右其大济……，"。《管子》原文里没有"辽水"这个记载是否郭氏之妄加不可知。我认为他的说法是有根据的。根据什么能这样说呢？

从"水经注"上也可以找到证明古代称现今的滦河为"辽水"的资料。在这书卷十四《濡水注》上说："汉灵帝时，辽西太守廉翻梦人谓已曰'余孤竹君之子，伯夷之弟，辽海漂吾棺椁。闻君仁善，愿见藏覆。明日视之，水上有浮棺，吏嗤笑者无疾而死，于是改葬之"。接着说："《晋书·地道志》曰：'辽西人见辽水有浮棺，欲破之，语曰："我孤竹君也，汝破我何为？"因为定祠焉'。祠在山上，城在山侧，肥如县南十二里，水之合也"。这"辽西人见辽水浮棺"的辽水，不能看作是今日的辽河。因为历史家们已经考证过，孤竹国就是今日的滦河流域，肥如县位于滦河下游的。顾炎武在《营平二州记》上说："滦河之左洞山阴夹河有孤竹君三塚》。《水经注》上引用的传说里暗示说，后汉末也把现今的滦河称为"辽水"那么，上引的郭造卿之说法也是有道理的。顾炎武也重视了郭氏的说法，从这点来看，我们不能把他的说法认为是妄说。郭氏认为称卑耳山前的水为"辽水"的传说。卑耳山在何处？《永平府志》卷十，《古迹·卑耳山》条上说："《管子》，'桓公二十年征孤竹，未至卑耳之谿十里'……旧志载之孤竹境。"把这两个资料联系起来看，显然，卑耳山是滦河流域的孤竹附近的山；而且，从卑耳山流出来的水就是滦河或者是它的支流。从而，我们根据这两个资料可以推断，现今滦河的古名是"辽水"。

那么，辽水的名称是根据什么而来的呢？郦道元在《水经》

卷十四《小辽水》条注上说："又玄菟高句丽县有辽水，小辽水所出"。"辽水"的名称似乎由来于"辽山"，但並不明确。笔者试图从古代朝鲜语里寻找"辽水"的名称的由来。如上所说，滦河的古名为"武列水"，世略称为"列水"。"列"的音与"黎"相通，而且，"黎"与"辽"相通。顾炎武在《日知录》卷三十一《昌黎》条上把《汉书．地理志》辽东属国的"昌辽"，故天辽"的"昌辽"解释为"昌黎"，这就证明"辽"字与"黎"字可以通用。从而，"列水"也可以写为"黎水"，而且"黎水"也可以写为"辽水"。如上所说，古代朝鲜族把滦河称为"武列水"（大河的意思），古朝鲜族东迁后，中国人袭用其原名，由于音的转变的缘故，把它叫做"辽水"。同时，可以判断现在"辽河"的名称，是从汉人扩张领土到辽水东岸开始命名的。

从以上诸证看来，我们可以知道，秦——汉初辽东和辽西的界线在现今滦河的左、右岸。那么，司马迁所谓秦的长城至辽东的说法，应该如何看待呢？

把"辽东"解释为辽水东部，把辽水认定为现今的滦河，从这个见解来看，司马迁的说法是正确的。关于《史记》的秦长城的记载，那样解释是妥当的。如果，他把现今辽河以东叫做"辽东"，那么，他的错误就是由于他把传说的有关"辽东"的资料，即现今滦河以东的资料和自己时代的"辽东"的概念混同的缘故。

(2)，关于乐浪说。

杜佑在《通典》卷一百八十六《边防》二《东夷》下《高句丽》条上说："碣石山在汉乐浪郡遂城县，长城起于此山，今验长城东截辽水而入高丽，遗址犹存"。关于碣石山，杜佑自注云："按《尚书》云：'夹右碣石入于河'，右碣石即河赴海处，在今北平郡南二十余里，则高丽中为左碣石。”而且，他在《通典》卷一百七十八《州郡》八《卢龙县》条自注云：“汉肥如县。有碣石山，碣然而立在海傍，故名之。《晋太康地志》同。秦筑长城所起自碣石，在今高丽旧界，非此碣石也”。他相信而且撷用了《晋太康地志》的说法。他主张长城起自乐浪郡遂城县碣石山。《永平府志》卷十《古迹·碣石》条也引用《太康地志》说：“乐浪遂城县有碣石山，长城所起”，很清楚，他说长城的东端是高丽旧界，而乐浪郡遂城县不在唐代高句丽的境内。关于“乐浪郡”的位置，他在《通典》卷一百八十《州郡》十《安东大都护府》注上说：“在辽水之东”。同书卷一百七十八《州郡》八《幽州》注上说：“玄菟、乐浪等郡並今辽水之东，宜在《禹贡》青州之地”。总之，他说乐浪郡遂城县在辽水之东，但他並没有写在“今高丽境内”。可见，旧乐浪郡遂城县碣石山在唐代的辽水之东，从而，长城的东端即在唐代辽水之东。

那么，《晋书》和《晋太康地志》根据什么认为长城的东端就是乐浪郡遂城县碣石山呢？《史记》、《两汉书》、《三国志》、《魏书》等都没有说乐浪郡遂城县有碣石山。实际上，今日的辽东也没有“碣石山”，即使查遍了辽东地方志也看不到碣石山这个名字。

虽然，过去有许多学者都讨论过碣石山，但到现在，似乎还没有得到结论，关于碣石山的考证，《永平府志》卷十《古迹·碣石》条和《昌黎县志》（同治五年知昌黎县事何崧泰纂）卷二《山川碣山》条上都有简明的叙述。《昌黎县志》上论驳了古来的三碣石说，而且说昌黎县的碣石山是唯一的碣石山。兹把该文引用如下：

“碣石山之疑，一误于王横‘五百里沦入于海’。不思地至五百里，岂能竖淘无人並无所属郡邑之名，而漫言五百里乎况碣石为大山而沦于海，断不能灭顶，何至渺无踪迹可见也。《禹贡·导山》言‘太行，恒山至于碣石’，则碣石与太行，恒山必脉络相联，形势相应．旧府志以《地理志》既名“大碣石’，必有小碣石’，则抚宁县南一带迤山脊为碣石，其说近理。且记石壁有五十四字，为石花所掩，不可辨识；又有‘明昌九年’四字。及申之曰，‘碣石当有三，此仙台顶之碣石，非《禹贡》夹右之碣石’，则仍信王横妄说．再误于药九峰作《尚书传》，于所引《汉书地理志》，‘骊城县，大碣石山在其西南’，而自增‘河口之地’四字，《汉书》本无此四字也．九峰生于南宋，南北分裂，何由知北方之山川形势，此不过以意为之耳。然碣石之必不在河口，必在海滨，不必繁称博引，即《禹贡》之文思之可晓然矣。‘导河积石，至于龙门’一节，凡河滨之山，如华阴，砥柱，大伾皆著之，而‘至于大陆’以下不复言山，大陆泽也，过此地势平衍，无大山之隔阂，故可‘播为九河，同为逆河入于海’，文义本自明白．使碣石县在河口，《禹贡》不当言，‘至于碣石入于海’矣。则碣石之不在河口，可知矣”．

他这样解释《禹贡》的“夹石”的意义：

“新府志（新《永平府志》——笔者）云：‘山顶有石，单立如柱，相传为天桥柱，俗传即碣石．然此石实不在山顶；由云峰之右猪上，道路崎岖，人迹罕至，海道望之，不能见也。此山即仙台顶之北面，而仙台顶则正在此山之顶，实一山也．石柱在仙台顶之西北．仙台，前台，后台虽分为二，而由南面视之，形如覆钟，高可一里，有涂道趾．顶实为一石；而非累积所成，耸矗山顶．山高七里；通仙台顶计之，殆将十里，百里外望之了然可辨，可以为大矣．则所谓‘大碣石’断当属之山颠之仙台顶，而非山嵴之大桥柱所能当，以其是为海道行舟遥望之标准，允协于'夹石'之义也"他断定《禹贡》的"碣石"就是昌黎县的碣石山。《汉书·地理志》在北平郡骊城县条写："骊城县大碣石山在西南"，他认为这是《汉书·地理志》的正文。他说："此则正文，旧府志以为注，亦稍误。"当然，那注不是颜师古的注而是班固自己的注，因此，他的说法是正确的。为了证明碣石山只有一个昌黎县碣石山，而且大碣石，小碣石都在昌黎县，他说："且《地理志》特标曰'大碣石'，有大者必有小者，仙台顶为大碣石，而其余即小碣石，理亦或然"。关于历代皇帝在碣石山刻铭的事实，他说："史言，秦始皇刻铭碣石门，今仙台顶之下不远，有一山对峙，其状如门，未知其是否，然又言二世至碣石，悉刻始皇帝所立石，则始皇之铭，别立石刻之，如《峄山碑》之例，而非即刻碣石之上。他如汉武登之，名'汉武台'；魏武登之，观海赋诗；北魏文帝登之，改名'乐游山'；齐文宣登之，隋炀帝登之，赋诗；唐太宗登之，刻石纪功，实即仙台顶之一山也。"他认为，《汉书·地理志》的碣石山的位置是最可信的，他说："夫舆地之书，《汉书》最近古而可信，则断之以骊城之西南而碣石实矣"。同时，他断定除骊城县以外，在别的任何河口决找不到碣石山。虽是他並没有具体地论驳《晋太康地志》、《晋书》、《通典》关于乐浪遂城县有碣石山的说法，但以上所说的，他的主张正是论驳了那些说法。

我们认为，何崧泰的碣石山的研究是可以认为正确的看法。从而，可以认定关于乐浪郡遂城县有碣石山和秦的长城筑至那里的说法是妄说。那么，《晋太康地志》、《晋书·地理志》、《通典》等为什么有那样的妄说呢？这就产生了疑问了。我们应该认为他们必定有一定的根据。笔者认为他们的错误是因为·

他们忽略了古朝鲜历史地理的缘故，这就是其根据。

如上所说，滦河流域一带是古朝鲜的领域在这个前提下，笔者认为在那个地域里一定有一个地名叫"乐浪"。因为，"乐浪"不是一个一定的专用名词，而是"国都"或"城邑"的意思。实际上具有与"乐浪"相同意思的地名如"不"，"不而"、"不耐"、"夫里"、"伐"、"发"、"卑离"等在古代朝鲜地名中是很多的。笔者从这样的见解出发，推勘了辽西一带古地名。笔者认为，如上所说的，滦河流域的"不令支"的"不"、"卑耳山"的"卑耳"都是与"乐浪"具有同一意思的地名，从其音转看来是不会有错的。乐浪郡不而县的"不而"更近原音。我不是仅仅抽象的语言学的基础上来推断滦河流域有叫"乐浪"的地名，幸而具有足以证明的资料。

如上所说，郭造卿在《卢龙塞略》（明万历庚戌刻石）卷十三传部《黄烈传》上记载了黄烈在卢龙塞御胡壮烈战死，他说："临阵而死，又能明其所以死，隆褒崇祀，无几燕山乐浪，则人人感奋，何尤胡虏哉！"燕山山脉在跨越滦河向碣石山延伸到今日长城一带，这是不必在讨论的，把卢龙塞燕山附近叫做"乐浪"，不是很明白的吗？如果从郭氏的略图来看，卢龙塞在滦州与热河中间地带的滦河流域（参照附图）。那么，如上所说，古代称滦河流域为"乐浪"，那是前燕、后燕等国以"乐浪"名辽西地，他可能用此古典而写。他在同书《濮英传》里说："濮英，庐人，以都督佥事出大宁殿全山。回军，虏余党伏发，英猝为所乘，众寡不敌，坠马陷见执。绝食不言，潜剖其腹而死，赠金山侯，谥忠襄，踰年再赠乐浪公，子屿封西凉侯。"濮英也是在卢龙塞防御外敌，因众寡不敌而剖腹自杀，后来给他"乐浪公"的爵位。我们可以推测这个"乐浪公"的名称，就是因为他牺牲在乐浪地域而得到的。联系前面的引文来看，这样解释是妥当的。《通典》一百七十八卷《郡州》八《柳城》条上说："有龙山，鲜卑山，在县东南二百里棘城之东。塞外有鲜卑山，在辽西之北一百里，未详孰是青山、石门山、白狼山、白狼水。又有汉代扶黎县故城在东南。"这"白狼"和"扶黎"正是采用"乐浪"的音记下来的名字。如上所述，张晏认为"乐浪朝鲜"的名称取自湿水、冽水和汕水汇合而成的"冽水"的这个说法是正确的。那么"乐浪"的名称也随着古朝鲜位置的变动而移动，在辽东和现今平壤都有"乐浪"的名称。中国和日本的许多学者往々把古朝鲜的位置局限在现今朝鲜领域之内，而且用古代朝鲜语解释"乐浪"名称，一直认为只有平壤地方有过乐浪郡。

杨守敬认为前燕、后燕、北燕和前燕时代乐浪在辽西（杨氏、《历代舆地沿革险要图》）。如上所说，我认为这个乐浪就是汉四郡以前在辽西已经有乐浪的痕迹。

其次，为什么产生了在乐浪郡遂城县有碣石山的说法呢？辽西郡骊城县正是有碣石山的地域。骊城和遂城似乎有某种的关系。即，"骊城"可以写作"黎城"，"黎城"也可以写作"辽城"。更进一步，我认为"辽城"可能被误写做"遂城"。从而可以推断：古代记载碣石山在古代乐浪地方骊城，汉四郡设置以后设置了乐浪郡遂城县，就无视于古代记载，而把载碣石山在乐浪郡遂城县。古朝鲜人移动后，其地名也随着移动。汉武帝设置汉四郡以后，其地名多少有所变动。我认为右北平骊城的名称，是汉人把古朝鲜时代的名称，依据其原名改写的。我这样推想：骊城是古代冽水（冽水，现滦河）下游的地名，它原来写作为"冽城"，后来改写为"骊城"。

如果我的推断还有道理的话，我认为碣石山在乐浪郡遂城县；万里长城从那里起的根据，正是在那里。如果，不是那样的话，右北平骊成县和乐浪郡遂成县都有碣石山的说法，可能产生吗？那决不是偶然的一致。因为，在乐浪郡实际上找不到碣石山，所以只能那样解释。而且，燕和秦把长城筑造至朝鲜乐浪郡的资料，实际上那里也不能找到。

总之，秦的长城起自辽西碣石山的古代记载，随着时代的经过，混入许多地名，因此产生了乐浪郡碣石说和长城说。这个事实，我认为很有可能。从而，秦的长城的东端在现今滦河东面碣石山的这个判断，是符合于事实的。因为秦——汉初，碣石山在"辽水"（今滦河）东部，所以司马迁判断秦长城筑至"辽东"。杜佑说："长城东截辽水"，这是照录汉初传留下来的记载的，与明代长城东截辽水（现滦河）的事实相符合。杜佑说："长城东截辽水，而入高丽，遗址犹存。"所云"而入高丽，遗址犹存"是杜佑的判断。把古记录"长城东截辽水的"辽水"看作与唐代的"辽水"同为一水，所以会得这样说。虽然说"遗址犹存"，但没有根据能够证明其遗址所在。我们通过史书可以知道：在现今辽河以东，有很多的古城址，这些古城址，从卫氏朝鲜前后就有；其后，还筑造了许多城。可是，这并非秦长城。

最后，要附带说的是，关于日本帝国主义御用学者稻叶岩吉的所谓长城东端说。我想通过对他所说的批判，不仅揭露了他们的学问的态度是多么不诚实，而且要暴露多么急于合理化他们的侵略政策。他在《史学杂志》第十二编第2号上发表了一篇《秦长城东端考》。他说他依据杜佑的说法，同时引用了《通典》卷百八十六《边防》二《东夷》下《高句丽》的话："卢龙有碣石山，秦筑长城所起之碣石在高丽，非此也"，但没有举出上面引用的《通典》卷百九十八《州郡》八《卢龙》条："卢龙有碣石山，秦筑长城所起之碣石在高丽旧界，非此碣石也"的文句。稻叶急于"证明"朝鲜领域是秦始皇的殖民地，这样地引用了《通典》的材料。他说："根据《汉志》，无可怀疑，秦长城的东端起向现朝鲜黄海道遂安境，延向大同江上游，跨越清川江，向西北延伸，环绕鸭绿江与大同江上游，走向开原东地。"关于杜佑以辽东为汉四郡的位置说："玄菟、乐浪等郡並今辽水之东"，他说也不说，而就臆断乐浪是现今朝鲜平壤界。实际上，他的研究学问的态度完全是不忠实的。

3. 关于辽西（辽水以西）说

张守节在《史记正义》上说："辽东郡在辽水东，始皇筑长城，东至辽水西，南至海之上。"他否认前两者的说法。他说秦长城的东端在古代辽水西方，南至海之上。在他的记述中，没有明确阐明长城东端的地点在今日何处。但他没有理由不知道碣石山的位置，而且他没有承认辽东的碣石山，可见他们把辽西碣石山认为秦长城的东端，我认为这样解释是不会错误的。

以上三说中，司马迁说如果是认定秦——汉初滦河为辽水，其东为辽东，在这个前提下，司马迁说是正确的；然而，如果把长城东端认为汉武帝以后的辽水以东的话，那就是不正确的了。杜佑的说法，我认为是有错误的，因为他混合了古代资料和当地的地理知识。至于张守节的说法，则是最正确的。

从以上研究的结论看来，我认为我们已经考出了秦——汉初的辽水就是现今的滦河，秦长城的东端就是现今辽西的碣石山。《水经注》—《河水注》云："始皇令太子扶苏，与蒙恬筑长城，起自临洮至于碣石，即是城也"。

总之，秦长城的东端就是秦代辽东的碣石山，后来不同时代的学者，根据古代记载和自时代的地理知识来解释地名，因之产生了各自不同的说法。我认为这样看法是比较妥当的。秦长城东端就是碣石山，从而，秦的塞（汉初的秦故塞）应该就是现在山海关。《史记·朝鲜列传》上说："何去，至界上，临浿水，使御刺杀送何者朝鲜裨王长，即渡，驰入塞"的塞正是秦的故塞，即长城东端的塞。关于这点，《正义》上说："入平州榆林关也"。这个平州榆林关不就是临榆关么？汉使涉何在浿水上杀害了朝鲜裨王长后即进入现在的山海关。那样的话，则浿水的位置离山海关不会太远，而且，浿水与山海关之间不再有大江。从而，这个浿水应在山海关的东边。

那么，应该怎样看《水经》的大辽水和小辽水这个问题就会提出来。《水经》三《大辽水篇》上说："大辽水出塞外卫白平山，东南入塞，过辽东襄平县西。"这是汉的辽东郡扩张到跨过现在辽河以后关于"辽水"的记录。现在的辽河是被汉人叫做"辽水"以后的地理记载。我们从《水经注》上找不到秦—汉初的"辽水"、"辽东"和"辽西"地方。一直到现在，仅仅依据《水经注》的历史地理家们把秦—汉初的"辽水"、"辽东"、"辽西"看做汉四郡设置以后的"辽水"、"辽东"、"辽西"是同一个地方。可是，我们找到古代朝鲜人把今辽河叫做意味"大河"的"鸭绿水"。

《三国史记·地志》上说："辽东城本名乌列忽"。《三国遗事》卷第三《兴法第三，顺道肇丽》上说："辽河一名鸭绿"。由此可知，现在的辽河叫做"乌列水"或"鸭绿水"。如上所述，滦河的古名"武列水"被改称为"辽水"。同样，辽河的古名"乌列水"或"鸭绿水"，汉人改称它为"辽水"。这应该看作汉四郡设置以后的事。即，可以推断古朝鲜被燕击退，向辽东缩小领域以后，大河——现"辽河"改称为"乌列水"或"鸭绿水"。其确证的资料是《汉书．地理志》乐浪郡，吞列县条说："分黎山，列水所出"。从分黎山流出的江叫做"列水"，可以证明，"黎"与"列"音同。《水经注》三《小辽水篇》说："又玄菟高丽县有辽山，小辽水所出"。

"小辽水"的名称是从"辽山"上找到的。"列"（rial）、"黎"（ria），"辽"（rio）通音，"小辽水"与"小列水"音相通。从而，从分黎山上流出的列水可以改写为"辽水"或"大辽水"。

二、秦——汉初浿水的位置

《史记·朝鲜列传》说："汉兴，为其远难守，复修辽东故塞，至浿水为界，属燕"。这里所说的浿水应在何处？如上所说，依据《史记·朝鲜列传》的记载，汉初抛弃秦的外徼，退却至浿水以西，以浿水为界线与朝接壤。同传还写到卫满"魋结蛮夷服而东走出塞渡浿水，居秦故空地上、下鄣，稍役属真番、朝鲜蛮夷及故燕、齐亡命者王之，都王险"。关于同一事实，《魏略》上说："（朝鲜）……后子孙稍骄虐，燕乃遣将秦开攻其西方，取地二千余里，至满潘汗为界，朝鲜遂弱。……燕人卫满亡命，为胡服，东渡溴（浿）水，诣准降，说准求居西界，故收中国亡命为朝鲜藩屏。准信宠之，拜以博士，赐以圭，封之百里，令守西边。满诱亡党众稍多，乃诈遣人告准，言汉兵十道至，求入宿卫，遂还攻准。准与满战，不敌也。"从这一资料中，我们可以知道下面的事实：

1. 浿水是秦——汉初朝鲜与汉的国境线。浿水以东有真番、朝鲜的旧地——秦故空地上、下障，在《魏略》上把它记录作"满番汗"。
2. 卫满越过国境线，居住在浿水以东秦故空地上、下障，与朝鲜国王进行交涉。
3. 在卫满居住的"秦故空地"原来的居民是真番、朝鲜人，其"故空地"是在燕国以后，为中国人所占领的真番、朝鲜。

4. 朝鲜王准封给卫满百里之地，卫满居住的"秦故空地"约有百里以上的地域。

5. 朝鲜王准封给卫满百里地域。其百里即指面积从浿水起向东百里。这块地方与古朝鲜地域之间一定有某种自然界线。

那么，与汉初这样的历史事实相关联的"浿水"在何处呢？在考察秦——汉初，汉与古朝鲜的境界线——浿水的位置的时候，必须记住以上那些历史事实，如果离开了这些事实而模糊地综合考察那些被看到"浿水"名称的史料，则不可能得到正确的结论。因此，一直到现在，许多学者虽然写了有关"浿水"的论文，然而，各异其说，还没有定论。首先，我们应该记住"浿水"与"王险城"有百里以上的距离。离王险城不到百里以上的江，不可能是秦——汉初的浿水。这是不可动摇的事实。

关于"浿水"的记载，近古的是《水经注》。《水经》十四《浿水篇》说："浿水出乐浪镂方县，东南过临浿县东，入于海。"古来有多史家否认这个经文，他们以为乐浪郡的许多江中没有"东入于海"的江为理由，说《水经》文是妄说。郦道元就是其代表者。他在《水经注》上说："许慎云：'浿水出镂方，东入海；一曰出浿水县'，《十三州志》曰，'浿水在乐浪东北'，镂方县在郡东，盖出其县，南迳镂方也。昔燕人卫满自水西至朝鲜（案西？近刻讹作'而'）……武帝元封二年遣楼船将军杨仆、左将军荀彘讨右渠，破渠于浿水，遂灭之。若浿水东流，无渡浿之理。其地，今高句丽之国治。余访蕃使，言城在浿水之阳，其水西流，迳故乐浪朝鲜县，即乐浪郡治，汉武帝置，而西北流，故《地理志》曰：'浿水西至增地县入海'。又汉兴，以朝鲜为远，循辽东故塞，至浿水为界。考之今古，于事差谬，盖《经》误证也"。

如上面所指摘的，郦道元完全离开了历史事实，把自己时代的"浿水"（大同江）和秦—汉初的"浿水"等同视之，由此论驳《水经》文是误证。可是事实上，郦道元的说法是不够成立的。

我们阅读《水经》的时候，首先发生的疑问是，在叙述辽东、辽西的水道的同时，为什么没有叙述作为大水之一的大凌河？其次，令人发生疑问的是，如果认定"浿水"为朝鲜大同江的话，为什么没有叙述鸭绿江？我们不要简单地抹杀《水经》文的《浿水》条，而应该认定它一定是有根据的。那么，我们应该研究一下，按照《水经》的《浿水》条经文所说的，东南流入海的水，应该相当于朝鲜平壤与辽西之间的哪一条河水？在资料上，我们看不到秦—汉初以来，辽东、辽西的水道的改变，现在中华人民共和国地图上的河道与秦—汉初的河道基本没有差异。由东向南流，在下游再东流入海的江，除了大凌河外，可以说没有别的河道。如果《水经》记述的《浿水》确实有根据的话，这个经文就是说明大凌河的。那么，有没有称大凌河为"浿水"的看得到的根据呢？有。《热河志》卷五十六《大凌河》条说："白狼水，即今大凌河"。由此看来，可知大凌河的古名就是"白狼水"。而且，《水经·辽水》的注上所说明的白狼水的位置与现今的大凌河的位置是一致的，他说："……白狼水北迳白狼县故城东。……白狼水又东方城川注之；……白狼水又东北迳昌黎县故城西，……应劭曰：今'昌黎'也。……白狼水又东北。……白狼水又东北迳龙山西，燕慕容皝以柳城之北，龙山之南，福地也。……白狼水又北迳黄龙城东，《十三州志》曰：'辽东属国都尉治'。……白狼水又东北出，东流分为二水，右水疑即渝水也，……其水东南入海，《地理志》曰：'渝水自塞外南入海'。一水东北出塞，为白狼水，又东南流至房县注于辽，《魏土地记》曰：‘白狼水入辽’也”。勿庸考证，他的“白狼水”的解释与现在“大凌河”的水道几乎完全一致。大凌河发源于凌源附近，向东北流，经过朝阳南，再向东北流，从北票东界向东南流，到达义县东，由此至锦州东，向南流，再东南流入于海。郦道元虽说白狼水到了下游与大辽河汇合而流，但这个说法没有任何根据，不值得我们去思考。明郭造卿说：白狼水发源于白狼山。

他们《卢龙塞略》卷首《蓟镇形胜总图》上，把白狼山画在卢龙塞东部。杜佑在《通典》上说：白狼山的位置不明。

大凌河的古名叫“白狼水”，这是无可怀疑的。那么，把大凌河看做浿水的根据是什么呢？“白狼水”与“浿水”异字同音，因为我们可以这样解释。“白”（bai）与“浿”（pa或pei）（《史记正义》云：“浿，普大反”，《索隐》云：“浿，旁沛反”）音相通。“狼”与“浪”音同，都是“la”的吏读式的记录。

“白狼”（bai-la）与“浿水”（pei-la）音相通（“水”——古代朝鲜语读做“la”）。从“白狼”的字意上看来，是汉文式的写法，这乃是中国人用汉文式记录的古代朝鲜人使用的名称。如前所述，古代朝鲜在大凌河流域，这是没有问题的，而大凌河的古名应该看是古代朝鲜人所命名的，从而与古代朝鲜人到处使用“浿水”的名称的事实联系起来考虑，可以推测：古代朝鲜人所广泛使用的“浿水”，其后变成燕的领域，就被改名为“白狼水”了。

至于，可以从另一方面来考虑的是，根据朝鲜古语学者梁柱东的说法，如果把“白”用古代吏读文，可以读做“bul”（梁柱东：《朝鲜古诗歌研究》105页），则“白狼”可以读做“bul-la”，与“乐浪”的古音“bul-la”相同，从而，“白狼水”可以解释为“乐浪水”的同音字。如上所述，白浪水的发源地在现今滦河附近"乐浪"地域。但是，郑寅普把"浿水"与"乐浪"读成同音，或且读做"bəl-nə"的说法，关于这点，笔者不能同意。郑寅普主张"乐浪"和"浿水"同为"bəl-nə"，乐浪"bəl-nə"的重点在"bəl""浿水"的"bəl-nə"的重点在"nə"，浿水是首都的江或是国境的江的名称（郑寅普：《朝鲜史研究》，78页）。

我们不能同意他的这个说法的理由是什么呢？我认为应该把"浿水"读做"pi-la"，或读做与"pai-la"类似的音。如果把"浿水"读做与"乐浪"同音的话，那么把"浿水"写做"乐浪水"或"乐水"就更自然。从记载的实例来看，也没有把浿水用"乐水"或其他文字来记载。因此，浿字，"P"音为其初音说是比较妥当的。就是与通古斯语系统的语言比较起来，我认为也是正确的。从《黑龙江志稿》卷七《方言》(清朝蒙文翻译官杨书章编译)的黑龙江省一带少数民族语言比较表看来，"河"的满洲语为"毕拉"，蒙古语为"郭勒"，达胡尔语也为"郭勒"，索伦语为"必拉"，鄂伦春语为"必牙拉"。这样看来，在通古斯语系统中，把"河"读做"pi-la"或是"pia-la"这是很明白的。由此判断，古代朝鲜语的"浿水"即"Pai-la"或"pi-la"就是与上面所说的"必拉相同的单语。由此可以判断，"浿水"就是用吏读式记载古代朝鲜语的"pi-la"或是"pai-la"的普通名词，我认为这样判断是正确的。在古代朝鲜语中，把"川"发音为"la"这样的实例很多。因此，古代朝鲜族居住的各个地方，就都以"浿水"命名数的大川。因此，由于"浿水"的意义不能解释的缘故，国内外许多学者虽然都试图考证"浿水"的位置，然而，从来就是各有其说，主张不一。他们不知道，秦——汉初的浿水和隋唐时代朝鲜的浿水，虽然文字相同，但其位置各异。中国封建史家，尤其是隋，唐以后的学者，都认为平壤的大同江当时叫做"浿水"，从而主张，"王险城"就是平壤。如同上志，古代朝鲜人到处使用"浿水"和"列水"的江名。"列水"与"浿水"相对来说，它是意味着"大河"的古代朝鲜语。

这样看来，我认为"白狼水"（bai－lang）是汉人使用汉字记载"浿水"（pai－la）的音转字，这样解释是不会有错误的。白狼水的"水"字是加添的汉文。

那么，我们要提问题是：《水经·浿水篇》说"浿水出乐浪镂方县"，则这浿水必非大凌河。

如在上节所述，我们可以找到汉代镂方县在现今的朝阳地域。《辽史》卷三十八《地理志》二《东京道》云："紫蒙县本汉镂芳县也。"我们可以把这资料抹杀为无根据的妄说么？我想，那是不可以的。因为，如下将要说到的一样，紫蒙县是古昌黎地域，而且古昌黎是"夫黎"，"夫黎"可以读做"bu-ria"，"乐浪"也可以读做"bu-la"或"bu-li"，所以"夫黎"即"昌黎"可以写做"乐浪"。《水经》文中记载为"浿水出乐浪镂方县，而不记载为"浿水出乐浪郡镂方县"。假若承认我的说法有道理的话，可知这"浿水"分明是大凌河。大凌河不是"出乐浪（即昌黎——夫黎）镂方县，东南过临浿县，东入于海"的么？"临浿县"这个县名无法调查，固然，在乐浪郡里没有这个县名。所以，我想，"临浿"不是乐浪郡你县名，而是古朝鲜的地名。我认为，《水经·浿水篇》的记载不是错误，而是正确的。

根据以上的理由，我认为，大凌河的旧名叫"白狼水"，也可以叫"浿水"，有于其古名"浿水"的资料，一直《水经》的著考的时代为止，都被传下来了。

把《水经》的"浿水"解释为今日的大凌河，只有这样，前面所提起的许多问题都能解决；而且，《史记·朝鲜列传》的记载也能够加以合理的说明。至于《汉书·地理志》上记载浿水在乐浪郡的内地，离王险城附近地方，我们很容易看出，它是与《史记·朝鲜列传》和《魏略》的浿水位置不同的。

那么，应当提出的是：我的说法不是与以《汉书·地理志》为首的历代注释家关于"浿水"的注释不相同吗？

为了回答这个问题，这里列举一下历代史籍上主要的浿水说，同时说明一下这些说法为什么与《史记，朝鲜列传》和《魏略》上所见的浿水的位置相反？

1. 浿水在辽东说：

(1)《史记·朝鲜列传》张守节关于浿水的《正义》上说："《地理志》云：浿（沛）水出辽东塞外，西南至乐浪县(郡)，西入海，浿音普大反。"

(2)《辽史·地理志》："辽阳县：本渤海金德县地；汉浿水县；高丽改为句丽县。"

(3)《盛京通志》山川条："浿水亦曰泥河。"

2. 浿水在乐浪郡说：

(1)《汉书·地理志》辽东郡险渎县颜注说："臣瓒曰：'王险城在乐浪浿水之东'。"

(2)同上书乐浪郡浿水县注："水西至增地入海。莽曰乐鲜亭。师古曰：浿音普大反。"

3. 浿水即大同江说：

1.《水经注》卷十四《浿水》篇郦道元对于经文"浿水在乐浪镂方县，东南过临浿县，东入于海"说："许慎云：'浿水出镂方，东入海，一曰浿水县'。《十三州志》曰：'浿水县在乐浪东北，镂方县在郡东。'……汉武帝元封二年，遣楼船将军杨仆，左将军荀彘讨右渠，破渠于浿水，遂灭之。若浿水东流，无渡浿水之理。其地今高句丽之国治。余访番使，言城在浿水之阳，其水西流，迳故乐浪朝鲜县，即乐浪郡治……而西北流，故《地理志》曰：'浿水西至增地县入海'。又汉兴，以朝鲜为远，循辽东故塞，至浿水为界，考之今古，于事差谬，盖经误证也。"

其它，《后周书》，《隋书》，《新唐书》，《通典》等都认为浿水为平壤的大同江。

朝鲜的学者，大部分主张大同江说，《三国史记》，《三国遗事》，《海东绎史》，《东国舆地胜览》，柳得恭的《四郡志》等皆如此主张。

4．浿水即鸭绿江说：

丁若镛的《我邦疆域考》："汉兴，狄失其西部，唯一鸭绿江为界。朝鲜与燕界约浿水，镛案：浿水有四，此之浿水者，今鸭绿河也。"他主张四浿水说。

以上各说各有何根据？

《汉书·地理志》的"浿水"是何时期的浿水，这是应该阐明的，当然，《汉书·地理志》是汉四郡设置以后的汉平帝时的地理志，其"浿水是武帝以后乐浪郡的浿水，那么，看一看《汉书·地理志》的关于浿水的记载：

1．辽东郡番汗县条："沛水出塞外，西南入海"，注："应劭曰：汗水出塞外，西南入海。"

2．乐浪郡浿水县条："水西至增地入海。"

前者的"沛水"与后者的"浿水"不仅文字上不同，而且，前者在辽东郡汗番县，后者在乐浪郡浿水县。因此，要把两者看作同一条江，不是很难么？而且，颜师古在"沛水"注上引用了应劭的"汗水"注释，把它看作与汗水是同一条江。这样，好象"沛水"可以看"汗水"的误记。但是，把沛水说是汗水的误记，与认定它为番汗县的水名比较起，后者更为妥当。如果我们不能作出坚强的考证的话，那么就不能简单地修改古代注释。"浿水"和"沛水"在古代朝鲜语里都是意味"河"的江名。番汗县也可能有一条江叫"沛水"。其所以写作"沛水"是为了与"浿水"相区别。它也是番汗县的一条江，应该看作乐浪郡浿水外的另一条江。乐浪郡在辽东郡东部，乐浪郡的"浿水"应该在沛水的东方。乐浪郡的"浿水"并不是秦—汉初作为国境线的"浿水"为什么呢？因为作为秦——汉初国境线的"浿水"应在离王险城百里以上的西方。乐浪郡的"浿水"是靠近卫满的都城王险城的浿水。《辽史、地理志》上说：辽阳附近有浿水。《盛京通志》山川条上称淤泥河为浿水（这是据《辽史·地理志》的）。淤泥河西流入海，与乐浪郡的浿水"水西至增地入海"的记载一致。即乐浪郡的浿水，不与辽水汇合而直接流入于海。《史记·朝鲜列传》张守节《正义》上说："《地理志》云：浿水，出辽东塞外，西南至乐浪县西入海。"可是，《汉书·地理志》上并没有这样的记载，而只说"浿水，水西至增地入海"和"沛水出塞外，西南入海"。张守节的《正义》与《汉书·地理志》上并没有这样的记载，而只说"浿水，水西至增地入海"和"沛水出塞外，西南入海"。张守节的《正义》与《汉书·地理志》的记载大不相同。张守节认为《汉书·地理志》上的辽东郡番汗县的"沛水"和乐浪县的"浿水"是同一条江。我认为他混合了《汉书·地理志》关于两者的说明，而只按照他自己的意见，硬说为"浿水"出辽东塞外，西南至乐浪县入海"。总之，《汉书·地理志》上明白地说，"沛水"与"浿水"是不同的两条江。"沛水"是辽东郡番汗县的"浿水"即大凌河。"浿水"是乐浪郡浿水县的河水，即淤泥河。杨守敬把"沛水"和"浿水分别开来，而认为沛水是大辽水（杨氏：《前汉地理图》）。他认定番汗位于辽水的左岸（同上地图），假若我们认为番汗是燕夺取的真番的话，秦—汉初国境线之浿水应位于大辽水之西方。因为，如上所说，汉初汉人抛弃秦的外徼（即过去的真番地域）而退到浿水以西，以浿水为界线与朝鲜接壤的缘故。所以，汉初国境线的浿水不能作为大辽水。

《史记·朝鲜列传》和《魏略》与《汉书·地理志》的"浿水"，其位置不同。如果把《史记·朝鲜列传》和《魏略》的"浿水"说是现今的大同江，那么，王险城应该是大同江以东百余里地方，而不可能是现今天的平壤，从而，认定浿水为大同江，则王险城就是平壤的说法不可能成立。同时，如果认定这"浿水"为鸭绿江的话，则乐浪郡浿水县应该在鸭绿江的右岸或左岸，而且，王险城应该处在何处？从来主张浿水即鸭绿江说的学者们也都把王险城认定为平壤，那么，发生什么矛盾呢？假若这样的话，卫满渡浿水而居住的秦故空地这个地域应在鸭绿江以南地域，从而我们应该认为秦势力扩张到鸭绿江以南地域，而且燕势力也是那样。然而，燕势力范围的东端是襄平，而不能在其东远方。秦灭燕，占燕的辽东地域而把其地当做辽东的徼，所以我们决不能认为其辽东外徼包括从襄平到鸭绿江以南的广大地域。而且，假若把鸭江认定为浿水的，浿水县应当在鸭绿江沿岸地带，王险城应位于其东岸。我们决不能认为乐浪郡的一个县即浿水县占从鸭绿江到襄平的那么广大的地域。从而，鸭绿江即浿水说与平壤即王险城说是不能同时成立的。我们并不能证明鸭绿江和平壤之间存在王险城。自古以来，没有人这样主张，并没有根据这样主张。所以，鸭绿江即浿水说是不能成立的。

如上所述，我们只有认定《史记·朝鲜列传》和《魏略》的"浿水"，即秦—汉初国境线的浿水为大凌河；乐浪郡浿水县的浿水为淤泥河：则上面所提起的问题（国境线"浿水"与王险城"的距离问题，卫满居住过的秦故空地上下障的位置，浿水以东，王险城以西，卫满所受的百里封地）就没有矛盾地说明了。在下节再一次讨论浿水应在辽东的根据。

我根据以上所说，对燕长城东端襄平的位置不得不怀疑。燕长城东端的襄平不能位于武帝以后的襄平。我认为燕代的襄平可能是移动到辽东以东去的。

第四节 王险城位置

关于王险城，在中国史籍上一般都把它记载为"王险城"，而在朝鲜史上则是把它记载为"王俭城"。在我们看来，"王险城"是古代朝鲜国都的名称，这都是吏读式的记录罢了，这点我们是能肯定的。自古以来，朝鲜的语言学者们一致把它解释为"国王的城"（임검성 - imgəm Sang），所以我们肯定从来的解释是妥当的。但，"王俭城"这三个字里已经把"王"字和"城"字汉文式的使用了，因此我们不能把"王俭城"认为纯粹的古朝鲜语的吏读式记录。如所周知，在古代朝鲜语中把"王"称为"gau"，"gom"，"gam"等等，把"城"称为"zat"或者"tə"（基的意思），所以我们能看出"王俭城"已不是纯粹的吏读式的记录了。不但可以根据这推理，而且我们还可以在文献资料里找出另一个"王险城"即"险渎"。我认为"险渎"的"险"字也是"俭字的音变，因此"险渎"应当写成"俭渎"。"俭"（gəm）就是"王"，"渎"就是照"du"或"do"发音，而是和"tə"相通的。"t"音与"d"音相通，而"u"音也是和"o"音可相转。所以应当把"险渎"念成"俭渎"，它的含义就是"王基"。从而，根据在中国史籍上以相同的含义把"险渎"记载为"王险城"，我们就可以说明一个事实：

当古代朝鲜人没有照"王俭城"这样写以前已经"俭读"这样写了。如果从史料上来看的话，在卫满时期朝鲜的首都分明是写成"王俭城"的，而且我们也能判断出当古朝鲜的领域缩小了两方二千余里以前，首都的名称大多是叫作"俭读"的，这个问题在本节的结论里将阐明。无需考证，我们应当想象得到卫满时期是把一部分汉字照汉文式来使用的。但，不能想象它不曾在那时以前的吏读式记法，而可以想象这个地名是加了某些程度的变化在古朝鲜的记法的。从而，我们能理解为"王俭城"即是以前的"俭读"而又加添了一个"王"字，至于"读"字则改写为"城"了。

那么，中国史料中的"王险城"到底是在何处，而"险读"又是在何处？

《史记·朝鲜列传》云：《朝鲜王满者，故燕人也……王之，都王险》，颜师古在《汉书·地理志》"辽东郡险读"注云："应劭曰：王满都也"。由此可见，"王险城"与"险读"是同一个地名，所以应劭取了"王险城"来注"险读"。但是在这同时，我们当然不能把乐浪郡的"王险城"与辽东郡的"险读"当做同一个地方来看待。因而，现在应当首先来谈一谈"王险城"与"险读"到底是不是一个地方。

如果根据中国古代学者们的注释来看的话，他们对"王险城"与"险读"有以下的说法。

1. 班固在《汉书·地理志》里说："险读"是辽东郡的一个县名，也就是说"险读"这地方是在辽东郡里。

2. 在《史记·朝鲜列传》中，裴骃关于"王险城"的集解上引用了徐广的话，他说："昌黎有险读县"裴骃认为司马迁记载的王险城是在昌黎地方。但，徐广说的"险读"不一定指着"王险城"，他认为"险读县"这地方是在昌黎。

3.《汉书·地理志》关于"险读"的注中，应劭说："朝鲜王满旧都也"，这就是说，他认为辽东郡险读县是卫满的旧都即王险城。

4. 臣瓒之说法是与应劭之说法不同的。他说："王险城在乐浪郡沨水之东，此自是险读也"（同上注）。他的意思是说：卫满的王险城在乐浪郡，不在辽东，在辽东的"自是险读"。他要把"王险城"和"险读"分开来，改正应劭的说法。颜师古兼存了应劭、臣瓒二说，而云"瓒说是也"，可见他也是主张把这两个地方分开来的。

5.《史记·朝鲜列传》关于王险城的《索隐》说："韦昭云：古邑名。应注《汉书·地理志》云：'辽东有险读县，朝鲜王旧都'"，这里所引的应 的说法，与汉书地理志所引异，未知孰是。

综合以上五个说法来看，可以提出以下几个问题：

1. 险读在辽东郡，但似乎又在乐浪郡沨水之地。

2. 有的主张险读是王满的都城，也有主张险读只是朝鲜王的旧都名。同时，"乐浪郡·朝鲜县"条的注则云："应劭曰：武王封箕子于朝鲜"。这个记载告诉我们，乐浪郡朝鲜县曾经是朝鲜的古都。由此看来，认为险读一定是卫满的都城，这个主张的根据是薄弱的。

3. 史记朝鲜列传索隐引应劭注，则云："辽东有险读县，朝鲜王旧都。"，与汉书所引异，未知孰是，何以史，汉注所引应劭说如此不同？亦成一个问题。

4. 臣瓒认为王险城和险读是两个不同的地域。

粗略一看，提出的问题好象有矛盾似的。如果我们单纯地想从文献上来考证注释家们注释是否正确的话，那么这些问题是无法解决的。我们知道，中国历代有权威的注释家的话，一定是有某些史料的根据和理由的，只是根据不同，就显出矛盾来了。

如上所述，燕昭王以前，古朝鲜的领域在汉初朝鲜与汉的国境线"浿水"即大凌河的主张能够成立的话，那么，首先可能想到的是古朝鲜的国都的位置，在燕昭王前后曾有移动。如上述，我们通过《史记·朝鲜列传》全文能够知道卫氏朝鲜的首都王险城是渤海岸的一个都城。从《三国志·魏志、东夷列传、韩》上说："准既僭号做王，为燕亡人卫满所攻夺，将其左右宫人走入海居韩地"，从朝鲜王准战败于卫满而入海这一事实看来，可知古朝鲜的首都在海岸地带。虽然我们推想"入海"，从意味上也可能解释为走入岛屿或是入半岛；但从字面上解释，应该是比较更为妥当。

我在上节中已经说明不能把"浿水"认定为大同江或鸭绿的理由。在这里，先说明王险城成不了平壤的理由。如果浿水是大同江而王俭城是平壤的话，那么平壤应当在大同江的东岸，但它却在大同江的西岸。这样看来，就与王俭城在浿水之东的历代注释不一致，如果依据日本学者们所论的，乐浪郡城址（王俭城址）在大同江（"浿水"）东岸的话，那么，就产生了更大的矛盾。史学工作者应该说明作为汉初国境线的"浿水"在何处？但是他们认定大同为"浿水"，以大同江东岸为乐浪郡城址，那么关于卫满东渡浿水居住在秦故空上下障，接受朝鲜鲜王给予一百里封土，这一百里地究竟在今何处，就无法说明了。很久以来，许多日本学者都不能区别汉初国境线"浿水"和乐浪郡浿水县的"浿水"，而只在大同江南岸用"乐浪古城"的遗物，企图证明历史地理，因此，他们无视《史记·朝鲜列传》。在日本学者中，把鸭绿江看作"浿水"的白鸟库吉也是不能区别为汉初国境线的"浿水"和乐浪郡浿水县的"浿水"。

他除掉了把《史记·朝鲜列传》和《魏略》的"浿水"说是鸭绿江而加讨论之外，关于《汉书，地理志》的乐浪郡浿水县的"浿水"，他就一点没有论及（《东洋学报》二卷2号白鸟库吉：《汉四郡疆考》）。

中国著名的历史地理学者杨守敬在《晦明轩稿》《王险城考》中也把"浿水"认定为大同江，可是他在这样的看法上考虑了"浿水"和"王险城"的位置，他主张"王险城"不可能成为现今的平壤，就比别人进了一步。但是他还不能阐明王险城的位置，同时也仍不能区别作为汉初国境线的"浿水"和乐浪郡浿水县的"浿水"，依然是一个遗憾。

如果认定"浿水"为鸭绿江的话，那么"王险城"应该在何处呢？自古以来主张"浿水"即鸭绿江的学者们都认定"王险城"就是平壤。可是，如果如上述学者们所认定的那样的话，那么，卫满渡过浿水居住在秦故空地的那个地域，应该就是鸭绿江以南的地域，从而，我们对于秦的势力，也应该看作扩张到鸭绿江以南的地域为止。可是，燕国势力范围的东端只达到襄平，不可能达到襄平以东。秦灭燕，占领其辽东地域，以其地域为"辽东外徼"，然而，我们到底不能把"辽东外徼"看作包括襄平起至鸭绿江以南为止这样广大的地域。而且，如果认定鸭绿江水为"浿水"的话，那么浿水县应该是在鸭绿江沿岸地域，王险城应该位于鸭绿江东岸。然而，作为乐浪郡的一个县的"浿水县"，它所占领的地位，究竟不可能有从鸭绿江到平壤那么广大的疆土。从而，鸭绿江即"浿水"的说法与平壤即"王险城"的说法就不可能同时成立。至于王险城位于鸭绿江与平壤之间的这个说法，是否可以得到证明呢？自古以来，不但没有人这样主张过，而且也得不到这样主张的根据。从而，鸭绿江即"浿水"的说法是不可成立的。汉左将军荀彘破浿水上右渠军，即前至王险城下，亦可说明浿水与王险城不太远，可是白鸟库吉一点也没有考虑这资料。由此可以看出，资产阶级学者的所谓"考证"也是他们的立场和观点的表现。

如上所述，如果把"浿水"认定为鸭绿江或大同江的话，那么就无从说明"王险城"的位置，从而没有方法可以考证王险城为现今的平壤。因此，我们只能够在现今辽东地域找寻"王险城"。如上所述，如果把现今的大定河认定汉初的国境线，把游泥河认定为乐浪郡的"浿水"的话，那么王险城只能成为现今的盖平正是海岸地带，也正位于游泥河（浿水）的河江东方。再说，应该把盖平认为古朝鲜的首都王险城还有以下一个理由：现今的盖平就是古辰州（《盛京通志》卷28《古迹·辰州》条），《辽史》卷38《地志·东京道·志册》条上说：《辰州……本高丽盖平城，唐太宗会李世勣攻破盖城，即此。渤海改为盖州，又改辰州》。由此看来，可知这地的古名叫"盖牟城"。"盖牟城"是高句丽的古城，其名称也是古代朝鲜语的吏读式的记名。我们可以把它解释为"对"城（gam 城或 gəm 城）。如朝鲜古语学者们所一致讨论的，在古语里，把"神"、"王"叫做"gam"，"gom"，"gəm"等等，其语汇到日本就成为"Ka-mi"（神）。这也是日本学者们所承认的。"盖牟城"一定与"俭城"相同的名称。前者是"gom 城"，或"gam 城"，或"gəl"城，后者是"gam"城。"盖牟城"分明就是"王城"的意思。"险渎"（"俭渎"—— gam-ta）即，解释为与"王基"相同的名词。今天，我们还不可能在盖牟城以外的其它地方找到"王险城"名称所传下来的地名。由此，我们可以断说：高句丽的盖牟城实际上就是古王险城，只不过是文学上差异而已。盖平是被看做一个具有古代主要意义的地域，因此，唐太宗直接指挥盖平城攻略战，甚至临马于游泥河。

如果认定王险城是为现今的盖平，我们就可以没有矛盾地说明两"浿水"与"王险城"的地理位置。盖平与大凌河之间有"辽水"（古名"乌列水"，略称为"列水"或"鸭绿水"）从辽水起至大凌河为止约有一百里。因此，可以说明《魏略》关于卫满受封朝鲜西方一百里地方的记载。如上所述，朝鲜王准给卫满以一百里的封土，其中间一定有某条自然界线，这样看法是很自然的。而且，《史记·朝鲜列传》关于楼船将军与左将军荀彘约定会师于"列口"（列水口）合力攻击王险城的记载，不是可以很自然的理解吗？关于《史记·朝鲜列传》所记载的"左将军破浿水上军，乃前至城下，围其西北"的"浿水"，应该看做是当时国境线的大凌河，而不能看作王险城的"浿水"为什么呢？因为，如果击破了浿水上军的话，那么一定到达王险城下，则"前至城下"这句话就没有说的必要。不仅如此，其前节说："天子为两将未有利，乃使卫山因兵威往谕右渠。右渠见使者，顿首谢，愿降，恐两将诈杀臣，今见信节，请服降。遣太子入谢，献马五千匹及馈军粮。人众万余，持兵方渡"浿水"使者及左将军疑其为变，谓太子已服降，宜令人毋持兵。这个"浿水"应该看做国境线的浿水。而且，汉使涉何在浿水边杀害朝鲜裨王长后，朝鲜发兵袭攻杀何"，右渠军突入浿水西方，一时占领了这土地，这是很明的。因此，司马迁记载着"左将军击朝鲜浿水西军"。汉军击退了朝鲜的浿水西军，在浿水上与右渠进行交涉，因右渠不应答，其浿水上军就被击破，显然，这"浿水上军"正是指国境线的浿水上的军队所以，如果充分根据《史记·朝鲜列传》和《魏略》的资料，就能如上考证出浿水与王险城的位置。

那么，现在要谈到如何解释"辽东郡·险渎"是卫满的都城这个问题了。如上所说，古代中国人把"险渎"认定为古朝鲜的首都，而且认为它在辽东郡，即就意味着区别于"王险城"的另一个古朝鲜的首都。这些资料不能抹杀为无根据的妄说。如果承认古朝在燕昭王时期被燕夺取西方二千余里的地域的这个事实，而且貊国在古朝鲜国的北方的事实的话，那么，就很容易推测其等国家首都必然在王险城以西的地域。

如上所说，那就会产生一个疑问：为什么颜师古在《汉书·地理志》上关于"辽东郡，险渎"的注里说："应劭曰：朝鲜王满都也"，同时引用臣瓒的话："臣瓒曰：王险城在乐浪郡浿水之东，此自是险渎也"呢？应劭为什么要把乐浪郡"王险城"和"辽东郡，险渎"看做是一个地方呢？我想，他们所以这样混乱是有他的原因的。

那就是因为他并不知道卫满以前朝鲜的旧都之缘故。朝鲜遭受燕将军秦开驱逐东迁之前的首都我们应当看作在浿水以西的地域，即，被夺取二千余里（或一千余里）地域之前的首都，显然，不能看为其后卫满的首都—— 现今的盖平。因此，在浿水以西地域，还有一个朝鲜古都"王险城"（即险渎）的这个看法是较自然的。如上所说，中国古代注释家们把"险渎"解释为与"王险城"同一的一个地名，由此可知，辽东郡的"险渎"就被另起一名为"王险城"。显然，辽东郡的险渎也是朝鲜的旧都。从《汉书·地理志》本文看来，也可以一目了然，其"险渎"不是乐浪郡"王险城"。可是应劭或韦昭把两个地域混同为一个地域。臣瓒把"王险城"和"险渎"分开来，改正应劭的说法，颜师古同意臣瓒的意见了。杨守敬认为险渎和王险城是不同的地方，他认为险渎在大凌河下游东方东沙河沿岸地方（杨氏：《前汉地理志图》。固然，应劭把"险渎"和"王险城"同而视之的说法是有错误，可是他的"辽东有险渎县，朝鲜王旧都"这个说法是一定有理由的。（《史记·索隐》

所引的应劭之说）

《史记·朝鲜列传·集解》应用的徐广的话是解决这个问题的钥匙。《集解》上说："徐广曰：昌黎有险渎也"。可知，朝鲜的古都是在昌黎。那么，应该阐明昌黎究竟是今是的哪一地方。中国历史地理书上记载的"昌黎"，实际上有好几处地方。根据顾炎武《日知录》卷三十一《昌黎辨》上说有五个地方：

1.《汉书》辽西郡之县，其八曰"昌黎"（《汉书·地理志》原文写成《交黎》——笔者注），"渝水首受塞外，南入海，东部都尉治"．应劭曰："今昌黎"．《后汉书．作"昌辽"，或"黎"之讹也（《后汉书．郡国志原文是'昌辽，故天辽，属辽西'——笔者注。）《通鉴注》：'昌黎，汉交黎县，属辽西郡．后汉属辽东属国都尉。魏齐王正始五年，鲜卑内附，复置辽东属国，立昌黎县以居之，后立昌黎郡'。《晋书·武帝纪》：'太康二年，慕容廆寇昌黎，二年，安北将军严询败慕容廆寇于昌黎。成帝咸康二年，慕容皝自昌黎东践冰而进，凡三百余里，至历林口'，是则在渝水下流，而当海口"．

由此可知，昌黎是在渝水（"水经注大辽水注"云："白狼水又东北出，东流分为二水，大水疑即渝水也．《地理志》曰：渝水首受白狼水……'，《地理志》曰：'渝水自塞外南入海'。一水东北出塞为白浪水的沿岸．郦道元在《大辽水注》里说："白狼水又东北迳昌黎县故城西，《地理志》曰'交黎'也，东部都尉治"．这就是说，汉代昌黎在白狼水向东北流的地域。根据现今中华人民共和国地图，白浪水（大凌河）向东北流的地域的都市有朝阳，从而可以这样认定：汉武帝以后，辽西郡的昌黎就是朝阳。然而顾炎武说昌黎的位置濒海，而与《水经注》所说"白狼水又东北迳昌黎县故城西"不一致．我认为昌黎位于海口的记载是有某种错误的。汉代的"昌黎"(交黎)与魏的"昌黎"好象不是一个地域。

这里值得考虑的是，《汉书·地理志》"辽西郡，交黎"是否与后汉时的"昌辽"是一个地名这个问题。《后汉书·郡国志》上记载:"昌辽,故天辽,属辽西"。关于这一点，可知顾炎武在前面所引的《昌黎》条里，是把"昌黎，故天辽"读成了"昌黎，故交黎"。我们则认为把"昌黎，故天辽"读做"昌辽，故夫辽"较为妥当。关于这，齐召南曾经说过·武英殿本《后汉书·郡国志》考证："昌辽，故天辽，属辽西。臣召南按：'《前志》辽西无"天辽县"。顾炎武《考古录》疑此志"昌辽，故天辽"五字当作"昌黎，故交黎"，是也。又考《安帝纪》"鲜卑攻夫黎营"，章怀注曰："夫黎县，县名，属辽东属国"，《鲜卑传》又作"扶黎"，注文同。然则前汉名"交黎"，后汉名"夫黎"，又改曰"昌黎"也，疑此志当作"昌黎，故夫黎"，"夫"，与"天"字尤相近。'"

我认为齐召南的说法是卓见。我认为"天辽"的"天"字是"夫黎"的"夫"字的误写。《后汉书·安帝纪》元初二年九月条云："辽东鲜卑……九月又攻夫黎，杀县令"的李贤注上解释："夫黎，县名，属辽东属国"，以及同书《鲜卑列传》的"元初二年，鲜卑围无虑县……复攻扶黎营，杀长吏"的李贤注里解释："扶黎县属辽东属国，故城在营州东南"。这些都可以作为根据。齐召南说在前汉之世把"昌黎"记载为"交黎"，在后汉之世又把"交黎"改为"夫黎"，再把"夫黎"改为"昌黎"，根据这两者(顾氏、齐氏)的说法，可知"昌黎"就是前汉的"交黎"。

这样看来，根据郦道元的注释，可知前汉的交黎县即后汉的辽东属国昌辽，是以现今朝阳为中心的地域。从而，根据徐广的"昌黎有险渎县也"的注释，可以得到这样的结论：古代朝鲜的旧都就是今日的朝阳地域，即当自朝阳至凌源，即锦州之西。这样判断的另一个根据就是，根据《后汉书》李贤注，后汉时把昌黎称为"夫黎"或"夫犁"。如果"夫辽"是"夫黎"的误记，那么可以认定《汉书·地理志》的"文黎"也是"沃黎"的误记。即如上所说，"夫黎"是"不"，"夫里"，"发"，"伐"的同义名词，它在古代朝鲜语里表示"国"、"国都"、"都城"的单语，即解释为与"乐浪"（bal-la 或 bul-la）同义的名词。从而，可以认定徐广的险渎（王险城）在昌黎的注是有确实的根据的。

总之，可以得到这样的结论：古代朝鲜人的旧都在今朝阳地域。那么，这险渎是古朝鲜国都或者貊国的国都这点成问题了。因为，貊是古代朝鲜族之一，而且如下面将要说，涉和貊的语言是同一的。所以，我们可以知道貊人也把"国都"叫做"险渎"（即王险城）。古代中国人曾把"险渎"和"王险城"混同为一个地域。应劭把"险渎"看作与乐浪郡的"王险城"是一个地方，就是一个例子。

《日知录》关于昌黎郡和县的设置如下记载：

2.《晋书·记载》，"慕容皝徙昌黎郡》，又云："破宇文，归之众，徙其部人五万余落于昌黎，及慕容盛之世，有昌黎尹张顺、刘忠、高云以马素弗为昌黎尹。马跋之世，有昌黎尹孙伯仁。以史考之，当去龙城不远。

3.魏併柳城、昌黎，棘城于龙城，而立昌黎郡，志云：有尧祠、榆顿城、狼水，而列传如韩麒麟、韩秀、谷浑孙绍之伦，皆昌黎人，即燕之旧都龙城。

4.古昌黎在今之蒙古喀拉沁右翼旗地。柳城在今之盛京宁远州及义州地。龙城在今之广宁县地。高齐以后，昌黎之名废。至唐太宗贞观三年，更崇州为北黎州；冶营州之东北废阳师镇；八年，复为崇州，置昌黎县，亦今山海关外地，后沦于奚。《辽史》建州守康县，本唐昌黎县也。

5. 辽太祖以定州俘户置营州，邻海军，其县一名广宁。金世宗大定二十九年，因与关外广宁县重名相混，故改其地为昌黎县，相沿至今。

以上四个"昌黎"中可以推测曾经有过古代朝鲜王险城的第四个古昌黎。其地域大体上与汉昌黎地域相一致。可能是朝阳、凌源、义州一带。从第四条所说的古昌黎区别于汉代的昌黎看来，我看它也象汉以前的地名。然而，只有关于古昌黎的说明，一也不能成为阐明"险渎"（王险城）的存在与否的材料。因此，把"险渎"的位置判断为朝阳，可能妥当一些。

如果是这样的话，那么，值得提起质问的是：在《后汉书·郡国志》辽东属国中，"昌辽"和"险渎"并存，因此，"昌黎有险渎县"的注释不是不妥当吗？不过，这并不成为大问题。因为前汉的"交黎"（昌黎）地域，到了后汉就划分为"昌黎"与"险渎"两县；而且各自向不同的方向扩大，这样解释应该不是没有道理的吧！这种情况，我们今天在改编行政地域时也会常遇见的。

那么，我们要进一步探讨的是，险渎是古朝鲜国的首都或者是北夷（或东胡）貊国的首都这个问题。

顾炎武在《营平二州记》上说："通鉴元宗开元二十二年，张守珪出师紫蒙川，大阅以镇抚之，注据《晋书·载记》秦汉之间，东胡邑于紫蒙之野，《唐书·地理志》平州有紫蒙、白狼、昌黎等城。盖平州之境。契丹之南界也"。又云："《晋书·慕容廆·载记》其先有熊氏苗裔，世居，北夷邑于紫蒙之野，"《晋书·》卷一百八间《载记》原文接着上引文云：《号曰东胡》。由此可见，秦汉之间东胡（即北夷的都城在紫蒙之野。

那么，紫蒙之野在何处？《辽史》卷三十八，《地理志》二《东京道》云：“紫蒙县本汉镂方县地。后拂涅国置东平府领紫蒙县，后徙辽城，并入黄岭县，渤海复为紫蒙县，户一千”。根据这些资料可知，紫蒙之野就是渤海之紫蒙县，而县它在现今的朝阳地域。那么，这紫蒙之野的位置与险渎的位置是一致的，这不是偶然的。如下面将要说，我认为秦汉之间的东胡(即北夷)就是貊族，而且其貊国在古朝鲜国的西北方即热河，凌源和朝阳一带地域。从而，我们可以判断，险渎不是古朝国的首都，而是貊国的首都。关于貊国在第二章第一节涉貊考里将详论。

从而，我们认为最初提出的问题已经得到了解决。

《汉书．地理志》关于辽东郡险渎县的注释之相矛盾都是有其缘由的，应劭把辽东郡“险渎”与乐浪郡“王险城”看做是一个地方，这是他把“险渎”和“王险城”具有同义的古朝鲜首都的古来的传说与王险城在乐浪郡的确实记载形而上学地结合起来而得到的结果如《汉书．地理志》的记载一样，前汉的险渎在辽东郡，王险城在乐浪郡。尽管这样，应劭做出了与《汉书·地理志原文相矛盾的注释。应劭的这样的注释或许由于这样的缘由：即，古代中国人把貊国认为是古朝鲜。貊国灭亡后其一部迁到涉地去建立夫余国，其大部分遗民东迁而建立高句丽国，所以很可能把高句丽前身的貊国认为朝鲜。

应劭的另一个注释即“辽东有险渎县，朝鲜王旧都”(《史记》朝鲜列传．索隐)似乎有道理的。韦昭也注“险渎”云：“古邑名”(同上)。这些说法似乎把险渎和王险城分开而看做，不知应劭的注“险渎是朝鲜王满旧都”也许是后来史学者们的误记，我认为，与其说应劭之说法有矛盾不如说有矛盾的两说之中，“险渎是朝鲜王满都”这句话是后人的误记。所以，可以说《史记·朝鲜列传》《索隐》里的应劭和韦昭之说法是妥当的。

《史记·朝鲜列传》裴骃关于"王险"的《集解》上引用了徐广说的："昌黎有险渎县也"这句话，有正确的一面，也有不正确的一面。裴骃也是把卫氏朝鲜的"王险城"看做是辽东郡的"昌黎县"，这与前者犯了相同的错误。然而，另一方面他的险渎在昌黎的说法却是正确的。他也是把"险渎"和王险城看成完全一样的一个地名，而关于高句丽的先行国"貊国"是他们不能理解的。这就是说，他们认为貊国也是朝鲜。

徐广说"昌黎有险渎县也"给我们提供了宝贵的材料。中国的注释家所以把乐浪郡"王险城"与辽东郡"险渎"混同为一的另一个主要原因，我认为古代也可能称险渎这个地方为"乐浪"。换句话说，如果"文黎"是"夫黎"的误记的话，那么称昌黎地方可以称为"부리"（buli），这可以解释做"乐浪"的同名异字的记名。如上所述，"乐浪"可以读作"불라"（bula）。"벌라"（bəla）和"부리"（buli），这都是相通的。这样看来，我们可以理解应劭之说法虽然是错误（即《汉书·地理志》上的注），可是另一个说法（即《史记·朝鲜列传》索隐上的说法）是有历史根据的。

第二章 古朝鲜传说考

第一节 檀君传说考

自古以来，国内外许多学者对檀君神话发表了各种各样的说法。这些说法，大体可以分类如下。

(一)，唯心论的解释。即承认檀君神话为历史事实；从而，用檀君神话作为朝鲜历史的出发点而把这个神话加以神圣化。（朝鲜资产阶级史家崔南善、郑寅普等）

(二)，依据考证学的解释的说法。

1. 无条件地否定朝鲜神话；完全无视檀君神话在朝鲜历史上的史料价值（日本史家那珂通世及其他）。
2. 认檀君为高句丽的国祖，是一个伪造的人物（白鸟库吉）。
3. 主张檀君是妙香山的山神（小田省吾）。

(三)，基于唯物史观的科学解释。

白南云先生在《朝鲜社会经济史》第二章《对檀君神话的批判的见解》上所发表的主张有如下几个要点：

1. 被取做檀君神话的题材的显著的自然环境是高山森林地带，而且是许多熊、虎之类的动物栖息的地方。
2. 根据题材上的灵艾、蒜谷等来推想的话，完全可以看出：生产发展的历史过程依据摩尔根和恩格斯的分类正是处在带有未开化时代特征的食用植物的栽培，即由庭园栽培进入到田野耕作的阶段。尤其是田野耕作以铁的利用为前提，意味着到达所谓文明期的入口；同时，潜伏着能够决定经济发展的飞跃阶段——农业共产体的崩溃期的重要契机。
3. 熊与虎同穴而居是女系酋长与男系酋长并存的关系的象征；

檀君为熊女所生的事实，从现实说来，是男系酋长的确立。

4.“檀君王险”的称号与其它所有文化民族的情况一样，是

主权者的统治阶级的尊称。

5.檀君，从神话来说，就是天孙；从文字上来看，就是天言；

从宗教来说，就是主祭者。尽管他被附着多面性的特征，

但，他既不是实际的特定的人格者；也不是妙香山的山神；

更不是檀木的精灵和民族之父。从现实说来，只不过是处

在农业共产社会的崩溃期的原始贵族即男系酋长的称号而

已。

上述几种说法中，前两种说法都不具有今日值得考虑的任何科学性；下面我们叙述自己的见解以代替对他们的说法的批判。白南云先生试图在朝鲜史学研究中应用唯物史观第一次使朝鲜古代史体系化起来；因此，他在朝鲜史学的发展上做出了巨大的贡献。他对檀君神话的批判性的见解，在解放前与反动的唯心史观的斗争上具有很大的科学性与政治性的意义。然而，今天我们不能认为他的研究成果完全没有缺点而没有再研究檀君神话的必要。我们应当认为，他依据马克思主义史学的科学方法论对檀君神话所作分析基本上是正确的。

可是，他的研究也有不少的缺陷。大体说来，有下面两点：第一，方法论上缺陷；第二，脱离古朝鲜的具体历史而仅仅搬用人类历史发展的一般法则公式来套住檀君传说的内容。

白先生在他的方法论的说明上说：“站在我们的立场上，是这样解释的：神话是人对自然，或且人对人的生产关系的行动的反映；或且，作为支配与服从的观念形态所被规定的。”（《朝鲜社会经济史》17页）他还说：“一切神话决不是在古原始时代的无阶级社会中，已经具有作为神话的作用而被其后的历史时代所继承的；相反，它是作为随着阶级社会的形成

而形成的观念形态即人对人的支配或把特权性生产关系加以合理化的观念形态，特殊而神秘地被发展起来的……。”（同上书23页）

果然，能不能认为一切神话都是随着阶级社会的形成而形成的观念形态呢？当然，一切建国神话都是统治阶级在阶级社会形成的同时编造出来的观念形态。然而，这些建国神话决不是统治阶级在阶级社会形成期不根据原有的任何观念形态只凭天才的艺术才能而虚构的。原始时代，人在与自然作斗争的过程中，想象了超自然的神灵与魔力。即，原始人们具有了万物有灵论。原始神话与原始宗教就是在这样的蒙昧的观念下产生的。这些原始神话和原始宗教随着社会的发展而渐次变质；而且，随着阶级社会的形成而被统治阶级所利用；同时，与反映阶级社会的生产关系的观念形态相混合而变化。同时，随着阶级斗争的开始，被统治阶级利用原始神话编造出来了反映自己阶级斗争的观念形态的新的神话。

恩格斯说：“荷马的叙事诗及全部神话——这些都是希腊人由野蛮入文明所带来的主要遗产。”（《家庭、私有财产和国家的起源，有史以前诸文化阶段）从而，我们在研究檀君传说的时候，不能认为，檀君神话的一切因素都是在朝鲜阶级社会形成时期依靠了统治阶级的艺术天才而虚构的。

其次，因为白先生没有具体研究古朝鲜历史只靠唯物史观的一般理论而分析檀君神话，因此不能推断出编造檀君传说的具体时代。白先生认为朝鲜是从高句丽开始形成了阶级国家；三韩、夫余、秽貊等被他认为是“原始部族国家”；从他完全不谈及古朝鲜这一事实看来，他好象认为檀君神话是在“原始部族国家”形成时期编造的。

一、依据对檀君传说的文献资料的考察来推断檀君神话的编造时期

首先考察记载檀君传说的文献资料，用以推断檀君传说的编造时期。首先，列举一下关于檀君传说的资料：

一、《三国遗事》卷一《纪异·古朝鲜》云"《魏书》云：'乃往二千载有檀君王俭，立都阿斯达，开始号朝鲜，与高(尧)同时'，《古记》云：'昔有桓因，庶子桓雄，数意天下，贪求人世，父知子意，下视三危太伯可以弘益人间，乃授天符印三个，遣往视之，雄率徒三千，降于太伯山顶神檀树下，谓之神市，是谓桓雄天王也。将风伯，风师，云师，而主谷，主命、主病、主刑、主善恶，凡主人间三百六十余事，在世理化。时有一熊一虎，同穴而居，常祈于桓雄，愿化为人。时神遗灵艾一炷，蒜二十枚，曰：'尔辈食之，不见日光百日，便得人形'。熊虎得而食之忌三七日。熊得女身；虎不得忌，而不得人身。熊女者无与为婚，故每于檀树下祝愿有孕。雄乃假化而婚之。孕生子。号曰檀君王俭。以唐即位五十年，庚寅，都平壤城，始称朝鲜。又移都于白岳山阿斯达，又名弓忽山，又今弥达。御国一千五百年。周虎（武）王即位己卯，封箕子于朝鲜。檀君乃移于藏唐京，后还隐于阿斯达为山神，寿一千九百八岁。"

二、《三国遗事》卷一《纪异·高句丽》云："《檀君纪》云：'君与西河河伯女要亲，有产子，名曰夫娄'。"

三、《三国遗事》卷一《王曆·高句丽》云："第一东明王，甲申立，理十八，姓高，名朱蒙。一作邹蒙，檀君之子。"

四、《三国遗记》卷十《高句丽始祖东明圣王》注："先是，扶余王解夫娄老无子，祭山川，求嗣。其所御马至鲲渊，见大石，相对流泪。王怪之，使人转其石，有小儿，金色蛙形（蛙一作蜗）。王喜曰："此乃天赉我令胤乎？'乃收而养之，名

曰金蛙。及其长，立为太子。后其相阿兰弗曰：'日者天降我曰：将使吾子孙立国于此，汝其避之：东海之滨有地，号曰加叶原，土壤膏腴，宜五谷，可都也。'阿兰弗遂劝王，移都于彼，国号东夫余。其旧都有人，不知所从来，自称天帝子解慕漱，来都焉。乃解夫娄薨，金蛙嗣位。于是时，得女于太白山南优渤水，问之，曰：'我是河伯之女，名柳花。与诸弟出游时有一男子，自言天帝子解慕漱，诱我于熊心山下，鸭绿边室中私之，即往不返。父母责我无媒而从人，遂谪居优渤水。'金蛙异之，幽闭于室中。为日所炤，引身避之，日影又逐而炤之，因而有孕，生一卵，大如五升许。王弃之，与犬豕，皆不食；又弃之路中，牛马避之；后弃之野，鸟覆翼之；王欲剖之，不能破，遂还其母。其母以物裹之，置于暖处，有一男儿破壳而出，骨表英奇，年甫七岁，嶷然异常。自作弓矢射之，百发百中。扶余俗语，善射者曰朱蒙，故以名云。"

五、《世宗实录，地理志》引用了《檀君古记》，权近在《应制诗》注里引用了《古记》，李肯翊在《燃藜室记述》里引用了《旧史檀君记》，徐居正在《笔苑杂记》里引用了《古记》，都记录了檀君传说。

以上这些记载檀君传说的资料中，以《世宗实录·地理志》记载的最详细而且体系化，这里不录其全文，只指出它与《三国遗事》上引用的《古记》的内容有差异的事实。

如同以上这些资料所见的一样，《三国遗事》上引用的《古记》的檀君传说的内容，与《三国遗事》的编者一然同时代人李承休的《帝王韻记》以后引用的《古记》所录的檀君传说的内容有所差异。《世宗实录·地理志》综合了高丽朝以来的几种资料，使传说丰富化起来，而且增添了李朝统治阶级的思想，《三国遗事》上引用的檀君传说认为天王桓因的庶子檀雄是檀君之父，其母为熊。然而，高丽以后的许多记录，虽然以桓雄天王为檀君之父这一点与其相同；但是，檀君之母不是熊女而是天的孙女。而且，前者说，檀君让位给其子；后者(高丽以后引用的《古记》录)则与檀君为夫余或高句丽王系的先祖。此外，构成檀君传说的几种因素（即反映自然环境，生产力，生产工具和生产关系的题材）也不一样。这里没有必要详细论述这个问题，因此，不再去讨论它。这里仅仅指出，檀君传说随着时代的变迁而变化的事实。

现在，我们通过这些资料的文献学的考察来推测檀君传说被体系化的时期。当然，如果不对这些资料进行分析的话，我们就不能断定檀君传说被体系化的时期。因为我们不能正确地知道我们的《古史》，《檀君记》以及《旧史檀君记》等的编纂年代的缘故，而且，我们也不明确这些古史究竟是在三国以前就存在的呢？或且是在如《三国史记》所记载的三国的历史记录开始年代以后才有的呢？通过《三国史记》的记载，我们知道，高句丽建国初年已经有了所谓《留记》的史册（《三国史记》卷二十婴阳王十一年条）；百济在375年（近肖古王30年）才编纂了所谓《书记》的史册（同书卷二十四近肖古王二年条），新罗则稍迟至53年（真兴王六年）编纂了《古事》（同书卷四真兴五六年条）。记载檀君传说的《古记》，也许可以把它看作高句丽初的史册，或也许可以看作高句丽以前的古朝鲜或夫余的史册。然而，我们看《古记》的记录，可以看出它的编纂年代。《古记》里的"在世理化"，《三国遗事、王历》上的"东明王……理十八，以"理"代"治"，避唐高宗讳，可见其书当出于唐。所以，我们可以断定，《古记》是相当于唐朝的三国时代编纂的。

如国内外许多学者早已讨论的一样，《古记》所传下来的关于檀君的传说，是根据佛教思想而加以润色的。这是没有再讨论的必要。举几个例子来说，如檀君的祖父名"桓因"是借用梵语"释提因陀罗"（天帝的意思）的名字。而且，如檀君诞生于"太伯山（或称"妙香山"）下的神檀树下"的传说，也是根据佛教思想编造的，这样看法可能妥当的。《观佛三昧海经》上记载："譬如伊兰与旃檀生此利山中，牛头旃檀生伊兰丛中，牛头旃檀生此林，未成就故不能发香。仲秋月满卒从地生，成旃檀树，众人皆闻牛头旃檀上妙妙香。"《华严经》上记载："摩罗耶山出旃香，名曰牛头。"《智度论》上记载："除摩黎山，一切无出旃檀木。"《正法念经》上记载："高山之峰多有牛头旃檀若诸天与修罗战时，为刀所伤，以牛头旃檀涂之即愈"通过这些佛典资料可以知道，所谓"旃檀"是一种带有香气的神圣的树木，所谓"牛头旃檀"的檀木也是与佛菩萨最有因缘的神圣的树木，也是供养佛的，而且佛教徒们所神圣看待的树木。从而可以推测说，檀君诞生于太伯山（妙香山）的檀木下传说是根据这些佛典资料而编造的。那么，与太伯山有很多香木联系起来，可以把这些香木认定为"牛头旃檀"。根据这些，可以知道《古记》所传的檀君传说是佛教传入以后即372年（高句丽小兽林王壬申二年）以后，用佛教思想润色而加以文章化的。从而，可以推断说，记载檀君传说的《古记》也是372年以后编写的。

虽然这样，可能不能以此为根据而说，檀君传说就是在这时候才开始流传的。日本史学者白鸟库吉断定檀君传说为纯粹依据佛教徒们所说而编造出来的妄说，因此，他不想阐明上述的那些檀君传说的本质（参照日本《史学杂志》第三编十二号白鸟库吉《朝鲜古传说考》）。这个问题下面还要讨论，这里先论述一下文献上的资料。关于檀君的传说，用文字记载的年代随着《三国遗事》所引述的《魏书》的不同而有差异,按照郑寅普的说法(《朝鲜史研究》卷上34页),那个《魏书》不是拓拔魏的《魏书》,而应该承认是三国之一的曹魏的《魏书》。其理由是《三国遗事》分别写了《魏书》、《魏志》(《三国遗事》卷第一《纪异》,第二《马韩》)和《后魏书》。因此,《后魏书》(全书卷一《纪异》二《靺鞨,渤海》)就是拓拔魏的《魏书》;显然,《魏书》就是曹魏的《魏书》。不过这部《魏书》是否一定是王沈的《魏书》,却不明确。郑氏从《三国遗事》有《书》和《志》看来,可以知道《书》是有的,而且断定了曹魏的《书》只有王沈的作品。可是我们也可以看到《志》和《书》是《魏志》和《魏书》的略称,从而,不能断定《三国遗事》所应用的《魏书》一定就是王沈的《魏书》。因为记载曹魏的《魏书》,除了王沈的《魏书》之外,还有夏侯湛的《魏书》,这两个《魏书》都是《三国志》所引用的史籍(参照赵翼《二十二史劄记》)。然而,不管怎样,《三国遗事》所引用的《魏书》可以判断就是《三国志》以前的《魏书》;由此可知,在公元三世纪时,中国的史籍中已经有了关于檀君传说的记载。由此可见,檀君的传说并不是佛教传入三国以后才编造出来的虚说,而是公元三世纪以前已经存在了的。

《三国遗事》所引用的《魏书》关于檀君的记载这样说:"《魏书》云:乃往二千载,有檀君王俭,立都阿斯达,开国号朝鲜,与高同时。"这里并没有佛教的色彩,从而,我们只有根据这个资料,才能推定檀君传说的编写时期。

那么,《魏书》根据什么记录了檀君的传说,这又个问题。朝鲜史料上所记载的关于檀君的许多传说,都认定檀君是朝鲜的创建者,同时,与高句丽和夫余的王系相联系,以高句丽领域内的太伯山(妙香山)为其诞生地,以平壤为其国都,从而以此为根据,可以认定这些记载是高句丽迁都平壤以后的记录。然而《魏书》上,檀君的都城是阿斯达,而且只记载其国号为"朝鲜"而与高句丽和夫余都没有联系。从而,《魏书》檀君传说的材料,虽然不知道是不是从曹魏时高句丽得来的,然而如果是这样的话,我们可以说,这些材料就是在高句丽统治阶级把檀君与自己谱系直接联结之前,受高句丽统治的古朝鲜人民之间曾经存在的口头传说或有文献资料的根据。我认为这样看法可能是妥当的。因为高句丽的统治阶级虽然在建国以后立即把王系加以传说化，可是，关于檀君方面，连《好太王碑》的文上也没涉及。换句话说，高句丽的统治阶级为了把自己的王系加以神圣化和权威化，而檀君的传说与自己的王系直接联结的事实是在好太王以后。因此，我们不得不认为，在好太王以前高句丽并不以檀君为自己王系的祖先是一件确定的事实。

然而，事实並不那样简单。相反的，关于檀君的传说被认定在高句丽国家形成以前已经存在是有更充分的根据的。虽然《好太王碑》文的邹牟王传说与檀君传说没有直接联系，可是檀君和高句丽王系的祖先相联系的根据即皆是"天帝之子"这点却具有共通性。

认定檀君传说在好太王（392－413年）以前已经存在的还有一个根据是，檀君传说不仅不是卵生神话，而且一点也不受其影响。可是，《好太王碑》文则这样记载："惟昔日始祖邹牟王之创基地，出自北夫余，天帝之子，母河伯女郎，剖卵出生子"。这是有两个值得注视的事实；其一，邹牟王虽然是破卵而生，可是这个卵並不与动物相关联，而且其父被描写为天帝，其二，邹牟王传说与新罗朴赫居世或驾洛国的金首露或是新罗的昔脱解的卵生神话多少有色彩的不同。《三国遗事》卷一《纪异》第二《新罗始祖赫居世王》云："于是乘高南望，杨子下萝井傍，异气如电光垂地，有一白马跪拜之状。寻检之，有一紫卵（一云青大卵），马见人长嘶上天。剖其卵得童男，形仪端美，惊异之，浴于东泉（东泉寺在词脑野北）。身生光彩，鸟兽率舞，天地振动，日月清明，因为赫居世王》。《三国史记》卷第一《新罗本纪第一》云：《朝鲜遗民居山谷之间，为六村。一曰阏川杨山村，二曰突山高墟村，三曰觜山珍支村（或云干珍村），四曰茂山大树村，五曰金山加利村，六曰明活山高耶村，是为辰韩大部。高墟村苏伐公望杨山麓，萝井傍林间，有马跪而嘶则往观之，忽不见焉，只有大卵。剖之，有婴儿出焉。则收而养之。及年十一岁，岐嶷然夙成。六部人其生神异，推尊之，至是立为君焉。辰人谓瓠为朴，以初大卵如瓠，故以朴为姓。居西干，辰言王。”《好太王碑》文上的邹牟王的卵生神话是天帝的思想与卵生神话的思想结合起来的。这个传统具有能够寻找其时代性的要素，因为在北部朝鲜没有直接流传下来的关于《好太王碑》文以前的卵生神话的资料的缘故。

鱼豢的《魏略》和王充的《论衡》上所记载的东明王的传说就是一个例子。高句丽的邹牟王的传说完全是取自东明王的传说，这是没有异议的。由此可见，相同的传说流传下来的时候，随着时代的差异，其内容也有所变化。”三国魏志》注上记载；“《魏略》曰：‘旧志又言，昔北方有槀离之国者，其王者侍婢有身，王欲杀之，婢云有气如鸡子来下，后生子……’”。这里所说的“鸡子”就是鸡卵。这样说虽然添进了卵生的神话的要素，但是说东明王是由气所生而不是由卵所生。因此，关于《魏略》上记载的东明王的出生传说，如果把它看作完全是卵生神话，恐怕是有困难的。记载东明王传说的许多记载中，最古的王充的《论衡》里也有相同的记载。《论衡》卷二《吉验篇》上说：“北夷槀离国王侍婢有娠，王欲杀之，婢对曰，有气大如鸡子，从天而下我，故有娠，后产子。”可是，相同的夫余建国传说，《隋书》上却以三国（朝鲜）的卵生神话相同的内容来润色。即，《隋书》卷 81《东夷·高句丽传》上记载：“高丽之先自夫余。夫余王尝得河伯女，因闭于室内，为日光随而照之，感而孕，生一大卵，有男子破壳而出，名曰朱蒙。”虽然相传《好太王碑》文的邹牟王的诞生传说与《魏略》、《论衡》的东明王的诞生传说是一个传说，可是其内容随着时代的差异而有所不同。前者是卵生神话，后者是受了卵生神话影响的气生神话。当然，《论衡》上记载的东明王传说，有可能受王充的思想的影响，不过，不能因此就认为这个传说是王充任意编造的。在这两者之间，含有一脉相通的因素：一个是卵生的观念都是存在的；另一个是其父与天相联系的这一点。然而，《好太王碑》文上这些因素更丰富化了。总之，在朝鲜北部，卵生神话分明是出现在《好太王碑》文上；在此以前，还没有完整的卵生话。但是，夫余东明王传说，显然是受卵生神话的思想影响的。即，王充是后汉初的人，因此，夫余已经在其前，至迟在前汉时代已受了卵生神话的影响，我们不能这样想么？

那么，朝鲜的卵生神话的思想是如何产生的呢？这是一个值得讨论的科学性的问题。新罗和伽罗国（一作"驾洛"）的卵生神话以及《好太王碑》文上所见的卵生神话，它们都说自己国家的始祖是剖卵而生的。这是它们的共同之点，我们也可以把它们认定为具有相同性质的卵生神话。换句话说，好太王时代和三国都流传着具有相同性质的卵生神话思想。但是，影响夫余传说的卵生神话的内容却与前者不同。即，相传夫余的始祖不是剖卵而生，其父是橐离国王子，其母食卵而生。由此可见，夫余传说与三国的卵生神话所具的性质有一点不同。

这里我们有必要加以考虑的是，具有与古代朝鲜族最密切的文化联系的中国古代的卵生神话，有其代表性的，一个是殷世祖的卵生神话，另一个是西周穆王时期（公元前1001—947年）徐偃王的卵生神话。秦的始祖亦卵生。尚有满洲人，亦以为始祖食朱果而生。

关于殷始祖契的出生神话，《史记·殷本纪》上记载说："殷契，母曰简狄，有娀氏女，为帝喾次妃。三人行浴，见玄鸟堕其卵，简狄取吞之，因孕而生契。”与此同类的卵生神话就是秦始祖的卵生神话。《史记·秦本纪》云：“秦之先帝，颛顼之苗裔。孙曰女修，女修织，玄鸟陨卵，女修吞之，生子大业。”秦嬴姓，本东方民族，后迁西方。

徐偃王的卵生神话是与此有一点不同的。张华的《博物志》卷七《异闻》上关于徐偃王的出生神话这样记载：“徐君宫人娠而生卵，以为不祥，弃于水滨。孤独母有犬名鹄仓，持所弃卵，衔以归母，母覆煖之，遂成小儿。生而偃，故以为名。宫人闻之，乃更录取，长袭为徐君。”这个神话，徐偃王直接由卵里出来的。虽然从内容上看来，这两个传说有相违之点，然而，所说的卵生神话，却具有相同的思想根源。至于其相违之点，决不是偶然产生的，而应该看做是由来其民族的文化性质的差异的结果的。换句话说，同一的卵生神话传播于各异的民族而被各族的文化变色。

在朝鲜卵生神话中，新罗、伽罗国以及《好太王碑》文上所见到的高句丽卵生神话与居住在黄海沿岸的东夷国家的徐偃王的传说，其内容相一致，而夫余东明王出生传说里所见的卵生传说的要素与殷始祖卵生神话内容也有相同之点。

我们要考虑的是，这些卵生神话是何族的神话这个问题了。白鸟库吉曾经关于中国的卵生神话发表了一篇《古代支那人的民间信仰》（岩波讲座《东洋思潮》本）。他在这篇文章里只说古代中国人民之间有了祥桜以燕而精灵视的信仰，而没有谈到卵生神话的来源。我认为，上列的卵生神话是来源于住在渤海，黄海沿岸一带，古代住着「岛夷」，此名《禹贡》中所见，但均为后人的改作「鸟夷」，但此名还见于《大戴礼记》及《史记·五帝本纪》。

《左传·昭公十七年传》里有关于鸟夷的记载。记载说：“秋，郯子来朝，公与之宴，昭公问焉，曰少皞氏鸟名官，何故也。郯子曰：吾祖也，我知之，……我高祖少皞，挚之立也，凤鸟适至，故纪于鸟，为鸟师而鸟名。凤鸟氏历正也，玄鸟氏司分者也，伯赵氏司至者也，青鸟氏司启也，丹鸟氏司闭者也，祝鸠氏司徒也，鴡鸠氏司马也，鸤鸠氏司空也，爽鸠氏司寇也，鹘鸠氏司事也……。”由此可知，鸟夷的诸氏族都是与鸟有关系，鸟夷的诸氏族的图腾是鸟。因此，我们可以说鸟夷有了卵生神话。殷朝是受鸟夷文化（即龙山文化）影响的。徐偃王可以说是鸟夷之后裔。秦姓嬴，少皞姓也嬴，由此可知，秦是本东方鸟夷氏族之一，后迁西方。那么，鸟夷与古代朝鲜族有什么关系，如在下面将谈到的一样，鸟夷的居住地域很广泛，我推想，在古朝鲜地域居住过的原住民也是鸟夷之系统之一。我们可以找到在现今朝鲜地域居住过的原住民与鸟夷有关系的痕迹。《辜苑、三韩》上引用的《魏略》说：”辰韩人…… 其俗嫁娶，男女有别，以大鸟羽送，其意欲死者飞飏。” “以大鸟羽送死”的辰韩人民的风俗可能是与以鸟为图腾有关系的，由此可以推想，韩人与鸟类有关系。并且，古代朝鲜与山东半岛有考资料上相同的点，例如，卜骨、大石文化以及黑陶文化等。古朝鲜这个国家是北方族的涉族迁徙到鸟夷地域，与它混合起来而建立的国家。古朝鲜没有卵生神话，而有檀君的图腾神话，这说明檀君氏族领导的朝鲜族即涉族支配鸟夷的事实。然而，在现今朝鲜领域内流布着卵生神话，我推断这个事实说明在今朝鲜领域内居住的原住民的文化与古朝鲜族即涉族的文化系统是不一样的。但，北夫余东明王传说里所见的卵生神话的要素与殷始祖卵生神话的内容有相同的点，这由来于什么呢？

我认为这里有一定的理由。根据中国古代史料，可以知道夫余的文化与殷文化有密切的关系。《三国志，魏志，东夷夫夷传》有”以殷正月祭天”，“衣尚白”等记载。这就可以看出夫余与殷文化有密切的关系。从而可以推断说，东明王传说也可能与殷卵生神话有密切的关系。

夫余的统治者是貊族，貊在西周宣王时代居住在今山西西北境，与中国已经有了密切的联系。貊族可能从殷朝以来一直到伺涉地（据后来的夫余）移动时为止居住在中国的西北部和北部。关于这，下面再讨论。当然，夫余的神话与殷的神话不是完全相同的，而是部分因素相同。因此，我们可以推断说，夫余的文化与殷的文化有密切的关系。

在原始社会里产生的神话，当然不是简单地受他族文化的影响而形成的；相反，每个神话都具有本族属所特有的最浓厚的独创性。当然，对于资产阶级学者们所主张的反动的文化移动论，我们是坚决反对的。但，这并不是否认在文化交流过程中彼此互相影响。最早记载夫余东明王传说的《论衡》里，对天的崇拜思想是其基本，而东明王与天有血缘的思想是其中心。即，夫余王与天有血缘关系，天被崇拜为夫余族的祖宗神。然而，王充说从天上下来的气如鸡卵，显然，这可以解释：卵生神话的要素是后世附加的。如果夫余东明王神话是根据殷卵生神话而改编的话，那么，卵生神话思想可能是它的中心，但，在东明王神话里天的思想是其中心。由此可见，殷的卵生神话与夫余东明王神话本质上表现了不同的思想；而后世的文化交流过程中，在夫余的东明王神话里增加了殷的卵生神话的要素。这里我们推想东明王传说用后世润色的事实而做出了这样的判断的。崇拜天的思想是东明王传说的主要因素，这与檀君神话基本上相同。同样，高朱蒙的传说也是崇拜天的思想为其基本因素，这思想是取自东明王传说而来的，我认为这样的看法是妥当的。然而，从其卵生神话与新罗，驾罗国的卵生神话和徐偃王的神话相通看来，我认为高句丽的卵生神话分明是朝鲜南方居民的卵生神话思的影响。

为什么我们可以这样想呢？因为高句丽与夫余王族属于同一系列，高句丽的传说大体上是根据东明王传说编造的，同时，还增添了与新罗和驾洛国的卵生神话相同的神话。关于高朱蒙传说的现存资料，《好太王碑》文的资料可称第一，但是，这样推断：这个传说与高句丽建国有所关联。换句话说：我认为高句丽的卵生神话不是在高句丽建国以前貊族社会里编造的，而且被称为貊族或貊国的时候，传说是以天的思想为中心的。当然，夫余或高句丽的传说与檀君传说有直接联系是后世的事，而在夫余和高句丽建国的当时，却是不相联系的。可是，崇拜天的思想是它们所共通的。这就意味着夫余和高句丽等貊族在上古时代与古朝鲜族经历了一个相同的社会生活阶段；同时各国不同的建国传说，也意味着各国的国家形成过程以及其政治的单位的差异。古朝鲜实际上是以夫余和高句丽不同的另一个国家，经过了长久期间，其政治生活不同了。

那么，檀君的传说是产生于什么时期呢？现在我们就来推断一下。檀君传说随着时代的经过而被润色和复杂化这是无可非议的。然而，我们不能因为今天残存的最早的文献资料是《魏书》，就立即断定在高句丽被润色的檀君传说是从《魏书》上撷取材料而加以润色的。关于古朝鲜的创建的传说，我们不能认为中国人比高句丽人知道得更清楚和更早。由此可见《魏书》是撷取古朝鲜或高句丽的材料的。总之，从《魏书》的檀君传说与高句丽和夫余的王系没有直接联系的这一点看来，我认为在夫余建国之前就有这个传说的基本内容，而且，进一步；当卵生神话在古代朝鲜各国间流传之前就已经产生了这个传说的这个看法是妥当的。而且檀君传说里说得很明白，古朝鲜的建国者是朝鲜人，他既不是箕子，也不是燕人卫满。因此可以推测：这个传说不但是在编造箕子传说之前，而且也是在卫满朝鲜以前就已经产生了。为什么可以这样推测呢？因为如下一节将要详细论述的一样，箕子朝鲜传说是后世编造的，不能认为是历史的事实，我想，这个传说大体是卫氏朝鲜时代依据中国历史而编造出来的，而且，卫氏朝鲜时期，在箕子传说所支配的条件下，与其相违背的思想，即与中国人统治朝鲜的思想相违背的思想——关于朝鲜创建者的传说，是统治者所不容许的。或且，似乎也可以这样解释：因为被燕人夺取了政权，所以反对燕人的古朝鲜王族便编造了自己祖先的传说，这个传说便是与燕人对抗斗争的表现。但是，这样推想是有困难的，因为古朝鲜在卫满以前已经是一个阶级国家，而且有国王，我们应该认为一定有关于其国王的始祖的神圣化的传说。即，我们认为古朝鲜作为一个国家经过了长久的时间毕竟不会没有编造关于他们建国的神话或者建国者的传说。一般说来，在一个国家形成时期，其统治者为了使自己的权利神圣化，必然会编造一些有关建国的神话。不仅是从这样的一般现象看来，而且考虑到古朝鲜的具体的历史的时候，我们只能做出这样判断的。《魏书》的檀君传说说，檀君是朝鲜的建国者，其国都为阿斯达。我们在《管子》与《战国策》等书上都能看到"朝鲜"这个国号：显然，中国人称《朝鲜》至迟在战国初已经开始了。而《魏书》的檀君传说不说朝鲜的国都是平壤或王险城而说阿斯达为国都，显然，这不是王否或准的时代古朝鲜的首都。从而，我们应当认为，《魏书》记载的檀君传说显示了在否和准时代之前已经存在的痕迹。如上所说，"朝鲜"这个国号出现在《管子》，《战国策》等书之上。如果应当认为朝鲜建国传说是在建国过程中编造的话，那么，檀君传说的编造年代应当上溯至战国时代以前。

如果在承认夫余受殷文化很多影响这一事实的同时，承认古朝鲜与殷和东夷有密切的政治，经济及文化的联系这一事实的话，那么，我想：古朝鲜至迟到殷代就能够具有看得到檀君神话或体系化的根据。为什么能够这么想呢？如同下面将要讨论的一样，我认为古朝鲜是涉族；夫余和高句丽是貊族；这两部族决不是不同血缘的两个异族，而是属于同一个族属的两个部族经过长期间的不同的发展过程而形成了的两个不同的阶级国家。如果说，因为夫余的祖先即貊与殷在文化上有了密接的的关系，所以其两者的卵生神话的因素是共通的；那么，我想在古朝鲜建国传说即檀君神话里也能够反映卵生神话的因素的。然而，不是这样；其理由何在？那就是，我们可以做这样的推测：在编造古朝鲜建国神话的时期，已经有了军事首长檀君氏族的图腾神话。换句话说，因为在古朝鲜建国神话的编造时期，古朝鲜已经发生了本身独自的观念形态。这样的看法不是自然的么？当然，我决不是主张，古朝鲜文化一定是在殷文化的影响下发生和发展起来的。但我认为更自然的看法是：因为有能够表明古朝鲜与殷有密切的文化交流的根据：如果古朝鲜在与殷文化交流时期还不能编造自己的建国神话的话（当然，尽管不是后日被体系化了的檀君传说）那么，在其国家形成过程中，殷文化的要素能够被反映在其传说里。

我认为，古朝鲜族即涉族从北方移动到渤海沿岸即东夷地域，而与鸟夷的一部混合起来了。涉人在殷末已经居住在与殷邻接的渤海沿岸即现今河北清障河流域。很显然，这地带是鸟夷的居住地，而且古朝鲜诸部落居住的今辽西、辽东海岸地带也是鸟夷的居住地。那鸟夷原有卵生神话，可是与它混合起来而建成朝鲜国的涉人（即古朝鲜族）没有卵生神话，而且其影响也没有受到。这理由是什么？我们不能不认为，涉族来到鸟美地域而定居的时候已经有了自己的神话即檀君氏族的神话．这游族在至迟殷代已经开始在平野地带过农业生活。然而，檀君神话中所反映的自然环境是山间地带；从而可以推断：在平野地带开始定居的时候，已经以神话继承了山间地带所发生的一些观念．熊和虎的图腾的观念是古朝鲜族居住在北方山林地带所发生的神话，这个神话流传后来与在阶级国家形成时期所发生的天地观念（即人格化的天帝）相结合的产物．

我想，朝鲜族已经在相当于殷代以前时期从山林地带移动到现今中国北部和东北地域．檀君氏族的图腾神话並不是在平原地带定住以后产生的，我推想朝鲜族在平原地带定住以前已经经过很长时期的征服和移动过程．这过程是很长的军事民主阶段。如同这一节的结论里将要讨论的一样，我认为朝鲜族的原始居住地是阿尔泰山地域．我推想朝鲜族从阿尔泰向东移动到今天中国的北部和东北部，在殷代他们已经到达今滦河一带而定住的。檀君神话是在"阿尔泰山"地域过渡到军事民主阶段时产生的．

虽然，天的思想看来好象与殷文化有直接关系，但是还不能作出最后的结论。

总之，我推断檀君氏族的图腾神话在相当于殷代以前时期已经被编造出了。因此，《魏书》上不是把檀君时期记载为"与高（尧—— 笔者注）同时"吗？而且在《三国遗事》所引用的：《古记》上，不是记载说"封箕子於朝鲜，檀君乃移入于藏唐京"吗？这些文献资料今天任何人不能简单地加以抹杀的．

二．檀君传说的分析与批判

我们不能把檀君传说看成为古朝鲜的创建者的历史人物的

历史。可是，这个传说不是某历史家没有任何根据而任意编造的，而是其有能够说服人民的一定的根据的。由此可见，这个传说是反映朝鲜人民经过一定时期的具体的社会情况的传说。下面对檀君传说试做一些分析：

一、檀君之父叫桓雄；桓雄之父叫桓因。桓因是上帝，其母为熊女。这些内容在《魏书》上没有记载；《三国遗事》所引用的《古记》上只记载桓因叫"天王"而没有记载其父桓因为上帝。《世宗实录、地理志》引用的《檀君古记》与权近的《应制诗注》上引用的《古记》中，认为桓因是上帝，而说："上帝桓因"。《魏书》上只说："乃往二千载，有檀君王俭许多《古记》里所记载的上帝桓因，如上所说"桓因"这一个单语就是梵语"天帝"的意思"上帝桓因"不是上帝的桓因这个意思，而是汉语的"上帝"与梵语的"天帝"（即，"提桓因陀罗"，"提桓"是天，"因陀罗"是帝的意思；"桓因"是"提桓因陀罗"的略称）联在一起而成为"天帝"的重复语。由此可知，桓因是天帝的孙子。如果把王俭解为"임검"（IM-gam，王的意思）的吏读式的记录而在古代朝鲜语研究分野上不被否定的话，那么，檀君就不是人名而是作为与天具有密切关系而含有某种意思的单语来解释。然而，一般依照《古记》认为檀君是天帝的孙子，他本身不是天帝，而是出现在地上的天子。关于檀君传说的一切记载里，都认为檀君是天帝之孙，天王之子，地上之国王。日本史学者白鸟库吉认为檀君与蒙语"腾吉利"（档吉利）（天的意思）的意思相同。（《史学杂志》第五编第四号白鸟：《朝鲜传说考》）。即，他推测说天在古代朝鲜语中有与"腾吉利"类似的单语；因此，就解释说，檀君就是天帝的意思，从而说，檀君传说不能认为是朝鲜的开国传说而是一种妄说。朝鲜语言学者梁柱东也讨论过在古代朝鲜语里把

天称做"腾吉利"这个问题。《周书》卷四十九《异域上·高丽》条中记载："又有神庙二所，一曰夫余神，刻木作妇人之象；一曰登高神，云是其始祖扶余神之子"。他把这里所说的"登高"解释为与蒙古"腾吉利"相同的单语。但是，我认为用这个来判断在朝鲜古代语中把天称为与"腾吉利"相类似的单语是没有多大根据的。尤其是，还有一个理由使我这样想的，那就是：如果把"登高神"解释做"天神"的话，那么，这个"天神"到底不可能是夫余神之子。我认为，不管是天或是地的词汇都是随着人间生活的开始而被使用过来的单语，这一个单语在历史过程中不那么容易就变化成为另一个单语的。从而，我们不能证明"登高"这个单语已经变成了"Hanel"（天）这个单语。因此，我们不能承认白鸟与梁柱东的说法。

而且，关于檀君名称的解释方面，自古以来在朝鲜学者之间也有人主张应该把"檀"字写做"壇"字。事实上，在《三国遗事》上就写做"坛君"。主张"坛"字的人，好象是因为国王以祭坛为主宰因而以此为论据；可是，这与事理不相符合。因为，如果是那样的话，那么"坛君"这个名称及其传就是朝鲜人开始以汉文式使用汉字以后的事实。古代朝鲜人一直到三国时代为止都是以吏读式使用汉字，这是一个不能动摇的事实。这样的话，"檀君"这个名称应当认为也是吏读式的记法比较妥当。

从而，"檀"字也罢，"坛"字也罢，就无任何关系了。根据我推测，"檀"或"坛"可能是"ddang"（地）的汉文的标音字。为什么这样想呢？如果上面已经简单谈过的一样，因为我们认为檀君是具体的地上的国家古朝鲜的"开国者"。换句话说，檀君就是"ddang-ing-gm"，即「地上国王」的意思。因为古朝鲜人认为檀君是"天地之孙"：他仅次于天王，是地上最尊贵的人。如果认为檀君是"天君"的话，那么，檀君死后应当回到天上去；然而，所有的文献资料都是记载檀君死后成为山神。根据这个事实看来，显然，不能认为檀君是"天君"；不管什么地方，都认为檀君是地上的君主。为了我们缺乏《三国遗事》上引用的《魏书》以前的关于檀君传说的资料，因此，我们无从知道"檀君"究竟是古朝鲜人用什么字标出什么古音的一个词汇。从而，"檀君"这两个字究竟是古朝鲜人先就使用了呢？或者是，中国人根据古朝鲜人的口头传说后标音的呢？这些问题现在我们还无法判断。为什么这样推测呢？因为檀君的"君"字分明是汉语式的写法；而"檀"字却不是。"檀"字如果看做古朝的标音字就更为妥当。从后代许多记载里可以看到，檀君能够与佛教思想联系就是由于"檀"与檀木联系的缘故。《魏书》上的"檀"君王俭"可以解释为"檀王俭"（dan－im－gəm），这个古代朝鲜语中加上汉语"君"字。《Dang－im－gəm》不是能够标音为"檀王俭"吗？

总之，檀君就是天地之孙子，天王的儿子，就意味着乚地上之国王⁊。

那么，下面就檀君传说所引用的题材做一些分析：

1．自然环境是山林地带。即，熊，虎等猛兽栖息的地带。

2．记载熊女与虎同穴而居的资料，如白南云先生分析的一样，是象征女系酋长与男军事长並存关系：檀君为熊女所生，这意味着男系酋长制的确立。我想，熊与虎我们应当认为是酋长与军事长的图腾。为什么应该这样想呢？因为，熊与虎纯粹是作为信仰的对象的动物；它们分别象征着酋長与军长；但与这比较起来，更主要的是熊与尊贵的国王具有更直接的血缘关系，檀君传说的熊与虎决不是超自然的灵物；而是具体的动物（在这个传说上）。我认为这是中国古代传说相传黄帝号有熊氏（《史记·五帝本记》"黄帝"注引用的徐广之说）的思想相类似的思想的表现；因此，把这解释做图腾主义的反映较为妥当。当然，虎与熊视为神圣的民间信仰的对象，这在古代许多族属之间是常有的事实。例如：ainu 族有熊祭；在中国汉代也有傩的仪式，人们披着熊皮舞着武器驱逐恶鬼（《汉书·礼仪志》）；而且，中国古代有黄帝的传说，把黄帝的军队比喻为熊，罴（《史记·五帝本记·黄帝记》）。这些事实都说明：ainu 族和古代汉族把熊看做神圣的信仰对象。虎也与熊一样，在古代汉族之间，它成为民间驱逐恶鬼的信仰对象。《风俗通》卷八《桃梗、苇茭·画虎》条上记载："于是，县官常以腊除夕，饰桃人，垂苇茭，画虎于门，皆追效于前事，冀以卫凶也"。而且还记载说："黄帝书：上古之时有荼与鬱垒昆弟二人，性能执鬼，度朔山上，章桃树下简阅百鬼，无道理妄为人祸害，荼与鬱垒缚以苇索，执以食事。"，《山海经·海外经》上也有相同的传说记载。这就意味着古代中国人把虎当作驱逐恶鬼的灵物来信仰。在古代朝鲜也是这样信仰过虎的。《三国志、东夷、涉传》说："常用十月节祭天，昼夜饮酒歌舞，名之为'舞天'。又祭虎，以为神。"《后汉书·东夷、涉传》上也有相同的记载。

如上所说，虎与熊被视神圣的动物；而且是作为神的存在而被信仰，但是，这与檀君传说所描写的以虎与熊为首长或国王的先祖的思想不同。檀君传说上的熊是直接变化成人，直接与人发生血缘关系；这就是说，在熊为动物之"王"的地方，成为人间的"王"的人以熊为图腾。从而我想，我们应当认为檀君传说里的虎与熊是比作后世超自然的灵物而信仰的思想更为原始的思想的表现。熊与虎同穴而居，而熊化身成人生下统治者檀君这一事实，意味着以熊为图腾的氏族代表掌握了统治权．这即是古朝鲜的军事首长的出现的反映。这个军事首长，"除军事的权限以外，还有祭祀的及裁判的权限，审判的权限並沒有确切规定，但祭祀的权限是把他当作部落联盟底最高代表者而赋予他的，关于民权，行政权限从沒有讲述；但是军事首长在职务上似乎也是议事会底成员。这样，把军事首长一词翻译为德语 König（Kuving）在语源上是完全正确的，因为 Köning 这个字是由"Kuni"，"Küne"而来的，即'氏族族头目'的意思"。（恩格斯：家庭，私有财产及国家的起源》1954年人民出版社版103页）这个军事首长就是第一次出现地上的"王"。

3．天的思想：檀君被描写做天帝的庶子桓雄天王的儿子．天为人格神，这个人格神与宗祖神熊结合成为一体．当然，在古朝鲜氏族社会里，作为氏族神的熊与虎的图腾是先已存在着的，天神的思想是随着军事首长的出现而产生的．我们应当认为这两者可以结合在一起．作为至上神的天的思想是统治者出现的现实社会关系的反映．然而，在朝鲜历史上，作为至上神的天帝的观念到底在于哪一时期出现这个问题是还未得到解决的．或者，可能有这样的主张．因为《三国遗事》所引用的《魏书》上沒有记载君是天王的儿子，所以檀君传说与天帝的观念相结合是三国以后的事实。但是，如上面已经简单提过的一样，《魏书》上关于檀君传说的内容记载得极简单，因此，不可能把它看作是传说的全部记载．由此可见，我们不能说因为《魏书》所记载的檀君传说中沒有天帝的观念，因此就主张朝鲜在《魏书》以后（即公元三世纪以后）才发生天帝的观念。根据高句丽与夫余的建国传说所反映的天帝观念这个事实来推想，可以推断地说古朝鲜的天帝观念在夫余建国以前已经产生了．因为檀君传说是作为至上神的天的思想与图腾主义的结合物，如果，如上面谈过的，我认为檀君氏族的图腾神话至迟编造了殷代的这个主张能够成立的话，那么我们应当判断说古朝鲜对于天帝的观念至迟相当于殷代的时期就发生了。

4. 檀君之父桓雄《率徒三千，降于太伯山顶神檀树下，谓之神市，是谓桓雄天王也》这个记载应该怎么解释？这意味着天王开拓地上的某个地域维持了社会秩序。所谓《将风伯，风师，雨师，而主谷，主命，主病，主刑，主善恶》就是以后世的观念把统治者的出现加以理想化。如恩格斯所教导的一样，把军事首长的权限所行使的事实解释为被传说化的较为妥当。

5. 这个传说只传下有关农业的事实，而完全没有反映有关牧畜与狩猎的事实。所谓灵艾，蒜，谷等就是例子。从而，可以说，古朝鲜已经进入军事民主阶段，过着完全的农业生活。关于这个问题，白南云先生解释说："田野耕作以铁的利用为前提，这就意味着达到了所谓文明的入口；同时也潜伏着能够决定经济发展的飞跃阶段——农业共产体的崩坏期的重要契机"。当然，我们了解在希腊历史发展过程中曾有这样的事实。恩格斯说：《铁的利用开始于野蛮时代的高级阶段"。他又说："完善的铁器，风箱，手摇仙、陶工辘轳，油及酒的制造，已转为艺术与工业的发达的金属加工，货车及战车，用梁及板的造船术，作为艺术的建筑的萌芽，有齿形城墙和城堡的城市 荷马的叙述诗及全部神话——这些都是希腊人由野蛮转入文明所带过来的主要遗产。"（同上书26页）这样说，但并不是说任何民族历史都是由铁的使用开始进入野蛮的高级阶段。中国在使用铁器以前早就是一个阶级国家。因此，我们到底不能主张说，檀君神话编造于开始使用铁器时期，而且，朝鲜开始使用铁器还是处在军事民主阶段时期。

6. 檀君"御国一千五百年"的记载是从先代起至檀君入

阿斯达为神的时期为止的概算数字，关于这个年数有几种说法。一般地说：檀君在唐尧戊辰岁立为君，而商武丁八年乙未，入阿斯达为神。（《然藜室记述》，《半苑杂记》，《东国通鉴外记》等）如白南云先生所指出过的，这应当解释为表明作为军事首长的檀君氏族的世袭制。

如上所述，我们判断说檀君传说是朝鲜历史发展过程的军事民主制度时代的历史反映。这样判断的明确的根据是：在檀君传说里，完全没有能够解释为反映阶级国家的现象的事实。或者，以"主刑"这个记载，也可以解释为反映阶级国家的社会关系。如恩格斯所指出过的，希腊的军事首长除军事权外，还掌握祭祀，裁判的权限。由此可见，檀君传说里所谓"主刑"这个资料解释为军事首长的权限较为妥当。

总之，檀君传说是朝鲜民族历史发展过程中军事民主制时期社会的反映；这个传说不能认为在相当于殷以后的时期发生。这个传说的基本要素是相当于殷代的时期产生的。

固然，如上所说，檀君传说（在朝鲜古史上的）是随着时代的变动过程中理想化和复杂化的。但是，我们在考察檀君传说里的地名时，可以看出这传说并不是后世人的荒唐的虚构，而根据悠久的上古以来传下来的传说而编造的。我们在这里关于檀君传说里的地名考察一下。

据朝鲜的《古记》檀君的出生地是三危太伯山。我认为太伯山是后世人添加的。《东国舆地胜览》记载："三危太伯山是黄海道九月山，"可是这个说法是后人的附会。"三危"分明中国古书上看到的地名，而不是朝鲜古地名。《尚书．舜典》云："流共工于幽州，放驩兜于崇山，窜三苗于三危，殛鲧于羽门。"《同书．禹贡》云："三危既宅，三苗丕叙，黑水至于三危，入于南海，导河积石至于龙门。"三危分明是中国西北方的古地名。

顾颉刚先生注释《禹贡》里的《三危》说："三危山，左传昭公九年杜预注说：'三危山在瓜州，今敦煌。"今甘肃敦煌县南党河旁有三危山，旧说乃禹贡的三危，但是汉书地理志和后汉书郡国志敦煌县不说有三危。后汉书西羌传说"舜流四凶，徙之三危，河关之西南羌地也，滨于赐支，至于河首，绵々地千里"，这包括很广，也不能确指三危所在。史记索隐引河图说：'三危山在鸟鼠西南，与岷山相连。'孔颖达尚书疏引郑玄说同。今按后汉书郡国志陇西郡首阳县刘昭注说：'地道记曰有三危，三苗所处'.后汉首阳县在今甘肃渭源县东北，鸟鼠山在今渭源西，岷山在今甘肃岷县南，三危所在，可以从这几处相关的地名找出来了。又汉书冯奉世传说：'永光二年陇西羌反，冯奉世奉命讨伐，屯首阳西极上"。如淳注说：'西极，山名'。郭璞注淮南子地形篇说：'三危，西极之山'。那么禹贡三危，即冯奉世所登的西极山，陆德明庄子音义说'三危今属天水郡'，也是指西极而言。不过西极山究竟今名什么，已不可指。"（中国科学院出版社《中国古代地理名著选读》29—30页）

阿斯达：关于这个地名，从来有各种的说话。

1. 《三国遗事》的著者一然注"阿斯达"云："今云无叶山，亦本白岳在白州地。"或云在开城东，今日安岳宫是。（《三国遗事》卷一《古朝鲜》）

2. 《东国舆地胜览》和其他李朝时代的许多学者们把"阿斯达"认为是黄海道九月山。

3. 申采浩在《朝鲜史研究草》里驳前两者而其要旨如下说："所以把黄海道文化县九月山认为是檀君的阿斯达，因为这种论者把"阿斯"读为"　　"（ahb）(即九的意思），把"达"读为"　　"（dal）（即月的意思）的缘故。把"阿斯"

可以读为"as"（发at音），"aδ"，"us"，"os"等，可是不可以读为"ahb"。"达"音是"dæ"，"dæ"意味着"山岭"，《三国史记·地理志》云：'菁山，古名加支达，松山，古名夫斯达。'所以"阿斯达"的"达"应该读为"dæ"，就是说"达"是山的意思。北夫余的古名是"助利非西"，哈尔滨的古名是"非西岬"，在朝鲜俗语里把"嘉俳节"（秋夕）称为"ga-u-jəl"，由此可知，"非"，"俳"的古音是"u"。"非西"其音与"阿斯"相近。檀君后裔解夫娄从哈尔滨地域东迁而建成为东夫余，解慕漱崛起在哈尔滨而建成北夫余，由此可以推断："阿斯达"就是"非西岬"即今日哈尔滨的完达山"。

我认为，申氏的说法有一点道理，可是很难成立的。因为，檀君传说不是夫余的建国传说，而是古朝鲜的建国神话，而且夫余建国者是从槀离国到涉地来而建成夫余国的，所以把"阿斯达"认为位于哈尔滨地域的说法是很难成立的。假如"阿斯达"是哈尔滨的山名的话，"三危"和"藏唐京"等地应当在那地附近，可是我们在东北地域里找不到这地名。所以我不能同意他的说法。

"阿斯达"这个地名在《三国遗事》引用的《魏书》上看到的，而在朝鲜古地名中看不到的。而且古朝鲜族居住在今中国北部，从这些事实出发来考虑的话，我们不得不把这地名在中国古地理书上寻找。《水经注·河水篇注》里有"阿耨达山"。同书云："《释氏西游记》曰：'阿耨达太山，其上有大渊水，宫殿楼观甚大焉，山即昆仑山也。"我认为，"阿斯达山"可能是"阿耨达山"的讹转。这山与"三危"都是在中西方的。

藏唐京：这地名是无法调查出来的。那可能是后代人附加的后世的地名。

为什么檀君传说里的地名与中国西北方有关系呢？如上所述，檀君神话决不是佛教传入朝鲜以后造成的。《魏书》著者已经知道了檀君传说，那么朝鲜檀君传说在公元三世纪以前已经有了这个事实很明白。所以，我们决不能断定檀君传说上的地名是佛徒无根据地附加的。"阿斯达山"这个名词是从悠久的上古以来传下来的名词，这样推断是较妥当的。至今为止，内外语言学者们把朝鲜语认定为"Ural-altai 语言系统"。假若这种说法成立的话，檀君与"阿斯达山"有关系是很自然的。换句话说，朝鲜族是在"altai"山脉地域过渡到军事民主阶段，其后开始向东移动，经过很长时间以后到达中国的北方乃至东北地域。到了至迟殷代朝鲜族已经在辽西．辽东地域定住了。

第二节 关于箕子的传说

考证箕子来到古朝鲜的传说是不是历史事实这个问题，在古朝鲜历史研究说来，是具有非常重要的意义的。因为，如果箕子在西周初到古朝鲜，他制定了文物制度，而且以"王"出现建立了国家的这个传说是事实的话，那么古朝鲜的国家形成期至迟应该是在西周初。那么，究竟箕子传说是不是历史事实呢？

从古代起，朝鲜一直就相信箕子传说是历史事实。我们今天能够知道的是，从高句丽时起，有了崇拜箕子而举办祭祀的事实．《新唐书．东夷．高句丽传》上记载说："……俗多淫祠，祀灵星及日，箕子可汉等神"。这里虽然没有记载高句丽从什么时候起有了祭祀箕子的事实，但是根据《新唐书》上所记载的关于高句丽迁都平壤以后的高句丽的历史事实来推想的话，对于高句丽祭祀箕子的记载也应当看作高句丽迁都平壤以后记录的事实。高句丽迁都平壤以后就信奉箕子的传说，到了高丽朝肃宗代（公元1096－1105年）建造箕子的坟墓和祠堂，崇拜箕子的热情更为高昂。《高句丽史》卷六十三礼五《杂祀》条上记载说："肃宗七年十月，壬子朔礼部奏，我国教化礼义，自箕子始，而不载祀典，乞求其坟茔立祠以祭，从之"。然而，把平壤今天还残留着的箕子庙看作是同书所记载的："忠肃王十二年（1325），今平壤府立箕子祠以祭"的箕子祠，这个箕子祠与前者不同，是在1325年建立起来的。总之，朝鲜在十二世纪后半期崇拜箕子的热情不断地高昂，这是可以知道的。到了李朝时代，箕子传说被体系化起来：韩百谦著《箕田考》（1837年海昌蒋氏刻别下斋丛书所收）尹斗寿著《箕子志》；所有的儒学者都信奉　子传说，而且认为是最可自豪的事。当然，这现象是李朝封建统治阶级的"事大主义"思想的直接反映。在李朝儒学者之间，对于箕子是受封于西周王而来到朝鲜，还是亡命到朝鲜这个问题也有异论。李栗谷著一篇《箕子实记》反对了箕子受封的说法。但是不管怎样，在李朝儒学者之间，没有一个人否认箕子传说本身。日本帝国主义强占朝鲜以后，为了把封建地主阶级造成为侵略的工具，而奖励反动的儒教思想，而且利用箕子的传说。总之，过去的封建统治阶级和日本殖民主义者以及其走狗——地主，买办资本家们，都为了本阶级的利益而利用了箕子的传说。

今天，我们还没有关于箕子朝鲜的定论。当然，只有以箕子是中国人的事实和箕子传说是为过去统治阶级服务的思想为理由，而没有科学性的论证，我们是不能否认箕子传说的。在中国也是这样，历代都认定这个传说是历史事实，就在今天，似乎还有不少人是这样认定的。某历史家主张殷族本来是东北系统的种族，与古朝鲜族是同一系统的。他举出两事实为理由：

一个事实是，殷墟上发掘的面具（死者的面）所表现的殷族的脸形与东北系统种族的脸形相类似；另一个事实是，殷末遗民大量向东北方移动。这样的主张还得不到科学性的论证，这就要求将来人类学和考古学来研究。我在这里，只不通过文献史料来讨论能不能承认箕子朝鲜传说是历史事实这个问题。

首先通过中国古文献资料来考察箕子传说。箕子传说的最早文献是《尚书大传》。此书卷三《周传·洪范》上记载："武王胜殷，释箕子之囚，箕子不忍为周之释，走之朝鲜，武王闻之，因以朝鲜封之"。郑玄注上说："朝鲜，今乐浪"。《尚书大传》以后的文献《史记》卷三十八《宋微子世家》上有箕子传说，它这样记载："武王克殷，访问箕子…… 于是，武王乃封箕子于朝鲜，而不臣也"。

如众周知，《尚书大传》是秦伏生到汉张生，欧阳生的集体著作，虽然我们不知道伏生们根据什么记载箕子传说，但是在《尚书大传》以前的现存文献上，我们还找到关于箕子的传说。所以我们今天无法阐明箕子传说的最早资料。但是我们用调查研究现存文献史料的方法，能够推断出，箕子传说是没有确实史料根据的。

关于这个问题，顾颉刚先生这样说过："至《大传》受本之何书，抑或出于汉初传说，今不可知，然其事于故籍无徵，自朝鲜离当时中土绝远，非周武之所得而封，则可断也。推想所以有此传说之故，当由秦、汉间朝鲜王为箕氏（见三国、魏志·东夷韩传），因有此臆测耳。然箕準王朝鲜为一事，武王封箕子又为一事，不当以姓氏之偶合而遂凭前一事以断说后一事，固无疑。"（油印本《浪口村随笔·箕子封国）

今天，有些朝鲜语言学者们在吏读式记法上把"箕"字念做"김"（gəm—即"王"的意思）。从而，他们主张，箕否或箕準也可以念做"王否"或"王準"这是有一些道理的，可

是，这种说法可以说是不能完全对的。因为，假若古朝鲜人在王否时期把王写作了"箕的话，把其首都也一定要写作"箕城"可是写作"王俭城"．或且在　　以前古朝鲜人把其首都叫做"箕城"这样的推测是能够成立的。可是，只根据语言学上的解释而否认箕子朝鲜传说是过早的。我们在《史记·朝鲜列传》里可以看出古朝鲜贵族贵族高官的姓名"路人"、"韩阴"、"参"、"王唊"、"成已"等。固然，卫氏朝鲜的贵族高官中一定有了汉人，可是並不能说这些人都是汉人。由此可知，古朝鲜的贵族高官已经用了汉式姓名。所以，我们可以解释说，在《后汉书》、《三国志》、《魏略》上的古朝王姓"箕"被略去而不写。因为，陈寿，范晔、魚豢等都认定古朝鲜王否、準等是箕子之后裔之缘故。因此，我们不能不同意硕先生关于箕子传说形成于秦——汉初期的说法．

主张箕子传说形成于秦——汉初的理由，就是如上所述的，因为在先秦诸种文献上绝没有记载箕子来到朝鲜的事实。《论语·微子篇》上说"微子去之，箕子为之奴，，比干谏而死，．孔子曰殷有三仁焉"．《竹书纪年》卷四《周武王》条上记载"武王不从；及纣杀比干，囚箕子．微子去之，乃伐纣"．"武王十六年，箕子来朝。秋，王师灭蒲姑"；这里都没有关于箕子去到朝鲜的记载。韩氏外传》卷三《武王》条上说："封殷之后于宋，封比干之墓，得箕子之囚，表商容之闾"。也没有关于箕子去到朝鲜的记载。根据这些资料可以知道，直到战国时代为止，还没有关于箕子去到朝鲜的明确的资料。

然而，根据秦—汉初出现的箕子传说这个说法我们可以这样推测：在战国时代，朝、中关系已经密切起来，中国人从朝鲜得到某些资料回去创造了箕子朝鲜的传说．可是《史记》．朝鲜列传》上完全没有关于箕子传说的记载。同书《殷本纪》、

《周本纪》上也只记载说："周武王……释箕子之囚"。司马迁在《宋世家》上关于箕子朝鲜传说只简单地说："武王乃封箕子于朝鲜，而不臣也。"在《本纪》和《朝鲜列传》上则完全没有谈到这个问题。因此，崔述指责说司马迁关于箕子的记载有矛盾，而没有定见。《崔东壁遗书》《商考信录》卷一这样说："《史记殷本纪》，微子之去，在箕奴，比死之前，而《宋世家》则载于箕、比受祸之后。""余按，谏不听而去，乃异姓疏远之臣然耳，微子，商之懿亲，岂以得此为比，且本纪，世家之文既矛盾，而世家又载《商书·微子篇》文於箕、比未诛之前，则司马氏原无定见也。"如崔氏所说，可知司马迁没有具体地掌握箕子的确实的资料。司马迁以后，有些学者否认箕子朝鲜传说。

晋朝杜预说："梁国蒙县有箕子冢"。（《史记·宋世家·集解》引用），李朝末实学派学者丁若镛反对杜预的说法，他说："镛案：《史记索引》杜预注云：'梁国有箕子冢……'今《一统志》，蒙县无文。"（《我邦疆域考．朝鲜考）事实上，《大明一统志》上确实没有所谓"蒙县有箕子冢"的记载。尽管如此，但也不能成为否认杜预的说法的根据。程恩泽在《战国地名考》（在《粤雅堂丛书》）卷十八《箕国》条上说："杜预曰，'梁国蒙县有箕子冢'，在今河南商邱县，即北亳也。箕子所封似应在此。今太原府谷县东南三十五里有箕城，《春秋》所云'晋人败狄于箕'也；湿州蒲县南亦有箕城，《左传》所云'焚我箕、郜'也：皆是异地，与此无涉。《尚书地理今释》以'晋人败狄于箕'，即今榆社县，非是。'榆社'，盖榆次之说。"我们没有具能够否定杜预说法的根据。但是，杜预的说法当然不可能作为否定箕子来到朝鲜的传说确实根据。因为我们也可以认为，箕子到了朝鲜以后，又回到梁国蒙县而观去。可是，箕子受封于周武王而来到朝鲜的传说並没有站得住脚的根据，因为没有任何历史根据能够说明古朝鲜从属于西周王室。周武王封箕子的故事，是朝鲜为周王室的一个「侯国」的这个观念的表现；大抵这个故事是在古朝鲜地域被中国人占领以后才发生的；我认为这样判断是妥当的。这就是说，我推断这个故事是出于古朝鲜被战国时代燕的秦开夺去广大地域而东迁以后。

如上所述，我们还没有找到根据能够考出关于箕子到朝鲜以统治者而出现的这个传说。现在我们进一步举出箕子在西周领域内「受封」而统治箕国的这个论据来论证箕子朝鲜传说是不能成立的故事。关于箕子封国这个问题，程恩泽和顾颉刚二位先生早已讨论过。我认为二位先生的论据是正确的；这里，我只不过增添一些材料加以探讨。

我们从《左传》上可以找到关于箕子「封地」的材料。《左传》僖公十五年上记载："是岁，晋又饥，秦伯又饩之粟，曰：'吾怨其君而矜其民，且吾闻唐叔之封也，箕子曰：'其后必大'，晋其庸可冀乎！"如果根据这个记载的话测箕子已经预见到唐叔的封国将来必会强大起来。如果，如《尚书大传》上所记载的，箕子被武王释放后立即到朝鲜之后，受封于武王；那么，箕子怎么能对唐叔的封国（唐——即晋）的将来做出这预言呢？而且箕子在朝鲜的话，又怎么能被记载在《左传》的传文上呢？我们没有根据能够否定《左传》上的这个资料。根据这点，我们不能不考虑箕子的「封国」的位置。根据箕子对唐叔的封国的预见这个事实看来，我们应该认为箕子是十分了解唐（即晋）的国力和情况的；从而，对箕子的封国也应该认为是与唐高不太远的。即使说，古朝鲜的位置是在辽东或辽西，但是，要认定箕子是在那个地方预测唐的将来也是有困难的。《竹书记年》卷三《殷商纪》上载："武王十六年，箕子来朝。"根据这个记载，可知箕子的封国是在与周室不很远的地方，因此，要承认箕子居住过朝鲜是很困难的。

因此，顾炎武根据《大明一统志》的说法，认定箕子受封之地为永平府境。《日知录》卷三十一《大明一统志》条说："《一统志》乃曰'朝鲜城在永平府境内，箕子受封之地'，则是箕子封于今之永平矣。"他认为是站在所谓朝鲜是箕子之封地的自古以来的大国主义者立场上，所以完全承认《大明一统志》的说法。关于永平府境是古朝鲜领域这一点，虽然上面已经谈过；但是，我们不可能论断说，那个朝鲜领域就是箕子的受封之地。因为我们还找不到任何根据说明古朝鲜是西周王室的侯国。

如所周知，今天还缺乏能够知道箕子的姓名的资料。《左传》僖公十五年正义曰："历检诸书，不见箕子之名，唯司马彪注庄子云，'胥馀，箕子名'，不知其然否。"箕子显然不是姓名，"箕子"这个名称，我们只能推想大抵也是根据他的「封国」的名称而来的。既然箕子不是姓名，那么关于连姓名都没有传来的人以朝鲜受封之地的传说，实际上确是难于令人相信的。

我们在《左传》上能够找到关于「箕」的记载。《左传》僖公三十三年经上记载："晋人败狄于箕"，同传上还有"狄伐晋及箕"的记载。同书昭公二十三年传上记载："鲁取郰师，郰愬于晋，晋人执叔孙婼，馆诸箕"。叫做箕的地名，除它以外，在别的地方还能够找到些。《左传》成公十三年上记载"君亦不惠称盟，利我有狄难，入我河县，焚我箕郜，芟夷我农功，虔刘我边陲"。关于这箕，杜氏这样说过"太原阳邑县南有箕城"。顾炎武反驳这个说法，他说："解曰：'太原阳邑县南有箕城’，非也。阳邑在今之太谷县，襄公时，未为晋有。传言‘狄伐晋及箕’，犹之言‘齐代我及清’也，必其近国之地也”。（《日知录》卷三十一《箕》条）。顾颉刚先生肯定这个说法，另外还引用江永的话这样说过：“又太原不滨河，故江永《春秋地理考实》亦驳云：‘按此年狄伐晋，白狄也，白狄在西河，渡河而伐晋，箕地当近河。……今山西蒲县本汉河东郡蒲子县地，东北有箕城。……晋人败狄于箕，当在此。若太谷（阳邑为今太谷）之箕，去白狄远，其别一地’。然则箕子所封，当在今山西境矣”。（《浪口村随笔》油印本《箕子封国》）。根据他们的解释可以知道，鲁成公（B、C 590－573），襄公（B、C 572～542）时代的“箕”与在太原阳邑县南的“箕”不是一个地方。因此，顾颉刚先生关于这个“箕”这样说过“依杜、江二家说，太谷与蒲县並有箕城，两城一在汾东，一在汾西，有相当之距离，或箕国曾迁徙乎？太谷之箕密迩初封之唐（此有问题），蒲县之箕亦近后迁之翼，其以壤地毗连而被灭于晋乎？（同上书）。程恩泽不把太谷县东南的箕认定是箕子的封国；而把梁国蒙县认定为箕子的封国。他在《战国地名考》卷十八《古国箕》上记载说：“杜预说：‘梁国蒙县有箕子冢’在今河南商邱县，即北亳也。箕子所封似应在此。今太原府太谷县南三十五里别有箕城，《春秋》所云‘晋人败狄于箕’也；隰州蒲县东北也有箕城，《左传》所云‘焚我箕、郜’也，皆是异地，与此无涉”。如程氏所说，《左传》所说的箕不是西周初的“箕”，而是春秋时代的“箕”；要把哪个地城论断为箕子的「封地」，是缺乏根据的。从而，依照程氏的说法，认定梁国蒙县（今河南商邱县，即北亳也）为箕子「封国」，其后，箕「侯国」有了移动。这样解释不是妥当的吗？

《汉书·地理志·琅邪郡》里有"箕"县。同注云；"侯国，禹贡潍水，北至郡昌入海，过郡三行五百二十里，衮州寖也"。据杨守敬的《水经注图·淇水篇、浊漳水篇、河水篇》，这箕县地域大体与故涉邑地域相一致。他认定，除了在河北省的涉水（即清漳水）以外，在河南亳地域还有一条涉水。据杨氏的《战国疆域地图南二卷》，古箕国在河南涉水流域。两处箕国皆与涉水地域相一致。未知孰是。反正，西周的古箕国不在于汾水东，而在河南商邱县或者河北省清漳水流域（即，汉代琅邪郡箕城），这个看法是对的。所以，我认为，程恩泽的说法较为妥当。

总之，关于箕子的「封地」，主张在距西周王室不太远的地域，比主张在今朝鲜有更强的根据。尤其是还有一个根据让我们能够这样推想的；那就是，晋国的旧姓中有箕氏这一事实。《国语·晋语四》上有胥、籍、狐、箕、栾、郤、柏、先、羊舌、董、韩；也常进官'的记载；在韦氏解上有"十一族，晋之旧姓"的记载。关于这个问题，顾颉刚先生判断说："是则晋之旧姓有箕，其为箕子之后，亡国之余乎？"他举出《左传》文公七年的"乃背先蔑而立灵公，以御秦师，箕郑居守"和同书八年传的"夷之蒐，晋侯将登箕郑父"。以及同书昭公二十二年传的"晋箕遗……济师，取前城"等资料作为论据而说："此箕氏中之可稽者也"。顾炎武已经论断这个箕氏中之由来于邑名。《日知录》卷三十一《箕》条上说"文公八年有箕郑父，襄公二十一年有箕遗，当亦邑氏其人者矣。"根据箕子的姓名没有传来的事实，我们可以这样认定，"箕子"这个名字由来于"箕国"，从而箕子不是受封于朝鲜而是「受封」于梁国蒙县，或者琅邪郡箕县。其后代，箕国被移动到山西境内。有一个考古材料足以证明箕国在山西境内的事实，《山西通志》

第八十九金石器《箕鼎铭》云："器，今不知所在，盖名——字耐。……谨案，耐即箕之本字，象箕形也。此当为地名"。《山西通志》编者张煦认定这《箕鼎》是与箕国之鼎，由此可知，关于古箕国在山西境的文献资料有确实的根据。西周初，作为箕氏「受封」者除箕子以外没有别人；因此，便可以这样推想。

由此可见，箕子受封于朝鲜这个传说是没有任何确实的根据的。但是，应该考虑的是在"箕国"与"涉水"的关系。如上所说，根据杨守敬之说法，"涉水"在河北和河南两个地域。可是这两条涉水相距不太远。假若我们承认"涉水"是"涉人"居住过的地域的话，也可以认为这两条"涉水"之间是"涉人"的地域"古箕国"地域是相当于"涉人"的地域。这涉地域是商代东夷的地域，那么我们不能不承认箕子在西周初动乱之时亡命于东夷涉地。当然，箕子建立古朝鲜文物制度的这个古来传说，按古来这样说法是不能成立的。可是，这样说并不意味着箕子传说在研究古代朝鲜上古史上没有任何的资料价值。我们必须肯定箕子传说所含的史料价值而加以利用。那么，在这个传说上，我们能够发现到什么样的史料价值呢？那就是，

第一，自古以来中国人认定了这样一个事实：殷、周之时，很多中国人（殷遗民以及居住在山东的东夷族）迁移到朝鲜去。这个事实，自古以来都得到国内外学者们的公认，我们也没有怀疑的必要。

第二，自古以来中国人公认了这一点：古朝鲜的文物制度是在相当于殷、周之际的动乱时期，很多中国人亡命而走的这个事实，我们应该认为是当时朝鲜已经建立起了文物制度的证明。因为在殷、周之际的动乱时期，很多中国人亡命而走的这个事实，我们应当认为他们把朝鲜认为是能够安居的地域。否

则，如果当时朝鲜没有任何文物制度，还处在原始时代的话，中国人不到周边其它异族地域而到朝鲜去，这是没有道理的。而且，即使说古朝鲜的文物制度是在得到中国人的先进文物制度的传授以后才建立起来的，但我认为古朝鲜社会已经发展到了古朝鲜人民能够接受中国的先进文物制度而建立起自己的文物制度的程度。

第三，如果在殷、周之际中国人大量亡命到朝鲜去的话，那么这就是说，当时中国人已经具有关于朝鲜的知识。从而，我们应当承认这样一个事实，那就是：古朝鲜与殷已经有了相当密切的关系。

箕子传说中所含有的这些历史事实，我们应当把它看作是箕子传说的主要根据。如果在中国古代，把周围的族属都描写成为野蛮族的中国学者们否认上面列举的古朝鲜的这些事实的话：那么他们是绝对不可能编造出箕子的传说来。换言之，古代的中国学者们绝对不能故意地承认还处在野蛮阶段的古朝鲜为具备文物制度的国家。因此，我们认为应当这样判断才妥当，那就是，中国承认古朝鲜在殷、周之际已经具有了与中国同等的文明的这样的资料，一直到伏生用文字记载了箕子传说时为止，都以某种形式而传留下来。

然而，这样说的话，那么值得提出的是为什么会发生箕子传说这个问题。虽然我没有能力阐明这么难题，但是，如果容许我臆测的话，我试图如下推测箕子朝鲜传说发生的几种根据。

1. 箕子传说是古代中国人用星座名结合古代中国的中华思想的看法来说明殷、周实际与朝鲜有密切的历史关系的历史事实的。从何而知？根据历代正史《天文志》与其他天文的记载，如《三才图会、天会篇》《热河志》《北平志》

《辽东志》《盛京通志》等记载，辽西、辽东、古朝鲜的方位与箕星的方位正相一致。

《史记》卷二十七《天官书》说，"东宫苍龙，房、心，心为明堂，……东北曲十三星曰旗……其南北两大星曰南门……尾为九子，居臣斥绝不和。箕为敖客，曰口舌"。同书《正义》说："尾，箕；尾为析木之津，于辰在寅，燕之分野"。由此可知，尾、箕星座在东北方。《汉书》二十六《天文志》说："箕星为风，东北之星也"。

《唐书》卷三十六《天文志》上说："尾、箕，析木之次也。……其分野，自渤海，河之北尽河间、涿郡、广阳国，及上谷、渔阳、右北平、辽东、乐浪、玄菟、古之北燕、孤竹、无终，及东方九夷之国，皆析木之分也。……箕与南斗相近，故其分野在吴、越之东。"根据这些资料，可知古代中国人认为古朝鲜地域在箕星的方位上。

《三才图会》卷一《天文说："箕四星，……箕一曰天箕，主八风，……又主口舌，生客、蛮夷胡貉，故蛮夷将动先表箕焉"。由此可见箕星与蛮夷胡貉有密切关系。与前例联系起来看，可知这个蛮夷胡貉主要是指古代朝鲜族。从而，古代中国人认为箕星与古朝鲜有密切关系；甚至他们认为"蛮夷将动，先表箕焉"。然而，在古代中国，星座的名称有与诸侯国的名称相一致的，这一事实也有提及的必要。《三才图会》卷二《天文北女星座》条记载："有十二星，有一星在九坎之东曰齐，北二星曰赵，赵北曰郑，郑北一星曰越，越东二星曰周，周东南北列二星曰秦，秦南二星曰代，代西一星曰晋，晋北一星曰韩，韩北一星曰魏，魏南一星曰燕，其星有变，各以其国而说实也"。当然，究竟是先有了星座名呢？还是先有了国名呢？这点不明确。不过，这两种情况都可能存在。

从而，我这样推测古代中国人可能称在箕星方位上的东北方地域的古朝鲜为"箕"。战国时代，燕占领了古朝鲜地区，特别是卫满夺取了古朝鲜的王权之后，为了怀柔古朝鲜人民的反抗，为了统治阶级的利益，因而编造了箕子朝鲜的传说。

2. 箕子与涉柯关系．假若认定涉是古朝鲜族的话，可以说古朝鲜族的一个部在殷、周之际居住在河北，河南的涉水一带．《逸周书、王会篇》里的"涉人"可能是指这涉人．关于涉的问题，在下面平评论古箕国和在河北和河南的涉水地域是一致的，这个事实十分可能成为发生箕子朝鲜传说的根据．如同在下面将要说的一样，我认为古朝鲜人就是涉人．所以我们可以这样推断；以箕子为首的殷遗民亡命到涉人地区去，与涉人统治集团联合起来建立了"箕"国．"箕"是涉地的城邑名，如上所说，这地名可以解释为古朝鲜语的"王"的吏读式记名，从而"箕"城可以解释为"王城"．在河北的涉人有了自己的国即涉邑．我们可以找到古涉邑在河北省沧县东北的根据．《水经注》．《清漳水注》云："清漳逕章武县故城西，故涉邑也，枝渎出焉，谓之涉水．"这涉邑位置与《汉书、地理志》琅邪郡箕县的位置相一致。古箕国有两个，未知孰是。这两个古箕国都是与涉地其位置一致的，我认为这並不是偶然的．这涉人被西周击退到燕东方去（即滦河流域地带），与在今辽西一带的古朝鲜族的部落联盟（即肃慎）联合起来而形成了"朝鲜"．同时箕国也迁移到山西北方去了，这就是说，箕子的后代封于山西汾水东地，叫其封国为箕国．这样箕子亡命到涉人那儿去的历史就传到了古朝鲜，后来更演变为箕子朝鲜的传说。我认为，《三国魏志，东夷、涉传》里记载箕子传说是由于这样的历史根据的。古朝鲜王氏族的姓"箕"是由来于箕国这个名称。我以为，这样解释是较合理的．

3. 春秋时代晋国强大，许多在山西境内的国家大量被灭，这些国家的统治者及其一部人民被迫迁徙，就越过了雁门、恒山，到今张家口，沿今京张铁路而行．在其东北行者如箕、貊，其东南行者如燕，肥。这些情况因未见于左传、国语，故不为后人所知。顾颉刚先生经长期的研究后，今天得出了这样的结论。所以「箕氏朝鲜」，虽非箕子所封，但箕既是一较大之国，文化较高，而貊为部族国家，文化较低，经过的蹂躏之后，箕国的统治者就和貊族联起来，成为两族共同的统治者。

以上这三个推想就是未明。这个问题在朝鲜古代史领域中具有重要意义。我们当然不能单纯把它看作是中国人箕子统治朝鲜而全盘加以否定。根据以上不充分的资料，我不过只是对箕子朝鲜传说的不可信之点作了探讨。但是我认为，这个传说发生的历史根据在古朝鲜的历史上是充分具备的。

我认定，上举三个推断中第二个是较合理的，并且第三个即顾先生的说法是十分可以成立的，这两种推断是没有矛盾的。

第三章 先秦时代朝鲜诸族考

第一节 涉貊考

一、涉、貊是不是单一族属的名称？

当我们考察中国文献史料时，会看到在先秦的文献和根据它所写的所有的史料中，一般说来有关先秦时代涉、貊的历史是分别记载着的。

关于涉的先秦文献史料，颇为贫薄，除了《逸周书》之外，几乎找不到记载涉的历史的其他任何先秦史料。在《逸周书》卷七《王会解》上有这样一段记载："成周之会……西面者，正北方：稷慎大麈。秽人前儿，前儿猕猴，立、行、声似小儿。良夷在子，在子□身人首，脂其腹，炙之藿则鸣，曰在子。杨州禺禺。解隃冠。发人鹿人，鹿者若鹿迅走。俞人虽马。青丘狐，九尾。"

从上述记载中可以看出，作为东夷的名称，列举了稷慎、秽人、良夷、杨州、解、发人、俞人、青丘等，而作为北狄、北夷，或东北夷，或东北夷的名称，列举出高夷、独鹿、孤竹不令支、不屠何、山戎等。

我们虽然不能完全肯定《逸周书·王会解》的著作年代，但是从上面列举的东夷和东北夷的名称这一事，我们很难认为它是西周时期的记载，或者记载西周时期历史事实的史料。

因为在这部史料里根本没有提到在《尚书·禹贡篇》中记录着的东夷名称——嵎夷、莱夷、淮夷和鸟夷，并且连徐夷并未记载。由此可知上述记载是属于东夷（尚书）已被汉化，而其名称在历史记载上逐渐消失影迹的春秋末、战国初期以后，可是，我们不能认为这资料里的东夷名全是春秋以后的，而应当认为其一部是西周时期的，另一部分是春秋以后的。

然而，值得引人注目的是在这记载中丝毫也未提到在西周、春秋时代北方的最强有的族属即貊的名称。这一事实说明什么问题呢？

关于这个问题，在下面论及貊的时候详论，而在这里首先不妨指出，它把秽并不写作《秽貊》而只写成《秽人》，从这一事实里可以看出显然把"秽人"和"貊"两者加以区别。我们没有理由怀疑《逸周书》的编者并未掌握有关"貊"的资料，何况当春秋——战国之际，貊是在北方最强大的族属，更是如此。然而，《逸周书》的编者之所以不提到"貊"的名称，我们认为有其一定的理由。丝毫没有任何根据使我们相信，因秽和貊是属于同一族属的名称，故略掉貊这一名称。正如在下边所详述，在先秦史料中并未有把"涉"和"貊"解释为同一族属的任何资料。我们清楚地知道在春秋——战国初，貊占据在燕的北边。据《王会解》，涉位于燕的东边，可见此两个族属的地理分布位置是显然不同的。如上所述在《王会解》上所谈的有关涉人的资料，是属于至迟朝鲜国形成以前时期。因为，在《王会篇》里没有「朝鲜」这个名称，而且朝鲜东迁之后，没有任何一个资料上再提到位于燕的东方的上引的各族属的名称。《史记》上只记载着燕和匈奴以东的涉、貊、朝鲜、真番等。同时这里值得注意的是在《王会解》的有关东夷的记载中没有"朝鲜"一名这一事实。关于这个问题在下面论述肃慎时评论，此略。

那么涉人究竟属何族？

在先秦文献史料中，并未把秽和貊相提并论。秦、汉以后，也分别记载。但是，把"秽"写成"秽貊"，或把"貊"写成"涉貊"的记载是存在的。

1. 关于涉：

《史记》卷三十《平准书》云：“彭吴贾灭朝鲜，置沧海之郡”，《索隐》云：“(彭吴)，人姓名，始开其道而灭之。朝鲜，番名。”司马贞关于「灭」字的注释，是靠不住的。因为历史上没有商人彭吴消灭朝鲜的事实。所以「灭」字应为「涉」的误记。因为在《汉书》卷二十四下《食货志》第四下云：“彭吴穿秽貊、朝鲜、置沧海郡。”由此可见上引《史记》文中的「灭」字是后世的误记。这一点还可以从旁证材料中得到证明。《潜夫论》第二《思贤》第八云：“近古以来，亡代有三，涉国不数”。在这里，正如汪继培在笺中所指出的一样，「涉」字是「灭」字的误记。那么，把上引《史记》文中的“彭吴贾灭朝鲜”应改为“彭吴贾涉、朝鲜”。

看来，班固把「涉」和「貊」并不加区别，而惯用「涉貊」名称，但是，从下面记载中可以看出，事实上他把「涉」和「貊」区别得十分清楚的。

《汉书·武帝记》元朔元年条云：“东夷薉君南闾等口二十八万人降，为苍海郡”。

陈寿在《三国志·魏志·东夷传》里另写了《涉传》，从这个事实看来，可以看出他是把涉和貊加以区别的。他并未记载貊传，但是把高句丽记载为《夫余别种》，他虽然没有明记夫余是貊族，但是和涉族加以区别是十分清楚的。他在《三国·魏志·夫余传》里这样写道：“夫余……国有故城，名涉城，盖本涉貊之地，而夫余王其中；自谓亡人，抑有似也。”他在这文中把“涉”和“涉貊”等同视之，我们清楚地看出这文中的“涉貊”，指的是涉而不是貊。从他在同书《东沃沮传》中所记载的“汉武帝元封二年，伐朝鲜，杀满孙右渠，分其地为四郡，以沃沮城为玄菟郡，后为夷貊所侵……唯不耐，涉侯至今犹置功曹、主簿、诸曹、皆涉民作之》的事实看来，显然把涉和貊认为是两个不同的族属。

在《后汉书·东夷传》中，也把涉和貊加以区别。范晔在《涉传》中写道：“涉及沃沮，句骊，本皆朝鲜之地也”，及“涉君南闾……”等，同时在《句骊传》中记载为“句骊、一名貊耳”，由此十分清楚地看出他把涉和貊看做是属于不同的两个「族属」。

根据上述资料，我们可以知道涉和貊是两个不同「族属」的名称。但是，把涉和貊结合起来而通称为「涉貊」的情况是存在的。

2、关于涉貊：

《三国志·魏志·东夷夫余传》云：“今夫余……有故城名‘涉城’，盖本涉貊之地”。如上所述，陈寿把夫余之地写成为古“涉貊之地”的同时，又把其故城写为“涉城”这一事实，是否把「涉」与「涉貊」加以玉视？

他把自己所处时代的涉的活动地域定为今朝鲜东海岸，在他看来，涉好象是从夫余移动到朝鲜东海岸一带似的。但是，把“盖本涉貊之地”这个记载和“盖本涉之地”我们能否作同一的解释呢？这就不能不产生疑问了。因为陈寿本人是把涉和貊看做是两个不同的族属的。

我们可以从两个方面去推测他之所以记载为「涉貊」之原因。这就是说，如果不是理解为「涉地之貊」的概念，那必然是对涉和貊的区别认识不清所致。关于这问题，待在本小节的后边加以阐明。对同一事实，《后汉书·东夷夫余传》云：“夫余国……本涉地”。由于可知陈寿所记载的「涉貊」指的是「涉」。

《汉书》卷九十九中《王莽传》云：“严尤奏言：貉人犯法，不从驺起，正有它心，宜令州郡且尉（慰）安之。今猥被以大罪，恐其遂畔，夫余之属必有和者；匈奴未克，夫余、秽貉復起，此大憂也'。莽不尉安，秽貉遂反，诏尤击之。尤诱高句丽侯驺，至而斩焉。"班固似乎把"貉人"和"秽貉"加以同视。他虽举秽貉侵犯一事，但並无关于涉的任何记载，而只记载关于高句丽史实，从这一事实来看，他显然把貉和涉貊加以同仁一视的。《后汉书·东夷列传序》论东夷中对同一事实的记载，为《王莽篡位，貊人寇之》，可见他所说的"貉人"是指高句丽人而言的。这表明在班固以前存在把貊称为"涉貉"的事实。

司马迁在《匈奴列传》中写道："诸左方王、将居东方……东接秽貉、朝鲜"在《史起》卷一百二十九《货殖列传》乌氏倮条云："北邻乌桓、夫余，东绾秽貉、朝鲜、真番之利，同书《平准书》云："彭吴贾灭（涉的误字）朝鲜"。在上面所引用的文例中，是否把「秽貉」理解为「秽」和「貉」，或理解为「秽貉」，这个问题十分模糊。然而写成为「秽貊」是有一定根据的。但是在《汉书》，《三国志》、《后汉书》等文献中，把涉和貊区别为属于两个不同「族属」的名称是十分清楚的，司马贞《索隐》把涉和貊看作是同一的族属。《史记·匈奴列传》"赵襄子踰句注而破并、代以临胡貊"的索隐云："韦昭云：〔句注〕山名，在阴馆。案貉即涉也"。

综合上述史料，我们似乎知道涉和貊本为两个不同的部族，而后来其两部居住在一起，故把涉和貊被称为一个族属的名称。

《汉书—武帝记》元朔元年条云："东夷薉君南闾等口二十八万人降，为苍海郡"。

《后汉书·东夷涉传》云："元朔元年（前128年），涉君南闾等畔右渠，率二十八万口诣辽东内属，武帝以其地为苍海郡，数年乃罢。"

根据这些资料，很清楚地看出沧海郡为涉君的领域，是反抗卫氏朝鲜的一个政治势力单位。那么，我们不是应该把"彭吴贾秽朝鲜、置沧海郡"中的"秽朝鲜"解释为"秽和朝鲜"（卫氏朝鲜）的吗？这就是说，可以解释为通商于秽和朝鲜之间的彭吴，窥知其国内情况，把反向于卫氏朝鲜的涉居南闾同汉室之间拉拢关系。那么，把"秽貊朝鲜"应解释"秽、貊和朝鲜。"因为，在所有的先秦文献史料中的貊族（或貊国）被燕打败而东迁以后建成夫余和高句丽，而且在《三国志》和《后汉后》中各记载着《涉传》、貊族的《夫余传》和《高句丽传》之故也。所以，必须进一步分析涉传的内容才能把涉和貊是属于同一族属的两支的名称，并且涉族正是同古朝鲜族同一的族属等问题得到阐明。

《三国志·东夷涉传》记载着古朝鲜的历史。同传云："昔箕子既适朝鲜，作八条之教之，无门户之闭而民不为盗。其后四十余世，朝鲜侯准僭号称王。陈胜等起，天下叛秦，燕、齐、赵民避地朝鲜数万口。燕人卫满魋结夷服，復来王之。汉武帝伐灭朝鲜，分其地为四郡。自是之后，胡、汉稍别。……其耆老旧自谓与句丽同种，……言语法俗大抵与句丽同，衣服有异……自单单大岭以西属乐浪，自领以东七县，都尉主之，皆以涉为民。后省都尉，封其渠帅为侯，今不耐、涉皆其种也。汉末更属句丽。"

根据这个资料，清楚地知道乐浪郡七县的人民均为涉人，而且他们正是古朝鲜人。假若是属于不同族的人民的话，何以能在一郡里维持统治？其岭东七县就是古朝鲜的一个行政区域。《后汉书·东夷涉传》云："涉及沃沮、句骊，本皆朝鲜之地也。昔武王封箕子于朝鲜……。"根据这个资料，我们可以知道"箕氏"朝鲜领域是十分广大的，几乎全部包括了以后的汉四郡版图以外的涉、沃沮、句丽等地域。

那么，涉的地域在何处？

《三国志·东夷夫余传》上记载："夫余，在长城之北，去玄菟千里，南与高句丽、东与挹娄、西与鲜卑接，北有弱水，方可二千里。户八万，……今夫余库有玉璧、珪、瓒，数代之物，传世以为宝，耆老言先代之所赐也。其印文言："涉王之印"，国有故城，名'涉城'，盖本涉貊之地而夫余王其中，自谓亡人，抑有似也。"从这个资料可知，夫余国立国于涉的故城址。换句话说，在夫余建国当时，涉曾经居住在现今东北黑龙江省南部和吉林省一带。然而，夫余建国时期与汉武帝时期相差没有那么大，所以我认为涉君南闾通汉武帝，属于汉的沧海郡的涉的领域一定与夫余地域相连接。

那么，沧海郡在哪个地域呢？

《史记》卷五十五《留侯世家》云："良（留侯张良），尝学礼淮阳，东见仓海君，得力士，为铁椎重百二十斤。秦始皇东游，良与客狙击秦皇帝博浪沙中。"同书《集解》云："如淳曰：'秦郡县无仓海，或曰东夷君长'"。同书索隐云："姚察以为武帝时东夷秽君降，为仓海郡，或因以名，盖得其近也。"同书《正义》云："汉书武帝纪云：'（元朔）元年，东夷涉君南闾等降，为仓海君，今貊秽国'，得之。太史公修史时已降为郡，自书之。《括地志》云：'涉貊在高丽南，新罗北，东至大海西'。"根据这些记载，似乎在秦始皇时曾经有过涉的仓海君。但是，这个仓海君的仓海是否就是后日涉君南闾的沧海地域，是个疑问。如果仓海是渤海的别称的话，那么仓海君也可以解释为渤海君；实际上，已知张良所见的仓海君是在淮阳之东；因此，我们认为仓海君的地域并不是涉地。涉君南闾的沧海郡位于汉的领域与"箕氏"朝鲜领域之间的这个看法，可能是正确的。因为，在武帝元朔元年（前128年），武帝勾结了涉君南閭反对卫右渠，抑制其势力；因此，涉君南閭的沧海郡的位置座落在卫氏朝鲜与汉领域之间的与汉地邻接的地方的这个看法的产生不是很自然的吗？因为我们没有看到汉通过卫氏朝鲜地域与沧海郡进行了交涉的这样的事实的缘故。《史记》卷三十《平准书》上说，“东至沧海之郡”；显然，汉土与沧海郡相邻接；朝鲜与汉地之间曾经有过“沧海郡”。

如上所述，秦、汉初，在“箕氏”朝鲜与汉的领域之间曾经有过“秦故空地”这个地域。根据我的考证，这个地域就是现今辽河与大凌河之间的地域。那个地域正是过去被燕侵略时的真番地域。虽然真番最初属燕，但因反燕斗争一直在继续着，到了秦、汉初，反汉斗争更加强烈，因此汉不得不抛弃了这个地域。卫满亡命到这个空地，篡夺了朝鲜王——准的王位。显然，真番是古朝鲜的一个属国，也是它的一个行政区域。

我们不能发现，能够在朝鲜领域内找到沧海郡的任何资料。

如众周知，沧海是渤海的别名。《隋书》卷六十四《来护儿传》云：“辽东之役，护儿率楼船指沧海。”《新唐书》卷三十九《地理志》河北道云：“沧海州景城郡上，本渤海郡治。”这些资料都说明沧海是渤海的别名。从而，沧海郡一定是在渤海沿岸地域；而且，在黄海沿岸或自朝鲜东海沿岸不是不可能找到沧海郡吗？白鸟库吉在《东洋学报》二卷二号《汉的朝鲜四郡考》上说：“苍海显然不在夫余地而在朝鲜北方的辽东塞外。”他这样说出，他的理由：“汉称鸭绿江流域的涉貊为苍海郡这个事实，与唐称据在长白山东北的靺鞨为渤海郡相比较；根据贾耽《道里记》，渤海的朝贡邑是从国都过鸭绿江航行渤海以达东莱；反之，到苍海也是依照这条航路；因此，渤海郡与苍海郡这两个名称都是由这个关系而产生的。”然而，《汉书·地理志》上有勃海郡，其注上记载：“高帝置，莽曰迎河，属幽州。师古曰：在勃海之滨，因以为名。”而且，在《隋书》卷三十《地理志》中也有隋豫州的渤海郡。可是他似乎看不见这些资料。他根据沧海郡在古朝鲜与汉领域之间的这个推测以及古朝鲜即现今朝鲜领域的这个前提出发，做出了这样的结论。如果沧海就是渤海的别名话，那么在渤海沿岸寻找沧海郡似乎妥当一些。他在黄海沿岸的鸭绿江流域里寻找沧海郡，岂不是感到不自然吗？因为古朝鲜并不在鸭绿江以南；而且汉东与沧海郡相接；因此，我们不能同意白鸟的说法。从而，我做出这样的判断：这个领域就是现今辽河与大凌河之间的地域。

《吕氏春秋》卷二十《恃君览》云：“非滨之东，夷秽之乡。”后汉高诱注云：“朝鲜乐浪之县，箕子所封，滨于东海也。‘非’疑当作‘北’，犹言‘北海之东’也。又说：“东方曰夷。秽，夷国名。”因此，位于北海之东的朝鲜被称为是涉国，所谓‘北海’就是‘渤海’，这个朝鲜似乎指辽东地方。与上面引用的《三国志》、《后汉书·东夷夫余传》所说“夫余……故涉地”的资料联系起来推想的话，可知涉人原来居住在从古朝鲜领域至夫余地域的地方。换句话说，夫余领域是涉地之一部分，就是古朝鲜之一部分。

然而，另一方面，在现今河北省也有具有涉的名称的“涉水”和“故涉邑”。

《水经注浊漳水注》记载：“清漳迳章武县故城西，故涉邑也，枝渎出焉，谓之涉水。”章武故城在今河北省沧县的东北；故涉邑可能正是河北省的沧县以北地域。《辞海》涉水条记载：“亦曰涉河，古称蒲吾渠，亦曰石臼河，旧时源出今河北省平山县西北，东流入滹沱河；今上流为滋水所乱，下流亦淤。”

《太平寰宇记》河北道镇州平山县条记载说：“《隋图经》房山，……涉水出焉，亦谓之石臼水。又谓之鹿水，出行唐，东入博陵（今河北安平县），谓之木刀沟，又谓之袈裟水……南流入滹沱河。

《续汉书·郡国志》冀州常山国记载：“南行唐（今河北行唐县）有石臼谷。”

我们从这些资料可知，涉水是清漳水的支流。在浊漳和清漳水一带，曾经有过“涉水”和“涉邑”；可见这个地域好象是涉人曾经居住过的地域。使我们这样想的又一个根据是：程恩泽《国策地名考》卷八《赵·上漳》条记载：“《说文》浊漳出上党长子鹿谷山，东入清漳。清漳出沾山大要（古‘腰’字，俗作‘黾’非）谷，入河。南漳出南郡。恩泽案，《淮南·墬形训》：‘清漳出谒戾，浊漳出发包（即发鸠）’。高诱注：‘二漳合流经魏郡入清河。（《水经》淇水东北过广宗县，谓之清河）’。《水经注》：‘浊漳水出长子县西发鸠山”。在程恩泽的研究中，引起我的注目的是浊漳水发源于发包即发鸠这个事实。即在有涉水或涉的故城的地域里有带有“发”字的地名（或山名）这个问题，我认为这决不是偶然出现的名字。我想：这与《王会解》上的“发人”、“涉人”和《管子》的“发·朝鲜”有关系；它与古代朝鲜语的“bul”、“bal”（“不”、“夫里”、“卑离”、“不二”、“不而”等）是同一名称，我想这样解释该不会有错吧！从而我认为我们可以判断地说：古代涉族曾经居住在有浊漳水和清漳水的河北省沧县以北地域。因为，如上所述，古代称现在河北省滦河中下游地域即燕山附近为“乐浪”的事实与《逸周书·王会解》上所说的涉人与良夷（乐浪夷）是邻居的事实相符合。而且，上面已经说过，《王会篇》的东方许多夷族的名称决不是朝鲜东迁以后居住在辽东的许多族属的名称。

如上所述，秦开夺取了古朝鲜的西方二千余里的地域。根据这个事实，我们不能不承认古朝鲜的地域曾经达到现今河北省为止。由此可见，古涉邑不是偶然出现的文字上一致的地名；而且，它是曾经在古朝鲜族居住过的地域的这个判断决不是妄说。杨守敬的《历史地图》也与上引资料相一致。他的《水经注图》《浊漳水篇》、《沁水篇》地图里我们看到涉水的发源地发鸠山附近有"高丽水"。这个"高丽水"是在《大清舆地图》上的水名。涉水上游的一条支流被称为"高丽水"，我认为不是偶然的。我认为这个"高丽水"是从"涉水"转变来的。这样解释是符合历史事实的。如在《箕子传说考》里所谈到的一样，杨守敬认定，在河南商丘县又有涉水（《战国疆域地图南二卷》），古箕国在那涉水流域。我认为河南涉水流域也是涉人居住的地域。

然而，另一方面，在《三国志·魏志·东夷涉传》和《后汉书·东夷涉传》上都说涉居住现在朝鲜的东海岸。《后汉书·东汉涉传》这样记载："涉，北与高句丽、沃沮、南与辰韩接，东穷大海，西至乐浪。涉及沃沮、句骊本朝鲜之地也。"《三国志·魏志·东夷涉传》这样记载："涉南与辰韩，北与高句丽、沃沮接，东穷大海，今朝鲜之东皆其地也。"陈寿和范晔说夫余本来是涉貊之地，或且把它叫做"涉地"；他们把夫余的故城写做"涉城"，把夫余王先代的印写做"涉王之印"；而且把朝鲜东海岸一带称为"涉地"。虽然他们都不加说明，但可能有某种的理由，这个问题留待下面再谈。

总之，我们应该承认：中国文献上出现的涉族居住的地域是从现今河北（或河南）起至辽东一带和松花江流域为止的广大的地域。当然，这个领域随着时代而有所变动；到了汉代，称之为"秽貊"，因此，秽与貊或是同一地域，或是相邻接。同样，涉人居住的地域与古朝鲜的领域相一致；根据《三国志》

和《后汉后·东夷涉传》记载的古代朝鲜各国历史的事实，可以判断涉正是古朝鲜族的名称，涉是作为族属的名字被使用；另一方面：后来也是作为地名被使用着。

《史记·朝鲜列传》上区别使用着朝鲜、真番和临屯等。在"箕氏"朝鲜时期，真番是它的两个行政区域或属国的名字。《史记·朝鲜列使》上说："自始全燕时尝略属真番、朝鲜，为置吏，筑障塞"；下文说：卫满"稍役属真番、朝鲜蛮夷及故燕、齐亡命者王之，都王险"。如果只看这些记载的话，虽然好象可以读做"真番朝鲜"；但是其下文说卫满"侵降其旁小邑，真番、临屯皆来服属，方数千里"；这就是说卫满占领"箕氏朝鲜"的王畿（即乐浪朝鲜）以后，初期真番还没有进入他的势力范围之内。司马迁认为真番和朝鲜是两个不同的行政单位；所谓"自始全燕时尝略属真番、朝鲜"就是把真番和朝鲜看做两个国家，这不是很明白的吗？司马迁说：卫满"稍役属真番、朝鲜蛮夷"、也是区别看待这两者；所谓"传子至孙右渠，所诱汉亡人滋多，又未尝入见；真番旁众国（或'辰国'）欲上书见天子，又拥閼不通"的记载不就说明了这个事实吗？它一方面记载说，真番已经进入了卫满的支配范围之内；而另一方面却继续使用真番的名称；从这个事实看来，不是因为真番仍然还有势力残存着的缘故吗？这个势力不是涉君南闾的势力吗？而且，还有一个理由，应该把"自始全燕时，尝略属真番、朝鲜"读做"真番、朝鲜"；那就是在燕侵略朝鲜的当时，朝鲜分明是在辽西；真番是在辽河与大凌河之间；所谓燕夺取了朝鲜西方二千余里地域，意思就是从准王时朝鲜即在辽东的朝鲜（后日卫氏朝鲜）以西二千里的地域；显然，记载上的"略属"就是指在辽西的朝鲜及其以东的真番的地域。因此，所谓"略属"不是单指真番朝鲜一个单位的地域。从而，把它念为"真番和朝鲜"是符合历史事实的。由此可见，《史记》的"涉貊朝鲜"应该读做"涉、貊、朝鲜"或者读做"涉地的貊与朝鲜"。

那么，从汉代起，为什么把涉与貊记载为"涉貊"呢？这是一个值得提出的问题。这个问题也就是秽和貊具有何种关系的问题。

为了阐明这个问题，我们应当通过中国文献来考察貊族。

3. 关于貊：

一般中国人都知道：貊族在古代中国是邻近诸族中最強有力的族属。下面引用有关貊的史料来加以考察

1）《诗·大雅·韩奕》是西周宣王时（公元前827—782）尹吉甫的作品。《韩奕》六章记载："溥彼韩城，燕师所完，以先祖受命，因时百蛮。王锡韩侯，其追其貊，奄受北国，因以其伯，实墉实壑、实亩实籍，献其貔皮，赤豹黄罴。"自古以来，对这首诗有种种的解释。貊的居住地域随着「燕」字的如何解释而不同。根据郑玄《笺》详解如下：

> 那个大（溥）的韩城是在古代平安时期（燕）由人民（师）所筑成的。韩侯的先祖即武王的儿子是一个有功德的人，他接受了先王之命，封为韩侯。韩侯受封时，其领地外接蛮貊；各个时节都有许多蛮国来往朝贡。其后，韩侯逐渐衰弱，丧失了先王之业。宣王看到韩侯的贤明，使他恢复先王的旧职，授予蛮服——追和貊的戎狄；命他保卫其王畿的北方国，依照他的先祖的爵位，授予伯的爵位。

首先在批判这个解释之前，要说的是：所谓"百蛮"不是"南蛮"的"蛮"；而是意味着追和貊的几个"国"的这个事实。

那么，追与貊是属于哪个族属呢？同书孔颖达《正义》上解释为戎与狄的两个种族。中国文献上所说的戎和狄是北方族与西方族的模糊的通称。同书《正义》上引用了好几种古文献，说："经说貊多是东夷，故职方掌四夷，九貊，《郑志·答赵商》云：'九貊，即九夷也'，又《秋官·貊隸·注》云：'征东北夷所获'；是貊者，东夷之种，而分居于北，故于此时，貊为韩侯所统。《鲁颂》云：'淮夷蛮貊，莫不率从'，是于鲁僖之时，貊近鲁也。"根据这些资料，可知西周时代在中国北方居住的东夷族被称为"貊"。《周礼·夏官司马》上记载："职方氏，掌……四夷、八蛮、七闽、九貊、五戎、六狄之人民"；是时"夷"与"貊"区别为两个不同的种属。这与《郑志·答赵商》的"九貊即九夷也"的解释不相一致。从而，有人主张貊与夷不是同一族。

但是，究竟可以这样解释吗？在考察这个问题上，我们必须阐明西周时代的夷是哪一个种族。夷族的概念是随时代的经过而被丰富起来的，这个从概念上被丰富化的"夷"与西周时代的"夷"不能混为一谈。

让我们调查一下关于西周时代的夷的资料吧！

《尚书·禹贡》梁州条记载："华阳、黑水惟梁州，岷、嶓既艺；沱、潜既道；蔡、蒙旅平；和夷底绩"。依据顾颉刚先生的注释（中国科学院地理研究所编辑《中国古代地理名著选注》26 页），和夷的居住地域是梁州东界地方即今湖北省武当山一带地域。我们知道，和夷是居住在与同书的"嵎夷"，"莱夷"，"淮夷"、"鸟夷"（今《尚书》作"鸟夷"，《正义》谓伪孔"读为岛"，则其经文亦作"鸟"，今本"鸟"字误也）等的居住地域——即中国东海沿岸地域相对的西方地域。由此可知：西周时代的四夷这个概念是作为居住在西周边的外族的意思而被使用。但是，西周时代的"东夷"主要是指当时居住在西周领域的东方即从山东至浙江的黄海沿岸一带的夷族；而并不能意味为如《逸周书》上记载的"东夷"。因此，《周礼、夏官司马》所谓"故职方氏掌四夷、九貊"的记载是与《郑志、答赵商问》的"九貊即九夷也"的记载以及与其同样地把貊解释为东夷族的许多记载没有任何矛盾存在。换句话说，西周时代所称的貊族，战国末、秦汉初以来都把它理解为与东夷族同一种族。为了解决这个问题，我们必须对貊的居住地域及其移动状况以与春秋末年以后被称为"东夷"的古代朝鲜族具有何种关系等进行考察。

首先让我们探讨一下《诗·韩奕》的资料。貊族的居住地域将随着这首诗的不同解释而产生差异。

自古以来，中国一些学者对这首诗都做过解释。

为了探讨郑氏《笺》，我们先看一看其它学者的解释。

王符《潜夫论》卷九《志氏姓》第三十五云："桓叔之后有韩氏、言氏、婴氏、祸余氏、公族氏、张氏、此皆韩后，姬姓也。昔周宣王亦有韩侯，其国也近燕，故诗云：'普彼韩城燕师所完'。其后韩西，亦姓韩，为卫满所伐，迁居海中。"汪继培笺云，"《释文》云：'王肃、孙毓並云，此燕国'。"王符、王肃、孙毓等把"燕"字解释做燕国。但是，关于这个燕国的位置，他们都没有论及。同笺又云："案、'韩西'盖即'朝鲜'，'朝'误为'韩'，'西'即'鲜'之转，故《尚书大传》以西方为鲜方。"由此看来，古朝鲜王似乎也是姓韩；好象是被解释为宣王时代韩侯的后裔。

关于这个问题，留待下面讨论"三韩"时再谈。

郭造卿在《燕史》上这样说："《诗》云：'其追其貊'，燕师之北国也。韩在燕北，貊为韩之北国，韩既归于燕，韩从而东迁。汉初，为三韩。"（我在北京大学图书馆所藏的《燕史》抄本里找不到这段资料，我再引用郑寅普在《朝鲜史研究》上卷91页引用的。）他也是把《韩奕》篇的"燕"字解释做燕国，否定了郑氏《笺》。然而，他并没有阐明燕的位置，只说韩在燕北，犹在韩之北。他在同书〈燕雄记〉一上说："燕……周初本之名，自西徂东而北"；由此可知，他认为周初的燕是由西方向东移动。但是周宣王时代，燕是否存在于西方未得阐明。他也是主张古韩国东迁后成为三韩。关于这个问题留待下面再谈。

其次，让我们探讨一下程恩泽的说法。他在《国策地名考》卷二十古邑下说："古韩国在今顺天府固安县，于汉为涿郡方城县"。虽然他没有对《韩奕》的韩国做过解释，但是他把《韩奕》的燕解释为北燕。

章炳麟在《太炎文录续编》卷一上论及《韩奕》的韩侯国。他说："《大雅韩奕》首言「倬彼梁山」，梁山为晋望，《笺》谓在冯翊夏阳西北，故说韩后为晋所灭，其他则春秋韩原是也。次言「溥彼韩城，燕师所完。王锡韩侯，其追其貊」冯翊韩原去燕二千里，地处中原，与犹貊绝，故《笺》训'燕'为'安'。其说追貊，则云「后为猃允所逼，稍稍北迁。」然韩原在龙门下，去北塞犹远。然太史公《匈奴列传》称梁山之北有大荔，《秦本纪》称厉共公伐大荔」，取其王城。《汉·地理志》「左冯翊临晋：故大荔」，此与韩原近，反观《春秋·僖十五年传》，晋阴饴甥会秦伯，盟于王城，杜《解》：'冯翊临晋县东有王城'。则是时尚未有大荔，况宣王中兴时。且大荔去西戎小部，亦非貊。涉貊、小水貊之类自在东北，与高句丽同种。《逸周书·王会解》已有'涉人'，汉时乐浪郡自单单大岭以东七县皆以涉为名。小水貊则在西安平县北。夫余王印亦称'涉王'，知貊本东北旧人，郑云'被逼东迁'，史传亦无其事也。王子雍知郑说不合，故云'涿郡方城县有韩侯城'。《水经·圣水注》据其说，直云「圣水东南经韩城东」。按方城即今固安县，北去京师一百二十里，以为燕师所完，近之矣。圣水者，今之流离河，水非深广，流离河入永定河，即古桑干河，而水产亦极少。诗言'川泽訏訏，鲂鱮甫甫'，皆圣水所无有，且固安平原，熊罴虎鹿亦不产焉。地虽偏北，其去貊亦尚远也。余疑韩侯之国即《后汉书》所谓'三韩'，梁山乃入觐周京所经之道，非其国有梁山也。依《后汉书·东夷传》，韩有三种……北与涉貊接。……三韩在涉貊南，涉貊在东沃沮南，东沃沮在挹娄南，而三韩隔海与倭相望，则定为今朝鲜地。其时全部未一，箕子所封在朝鲜者不过一国，与马韩等不相属，则别有封国宜也。……所谓'貊'者，涉貊、小水貊、夫余涉王是也。"他还说："宣王以韩、朝鲜、涉貊西讫于辽东，地皆绝远，更分其地，使韩侯统之。犹舜时置营州，汉时开玄菟四郡……。"

章太炎把《韩奕》篇的韩侯国认做三韩；把貊认做其北方的涉貊；并且，认为燕与战国末的燕位置相同。

总之，根据以上著名的学者们的解释，《韩奕》的"燕"字不能解释为"平安"而应当解释为燕侯国。章太炎的以韩侯国为三韩的说法，下面还要讨论并加以批判。

那么《韩奕》的燕的位置即周宣王时代的燕的位置在何处必须加以究明。

关于西周时代的燕位置问题，现在在中国史学界，还是一个未得解决的问题。我的导师顾颉刚先生在考证历史地理的基础上对《韩奕》的"燕"所做的解释还没有被否定，因此，我依靠他的看法。顾先生在《责善》第一卷五期《燕国曾迁汾水流域考》上说："予意，燕之始迁在今山西境，再迁乃至河北境。"他这样解释《韩奕》："韩国所在，诗中虽未明言，而可借上列诸语以推之。《毛诗传》但著训诂，无补考史。郑《笺》云：'梁山于韩国之山最高大，为国之镇，祈望祀焉。……梁山今在冯翊夏阳西北。韩，姬姓之国，后为晋所灭，故大夫韩氏以为邑名焉。……汾王，厉王也。厉王流于彘在汾水之上，故诗人因以号之'，汉夏阳为今韩城，盖至郑玄而云在今陕西韩城县境。然燕都于蓟，离韩绝远，何以韩城为燕师所完？既不可解，则曲说之曰：'燕，安也，大矣彼韩国之城，乃古平安时众民之所筑完'，将'燕'字解作静词而不作名词以掩饰之。"他对燕的位置还这样说："燕立国于汾水旁，韩亦于是，相去既近，故燕师筑韩城。"又说："由韩国之考定而燕师所在更足与燕山、燕泽，燕戎相证成。知二国曾同处今山西西部，燕居于北，故有管涔；韩居于南，故有吕梁。其后一灭一迁，而地尽归于晋。此结论之获得，度亦论古史者之一快也。"

根据这个说法可知：西周初期的燕是在山西西部，《韩奕》的貊是在燕的北部。关于古韩国问题留待"三韩考"上再探讨。总之，西周宣王时代的貊是居住在今山西北部的。

2、《诗·鲁颂·閟宫篇》上也有关于貊的资料，那里是这样记载的："保有凫、绎，遂荒徐宅，至于海邦。淮夷蛮貊，及彼南夷，莫不率从，莫敢不诺，鲁侯是若。"从蛮貊与淮夷同时被记载的这个事实看来，可知这个蛮貊不是西周时代的东夷而只能是北方族即貊族。总之，我的解释是：北方族即貊也是居住春秋时代的鲁的北方。《毛诗·韩奕·正义》上也说："鲁颂云：'淮夷蛮貊，莫不率从'，是鲁僖是时，貊近鲁也。"

3、《墨子》卷四《兼爱中》云："昔为龙门，以利燕、代、胡，貉与西河之民”，同书《非攻篇》云：“虽北者且不一著何，其所以亡于燕、代、胡、貉间者，亦以攻战也。”

这两个资料上所说的“胡貉”的位置大抵在燕、代附近，与《诗·韩奕》上所见的貉的位置大体上一致。（《胡貉》之念法有问题，下面再谈到

4、《管子》第八卷《小匡》第二十六云：“桓公车救徐州，今关半……中救晋公，禽狄王，败胡貉，破屠何，而骑寇始服。北伐山戎，制冷支，斩孤竹，而九夷始听，海滨诸侯莫不来服。

从这个资料里虽然不能清楚知道“胡貉”的位置，但可以推想是在齐北方的山戎的西方。因为这里说齐桓公“救晋公，禽狄王，败胡貉，”所以可判断为说：这个“胡貉”的位置大体在晋的北方，狄的比邻；而不能认为是在山戎的地域——令的东方。然而，同书上又说：“西征，攘白狄之地，遂至于西河，方舟投树，乘桴济河，至于石沉，县车束马踰大行，与卑耳之貉拘秦夏，西服流沙西虞，而秦戎始从。”由此可知，貉是居住在卑耳。（此“貉”字是“貉”字的误字也未可知。因为，齐语作“貉”；今本管子作“貉”之故。）同书又说：“桓公曰：……九合诸侯，一匡天下，北至于孤竹、山戎、秽貉、拘秦夏。”因此，秽貉是与山戎一起居住在孤竹附近。这里所说的“秽、貉”，应当解释为秽与貉毗邻而居好像妥当一些。因为，上面说过，古朝鲜族—秽曾经住过这个地域；而且根据现河北省曾经有过涉邑和涉水这个事实，我们可以这样推想：从上面两个引用文看来，在编纂《管子》的当时，居住在令支，孤竹地方的貉似乎就是被称为“胡貉”或“貉”。卑耳这个地名如前面所说，就是卑耳山；位于令支、孤竹附近。

根据这个资料可知：齐桓公时期（前684—643）貉居住

在令支（右北平滦河流域附近）。

5、《史记·匈奴列传》云："赵襄子踰句注，而破并、代，以临胡貉。"由此可知，赵襄子时期（前457—425），貊居住在并和代地域。"胡貊"，不能解释为"匈奴与貊。"其理由是：因为同列传上记载：在赵襄子当时，赵的北方还没有叫做匈奴的胡，其后秦昭王时在秦北有胡（匈奴）。《战国策》第十九《赵二》上记载："自常山以至代、上党，东有燕、东胡之境，西有楼烦、秦、韩之边。"东胡居住在上党东，正是与胡貊的地域相一致。

最后还有一个要谈到的是《尚书：武成篇》里的关于貊的资料。同书记载："予小子（武王——笔者）既获仁人，敢祗承上帝以遏乱略，华夏蛮貊罔不率俾，恭天成命。"这是伪古文尚书，其孔传亦是伪作，因此这资料是不可利用的。

综合以上资料可知：貊从西周宣王时代至春秋时代，一直居住在从山西省西北部地域至现在河北省滦河中游地域，并且有一部分南下，至鲁北方为止。《毛诗·韩奕·郑氏笺》说：其后、追也貊也为猃狁所逼，稍々东迁"；这个注释大体上好象是正确的。但是，如果这是事实的话，那么这说明貊在齐桓公以前已经移动；就在移动后，其地域还是占至代地域为止。

从而，与上面说过的，秽居住至河北省北部为止的这个事实联系起来，可以推想：貊在今河北省北部，在相当长时间内与秽相邻接；或是混杂居住。

那么，值得提起的问题是：这些先秦文献史料里所见的貊是否一个族属的名称，或是北方族的通称？

有人说："貊者，北族之通名，不惟涉貊一种而已。》又说："《后汉书》云：'句骊一名貊耳，有别种依小水为居，因名小水貊'是貊人在今朝鲜，离韩又绝远，何以周王得锡之韩侯？则又曲说之曰：「其后追也貊也，为狎狁所逼，稍稍东迁」，本臆测也。”他又说：“《秦策》一，苏秦说秦惠王曰：‘大王之国，……北有胡，貊，代马之用’。秦北有貉，其非朝鲜更明矣。孟子告子下：‘白圭曰：“吾欲二十而取一，何如？”孟子曰：“子之道，貉道也。……夫貉，五穀不生，惟黍生之。无城郭宫室，……无百官有司，故二十取一而足也’。”此所谓貉，非涉貊而实匈奴。匈奴地寒土瘠，不能艺稻粱，故孟子云然。若朝鲜诸地，则《后汉书·东夷，夫余传》云：‘宜五穀，……有宫室仓库’，于《　娄传》云：‘有五穀麻布，……其邑落各有大人’，于《高句丽传》云：‘好修宫室’，于《东沃沮传》云：‘土肥美，……宜五穀，善田种，有邑长帅’，于《秽传》云：‘知种麻，养蚕，作緜布……’，于《马韩传》云：‘知田蚕，作绵布’，于《辰韩传》云：‘土田肥美，宜五谷，知蚕桑，作缣布’，无地不与孟子所述貊事相刺谬者。以此，赵岐注曰：‘貊在北方’，亦孟子所言之貉在中国之正北而非东北也。（参焦循《孟子正义》）太原之北，春秋时为代国，赵箕子既灭代，得霍山天使书曰：‘余将赐女林胡之地，至于后世，且有伉王，……奄有河宗，至于休溷诸貉’（见史记赵世家），……武灵王……北破林胡、楼烦而置云中，雁门诸郡，是则林胡、楼烦者即天使书中所谓「诸貊」者也。”

我认为：必须阐明下面几个问题，那么他的说法才能够成立。

1. 如果主张貊就是匈奴族，那么有问题的是：《史记·匈奴列传》上为什么记载说匈奴和貊是两个不同的种族名呢？而且，林胡与楼烦虽然也有所区别，这个事实也必须加以阐明。同列传上说：“赵襄子踰句注而破并，代以临胡貉”；又说：“诸左方王将居东方，直上谷以往者，东接秽貉、朝鲜”；列传上的这两个资料决不是说明两个不同的貊；而是关于同一的貊的两个记载。虽然，这里有疑问的是：为什么一个记载为"胡貊"，另一个为"秽貊"；但从文义脉络看来，把"胡貊"与"秽貊"看做是两个不同的种族名是没有根据的。

2. 如果认为居住在中国北方的貊与古代朝鲜族没有关系的话，那么必须提供能够被承认为先秦文献上所见的貊的后裔的北方族的资料，这个主张才能够成立。换句话说，问题是：在中国古代文献史料中是否有关于古代朝鲜族以外的其它种族被称为貊族的资料。如果貊是先秦时代的北方族的通称的话，那么朝鲜族以外的许多北方族的后裔应该称为"貊"；可是没有一个记载说许多北方族都是貊的后裔；而且为什么只把古代朝鲜族记载为貊族：这些问题应该阐明。

3. 或者，把古代朝鲜族的居住地囿限在现朝鲜领域之内；或者，无视古代种族的移动；这样的见解是不符合历史事实的。如果没有足以否认如上所说的古朝鲜族一直居住到燕的北方地域的这个事实的根据的话，那么，所谓貊与古朝鲜族由于地域上相距甚远，彼此没有关系，两者是完全不同的族属的这个说法就难以成立。

《战国策·秦策》一上说："苏秦……说秦惠王曰：'大王之国，西有巴、蜀、汉中之利，北有胡貉、代马之用，南有巫山，黔中之限，东有殽函之固'，"这似乎是记载上的错误。这里的"胡貉"就是"胡"（即匈奴）字下错加"貉"字。这"胡貉"并不是"貊"，而是"胡"即匈奴。此例在下面再举一个。

同书二十九《燕策》一上说："苏秦……说燕文侯曰'燕东有朝鲜、辽东，北有林胡、楼烦'"，同书十九《赵策》赵武灵王云："今吾国东有河、薄洛之水，与齐、中山同之而无时繊之用，自常山以至代"上党，东有燕、东胡之境。"

《史记·匈奴列传》上也记载说："赵襄子踰句注，而破并，代以临胡貉"。

上面所说，可以很清楚地看出：战国时代，貉在燕北，楼烦，林胡在北。

《战国策·秦策》之上其位置与之相反。

虽然，《战国策》上苏秦之说与其它资料相矛盾；因此，要相信苏秦之说是正确的不是有困难吗？

或许，苏秦之说也有可能是写书的人的误记。

4. 如根据《孟子》的记载，貉的社会发展程度比《三国志》以后史料所记载的古朝鲜族的社会发展程度要低，并且其农业情况与古代朝鲜族农业情况有所差异。因为，孟子时代与陈寿的时代有相当时代性的差异。并且貉居住在山间地带时期的农业状态，当然与出入平野地带时期不同。因此，若认为貉与古代朝鲜族没有关系的说法是难以成立的。并且，孟子虽然一方面把貉描写为未开化的族属；但另一方面，并没有记载说：貉与北方游牧种族一样没有定居，随着水草而移动；而是说：貉经营农业，甚至有二十分之一的赋税制度。由此可以判断地说：貉族的经济生活是以固定的农耕生活为主。因此我认为，见不到游牧生活痕迹的古代朝鲜族的经济生活，比北方游牧种族的经济生活更接近于古代朝鲜族的经济生活的这个看法可能比较妥当。

5. 我认为不能没有科学根据地否定古代注释家们关于貉的注释。如《韩奕·正义》上所说："九貉即九夷也"及"貉者，东夷之种"；而不把貉解释为北方族即戎狄族。而且，《尚书》《书序》的"武王既伐东夷，肃慎来贺"的《正义》上说："郑玄曰：'北方曰貉，又云东北夷'"。据我推测："北方曰貊”的记载，是“北夷白貊”的误记。因为貊不能解释做北方的意思；而且也找不到那样记载的实例；同时，下文接着说：“又云东北夷”，根据这个事实来推想，自然的就做出这样的判断来。郑玄时代的夷的概念不同于西周时代的夷的概念，意味着与北方的戎狄不同的种族。由此可以判断说：郑玄认为貊不是北方族即戎狄；而是与夷族即《东夷列传》所记载的许多夷族同一系列的种族。我认为这些注释一定有一定的根据，我们应当承认古代这些注释为妥当。

然而，称匈奴为“胡貉”的资料是有的。

《汉书》卷四十九《晁错列传》上记载：“臣闻，秦时北攻胡貉，筑塞河上，…… 夫胡貉之地，积阴之处也，木皮三寸，冰厚六尺，”食肉而饮酪，其人密理，鸟兽毳毛，其性能寒。虽然班固说过秦时北伐胡貉；但是我们在《史记》上看不到这个事实，而且他继于上引文而只说“胡人”，而不说“胡貉”。从这个事实看来，可知他是把“胡貉”与“胡”作为同一概念使用的。秦的北方强敌是胡（匈奴）而不是貉。班固在使用“胡貉”名字之前使用了“匈奴”这个名称。关于兵事晁错上书文帝说，“臣闻汉兴以来，胡虏数入边地，小入则小利，大入则大利；高后时再入陇西，攻城屠邑，驱略畜产。……自高后以来，陇西三困于匈奴矣。”显然，他称匈奴为“胡”。而且他说：“胡人食肉饮酪，衣皮毛，非有城郭”云曰，又说：“胡人衣食之业，不著于地。”由此可见，“胡”就是匈奴，而“胡貉”是“胡”字下错加“貉”字的记载上的错误。这“胡貉”并不是貊族。“胡貊”是匈奴的别称而不是貊族。虽然“胡貉”这个名称好象是作为匈奴的别称被使用着，但据我判断：这好象是转写时的误记。因为同列传上很多都是“胡”代称匈奴，而只有一处以“胡貊”代称匈奴；实际上，貊在秦代并没有居住在秦北。另外，《汉书·高祖纪》上的资料也是使我们作出这样的推想的一个根据。

《汉书》卷一《高祖纪》第一上，四年七月条记载说："北貉、燕人来致枭骑助汉"；同注上说："师古曰：'貉在东北方，三韩之属'"。这里的北貉不能认为是匈奴。高祖时，匈奴是在白登包围高祖猛烈攻汉室的敌人；因此，匈奴助汉这个说法没有根据的。班固把北貉记载为与匈奴不同的族属；因此据我判断：《鼂错列传》里的"胡貉"这个记载是"貉"字被错加在"胡"之后。

我们在这里应该谈到的是《史记·赵世家》里的关于"诸貉"的记载。

同书云："赵襄子……余将赐女林胡之地，至于后世，且有伉王，……奄有河宗，至于休溷诸貉"云云。同《正义》云："音陌，自河宗休溷，诸貉乃戎狄之地也。"由此可知，诸貉就是意味着戎狄即北方族。可是，貉不一定是指着「北方族」的抽象的通名。根据上引的资料，我们可知貉分明的一个个别的族名，它是在匈奴出现以前在中国北方的最强大的族属，所以古代中国人把它认定为是在匈奴出现以前北方族的代表。例《古文尚书》里的"华夏蛮貊"这个记载也意味着"蛮貊"是四方的外族。在匈奴出现以后「胡」代表的北方族，而古代中国人往往把它当北方族的通名用了，甚至把朝鲜也称做「胡」了。可是，这「胡」并不是指着北方族的抽象的通名，它分明是匈奴的别名。同样，司马迁仅只在《史记·赵世家》里把「貉」这个名称当北方族的通名记载了。可是，这并不是意味着「貉」是指着北方族的抽象的通名，而是意味着「貊」代表北方族的个别的强大的族属。我认为这样解释是较妥当的。

根据上述这些理由，我不能同意貊是北方族之通名的说法。

如上所述，在记载上，先秦时代秽与貊显然是两个不同的族名。但是，据我判断：它们不可能是完全没有血缘关系的不同族属，而是具有同一血统的族属的两支。那么下面就让我们来考查一下两者具有何种关系。

二、涉、貊与朝鲜的关系

如上所述，组成古朝鲜国家的是涉族。古朝鲜族的许多部落居住在从现今的辽东起环抱渤海一直到滦河下游地带以及燕北方为止的这一地带。然而我认为古朝鲜国直到燕昭王时期为止，位置于现今辽西，在昭王时期东迁至于现今辽东。在这时期以前，在现今辽东地域是真汗、番汗、莫汗占着的。关于这一点在下面再谈到。如上所述，根据从管子时代已经有了「朝鲜」这个名称的事实，可以判断出在辽西朝鲜国出现的那个时期最迟是管子时代或是管子著成之前。然而，在《逸周书、王会篇》里没有记载「朝鲜」这个名称和貊居住在这个地域里，而记载说稷慎、秽人，良夷、杨州、解、发人、俞人、青丘等居住在这里。由此可知，在被判断是古朝鲜领域的地区里除了秽人以外还有其他许多族属。

因之，我们就有必要来考察一下其它这些族属后来与哪个民族有关系，而且那些名称又是根据什么而得来的。

1. 稷慎：

孔晁注云：《稷慎，肃慎也》。对稷慎就是肃慎这点来说是毫无疑问的。然而，我们有足够的根据可以提出这样的疑问：先秦时代的肃慎究竟是后来哪一个民族的先祖族的名呢？这个问题待下节叙述。总之，从《王会解》的记载可知其位置在西周领域的东北边方，而与周领域相邻接。

2 秽人：

同注云：《秽，韩秽，东夷别种也》。从晋孔晁的《秽，韩秽》这个注释可知，他认定涉人就是韩人。他把韩当做秽，这点我们必须做为参考用之，而且待《三韩考》上再论。从《三国志》开始就已经认定了秽居住在现今朝鲜即古代三韩地域。从《三国志·东夷秽传》的"涉，南与辰韩、北与高句丽、沃沮接，东穷大海，今朝鲜之东皆其地也"这项资料，很容易看出孔晁的注释也是有其相同见解的。然而，如上所述，先秦时代秽的居住地域并不是现今朝鲜境内，而是现今中国东北地区与河北省北部，又一部分在其南部。《王会解》的涉人指曾居住在辽东与夫余地域的涉人，或是意味着曾居住在河北省故涉邑的涉人呢？对这个问题，我们是不清楚的。然而，《王会解》记录西周时代之历史，所以我们认为其材料是相当早的，同时还可以想像：在那里记述了与中国更相近的地区的涉人。从而可知这个涉人无疑问的是曾经居住在河北省故涉邑的涉人。

总之，对涉人是古朝鲜这问题如前一再强调说过的一样，没有什么可值怀疑之处。涉这族名意味着什么？现在尚且无法解释。某些朝鲜语言学者主张把「秽」唸浅《sai》，而把原先的「涉」字改写为「秽」，可是这种说法还不能承认其是科学性的，这点在上面已论及了。我认为「秽」这个字是中国人使用的，而不是朝鲜人使用的。但是对「秽」这个字从古以来朝鲜音唸之为《ye》，而汉音唸之为《hui》，对这一点是十分值得注意的。

作为族属名之「秽」或写成「薉」或写成「涉」，我想在这点上也是一定理由的。《王会解》用「秽」字（《四部备要》本），《汉书·武帝记》用「薉」字，《汉书·食货志》、《王莽传》、《晋书》、《魏书》等都用「秽」字，《汉书·地理志》·《三国志》、《后汉书》、《通典》用「涉」字，而《史记·匈奴列传》用「秽」字。

作为族名的「秽」字汉音唸成为《hui》。《辞海》对于「濊」字有这样的记载："（甲）虎最切，音翙，泰韵。水多貌，见《说文》。（乙）乌会切，音荟，泰韵。(一)水名。(二)汪濊。(三)通'秽'，恶也。（丙）乌喙切，队韵。（丁）呼括切，音豁，曷韵。(一)水声。(二)碍流也。(三)濊濊。"而对于「秽」字有这样的记载："乌会切，泰韵；乌喙切，队韵，本作'薉'，通作'濊'(一)芜也，田中杂草也。(二)恶也。(三)萎秽也。"根据这个的话，「濊」发《hui》，而「秽」不发《hui》音，从而可以判断如果作为族名而把「秽」或「秽」唸成《hui》的汉音是正确的话（从古就这么唸这点来看可想其是正确的），原来是使用过「濊」字的。所以「濊」唸成《hui》时其就是与地名或水名有关系的；也由此作为族名的《hui》和作为水名的濊水必然是有一定联系的。根据《水经注》的资料濊水边有古濊邑这一点看来，可以明白那个地域是濊人的居住地，因此濊水这名称就可以解释其是意味着濊人或是濊地的水。我们不难推测所谓「濊」(hui)这个文字本身也是将原来的濊人之语言用汉字记录的。然而，朝鲜人对于「濊」字从古以来并没有将其发音为类似《hui》，仅只是将其通过了汉音而发音为《ye》。濊字可能是将古代濊语（即古代朝鲜语）记录成汉字时讹转之音。

为什么能这样推准呢？因为可以推想《hui》（濊）是《hu-yi》（夫余）的异字同音。所以能这样推测，首先是其二者的发音相通的，其次是因为夫余的东明王到濊地而建国，其国称为夫余（hu-yi）。换句话说，夫余与濊是对同一地域的异字名称罢了。在《论衡》卷二《吉验篇》里说的北夷橐离国王子东明《王夫余》，《后汉书·东夷夫余传》里也有相同的记载。这些记载说明东明王到夫余而成为夫余国王，而不是说东明王率领着「夫余」族迁移而立夫余国。即夫余这个名称并不是东明王族的名称，而是在东明王立夫余之前已经就存在着先住族的地名。这先住族正是涉族，那地域就是涉地，《三国志·东夷夫余传》云：“（夫余）……盖本涉貊之地，”《后汉书·东夷夫余传》云：“夫余国……本涉地也”，夫余国成立之前其地原住民正是涉族，并称那地域为「涉」（hui），或称为夫余，不是这样吗？「涉」地不正是夫余吗？以此资料可以明白，东明王建国于涉人之居住地，并以「夫余」定为其国号。从而可以解释涉与夫余是异字同名的。夫余王的印文言：「涉王之印」这个资料（《三国志·东夷夫余传》），十分说明这个问题。「涉」和「夫余」必将是古代朝鲜语的同一个词汇，然而汉字有各不同的写法，对这点的起因可以推断是于东明王立夫余之后将自己的国名制定为「夫余」之故也。我认为夫余王室所保存的「涉王之印」是夫余建国初使用的，故可以推测「涉」和「夫余」是同名异字的。然而事实上在用「夫余」这个国号之前，夫余王自身用「涉王」这个名称是十分成问题的。我们可以推想，夫余王开始是使用了一个以古代夫余语可以意味「夫余」（bu-ě）的名词，而后来把它改成汉字写成「夫余」。

我们不能以“涉”与“夫余”是异字同名这点来推断这仅是古代史家们的汉字记录上的差异。又会有人说其名称的汉字名是古代史家们记录的。可是，我推想夫余建国时汉字已经使用了。因为「夫余」这个名称我们可以解释为古朝鲜语的吏读式记名。

那么，「夫余」在古代朝鲜语中它意味着什么呢？「夫余」（bu-ě）与「不二」，「不而」相通。因为「夫」（bu）音与「不」（bu 或 bul）相通，而且「余」（ě 或者 yi）音与「二」（i）和「而」（i）相通的缘故。如上面所说，朝鲜古代语「不二」、「不而」，「发」、「夫里」、「卑离」和「乐浪」（bul-la）等，都意味着「国都」或「都城」的古代朝鲜语的吏读式记名。从而我们可以看出「涉」（hui）这字是「不」、「发」、「夫里」等古代朝鲜词汇的讹转音，这可能是古代中国人把古代朝鲜人的吏读式记名「夫余」转为汉音改写为「涉」的。当古代汉人记录他族名称之时，往々会记录为带有贬意的字，联想到这点，「不」、「不而」、「夫里」、「卑离」等记名记录为「涉」或「秽」。

总之，我认为"夫余"是古代朝鲜人自己的吏读式记名；"涉"是汉式记名。据我判断：夫余与不二、不而、不、伐、夫里、卑离、发等通音；而且，《山海经》卷十七《大荒北经》上的"有胡不与之国，烈姓，黍食"的"不与之国"，正是「夫余」的异字同名。如上面多次讨论过的一样，在古代朝鲜族的居住地域里，到处都有"bul"、"bui"、"buri"、"bul-i"等音的地名。根据这个事实来推测，可以做出这样的判断："hui"（涉）是这些地名的异字同名；涉人是古代朝鲜族的通称。

3. 良夷：《王会解·注》云："良夷，乐浪之夷也"。我认为孔晁的注释是正确的。在第一章第二节谈过，在北平燕山一带曾经有过「乐浪」这个名称；居住在这个地域里的乐浪夷，事实上与居住在河北省的涉人毗邻而居；从而，与《王会解》的记载的顺序相一致。由此可知，良夷是古朝鲜族的名字之一，这个名字，是由于居住在乐浪地域里的夷的意思。

4. 杨州：《王会解·王氏补注》云："说文：'鰅'，鱼名，皮有文，出乐浪东暆"。《吕氏春秋·恃君览》云："夷秽之乡，大解陵鱼，其鹿野摇山扬岛"。我根据这些资料看来杨州也是中国人对居住在古朝鲜一个地域里的朝鲜人写的名称。

5. 发人：《王会解·注》云："发亦东夷"。关于发，上面已经讨论了不少次了。据我判断，发是"发、朝鲜"、"发、肃慎"的"发"，也是古代朝鲜的具有与"乐浪"相同意思的一个地名；发人就意味着古朝鲜一个地域里的古朝鲜人。

6. 俞人：《王会解·注》云："俞、东北夷"。关于俞人，虽然中国和日本的许多学者们从来就有各种各样的解释，但直到现在，还没有一个正确的解释。有的解释为"郁夷"；有的解释为"倭人"。可是，这些解释的论据都非常不足。现在，我不受从来说法的拘束，而从《王会解》的东夷族的记载顺序为基础，想把俞人解释做居住在位于古朝鲜发和青丘地域附近的俞地域内的夷的名称。俞人也可以意味着居住在俞地域的东夷。我想俞不是渝水么？渝水就是白狼水。《水经注》卷十四《大辽水》上记载："白狼水又东北出，东流分为二水，右水疑即渝水也。《地理志》曰：'渝水首受白狼水'，西南循山迳一故城西，世以为河连城，疑是临渝县之故城"。顾炎武在《营平二州记》（《槐庐丛书》第五十册）上说："《五代史》云：'幽州北七百里有渝关，下有渝水，通海；循海有道，狭处才数尺，是所谓临渝关也"。由此可知，渝水是流向山海关的一条河。那么青丘是哪个地方的地名呢？

7. 青丘：《王会篇·注》云："青丘、海东地名。"《史记》卷一百十七《司马相如列传》《子虚赋》云："齐东有巨海，南有琅邪，观乎成山，射乎之罘，浮渤澥，游孟诸，邪与肃慎为邻，右以汤谷为界，秋田乎青丘，傍偟乎海外。"张守节《正义》云："服虔云：'青丘国在东海东三百里'。郭（璞）云：'青丘，山名，上有田，亦有国，出九尾狐，在海外'"。孔晁、服虔和郭璞等都说青丘在渤海之外，距渤海不远的地域。

青丘从先秦时代起就是中国人所广泛知道的一个地名。

《山海经》卷一《南山经》云："〔自基山〕又东山三百里，曰青丘之山，……有兽焉，其状如狐而九尾，其音如婴儿，能食人"云々。

郭璞注云："亦有青丘国，在海外，《水经》云：《即上林赋》云：'秋田于青丘'"。同书卷九《海外东经》云："朝阳之谷……青丘国在其北，其狐四足九尾。一曰'在朝阳北'。"郭璞注云："其人食五谷，衣丝帛"。由此可见，青丘国在朝阳之北。

朝阳在何处呢？朝阳是古代的县名，有：(1)汉代设置在山东省的济南郡朝阳县；(2)南阳群朝阳。还有清乾隆时设置的现今的朝阳。然而先秦文献上记载的朝阳是东夷国的地名；或者至少是与东夷国邻接的地名；而不能看做是现在山东或河南等地的朝阳；我认为这个看法是妥当的。上面我已经论述过，现在的朝阳曾经是貊国的首都"险渎"。可是，要论断说《山海经》的朝阳就是现在的朝阳，却是没有根据的。而且，在现今辽东，辽西地域里，能够找到朝阳这个地名的材料是完全没有的。

从而，我们不把"朝阳"作为地名来解释，而有必要把它解释作能够意味着别的什么。《辞海》朝阳条上记载。"山之东面也，《尔雅释山》：'山东曰朝阳'，《诗大雅·卷阿》'梧桐生矣，于彼朝阳'"。由此可见，《山海经》的朝阳可以作为《山东面》来解释，而且只能这样解释。这样的话，那个山究竟是哪一个山呢？先秦时代辽西和辽东地域的名山有碣石山和医巫闾山。从而，据我判断：青丘国在碣石山东北方或医巫闾山的东北地方。然而，如果调查辽西和辽东的地方志，那么《永平府志》卷四《疆域山川》条上有"大青山水"这个名称。据同一资料，大青山水就是石河的上游，即鸭子河，它发源于大青山（或青山）。我认为大青山（青山）的名称由来是由于古代青丘的名字，从而推断：青丘国的地域位于碣石山的东北方。实际上，我们无法寻找在医巫闾山东北方的青丘，而且我认为碣石山东北方地域是东夷的青丘国。我的这个看法与历史事实相符合。因此，要在医巫闾山的东北方寻找青山那就没有道理了。

然而，朝鲜人从来就把朝鲜别称为"青丘"，甚至日本人还发刊了叫做《青丘学丛》的学术杂志。至于朝鲜人自己究竟从何时起别称朝鲜为"青丘"这个问题我们还不明确，但据我推想，也是根据《大清一统志》的"青丘在高丽境"的这个说法。李朝史家韩致奫在《海东绎史》卷一《青丘国》条上说："按郭璞曰：'禹命竖亥青丘之北'，《淮南子》曰：'青丘，齐之海外'，则青丘者盖东方之国也。《天文类抄》：'青丘：七星主东方，三韩之国'，此亦以地而名之者也"。从他的结论看来，在其以前，似乎还没有明确称朝鲜为"青丘"的这样的资料。

韩致奫只列举了关于"青丘"的中国全部史料下了以上的结论，但他还未能考证青丘山存在于朝鲜境内。他所依据的最有力的材料有下列这些：《大清一统志》的"青丘在高丽境"，服虔的说法"青邱国在海东三百里"，《晋书·天文志》的"青邱：七星轸南，蛮夷之国也"，《淮南子》的"青邱，齐之海外"，《天文类抄"的"青邱：七星之东方，三韩之国"以及唐朝进攻高句丽时在青邱道设置行军总官的资料。

这些资料虽然似乎可以作为判断青丘国就是现今朝鲜的根据，但不能作为先秦时代的青丘山和青丘国位于现今朝鲜领域内的根据。我们没有任何资料能考证青丘山位于现今朝鲜领域之内。从而我认为先秦时代的青丘山和青丘国在曾经是古朝鲜领域的碣石山的东北地域。后代史学家们把古朝鲜的领域局限在现朝鲜领域之内，因此，先秦时代的青丘国似乎就是指现在的朝鲜。

根据上述可以这样判断：《王会解》的许多东夷族，都是居住在古朝鲜领域内的朝鲜族的由于地域的名称。这些东夷族的名称都是依据地名而命名的，而不能认为它是不同血缘的族属名。如上所述，根据《三国志》和《后汉书·东夷涉传》上记载古朝鲜历史的事实，可以这样判断：以上列举的这些东夷族名都是根据涉族的国家——朝鲜的地域名（很可能是行政单位的）而命名的部落的名称。

那么，值得提出的是为什么没有朝鲜这个名称这个问题。

关于这个问题，下面考察肃慎时还要详加论述，这里先略谈如下：

如上所述，朝鲜这个国名是由来于江名即地名。而且，依据《汉书·地理志》，有一个朝鲜县是朝鲜国的一个行政区域。从而我认为：既然古朝鲜人的名称是根据上面列举的古朝鲜行政区域而命名的，那么居住在其首都的行政区域即朝鲜地域的人应该有"朝鲜人"的名称。

然而，代替朝鲜的是"稷慎"的名称。据我想这个稷慎也与其它东夷的名称一样解释为地名较妥当。而且，从《王会解》的东夷族的位置看来，可以判断稷慎正是位于与涉人相邻接的地方。从而，很难设想：那个稷慎曾经位于现东北奥地（即后来的挹娄地域）。因此，看起来，稷慎好象与朝鲜有关系似的。这个问题待下面再详细论述。

总之，战国以前，在古朝鲜领域内没有一个族名可以判断为貊族。

那么，现在让我们来考察貊与涉即古朝鲜之间的关系如何。

在《王会解》上没有记载春秋，战国时代被中国人所广泛知道的貊，这是值得注目的一个问题，上面说过，貊在管子时期（或是编纂《管子》的时期）已经居住在滦河中游的令支附近的卑耳山一带。

然而，《王会解》上所举的北方族的名称有高夷、孤竹，不令支、不屠何、山戎、东胡等。孔氏注云："高夷，东北夷高句骊"，又云："不令支，皆东北夷"，又云："不屠何，亦东北夷也》，又云："东胡，东北夷"，又云："山戎，东北夷"。依据这个注释，可以知道这些北方族名叫做"东北夷"。至于他们是属于哪个族属，却没有具体说明，不过，与上面所说的貊的居住地域联系起来看，我们可以推断这些东北夷其大部分是貊族。自春秋末到战国初，貊已经从山西北方的原住地移至辽西滦河中游一带（即热河），这事实是我已经在上面谈过的。然而《王会解》上没有貊的名称而只有高夷、孤竹、不令支、不屠何、山戎等地名。

《管子·小匡篇》上尽管区别使用胡貊、屠何、山戎、令支、孤竹等名称，但记载着貊在卑耳山，将貊居住在孤竹一带与山戎相邻接的地方。同书上还描写貊是最强的族属。从而，我们可以推想，在《王会解》的东北夷族中，大多数是根据貊族地域而命名的名称或是貊族的别称。而且，《史记·匈奴列传》的"东胡"也可以判断说就是这些东北夷。当然，在其种族名中，可能也有鲜卑或乌桓的先祖。

那么，现在来考察一下关于《王会解》的东北夷。

1. 高夷：孔氏注上把它注释为高句骊。可是，这个注释并不符合历史事实。因为高句骊的名称是在汉代才出现的。然而，我认为孔氏注也有一定的根据。王先谦在《朝鲜汇稿》(未发表，其原稿收藏在北大图书馆善本室）上关于高夷作了这样的注释："按此所谓'高夷'，未必箕子之后，然'高丽'之名始见于此，故附之"。他认为"高丽"的名称由来于"高夷"。我认为王氏的说法是有一定根据的。高句丽（或"句丽"或"高丽"）一名貊，是夫余的别种。而且夫余东明王是北夷橐离国的王子。橐离国的「橐」字写诸各史书都不相同。即，《论衡》上写做「橐」离；《魏略》上写做「槀」离；《后汉书》上写做「索」离。李贤注《后汉书·东夷夫余列传》云："索或作橐，音度洛反"。梁章巨注《魏略》云："《后汉书》橐离作索离，章怀注索或作橐，此作槀，盖橐之讹。"（翦伯赞编《历代名族传记会编》第一《三国志·魏志·东夷夫余传注》）。根据《辞海》，橐字的音是"他郝切，音讬"，与"高"或"槀"的音不相通。槀与橐这两个字之间有一个字可能是由于字形上类似而产生的错字。（百纳本《魏略》写作"高"。）当然，王充是近古有权威的学者，我们不能简单地认为他的记载是错误的。然而，同时对于鱼豢的《魏略》的记事也不能简单地加以否认。因此，我想取其中能合理地说明的字。

高句骊（高骊）显然是貊族的国家，其王系与夫余是同一王系。高句丽与夫余王系的本系即北夷「橐离」国有联系。然而，从《三国志》和《后汉书·夫余传》以及《高句丽传》看来，夫余国是由其王系即北夷「橐离」（或索离）王子移至涉地而形成国家，而高句丽国却是直接由貊族形成的国家。其附近有小水貊和梁貊等貊族居住着。由此可见，高句丽与曾经是北夷的国家的橐离国（或槀离国）有直接联系。

关于高句丽（高骊、句丽）的名称，直到现在还没有一个定论。可是，我认为，"高句骊"（高骊）的名称一定与"槀离"有关系的这个看法不仅合理，而且也能说明历史事实。从而我们可以这样判断：北夷橐离国的正确的名称是《魏略》上记载的“橐离”，从朝鲜语看来，句的音是“gu”，橐的音是“go”；因此，“句”与“橐”相通音。朝鲜自古以来一直称“高句丽”而不称“句丽”或“高丽”。然而，在中国许多史书上也有记载做“句骊”或“高骊”的。当然，《汉书·地理志》上有“高句丽”的县名；《三国志·魏志·东夷传》中有《高句丽传》；《后汉书·东夷传》上把“句骊”和“高句骊”区别开来记载。《后汉书·东夷传》的这个记载法好象也有理由似的。《汉书·地理志》的高句丽县的名称一定是根据高句丽人本身的名称而来的，其后中国史书上的“高句丽”可能又是根据《汉书·地理志》而记载的。

然而，中国史书上把高句丽写做「句骊」或「高骊」；我想这是因为中国人自古以来就是这么称高句丽的。换句话说，“高句丽”的名称可能是由高句丽人在高句丽的前身“橐离”这个国名上插入一个“句”字，或是附加上一个“高”字而形成的。古代汉人把高句丽称为“高骊”，我想也是因为他们认为高句丽就是橐离国的后身的缘故。

现在对高句丽的名称的由来做一些推断吧！从朝鲜音看来，“句骊”的读音为“gu-ri”，与“gu-ri”（铜的意思）相通。蒙古古文把黄铜叫做“gau-li”（ᠭᠠᠯᠢ）（蒙古人民共和国科学院1937年出版Shagji编《蒙古语辞典》）。显然，这个单语与朝鲜语“gu-ri”是同一词汇。从汉语读音说来，“gau-li”可以写做“高丽”或“橐离”；从朝鲜语的读音说来，可以写做“高丽”。从而我想可以做这样的推断：高句丽的国名是由高句丽人在“gu-ri”（黄铜）（句丽）上加一个“高”字而得来的。“橐离”就是“gao-li”，与“gau-li”相通；而且也可以推断说是黄铜的意思。因此，槀离国就是"黄铜之国"的意思。虽然这个问题必须用考古学的材料加以傍证的，而且下面还要讨论这个问题，但是我想还有一个理由也可以解释这个问题。那就是，如众周知，北方许多种族使用青铜器早就很发达了，与这个事实联系起来，北夷国的"槀离"也可以解释为"黄铜之国"的意思。

而且，"高丽"的朝鲜音为"go rë"；与蒙古语的"garih"（带钩）和朝鲜语的"gori"（环、带钩）语音相通，因此，"槀离"或且是"go-ri"的标音字也未可知。为什么这样推想呢？因为，"鲜卑"这个名称就是从雕刻有"师比"或"犀北"即瑞祥动物的带钩这个意义而来的，其族名也是由此而来的。如众周知，朝鲜的带钩也是很发达的，古代朝鲜人都很喜欢使用它，因此其遗物相当丰富，由此可见，与"鲜卑"名称一样，"高丽"的名称也是会由来于带钩的。

从这样的见解出发，我认为孔氏注"高夷，东北夷高句丽"和王先谦的主张是有根据的；因此，根据我判断，高夷就是貊族。

2. 孤竹：如中国著名的学者们从来所论证的一样，孤竹是现今热河承德府附近的一个地名。《热河志》卷五十六《建置沿革》二上引用了《通典》所记载的"营州，春秋时属山戎，战国时属燕"后说："案《后汉书·郡国志》，令支县有孤竹城，令支即孤竹，今卢龙县迁安县地，自此以东北皆山戎地。齐师至此而山戎遁走，故遂自孤竹而还。今永平府北边外，即承德府属之东南境，知为春秋时山戎境，东胡与匈奴接壤，当在山戎西，今顺天府北边外，即承德府属之西南境，知春秋时东胡地也。"这里值得注目的是把"东胡"和"山戎"区别开来，齐桓公攻山戎时，山戎不抵抗而迁移他处；当时东胡正居其西方与匈奴相邻接等诸事实。然而如上说过，齐桓公曾败于

（即貊）。与这个事实对照看来，山戎分明是一个容易移动的游牧族，而胡貊即貊却已经是过着安居生活的一个强大的农耕族。（关于这个问题下面还要讨论）《史记》卷二十《封禅书》云："汤封泰山……周武王封泰山，禅社首，皆受命然后得封禅。桓公曰：'寡人北伐山戎……'"。其《索隐》上说："服虔云：'盖今鲜卑耳'"。今认为服虔把山戎认做鲜卑族是有根据的。

桓公以后时期，山戎已不在孤竹居住。《王会解》的孤竹，从春秋末至战国时代已经成为了东胡即貊的地域。这个看法是有根据的。尤其是，《王会解》上把"孤竹"与"山戎"的名称区别开来。与这一事实联系起来想，我认为孤竹是东胡貊的一族而不是山戎族的这个看法是妥当的。

3. 不令支：如上面已经说过的一样，因为"不"字被解释为古代朝鲜语，所以就把令支认为是貊族的居住地。不令支不是山戎是与前者同样的。

郭造卿论述过令支。《永平府志》卷十《古迹．山戎国》条上是这样引用郭造卿的说法："山戎、北戎是二种，山戎种一为无终，齐伐之，晋灭之。北戎种二，东为离支，齐所灭；西为代，晋所灭；自燕东北为辽西、辽东，以外无非北戎地；西北为上谷，以外无非山戎地，北戎者为尤大。"由此可见，北戎是居住在西方代与东离支（即令支——《史记．匈奴列传》上记载为"离支"）两处，它被齐所逐退至辽西，辽东以外而占有了这么广大的地域。《史记．匈奴列传》上说："齐桓公北伐山戎，山戎走"；又说"燕北有东胡、山戎"，接着说："赵襄子踰句注而破并代，以临胡貊"。

郭造卿不使用"东胡"的名字，司马迁不使用"北戎"的名字。两者结合看来，居住在代的北戎（郭氏说）可以判断为胡貊，而居住在令支的北戎不也是胡貊吗？所以，可以判断，北戎就是东胡（胡貊）。

如上所述，令支、孤竹都在古武列水一带，其名称与古代朝鲜的江名完全一致，所以令支、孤竹是齐桓公以后貊族的居住地，这样判断是妥当的。

因为北方诸族没有一定的名称，所以从文字上很难确实认清它们。可是，根据以上这些资料，我认为"令支"是根据貊族的地名而命名的，这个主张是有道理的。

4. 不屠何：与前者一样，从"不"是古代朝鲜语的这个见解出发，我想"不屠何"也可以解释做东胡貊族。《永平府志》卷五《物产》条云："释云：不令支，令支也，不屠何，屠何也，皆东北夷名"，《墨子》卷五《非攻篇中》第十八云："虽北者，且、不一著何"。孙诒让《閒诂》云："且，疑'租'之借字，《国语·晋语》：'献公田见翟柤之氛'，韦注云：'翟柤，国名'是也。不屠何，亦北胡。《逸周书·王会篇》云：'不屠何青熊'，孔晁注云：'不屠何，亦东北夷也。'《管子·小匡篇》："败胡貊，破屠何'；尹注云：'屠何，东胡之先也'。刘恕《通鉴外记》周惠王三十年，'齐桓公救燕，破屠何'，'屠'、'著声类同，'不著何'即'不屠何'也。……不屠何，汉为徒河县，属辽西郡，故城在奉天锦州府锦县西北。柤，据国语，为晋献公所灭，所在无考。'根据《管子·尹氏注》，屠何是东胡的先祖，所以，东胡的名称是产生于齐桓公（前685—643年）以后的名称，《史记·匈奴列传》上记载齐桓公当时的北方族名时，不记载东胡这个名称，而在记载晋文公（前635—628年）以后的北方族名时，才记载了东胡这个名称。由此可见，这两个资料是一致的。从而，我认为"屠何"就是"东胡"—貊的一族。《管子》上虽然把"胡貊"与"屠何"区别开来。可是，我认为它是袭用了齐桓公以前的"屠何"这个名称。

根据孙氏的说法，屠何位于奉天锦州府锦县西北，其地域不是与貊国地域一致吗？总之，我们有根据说屠何就是貊的一族。

5、山戎：根据以上诸资料也能知道，山戎分明就是区别于貊族的北方族。

从上述看来，我认为《王会篇》的诸东北夷是根据貊族的地域名称而命名的。我的主张也可能被认为是从偏见出发的，可是，根据貊国在燕北方是最先进而强大的种族的这一事实，我想把《王会解》的诸东北夷认定为貊族是符合道理的。

《山海经》上有关于貊国位置的资料。《山海经》卷十一《海内西经》云："东胡在大泽东；夷人在东胡东；貊国在汉水东北，地近于燕，灭之。"郭璞注云："今扶余国即濊貊故地，在长城北去玄菟千里，出名马、赤玉、貂皮，大珠如酸枣也"。郭璞把貊国认为是夫余，而且认为位于东胡以东，我认为他是根据《史记·匈奴列传》上的东胡被匈奴消灭以后，匈奴东接于濊貊和朝鲜的这个事实。当然，这个解释也有一部分道理的。实际上根据《史记·匈奴列传》的记载，是可以这样解释的，可以，我对这个解释还抱有疑问。

《山海经》本文上最值得注目的是，貊国位于燕附近，被燕所灭亡的这个事实。然而，夫余被燕所灭亡的事实不是没有吗？因此，我们必须从上面所述的历史事实出发来解释《山海经》本文。

虽然我们无法知道《山海经》的这一段文章是哪个时代的文章，但是上面所引用的文章，我们很难把它看作出于一人之手。因为这文的前半段的意思与后半段不相通，所以我们可以作这样的推想。换句话说，如果说"东胡在大泽东，夷人在东胡东"的这句话有一部分道理的话，那么"貊国在汉水东北，地近于燕，灭之，"的这句话就该被看作与前文完全没有关系的文字。所以，我认为，只有把《山海经》的这一段文字的前半段和后半段分开来解释，才能够被利用做历史的资料。《山海经》它把"夷人"和"貊国"区别开来。所以，我们只能认为郭璞的注释是不正确的。

首先，我们必须对汉水的位置作出判断，然后才能断定貊国的位置。汉水是在几个地都有的。或者也有这样见解的，那就是认为"汉水"就是现朝鲜的汉江；"貊国"就是《三国志·东夷传》的秽国（或称"秽貊国"）（"朝鲜之东皆其地也"云）。可是，在战国末——秦汉初时期，朝鲜还没有汉江的名称。因此，上述的说法是不能成立的。这条"汉水"应当在现中国境内里去寻找。

杨守敬对汉代的汉水做过考证。他在《晦明轩稿·汉志东西汉水考》上说的是中国西方的汉水，与本问题无关。因为《山海经》文的燕一定是战国时代的燕，这是很明白的事实。

可是，因为《海内西经》上有"貊国在汉水东北，地近于燕"的这个记载，和《海内北经》上有"朝鲜在列阳东，海北山南，列阳属燕"的这个记载，因此，这两燕的位置不是应当不同吗？我认为这也是值得提起的问题。可是，如许多学者已经考证过的一样，《山海经》的篇目有很多错横，因此，那些篇目是不能作为绝对基准的。战国时代的燕的记载，这个看法是不会有错的。

那么汉水究竟在何处呢？按松花江亦名"天河"，或称"天汉水"。《黑龙江志稿》卷二《地理志沿革》条上记载说："宗瓦江（隻），松阿里（元），清语松乌里乌拉，译言'天河'，汉语称'天汉水'，或称天江"。可是，这条汉水是后代被译成汉文的名称，而不可能成为《山海经》著作时期的"汉水"。

我们能够在《水经注》卷十四《濡水》条上找到濡水支流之一的「汗水」的名称，同注上记载："濡水，……又东北注难河，右则汗水入焉"。这条"汗水"就是现滦河的上游。"汗"字普通可以写做"汉"字；因此，汗水写作汉水也是不成任何问题的。然而，成为问题的是，《水经注》上的"汗水"的位置是现滦河的上游，但是《山海经》文的"汉水"的位置一定与其一样吗？汉水既然成为了说明貊国位置的一个标准，那么就很难设想它是濡水（滦河）上游的一小支流。因此，我想从古代朝鲜语看来，可以把"汗水"解释做"大水"（朝鲜语'han'现在也可以写做'大'的意思），因此，这个名称与具有'大水'意思的'武列水'（即热河）有相同的意思。从而，我想，《山海经》文上的'汉水'可以解释为'武列水'（即热河）。古代称热河为"武列水"，这是上面已经论述过的。

如果我的主张能够成立的话，那么"貊国"的位置正是今日的承德，可能是凌源——朝阳一带。如果貊国的位置在热河一带，那么与上面所述的历史事实是相符合的。即《山海经》上记载貊国被燕所灭亡这个记载，与上面说过的东胡被燕所逐向东退却千余里的这个事实，不是相一致吗？而且，《魏略》上的朝鲜（包括貊在内）被燕占领去西方二千余里地域的这个记载不也是相一致吗？如上面所论的一样，燕征伐东北方的事实，除了燕昭王时期秦开将军的军事行动以外，没有其它事实。而且，我们也没有根据认为秦开将军分别去退了东胡、朝鲜和貊，实际上，这样大的征伐事业也不可能分做三次进行。燕设置五郡，正是这大征伐进行的结果。因此，我们可以论断说：貊国被燕秦开驱逐以后，就向辽东移动了。

那么，应该提出的是貊与古朝鲜的关系如何这个问题。上面已经说过，我认为古朝鲜是秽族的国家，因此，也就是"貊"与"秽"的关系如何的问题。同时我也主张"朝鲜"这个名称由来于现滦河流域的水名。并且，我也论述了古朝鲜曾经据有从辽东起，沿着渤海直到燕北方为止的这么大的领土。

因此，根据以上所述，我们可以得到这样的一个结论，那就是貊国与古朝鲜对比的话，貊国分明是不同于古朝鲜的一个国家。《山海经》上明白地把朝鲜和貊国加以区别记载的事实，充分证明了这个问题。

那么，《史记·匈奴列传》所说的"秽貊朝鲜"意味着什么呢？从来在朝鲜史家中就有人主张"秽貊朝鲜"是不同于"箕氏朝鲜"和"卫氏朝鲜"的一个单一名词。然而，我不能同意这个说法。《史记·匈奴列传》上记载："诸左方王将居东方，直上谷以往者，东接秽貊、朝鲜"，又记载："汉使杨信于匈奴，是时，汉东 秽貊、朝鲜"。司马迁虽然在《朝鲜列传》上使用了"真番、朝鲜"这个名称，但是他明白地把"真番"与"卫满朝鲜"区别开来，而且在同传上，他一次也没有记载过《秽貊朝鲜》这个名称。由此可见，司马迁认为"朝鲜"是区别于"真番"和"秽貊"的。

应劭在"玄菟"的注释上，有一次是这样注释的："玄菟本真番国"（引用于《史记·朝鲜列传·索隐》），另一处注释注："（玄菟郡）故真番朝鲜胡国"，由此可见，"真番国"亦名"真番朝鲜胡国"。可是，我认为"真番朝鲜"这个名称，从真番国是朝鲜的属国这个意思来说，可以称做"真番朝鲜"，这样解释比把"真番朝鲜"解释为另一个朝鲜是更妥当的。我认为丁谦解释说"真番本朝鲜附属藩部"是正确的。（翦伯赞编《历代各族传记会编》第一编《朝鲜列传》《会证》），而且《史记》卷一百二十九《货殖殖传》上记载："北邻乌桓、夫余、东绾秽、貊、朝鲜、真番之利。"司马迁把真番和朝鲜看做是两个不同的行政地域，这是很明白的事实，尤其是使我这样想的还有一个理由，即是对汉四郡的设置说是"汉东拔秽貊朝鲜"。如果把"秽貊朝鲜"看作与卫满朝鲜不同的另一个朝鲜的话，那么这就与汉武帝征伐卫氏朝鲜的事实不相符合。《史记·朝鲜列传》记载："满……侵降其旁小邑，真番、临屯皆来服属，方数千里。"汉四郡正是设置在卫氏朝鲜的势力下的方数千里的地域，其领域包括了朝鲜本来的领域，以及貊被燕所逐迁居于辽东涉地的一部分地域。真番就是如上所述的涉君南闾的地域，而临屯不就是貊的地域吗？四郡中的玄菟，显然就是貊族即句骊的地域。《后汉书·东夷·涉传》云："至昭帝始元五年（B.C 82年）罢临屯、真番，以并乐浪、玄菟；玄菟復徙居句骊"。这个记载明白地证明了这一点。因此，实际上汉四郡是设置在秽貊居住的地域和卫氏朝鲜的领域。"汉东拔秽貊朝鲜"应读做"汉东拔秽·貊·朝鲜"。可是如果司马迁不把秽与貊分开看待的话，则应读作《汉东拔秽貊·朝鲜》。因为秽貊可以解释为"秽地的貊"。因此，"匈奴东接秽貊朝鲜"的记载不是也应读作"东接秽、貊、朝鲜"或是读作"东接秽貊·朝鲜"吗？尤其是应当这样解释的理由是，《汉书·地理志》记载："玄菟、乐浪，武帝时置，皆朝鲜、秽、貊（或秽貊），句丽蛮夷。殷道衰，箕子去之朝鲜"，这就证明《汉书·地理志》分明是把朝鲜和秽、貊（或秽貊）分别看待的。

总之，"涉貊朝鲜"不能解释为"涉貊的朝鲜"。

那么必须阐明的是，貊与古朝鲜的关系如何这个问题。换句话说，也就是貊与秽的关系如何的问题。因为如上面说过的一样，古朝鲜被认作秽族的国家。如第一章第二节所谈到的一样，《史记·匈奴列传》完全把朝鲜和貊（即东胡）认为两个不同的族属；《山海经》上也把貊国和朝鲜认为两个不同的国家；上述的《王会篇》上也把叫作东夷族的诸朝鲜族和叫做东北夷的诸貊族区别开来。并且，从燕北直到热河一带曾经是貊国的领域；而朝鲜则位于燕东。显然，朝鲜与貊国是两个不同的国家，这是毋庸置疑的。

可是，有问题的是，《魏略》上并没有象《史记·匈奴列传》把被燕所逐东迁的国家分别记载为朝鲜和东胡等，而只有记载的朝鲜的这个事实。当然鱼豢参考了《史记》，但他认把那些国家合并在一起而称做"朝鲜"是有一定的理由的。也许是他认为"东胡"是与"朝鲜"完全不同的一个族属也未可知。可是他记载秦开征讨朝鲜的事实时，为什么没有谈到秦开征讨东胡的同一的事实呢？我们必须认为他不会无视于《史记》关于燕去退东胡，向东扩张千余里设置五郡的记载，可是，在叙述同一事实时，取地二千余里，至满潘汗为界"呢？而且，司马迁说向东去退东胡至一千余里，可是，鱼豢为什么记载说夺取了朝鲜西方二千余里呢？

我们认为鱼豢是一个优秀的史家，他不可能没有根据地任意改作《史记》的诸多资料。为了阐明这个问题，我认为考察朝鲜与貊东迁后的关系，以及阐明鱼豢时代的中国人对于朝鲜与貊的概念是很重要的。

《史记·匈奴列传》记载匈奴击破东接秽貊和朝鲜，这个貊就是上面说过的东迁以后居住在涉地的貊。在《三国志》、《后汉书·东夷列传》关余条上是找不到貊向秽人的故地迁移的事实的。而且《汉书·地理志》燕地条地载："上谷至辽东地广民稀，数被胡寇，俗与赵、代相类，有渔盐枣栗之饶；北隙乌丸、夫余，东贾真番之利。玄菟、乐浪，武帝时置，皆朝鲜、秽貊、句丽蛮夷"。根据这个记载，不是把秽貊与朝鲜区别开来，而把夫余认为秽貊的国家吗？为什么可以这样说呢？因为，真番是与原来古朝鲜族同族的涉君的国家，或是"箕氏朝鲜即乐浪朝鲜"的从属国，所以它一定是朝鲜蛮夷；乐浪当然也是朝鲜蛮夷；玄菟从《后汉书·东夷传》涉条所说的"玄菟复徙居句丽"这句话看来，显然其居民为句丽蛮夷；那么，《汉书·地理志》认为夫余是秽貊的国家，这也是很明白的，根据历史事实来考察的话，《汉书·地理志》的这个记载是正确的。上面说过，夫余的东明天是貊族人来到秽人地域即夫余掌握了夫余的王权；夫余国人民一部分是本来的秽族，还有一部分是新来的貊族。因此，我认为称夫余为秽貊族的国家是有其正当根据的。

并且，句丽一名貊，其别种还有小水貊和梁貊等等，因此高句丽是这些貊族构成的国家，这不就是说东迁来的貊国——橐离国人形成了高句丽了么？高句丽建国的传说与夫余建国传说相同，这就是说，其统治阶级与夫余的统治阶级是同一系统的。貊迁居涉地与涉人混在一起，这就表明，貊渐次侵犯朝鲜地域，强化了其政治势力。《后汉书·东夷涉传》记载的《涉、沃沮、句丽，本皆朝鲜之地也"证明了这个事实。如下面还要讨论的一样，高句丽不能定居于辽东平原地带而定居于山脂地带，这分明意味着他们被逐向古朝鲜的边境地方。

总之，貊与秽原来就是两个不同部族。

《三国志·魏志·东夷·涉传》涉条记载："自汉已来，其官有侯、邑君、三老，统主下户。其耆老旧自谓与句丽同种，……言语法俗大抵与句丽同，衣服有异”。这就证明，涉族与貊族是同一族属的两个支。《后汉书·东夷·涉传》也有完全相同的记载，如上所述，涉族与貊族虽然在殷代已经出入于中国北部；西周时代已经达到了山西省北部，可是他们在燕的北方相邻接，他们的语言法俗大抵相同，而衣服却有异。这说明他们长期过着不同的社会生活，而且与外族进行了不同的文化交流。

我在《檀君传说考》里已谈到的一样，涉是以檀君民族为代表的北方族，它已经在新石器时代移动到渤海沿岸和朝鲜半岛来而安居，而与其他原住民即马夷混合在一起的，这是可以肯定的。貊也是北方族，也是无可怀疑的。貊在西周时代已经出现在山西西北境，根据这个事实，我们不能设想貊最初就是从中国西北境迁移过来的，而应当看作貊是北方族，在殷代就接近殷领域到了西周初才渐次进入山西北部。

然而，《三国志·魏志·东夷涉传》记载：“涉，南与辰韩，北与高句丽、沃沮接，东穷大海，今朝鲜之东皆其地也”。根据这个记载，我认为涉就是居住在今朝鲜东海沿岸一带，是与陈寿时代的朝鲜不同的国家。然而，《后汉书·东夷列传》涉条记载：“北与高句丽、沃沮，南与辰韩接，东穷大海，西至乐浪，涉及沃沮，句骊，本皆朝鲜之地也”。把这两个资料结合起来，就意味着涉、沃沮和句骊都是古朝鲜领域内的国家。所以，陈寿和范晔不都认为涉和貊族即句骊都是同一的朝鲜族么？这就说明了陈寿和范晔时代的中国史家们的对于古朝鲜的一般见解。

因此，很明白的，与陈寿几乎同时代的鱼豢也具有相同的见解。他在叙述战国时代的朝鲜与貊的历史时，能够把两者合并在一起作为单一的朝鲜族的历史来叙述。我们这样认识是有充分的根据的、这在古代史家们的笔法上，是常有的事实。因此，鱼豢关于被燕本去朝鲜西方二千余里的记载和司马迁关于东胡退却千余里的说法，其距离之差异好象也是有理由的。从满潘汗（辽河一带）向西二千余里，即到达了现今大同地域为止，都是古朝鲜的领域。我认为司马迁是从"东胡"——"貊国"即热河凌源界线起至辽河界线为止计算为千余里。

日本资产阶级史家白鸟库吉在《史学杂志》第二十一、二十二、二十三编上写了《东胡民族考》的长篇论文。他根据服虔的"东胡，乌丸之先，后为鲜卑，在匈奴东，故曰东胡"（《史记·匈奴列传·索隐》）的说法，把居住在匈奴东方的诸种族包括在东胡族之内而来考察东胡。然而，在同列传《索隐》上引用服虔说："山戎盖今鲜卑"；同《索隐》上引用胡广说："鲜卑，东胡别种"。服虔认为东胡是乌丸，鲜卑的先祖；胡广认为鲜卑是东胡的别种。总之，古代诸注释家都不把位于匈奴东方的貊包括在东胡族内。依据《史记·匈奴列传》，貊分明是居住在匈奴以东的最强大的族属；山戎是区别于东胡的另一种族。并且，如上所述，山戎位于胡貊的东方，受到齐桓公的征伐而迁移。战国时代，位于匈奴东方的种族留下的"胡貊"是唯一强大的势力，后来被燕秦开所击退。即战国时代匈奴东方的胡就是"胡貊"。尽管如此，从来注释家们为什么只把"东胡"注释为乌桓和鲜卑的先族，而不注释为貊的先祖呢？

这里好象是有理由的。东胡——貊败于秦开以后，新移入这地域的是乌桓和鲜卑族。因为他们西接匈奴，东与貊（夫余）相连，所以我认为他们就是秦汉以后的东胡（即居住匈奴以东的胡）。从来史家们都把这个"东胡"与春秋时代起已经存在的"东胡"混同起来。

如果说，把东胡解释为匈奴东方诸种族的称号是正确的话，尽管貊是东胡中最强大的种族，白鸟则根据从来的说法，认为后世史籍上出现的地豆于、失韦、蠕蠕、獦、奚等都是东胡族的苗裔。他在《史学杂志》第二十一编四号《东胡民族考》上说："我想东胡的疆域，西、东、南三面是从造阳即山西省宣化府怀来县至襄平即奉天府辽阳以北与中国长城接壤；西方兴安岭一带与匈奴相连。关于东北面的界线，《匈奴列传》中虽无明文记载，但关于左贤王所领的东胡故地，却记载说：'诸左王将居东方，直上谷以东，接秽貊、朝鲜'。东胡强盛时代，其北方与据在哈尔滨以南，铁岭以北一带平原的秽貊相邻。关于东胡的北界，文献上完全没有记载。可是，据在后世辽水流域的民族在其东、西、南三面，限于上述地域的时候，其北境没有越过黑龙江而达到西伯利亚地方，因此，东胡时可能也是如此。"

他认为东胡的西部地方就是宣化府，它是与中国相邻的境界，同时，他认为兴安岭左右与匈奴相接。在"诸左方王将居东方，直上谷以东，接秽貊、朝鲜"这个记载里，他认为秽貊朝鲜的地域本来就固定在辽河以东，因此，关于代以东的胡貊的资料，他都把它抹杀掉了。白鸟的《东胡民族考》，对《史记·匈奴列传》是没做过充分研究的，他只不过想通过被认做乌丸和鲜卑的后裔的诸种族的言语学材料的比较而来阐明其先后连系关系，对于《史记·匈奴列传》的东胡包括着哪些种族他却未能加以阐明。

现在，我们来考察《史记·匈奴列传》的"东胡……乃使使谓冒顿，欲得单于阏氏"的"阏氏"这个单语。据白鸟的断定，"阏氏"是匈奴语，他把它与通古斯系统的诸语言做了比较。

《魏书·吐谷浑传》云："始自号为可汗，……号其妻为恪尊”，是吐谷浑称王后为“恪尊”；同列传记载：“吐谷浑本辽东鲜卑，徒河涉归子也”，因此知“恪尊”是鲜卑语。《周书》卷五十《吐谷浑传》上也记载：“可汗，……其妻为恪尊。

《唐书》卷二百十五上《突厥传》里记载“号可汗，犹单于也；妻曰可敦”，是突厥族称王后为“可敦”。

蒙古语凡皇后，公主和贵妇人都称“katun”（哈敦）。

总之，可知在鲜卑，突厥、蒙古语里都与王后这个名词相通。可是，白鸟勉强地把“可敦”这个名词从发声学上与“阏氏”相通。他说明道：

Katun → Khatun → hatun → ačun — ači（阏氏）
Katun → Katsun（恪尊）→ Kasun（可孙）→ Khasun → hasun → asun
hasun → asi

Katun 这样转言。

因此，他解释说“阏氏”是匈奴语，而且是与鲜卑的“恪尊”同语。

然而，“阏氏”果真可以认为蒙语系统和突厥语系统一个名词吗？

我们认为，更值得注目的却是与通古斯系统语言直接相通的事实。《史记》同传《索隐》记载：“‘阏氏’旧音‘于连’、‘于曷反’二音，匈奴皇后号也。习凿齿与燕王书云：‘……方人採取其花染绯黄，接取其上英鲜者作烟支，妇人将用为颜色。吾少时再三过见烟支，今日始视仁蓝，后当为足下致其种。匈奴名妻作阏氏，言其可爱如烟支也’”。颜师古认为“阏氏”是由来于“烟支”的一个名词。

可是，"肩氏"发音为"ㅎㅋ-di"。颜师古的注是否正确是个疑问，汉代"阏氏"果真发音为"ㅎㅋ-di"吗？这似乎什么地方有错误，为什么这样说呢？

因为我们知道，通古斯语系统称贵妇人为"acci"。现在举出记载在 grube 的《goldische Wörterverzeichnisse》P.6、7 上的意味着通古斯语系统的"妻"的诸单语为例子。（白鸟所引用）

gold 语：asī、àsi；

Olča 语：asi；

Oročen 语：asa、asun；

Bukhta-Solon 语：asī；

Amur-Junguz 语：Ober-Ongara 语、

gakut 语、Ochotsku 语：aši；

Castren 氏之通古斯语：âši、āši；

Wilui-Junguz 语，Klaproth 氏之Nercinsk 语

Capogir 语、Amadyr-Junguz 语：aši；

Unter-Junguska 语：asi、aši。

根据这些资料，可以知道通古斯语系统把妻子叫做"asi"或"aši"等类似音。

在朝鲜语中也有《aši》这个词汇。过去，奴婢把主人的妻子叫做《aši》，并且一般人把别人的年青的妻子或女孩尊称为《aši》或《agaši》。这《agaši》是《aši》的讹音。所以，我们可以推断在古代朝鲜人把别人的妻子叫做

《ași》。

《阏氏》，朝鲜语读为《al-şi》。因此阏氏是与古代朝鲜语相通的词汇，这样解释是不大会错误的。

根据以上诸资料，匈奴语"阏氏"与通古斯系统的言语相通而与蒙古语和突厥语系统不相通。由此可见，匈奴的"阏氏"这个单语是东胡传去的。因为据我判断匈奴称"皇后"（即单于之妻）为阏氏，所以阏氏这个单语是单于制度产生后后即头曼单于时代才开始使用的。在头曼单于以前还没有国王存在，因此也就没有国王存在，因此也就没有王后存在。从而，也就不可能有"阏氏"这个单语

因此，"阏氏"是东胡语"ași"的转来语，"ași"与朝鲜语相通。而且，通古斯系统种族中除貊外，包括战国时代的东胡的其它族属，因为当时都还没有出现，所以可以解释说这"阏氏"大概也是貊的语言。从而，我们认为把东胡看作貊的先祖比看作鲜卑和乌桓的先祖更为合理。换句话说，这可以成为证明貊就是长期与匈奴邻接的东胡的一个资料。

三、貊的社会经济状况

涉的社会经济状况，因为我认为涉是古朝鲜族，所以在下面考察古朝鲜社会经济构成时详论，而在这里不谈到。在这里我只有考察貊的社会经济状况。

关于貊族的社会经济状况的资料很缺乏，所以我们很难详细地谈到这个问题，我们只好根据仅有的几个资料来推断这个问题。

如上所说，貊族已经在西周宣王时期与西周王室有了交易关。其交易品是貊皮、赤豹、黄罴等毛皮。从这点看来，貊族似乎在公元前九世纪还是处在狩猎经济阶段似的。然而，我们决不能断定当时的貊还处在原始狩猎经济的阶段，因为貊族已

经有了对外交换经济的缘故，如众所知，交换经济是到了原始社会末期才出现的。

恩格斯关于交换经济的出现这样说：《在野蛮的低级阶段上，人们只是直接为了自身的消费而生产的；间或发生的交换行为，只限于偶然留下的剩余东西。在野蛮的中级阶段，我们看到游牧民族已有财产，如牲畜，此种财产，在一定大量的畜群之下，可以经常地供给超出自身消费的若干余剩；同时，我们正看见了游牧民族与没有畜群的其余部落之间的分工，从而看到两个并存的不同的生产阶段，也就是说，看到正常交换的条件，到了野蛮的高级阶段，发生了农业与手工业间的进一步的分工，随之发生了直接交换的日益增加的一部分劳动生产品的生产，从而各个生产者间的交换，变为社会的迫切的必要了》（《家庭，私有财产及国家的起源》，1954年人民出版社版，159页）

貊族在公元前九世纪已经到了对外交换经济阶段，这不是意味着商人的出现么？恩格斯接着说：

《此外，加上第三次为文明所固有的有决定意义的分工即创造了一个不从事生产而只是经营生产品交换的阶级——商人们，迄今以前所开始的一切阶级的形成，主都是专与生产有联系的；它们把从事生产的人，分为管理者与执行者，或者分成大规模的或小规模的生产者。而在这里首次出现了一个阶级它丝毫不参与生产事业，但全部夺取了对生产的领导权，并在经济上使生产者服从自己，它成了每两个生产者之间的不可缺少的中间人，而剥削两方面"（同上） 他又对于海外贸易说：《奴隶们不再是简单的助手了；如今把他们大批驱到田野中和工场中去工作。随着生产的分为农业与手工业两大部门，便发生了直接以交换为目的的生产，即商品生产，随之，不仅生

了部落内部及其境界上的贸易，而且也发生了海外贸易”。(同上书，157页)

由此可知，海外贸易是奴隶制成了社会经济制度以后才出现的。

当然，我们决不能把恩格斯的这个说法教条地适用于貊族的对外贸易现象，可是我们根据恩格斯的这个说法，可以说在西周宣王时期的貊族决不处于原始狩猎经济状态，这是毫无疑义的。而且，如果我们承认貊的对外贸易是商人搞的话，也应该承认当时的貊族至迟到了野蛮的高级阶段。

《诗经、韩奕、正义》云：“时节百蛮，贡献往来，谓来则使人致之于王，往则使人送之返国”。这里的百蛮国指的是貊的国，这是很明显的。由此可知，貊的使者直接与西周王会见，而且西周王款待他了。这个事实意味着什么呢？我认为，这意味着貊与西周王室有了和平外交关系和交易关系，而且貊的使者並不是一个氏族的代表而是相当强大的政治权力的代表。固然，我们仅据这个资料还不能断定公元前九世纪貊族已经形成了阶级国家，但是，我们完全可以说，当时的貊族处在国家形成过程阶段。

如上所述，貊族是从西周初到战国为止在中国北方的最强大的族属，所以齐桓公伐貊而被它打败了。(《管子、小匡篇》)

到了孟子时期，貊族已经有了赋税制度。《孟子·告子下》云：《白圭曰：「吾欲二十而取一，何如？」孟子曰：「子之道，貉道也。夫貉，五谷不生，惟黍生之，无城郭、宫室……无百官有司，故二十取一而足也」》。由此可知，貊族社会的农业生产比中国的低一些，但已经有了二十分之一的赋税制度。“无城郭、宫室……无百官有司”。这句话，我们不应该解释为原始社会的状况。我认为，这句话是孟子的对貊族的歧视的笔法，而不是根据了貊的实际情况的。貊族的二十分之一的赋税制度被中国人称为「貊道」，这说明孟子时期的中国知识分子广泛地知道貊的赋税制度，并且，很清楚貊族并不是游牧族，而是定居农耕的。

恩格斯关于捐税的出现这样说："为了维持这种公共权力，就需要公民缴纳捐税了。捐税是氏族社会完全不知道的"。（同上书，164页）恩格斯指出捐税是国家的标志之一，这就是说，捐税是在国家公共权力创设以后才出现的。

由此十分明白，貊族在孟子时期已经形成了国家。如上所述，《山海经》里的貊国和北夷的橐离国等就是孟子说的那个貊国。我们从这些根据出发，十分理解夫余东明王（北夷橐离国的王子）的夫余建国传说并不是荒唐的；而是有历史根据的。这就是说，东明王是北夷橐离国的王子这个传说是完全可靠的。并且貊族的高句丽国初有了《留记》一百卷（《三国史记·高句丽本纪》第一婴阳王十一年条），这个记载也是可靠的。高句丽国初有的历史书《留记》，当然不是高句丽国的历史书，而是其前身国即貊国的历史书，这样判断是合理的。我认为这个资料是符合历史事实的。那么，可以判断貊国已经使用了文字。我认为，貊族至迟在战国初已经使用了文字，而且那个文字是汉字。因为，我们还没有找到资料说明貊族有了自己的文字，并且貊国的后裔高句丽人从国初以来用了汉字。有赋税制度的国家是一定有文字记录，这样的判断是妥当的。

根据如上的资料来看，我们可以断说貊族至迟在战国初已经形成了阶级国家。这不是很明白的事实吗？假如允许我臆测的话，也可以说貊族在西周宣王时期已经形成了国家。我在上面说过，西周时代的古韩国就是征服貊族的「汗国」而建立的侯国。古韩国被貊灭亡，宣王时期再兴。「韩」是貊的语言，如在下面所述，夫余、高句丽和朝鲜都有「汗国」了。自古以来中国的许多学者们主张古韩国东迁而建立三韩，固然这说法不是完全可信的，可是似乎有一点道理。因此，我臆测宣王时期的貊是已经进入了国家形成阶段的。我决不是只根据想像而这样说的。如众周知，夫余（即貊国的后裔）用了殷历而且「衣尚白」，如此可知夫余的先族——即貊族与殷朝有了很密切的文化交流。这不是说明貊族在殷代已经用殷历的事实吗？而且中国人也在上古时期已经摄取了貊的文化。《搜神记》卷七云：《胡床、貊槃、翟之器也。羌煮、貊炙、翟之食也。自太始以来，中国尚之，贵人富贵，必蓄其器，吉享嘉贺，皆以为先。"固然，我们从这个资料里不能判断貊的文化何时传达到中国，可是可以推断貊族使用殷历的时候貊族的文化也传达到了中国。这样，我们可以看出，殷朝与貊族的经济和文化关系是很密切的。

我认为貊族在现今河北省北部、长城一带以及内蒙古地域经过了青铜器时代，而且与中国大体上同时进入了铁器时代。到现在为止，内外考古学者们还没有整理这一带的考古遗物，所以我们还不能根据考古材料来论断貊国的社会经济状况。

然而，考古材料中值得引人注目的是日本考古学者们作的考古调查报告《赤峰红山后》（1938年、日本东亚考古学会，《东亚考古学丛刊》甲种第六册、滨田耕作等调查）里报告的要点如下：

第一次文化（即彩陶文化）其年代大约是公元前三千年代。其文化是北方系统的，而且与东北和朝鲜新石器文化有联系。（同书68页）关于这点，我在下面谈到古朝鲜问题时详论。这文化所有者不是游牧民而是农耕民。（同书66页）其人种，赤峰第一、第二文化之间没有变动。第二次文化层的人骨与甘肃彩陶人和沙锅屯彩陶人很相似，而且与现代中国人也近似。然而，他们决不是与现代蒙古人一致的。（同书81页）。

第二次文化（红陶文化）：其年代是战国、秦、汉初。其文化遗物中陶器（瓦鬲文化）是与中国文化有密切的关系的。其石器文化（环石、环状石斧、有孔石斧、槌斧等）是与绥远青铜器文化有联系的。其青铜器文化（矛头、斧头、刀子、镞、短剑、装饰品等）是绥远式青铜器文化的一部。其文化系统是北方的，即是绥远青铜器文化的一个变种。同时其青铜器文化是与东北、朝鲜、甚至与日本有联系的。

对于其民的生业问题这样说："彩陶文化是与黄河彩陶的农耕文化有关系的，瓦鬲的青铜器文化是与绥远游牧文化有很大的关系，但是一般来说，彩陶农耕文化也是似乎搞了牧畜的，并且绥远青铜器文化也是在赤峰和热河一带似乎做农耕的"。

总而言之，从公元前三十年代以来有农耕族居住过热河一带。日本考古学者们认为那族属是东胡族而不是汉族，我认为这个说法是较妥当的；可是，他们不能断定那东胡到底是何民族的先族。东胡之中定居而农耕的族属是何族？乌桓和鲜卑族在后汉时代也是搞游牧的。我在上面一再说过，东胡中的最强大的貊族不是定居而做农耕的吗？除了貊族以外，我们找不到东胡中做农耕的族属。固然，我们今天还不能得到考古学上的结论，我在这儿不过提出自己的拙见而已。

第二节 肃慎考

先秦时代的肃慎是后世哪一民族的祖先，对这个问题现在还没有科学的定论。《三国志》以后，在中国正史上的肃慎这族属是：如依据历代正史的话，周代称为"肃慎"（或是"稷慎"，或是"息慎"）的，三国、魏、晋代则称为"挹娄"，到拓跋魏、高齐、宇文周时代又称为"勿吉"，隋代称为"靺鞨"；唐、五代称为"女真"了。换而言之，从来在中国正史上把殷、周时代的"肃慎"认定为"女真"的祖先，现今一般人也是这样认识的。

然而，我依据了下面谈到的几点不能不怀疑。首先列举一下先秦时代关于肃慎的资料。

《尚书·书序》云："成王既伐东夷，肃慎来贺，王俾荣伯，作贿肃慎之命。"

同书卷四《周纪·武王》条云："周武王……十五年，……肃慎氏来朝，王使荣伯锡肃慎氏命。"

《史记·周本纪》云："成王既伐东夷，息慎来贺，王赐荣伯作贿息慎之命。"

今本《竹书纪年》卷一《五帝本纪·帝舜有虞氏》条云："帝舜有虞氏，二十五年，息慎氏来朝，贡弓矢。"

从这些资料中，值得引人注目的是：肃慎族已经与舜有关系，并且西周初与西周王室又有着密切的关系，同时在西周时代是与"东夷"被区别开来的。即此可以知道其与《尚书》中所记录的"东夷"是不同的，然而又与东夷有着密切的关系。成王讨伐东夷时肃慎来贺，这点已经暗示出肃慎与东夷相隔得并不远，并且与东夷有某种矛盾的关系。那么，西周时代的东夷指的是哪一族属呢？

在《尚书·禹贡篇》里记载的东夷是鸟夷、莱夷、嵎夷、淮夷等。现行本《尚书·禹贡篇》里有两个"岛夷"，而没有"鸟夷"。这是伪孔传把「鸟」字读为「岛」以后的事实。所以《禹贡篇》的「岛夷皮服」应该读为「鸟夷皮服」，并且「岛夷卉服」也该读为「鸟夷卉服」。《禹贡》中不存在"岛夷"字。

依据《尚书》经文可以明白"东夷"即以上列举的夷族。然而，《伪孔传》把东夷解释为"海东诸夷"，即"驹丽、扶余、馯、貊之属。"并说成王继位时这般东夷掀起了叛乱，可是被成王镇压了，故肃慎氏来贺。如果依《伪孔传》的话，肃慎氏是完全不同于古代朝鲜族属的别的族属。然而，我们是无法肯定《伪孔传》的，其理由在于它将西周初的"东夷"解释为是古代朝鲜族属了。如上论及，在《尚书》经文里古代朝鲜族属还没有被认为东夷，而且在西周初也不可能有驹丽、扶余等名称。我们可以清楚地看出《伪孔传》是后世（即驹丽、夫余建国以后）对"东夷"的概念去解释了西周初的"东夷"，从而无法肯定《伪孔传》的说法。在孔颖达的《正义》里，大体也是解释为同样的。它也把《伪孔传》所说认定为正当的。依据这些注释，可知从魏、晋间的伪孔安国开始，至唐代孔颖达为止，都是把"肃慎"氏认定为不同于古代朝鲜族的别的族属。司马迁也有同样的认定。然而，我们对这些说法不能不怀疑。而且我们应当注意到《禹贡篇》里并没有记载"肃慎"这个名称。今本《竹书记年》里记录了肃慎已经向舜贡矢，并且在《书序》里也谈到它与东夷一样和西周王室有了直接的关系，但在《尚书·禹贡篇》里没有有关"肃慎"的记录这一事实给我们这样想的余地，就是在《禹贡篇》内诸夷之中会有一个是意味着肃慎的。

那么，现在就来考察一下肃慎是哪个族属。

肃慎是在东夷诸族（非《禹贡篇》里的东夷）中与中国有密切的经济、文化交流的最早的族属。肃慎已经以虞舜时代开始，继与殷、西周有着物质（弓矢）的交易。《国语》卷五《鲁语下》云："仲尼在陈，有隼集于陈侯之庭而死，楛矢贯之，石砮其长尺有咫。陈惠公使人以隼如仲尼之馆，问之。仲尼曰：'隼之来也远矣，此肃慎氏之矢也。昔武王克商，通道于九夷百蛮，使各以其方贿来贡，使无忘职业，于是肃慎氏贡楛矢、石砮，其长尺有咫。先王欲昭其令德之致远也，以示后人，使永监焉。故铭其楛曰"肃慎氏之贡矢"，以分大姬，配虞胡公而封诸陈。"依这个资料可知肃慎向西周王室贡献了楛矢和石砮等东西，西周王室很重视其弓矢而在其楛矢上雕刻了肃慎贡献的由来；当武王的女儿出嫁到陈国时，以这些作为陪嫁。但孔子对肃慎是否具有具体的知识，对这问题是不明白的；可是我们可以明白，他是以自古以来传下来的某些资料作为根据的。根据这资料，我们可以知道肃慎与西周王室有物质交易的关系，并且也以从此判断出肃慎的居住地域是与西周的领域直接邻接的。

因此，我们并不能想像为肃慎居住在《三国志·东夷挹娄传》里看得到的那样的挹娄的地域。同传云："挹娄，在夫余东北千余里，滨大海，南与北沃沮接，未知其北所极。"由此可知挹娄地域大体上是与现今苏联沿海州地域是相当的。所以我们决不能想象从那样的远方来与建都在陕西的西周王室来交易物资。

所以能够这样说，另外还有其根据。在《史记·五帝本纪》舜条云："北山戎、发、息慎"，由此可知，息慎的地域是在离山戎和发不远的地方。山戎和发的地域是在今河北省滦河中游地域，并与孤竹国（殷代）地域大体上相一致。《管子·小匡篇》云："山戎·涉貊"，由此可以推测涉貊居住在与山戎邻接的地域。对于"发"字，如同在第一章第二节里所论及到的一样，我们可以把它认定在古代朝鲜许多地域里能找到的地名（即意味着首都或国城）。

因此，有人就速断"发肃慎"就是"发朝鲜"。申采浩依据《满洲源流考》里的说法，主张「肃慎」即为「珠申」，又「珠申」与「朝鲜」通音。如上所述，我是无法肯定申先生的说法的，要之，「发」仅能认定为是一个地域之名。从《逸周书·王会解》里将"稷慎"与"发人"当作不同的东夷名的事实看来，就更能明白这点。

那么，肃慎的地域是在何处？

给予这一点以具体说明的资料是《左传·昭公九年传》的"肃慎·燕·亳，吾北土也"这个记载。依据这个就可以知道肃慎是与周北方燕相邻接的。我们并不能认为这资料里的肃慎的地域指的是后来的挹娄的地域，尤其是从其记录的顺序看来就可以认为肃慎是在燕之北方或是置于其右边或左边。

我们以《逸周书·王会解》关于东夷诸族的记载作根据，也可以将肃慎的位置大概地推断出来。在前节我已经引用过了《王会解》里的资料，也推断过东夷诸族居住过的地域。依据从来注释家们的解释，可以知道涉人，良夷、杨州、发人、俞人，青邱等东夷名都是由来于他们居住地的名称。我已经论断过这些东夷居住地域是从现今河北省的北部到辽东之间的地区，而且，这些东夷名是古代朝鲜族的按地域为别的名称，我曾这样论断过。

在《王会解》以这样的顺序记载着东夷名称："西面者，正北方：稷慎大麈、涉人前儿……良夷在子……杨州禺禺……发人……俞人……青邱》。如将稷慎（肃慎）的位置与《山海经》的记录对照的话，在《山海经·海外西经》就龙鱼、白民国，肃慎国记载为《海外自西南陬至西北陬”，似乎肃慎在海外西北陬。但是，这记载是有错误的，关于这点，已经有许多学者考证了，《西北》是《东北》的误记。同书经文里有以下的记载：

“龙鱼陵居在其诸夭之野北。　一曰鳖鱼，在夭野北。》

“白民之国，在龙鱼北……”

“肃慎之国，在白民北。有树名曰雄常，先入伐，帝于此取之。”

“长股之国，在雄常北，被发。一曰长脚”。

根据这些资料，可以知道肃慎国的位置是与如同在《三国志·东夷挹娄传》记载的“滨大海，南与北沃沮接，未知其北所极，其土地多山阴”这样的地域完全没有关系的。因此，某日本史学者根据了《山海经》的资料，把雄（或雒）认定为是满洲语的「楮」之意，从而论断了肃慎居住在楮树很多的辽东地方。这种论断似乎有道理，可是楮并不能说成是仅茂盛于辽东地带，因之，不可能仅根据楮的产地来判断肃慎的地域。

我们在考察肃慎领域之前，必须联系上引的资料——即《左传》、《王会解》、《山海经》的资料来考察，这样做是比较妥当的。在这些资料中，《左传》的“肃慎、燕、亳，吾北土也”这个资料是最具体而且最明确的，我们根据这个资料来解释是妥当的。在先秦时代，肃慎国是被中国人广泛知晓，所以与其说《左传》、《逸周书》、《山海经》的编者们对于肃慎国位置的记录是根据完全各异的资料，不如说是根据有联系的资料记录的，这样的看法是比较自然。又，《左传》的资料是最可信据的。从这个见解来出发，我认为根据《左传》的资料来判断肃慎的地域最为妥当。

从而，我判断先秦时代的中国人认定肃慎是居住在周的北方，即与燕相邻接。春秋时代燕的领土决不可能涉及到现今滦河以东，所以我认定肃慎的领域不可能在现今的辽东，也决不能说辽东领域是周的北方。春秋时代周的北方不可能指山海关之外，所以，我认为古肃慎国的领域是在今山海关以内，这样判断是与先秦文献资料相一致的。

日本考古学者八木奘三郎推断为西周初肃慎的居住领域是从北京之北向东不可能越过热河（《东亚》第七卷8号《满、蒙、支的古铜器与古民族》），我认为他的见解是正确的。

如在上节提到的问题，在《王会解》中记录了好几个古代朝鲜族名（根据其注释），但是，并没有记录《朝鲜》这个名称，代之记录着的为"稷慎"这个名称。很久以来我带着疑问来考察这个问题，更加使得我们怀疑的是在古代朝鲜族被称为"东夷"的战国时代，肃慎国实际上已不存在，就连这样，但是，应当记录为"朝鲜"之处则代之记录为"稷慎"，那么，会产生这样的疑问，就是说春秋时代肃慎国不存在的论据在哪里？

首先来回答这个问题吧。

如所周知，在《国语·鲁语》里记录的关于肃慎的资料，不是记录孔子当时的历史事实，而是孔子叙述了自古以来的古代传说，而且可知道孔子没有关于肃慎的具体的知识。因此，从事实可以产生如下两种推测：远在孔子之前，肃慎已经从周的北方移动到远方，断绝了与中国的关系；或者，在西周时代被称为"肃慎"的那个族属，从某些时期被称为与其不同的名称。

在汉代中国人对于肃慎的知识也很模糊，他们仅是转叙传说而已。《史记》卷一百十七《司马相如列传》云："齐东有巨海，南有琅邪……邪与肃慎为邻”，又云：“今齐列为东藩，而外私肃慎”，这说明肃慎事实上与汉没有什么联系，即汉代人模糊地认为肃慎是海中的国家。这个记载与《淮南子》卷四《墬形训》里的记载在内容上大体相一致，即把肃慎记载为海外三十六国之一。它说：“海外三十六国，自西北至西南方，有修股民，天民、肃慎民、白民、沃民”云々。“自西北至西南”里的“西”字是“东”字的误记。其误与《山海经》同，我们可以设想《淮南子》是承袭《山海经》的。当我们依据这个资料来想的话，可以知道中国人从孔子以前到汉代为止，对于肃慎国没有什么知识。然而，《三国志·东夷挹娄传》却把肃慎国的位置认定为挹娄的领域，而且，也把古肃慎国认定为后日的挹娄、勿吉、女真的祖先。

《三国志》以后正史上关于肃慎的记载使我们不能不提出疑问。关于这个问题，日本史学者池田宏认定为古肃慎与晋以后的肃慎是没有什么关系的两个族属（《满鲜历史地理研究报告》第十三册池田宏：《肃慎考》），日本考古学者八木奘三郎主张古代在中国北方居住过的肃慎，后来移动到东北方去而被称为后来的肃慎。清代的东北地方志都认定古肃慎的地域是现今宁古塔一带。例如，《怀德县乡土志》（光绪三十四年抄本）《历史建置沿革》条云：“魏源圣武记：‘孤竹国，今辽西锦州府，肃慎国都今宁古塔地。县治在肃慎之西界内，商、周之际，或曰息慎、稷慎，仍肃慎故地’，‘息’、‘稷’皆转音。春秋、战国时近东胡地。秦、汉则辽东郡之北境。后汉为扶余国地”。

《圣武记》里记载为孤竹国是今辽西锦州府的说法是妄说，清代著名的学者们都把它认定为现今滦河中游的地域。顾炎武、杨守敬等都这么认定，对于孤竹国的位置没有讨论的必要。从而，我们很难承认《圣武记》上的关于孤竹国的说法。反正，把古肃慎国认定是后来的挹娄的地域的陈寿的说法，不能不认为是妄说。八木的主张也很模糊，只因为肃慎这个名称同一之故，他不过主张古肃慎就是晋以后肃慎的先族。因之，他的主张很难成立。

池田没有论断古肃慎是后来哪一个民族的先祖，而只论证了古肃慎与挹娄、勿吉、靺鞨和女真没有什么关系。在这里举出他论据的要点：第一点，中国人在后汉末—晋以后与居住在东北的诸族有了关系以后，才具体地知道了居住在东北的东夷诸族。第二是，中国人在晋以后与挹娄进行经济交流时挹娄的交易品是楛矢和石砮，那些东西是与古肃慎的交易品偶然一致的，所以中国人认定为肃慎是挹娄的先族。

我认为他的主张是正当的。假若，楛矢和石砮只在天下某一个地方即挹娄的地域的话，可以说挹娄是古肃慎之后裔，然而，我们看中国的地方志；可以知道山西省、辽宁省等地都生产楛木，因此可以想象这些地方在古代都是生产楛矢的，而且石砮和石镞在古代是到处都使用过的武器，所以我们没有根据主张挹娄的楛矢和石砮一定是古代肃慎的。从而，根据这些理由来把古肃慎记录为是挹娄、勿吉、靺鞨和女真的先祖的正史的资料是不可靠的。

如上所引，《春秋左传》里说肃慎在周的北方，《王会篇》把稷慎认定为东夷，我认为这些资料是有一定理由的。

那么，古肃慎到底是哪一个族属，我们现在考察一下这个问题吧：

我们当考察这个问题时值得注视的资料是《王会篇》的关于东夷的记载。那里记载东夷诸族名，可是没有记载其中与中国有最密切的关系的"朝鲜"这个名称，反而代之写着实际上在春秋、战国时代不存在的"稷慎"（肃慎）这个名称。我们把在《王会篇》的稷慎的位置与在《左传》里的肃慎的位置联系起来而考察时，与其认为那个位置在辽东，不如认为那个位置与在燕末扩张领土到辽东为止之前和燕相邻接。我决不是根据一个想像而这样主张的。

《尚书·禹贡篇》里的"鸟夷"，郑玄认为是东方之民，王肃认为是东北夷国（同篇注）。对于《史记·夏本纪》里的"鸟夷"的《正义》说："《括地志》云：'靺鞨国，古肃慎也'"，而把鸟夷解释为是古肃慎。张守节的推断似乎是根据靺鞨居住在山间，食肉而衣其皮，因而把《括地志》的记载和《史记》本文的"鸟夷皮服"以其内容相似的这一点而结合起来。然而，我认为他也不能想象靺鞨"夹右碣石，入于河"。因此，我认为张守节可能是有着根据把鸟夷解释为是古肃慎，而引用了《括地志》，这样的推想也可以有的。

从而，我想臆断，在《尚书》上的"鸟夷"就是"肃慎"的别称。这就是说，肃慎是鸟夷的一部，而且它与涉族混合而成的族属名。关于这，我在《檀君传说考》里谈过。其根据是因为鸟夷的地域和肃慎的地域一致的缘故。鸟夷"夹右碣石，入于河"，那么可以判断其居住地是大体上碣石山附近一带。与在前所谈过的一样，碣石山在现今山海关附近。杨守敬在《历代舆地图》上把碣石山画在山海关南边的海上。反正，夹右碣石而入于河的鸟夷的居住地，我们不能不认定为现今滦河一带。《三才图会·禹贡总图》也是这样认定的。今滦河流域一带，可以说是周北方，其地域是与《左传》上的资料相一致的。我认为，这样解释是能够解明在《禹贡篇》里记载的东夷族名，可是不记载从虞舜时代就有密切的关系的"肃慎"的名字这个问题。在《禹贡篇》里把鸟夷与东夷诸族区别开来，而且记载天下的蛮夷都向周纳贡，可是不记载已经从舜世就有了密切关系的肃慎的纳贡，这是使人十分抱有疑问的。这个问题，只有把"鸟夷"解释为是"肃慎"才能解决。

我们这样解释，才能把《尚书》、《左传》、《逸周书》的资料没有矛盾地解释，而且认为这些资料各有正当的根据。我们决不能把古代史料没有根据地否认，应该探讨各种的史料的根据而考察是否合理地说明；如不能合理地说明时，我们便不能利用那些史料。在这样的意思上，我认为关于古肃慎的位置的资料才能合理地解释了。

那么，居住在滦河流域的古肃慎究竟是哪个族属？

1. 东夷诸族中与古代中国有了最密切的关系而且最先进的族属是古朝鲜族，关于这点，没有人否认吧！这点是自古以来中国学者们都肯定的，现在不需要再证明。编造箕子朝鲜传说这一事实也能够说明这个问题。然而，朝鲜这个名称在除了《战国策》、《山海经》、《管子》以外的先秦文献资料里特别是殷、周的资料里都看不到。代之，关于肃慎的资料却很多，它是从舜世就与中国发生了密切关系的。而且，《左传》里说肃慎居住在周的北方，可是孔子并没有具体地知道肃慎，对于这个事实，我们不能不怀疑把肃慎看作挹娄的先族这个看法，是有许多不合理的论点。首先应当提出来的问题是：从舜世特别是从西周初与中国进行了密切的经济文化交流的肃慎为什么一直到三国时代为止还度着穴居生活，而且大致一千年的长期间与中国没有什么关系呢？历史家们应该说明这个问题，可是，一直到现在为止，没有一个学者说明过这个问题。其实这问题是决不能说明的，因此不能不认定这个问题的前提是错误的。这就是说，我们应该认定古肃慎是挹娄的先族这种传说的说法是错误的。

古肃慎的居住地域是与古朝鲜的领域（公元前四世纪以前）相一致的。当然古代族属常々移动而其居住地域会变动。但是，可以说明春秋时代在周的北方居住的肃慎移动到东北方去的资料我们完全找不到。从而，我认为，把《左传》里的“肃慎、燕，亳、我北土地”这个资料里的肃慎解释为是朝鲜，才符合于历史事实。在上面再三强调的一样，春秋、战国时代朝鲜是以滦河流域为中心而与燕邻接的。

2、我想推断「肃慎」和「朝鲜」是同名。为什么能这么说呢？如上所述，「朝鲜」这个国号是由来于湿水，冽水、汕水之名称的。而且在《王会篇》记载的东夷诸名也是由来于其居住地域名（或河名）的。我在上面已把「稷慎」这个名称留作问题了，现在我认为其名称也是由来于地名或河名，这样解释是很自然的。我在上面已肯定了张晏对「朝鲜」国号的说法，「乐浪朝鲜」这个名称，由来于湿水、冽水、汕水，那么「朝」音不该不是与「湿」音相通的。「湿」字发「蚩揖切」音，这音似乎相通于「稷」之音「节億切」。因此可以解释“稷慎”这个名称与“朝鲜”这个名称一样由来于湿水，（冽水）、汕水。“稷慎”是“肃慎”或“息慎”，这点不必谈吧。中国古代文献里的「肃献」、「息慎」、「稷慎」等写法中，究竟哪一个写法是正确的尚不明白，假若《尚书》、《竹书纪年》比《逸周书》早的话，那末肃慎、息慎等写法是较早的。

「朝鲜」这个名称是在《管子》里第一次记载的，虽然《管子》这本书大体上是战国时代的作品，可是「朝鲜」这个名称至迟在春秋末—战国初中国人就已经使用和记录了，这样的看法是妥当的。如上所述，据张华的《博物志》资料可以知道朝鲜被燕击退而东迁以前侵犯了燕，所以我们可以十分清楚地知道，当公元前四世纪以前，中国人与朝鲜有了直接的关系。

因此，我们可以看出燕人至迟在春秋末—战国初已具体地了解朝鲜的情况。

因此，我推断在这个过程中，中国人已开始写和使用朝鲜人自己用的「朝鲜」这个国号。为什么这样推想呢？因为在《王会篇》里没有「朝鲜」这个名称，而有「稷慎」这个名称。换句话说，在肃慎事实上已不存在在周的北方的时期，"肃慎"和"稷慎"的名字尚被记载，而且没有记载与中国有着很密切的关系的朝鲜的名字，这个事实不是说明「稷慎」就是「朝鲜」的异字同名吗？我依据以上的资料来臆断先秦时代的肃慎就是古朝鲜。

十七世纪朝鲜史家洪伯源（号木斋，名汝河）曾经认为古肃慎就是古朝鲜。他在《东国通鉴提纲》卷一《朝鲜纪》上里写道："唐、虞之际，东方诸国，有曰东方，曰东真，曰肃慎，曰檀君真长，皆不知所在。肃慎在今咸吉等州境……》。虽然他没有考证，可是我们应当认为他是根据一定的材料而这样主张的。

第三节　夫余考

一、夫余是何族的国家？

关于夫余的建国传说，第一次记载在《论衡》里。《论衡》卷二《吉验篇》云："北夷橐离国王侍婢有娠，王欲杀之，婢对曰：'有气大如鸡子，从天而下我，故有娠。后产子，捐于猪溷中，猪以口气嘘之，不死；后徙置马栏中，欲使马借杀之，马复以口气嘘之，不死，王疑以为天子，令其母收取，奴畜之，名曰东明，令牧牛马。东明善射，王恐夺其国也，欲杀之。东明走，南至掩淲水，以弓击水，鱼鳖浮为桥，东明得渡。鱼鳖解散，追兵不得渡，因都王夫余，故北夷有夫余国焉。东明之母，初妊时见气从天下，及生，弃之，猪马以气吁之而生之；长大，王欲杀之，以弓击水，鱼鳖为桥。天命不当死，故有猪马之救命；当在王夫余，故有鱼鳖为桥之助也。"

《魏略》云："旧志又言，昔北方有槀离之国者，其王者侍婢有身，王欲杀之，婢云：'有气如鸡子来下我，故有身'。后生子，王捐之于溷中，猪以喙嘘之；徙置马闲，马以气嘘之，不死。王疑以为天子也，乃令其母收畜之，名曰东明，常令牧马。东明善射，王恐夺其国也，欲杀之。东明走，南至施掩水，以弓击水，鱼鳖浮为桥，东明得度；鱼鳖乃解散，追兵不得渡。东明因都王夫余之地。》

（据殿本考证：《太平御览》"天子"作"天生"。赵一清曰："'天子'，乃'天生'之讹"。《后汉书·东夷·夫余传》石"王以为神"。）

《魏略》把《论衡》的资料大体上是照原意转录了。如果要说有别的什么的话，那就是：前者是写成「淹滤水」，而后者是写成「施掩水」。前者写成「北夷槀离国」，后者写成「槀离之国」。

《三国志·魏志·东夷传》里没有记载这个传说。

《后汉书·东夷夫余传》云：《初，北夷索离国王出行，其侍儿于后妊身，王还，欲杀之，侍儿曰：「前见天上有气，大如鸡子，来降我，因以有身。」王囚之，后遂生男。王令置于豕牢，豕以口气嘘之，不死；复徙于马兰，马亦如之。王以为神，乃听母收养，名曰东明。东明长而善射，王忌其猛，复欲杀之。东明奔走，南至掩淲水，以弓击水，鱼鳖皆聚浮水上，东明乘之得度，因至夫余而王之焉。》

这记录也是大体上照《论衡》的资料转载的。如前者一样，只不过是在文字记录上有一些差异罢了，也就是说这里是写成“北夷·橐离国”而已。

从而，当我们在研究夫余建国问题的时候，我们就应当以《论衡》为基本史料而作参考。根据这个资料，夫余的统治者是北夷人。夫余这个国家也就是北夷橐离国（或槖离国，或索离国）的王子东明王南下建国为夫余，而其前居住在这儿（夫余）的人民涉人一部分移动到他处，另一部分人是在夫余被统治着。但，东明王的建国过程是没有经过征服战争，那么，北夷和夫余的先住民是什么族属？他们之间的相互关系又怎么样呢？这个问题在前面虽然已经谈到了，但在这儿想再体系化一下。

“北夷”指的是貊，如上所说，古代中国学者们把貊注释为北夷。在《尚书序》“成王既伐东夷，肃慎来贺”的《正义》云；“郑玄云：‘北方曰貊’，又云‘东北夷’”，由此可知，郑玄是把貊解释为“北夷”或是“东北夷”的。这里“北方曰貊”的“方”字可能是“夷”字的误记。夫余统治阶级该国与貊族，能够对这点给于证实的资料可以从《三国志·魏志·东夷传》高句丽中的《东夷旧语以为夫余别种，言语诸事与夫余同》这个记载和《后汉书·东夷传》高句丽中的“句丽，一名貊耳”这个记载中得到。由此可知，夫余是貊族橐离国（或槖离国，或索离国）统治集团迁移到涉地而建立起来的。但是，夫余国人民不能说全是貊人，而是和涉人在一起的。如上所述以东明王为代表的貊族的统治集团，移动到了涉人的居住地而统治涉人的一部分，这样判断不是妥当吗？涉和貊在设置汉四郡时它们的言语已经是同一的。《三国志·魏志·东夷涉传》的《汉武帝伐灭朝鲜……自汉已来，其官有侯，邑君，三老，统主下户。其耆老自谓与句丽同种，……言语，法俗大抵与句丽同，衣服有异”这个资料中给于这点以证实。就是说，在汉武帝伐灭朝鲜时，涉与高句丽在语言上是同一的，所以和句丽同一族的夫余与涉是在语言上同一的，这是明明的事实。然而，随之而产生的问题是：涉和貊本来是血缘不同的族属由于族属同化而得到了语言的统一呢？还是本来就使用了共同的语言呢，这是值得讨论的。如上所叙，涉和貊是它们相互邻接在长久的年代里，经过相异的政治生活的部族，貊和涉混居在一起是从夫余建国的时候开始的。那么就很难说夫余建国后短时间内它们的语言就统一了。因此，我们可以说涉与貊本来就是北方族的同一族属的两个部族。

那么，夫余的建国年代在何时呢？既然夫余是貊族的国家，那么这个国家的建国年代可以推断为：貊被燕驱逐而东迁以后。

北夷橐离国正是貊的「国」，那么那个橐离国是何时何地的国家呢？这是成一个问题的。关于这个问题，并没有什么可供参考的具体资料，我们只能依据橐离国王子东明王迁移的方向，位置和年代大体上作一个推断。橐离国的东明王涉掩滤水南行而至夫余，故可知橐离国是在夫余的北方，而不是在其西方。那么，掩滤水又是何地呢？过去许多学者对掩滤水的位置进行过很多考证，有人断它为黑龙江，也有人断它为松花江。

正如上所述，掩滤水指的是‘大水’，从古代朝鲜语来看这个的话，它是作为一个吏读文的记名，‘鸭绿水’、‘鸭子水’、‘武列水’等等，全可通音，我们把松花江直到辽圣宗时代称为‘鸭子水’的事实联想起来的话，夫余北的掩滤水就可以推断它为松花江了。这样推断是比较妥当的。所以能这样推断，还可以有一个根据，因为貊是被燕驱赶而东迁的，因此那个貊我们就很难想象它移动到黑龙江以北，我们只能判断为貊是移动到松花江北方然后又南进的。跟之而来可以认定北夷橐离国是貊东迁以后，即燕昭王（B.C 311—279年）以后安置于松花江以北的国家了。当然可以推断其国名在东迁以前已经使用了。那个橐离国正是貊国，大概中国人把它称为貊国。《孟子》和《山海经》里所记录的"貊国"不正是这个橐离国（东迁以前的）么？

"夫余"这个名称，在中国正史里第一次出现是在《史记》卷一百二十九《货殖列传》乌氏倮条的"夫燕，……北邻乌桓、夫余，东绾涉貊、朝鲜、真番之利"这个记载。从夫余名称和真番、朝鲜并记在一起这一点来看，就可知这真番不是真番郡、而只能解释成为它是意味着真番国，因为在汉置四郡以前，关于彭吴的"彭吴穿秽貊、朝鲜，置沧海郡"这个记载里看不见真番的名称。而且实际上真番国是被卫满占领的，从那以后真番国的名称也就看不见了。对旧真番国的地域就把它称为"涉"而其统治者的名称就以"涉君"的名称出现在史籍。从这点可以判断出"夫余"的名称在真番国灭亡之前，已经得到中国人的了解了。

另外在《山海经》卷十七《大荒北经》云："有胡不与之国"，郭璞注云：《一国复名耳，今胡夷语皆通然。"这胡族的「不与」之国指的正是夫余，而有人毫无根据地说它指的是乌桓或鲜卑。郭璞曾说过胡和夷的语言在自己的时代是通的，这不正说明了胡人夫余（即貊）和夷人朝鲜的语言是相通的吗？我们不能说他是不知道夫余就是貊族的，所以他把貊称为"胡"，那就可想而知了。要之，虽然《山海经》的资料是秦、汉之初被记载的，也不难证明出这个资料是在战国时代"不与国"即"夫余国"就已被中国人所知晓了。

既然，我们对于夫余，不能否认它是东明王迁至涉地而建国的国名，那么我们就可以大体上推断出夫余的建国年代是在公元前三世纪中期。为什么这样说呢？因为夫余建国应在东胡之貊在迁以后，而在东明王被冒顿灭亡以前时期的缘故。如上所述，我是认为"北夷櫜离国"就是东胡的貊国，而那"櫜离国王"也可以有根据把他认定为是东明王。

二、夫余和古朝鲜的关系

夫余国的先住民是涉民，而真番国的人民也是涉民。在《后汉书·东夷·涉传》里记载为"涉及沃沮，句丽，本皆朝鲜之地也"，这儿指的正是卫氏朝鲜以前否王和准王时代朝鲜的领域，我们可以这么解释，从《史记·朝鲜列传》的记载"满……侵降其旁小邑，真番，临屯皆来服属，方数千里"中，我们无法否认卫氏朝鲜的领土也是逐渐扩张的。可是上引的《后汉书·东夷·涉传》的记载不象意味着《史记》上引文的内容似的。为什么能这样想呢？因为在《后汉书》里记载了"涉及沃沮，句骊，本朝鲜之地也"之后，继续写了关于"箕子朝鲜"的传说，此本朝鲜之地"的「朝鲜」，就应当把它解释为意味着"箕氏朝鲜"。范晔在写卫氏朝鲜时也并没有写卫满扩张领域的事实，而只写下了关于设置涉君南闾的沧海郡和汉四郡的事实。看这一点，我们更能这样想了。

根据这个，我们可以说卫氏朝鲜以前"箕氏朝鲜"的领域是包含了涉地的，作为涉君南闾的领土的真番地域应当认为在朝鲜王支配下的属国。如上所述，古朝鲜人民也正是涉人，但在这儿我们就有必要考察一下真番国和古朝鲜之间的关系。上面也说过在中国古代文献中分明是把"真番"和"朝鲜"记录成为相异的两国。然而，关于真番国「王」这样的记录是没有的，而只有把涉人的统治者写成为"涉君"这个事实。此外，又可见《史记·朝鲜列传》注释（《集解》）中的"徐广曰：「番」——作"莫"。辽东有番汗县'"和《索隐》中的"'始全燕时'，谓大国燕方全盛之时。如淳云：'燕常略二国以属己也'。应劭云：'玄菟本真番国'。"又"[徐广云：'辽东有番汗'者，]据《地理志》而知也"，而丁谦又说："真番本朝鲜附属番部"。综合这些资料来考察一下，可以得到如下的推断；辽东番汗是和真番国之「番」有关联的，这就可知"番汗"是存在的，即"真汗"也就应该存在了，我们完全可以这样推想。换而言之，可以推想到在辽东是有真汗，番汗、莫汗的，而且对于把真番国解释为一个国名这一点就不能不产生疑问了。这个"汗"它意味着仅次于国王的统治者，跟之而来真汗，番汗、莫汗就应当解释为是真汗国，番汗国和莫汗国。

申采浩对于这一点早就有如下的记载，他在《朝鲜史研究草·前三韩，后三韩题末》条云："对于朝鲜，在高丽史把檀君，箕子和卫满认为是'三朝鲜'，可是，这是为了区别历代而假说的三朝鲜。流寇首领卫满作为历代之一员是可笑的事，此外还有实在的朝鲜，即在《史记·朝鲜列传》中说：（自始全燕时，略属真番、朝鲜'，徐广曰：'番，一作莫'，在《索隐》里把真番当做两个国来解释，即'真'和'番'以及'莫'便为'三朝鲜'。中国人有一种僻性，每当写他国的名词之时为了求得文从字顺，往往会任意缩减和增添其长短，所以不写成'真番·莫朝鲜'，而把'莫'字去掉写成'真番朝鲜'，这就是所谓真、番、莫三朝鲜。'真、番、莫'即为'辰弁、马'。三韩的'韩'指的是'大'的意思和'一'的意思，这就成为王的名称，正如乾隆帝所说，'韩'也是官名而不是国名，这样的解释是近情的。不论是真，番，莫或是辰，弁，马都应该读成是"Sin"，"bul"、"mal"。真，番、莫三朝鲜是箕准南迁以前在北方的前三韩。真，番，莫三朝鲜就是"Sin"，"bul"、"mal"三国的意思，而辰，卞，马三韩就是"Sin"、"bul"、"mal"三王的意思。它们都是"Sin"、"bul"、"mal"的译字。""前三韩的名称《Sin》、《bul》、《mal》从燕国的史记司马迁抄写在《史记》时写成为真番莫，六百年后毋丘俭入寇而带去的后三韩的名称《Sin》、《bul》、《mal》被写成为辰、弁、马是不可怪的。管子的'发朝鲜'应当是三朝鲜的'番朝鲜'，说文里的'乐浪番国'也应当是'番朝鲜'。"

申采浩所以主张三朝鲜和前三韩说这个根据在于《史记·朝鲜列传·索隐》里把"真番朝鲜"解释为两国，而他理解为"真朝鲜"和"番朝鲜"。当真可以这样解释吗？正如上所述，司马迁在《史记·朝鲜列传》中分明把"真番"和"朝鲜"分成两个国，另外在《汉书》的资料中也可以看出是把"真番、涉貊、朝鲜"分成各异的国，因此我也主张了应当认定真番，涉貊，朝鲜不是同一的国家。从而，我不能同意申先生的主张把真番朝鲜认为真朝鲜和番朝鲜，而对丁谦说的"真番本朝鲜附属番部"的说法是认为可以同意的。

然而，我认为申先生的"真、番、莫"的三韩的说法是一个卓见。这三汗是朝鲜东迁以前在辽东的三个汗国（即ㄴ侯国ㄱ）朝鲜东迁到辽东时它占领了莫韩地。我认为这样推想是较妥当的。为什么呢？因为就连在受到燕的侵略时也只有真、番汗受到侵略，那以后"莫韩"的名称在《史记》本文中没有出现，仅只依据了徐广的注释可以见到有了莫汗的痕迹。

那么，有什么根据能主张古朝鲜是把三汗国当作它的附属国（ㄴ侯国ㄱ）呢？我们在夫余和古辰国（在《三韩考》里详述）里也能看到有汗国（或韩国）这个痕迹，随着就可以知道除了古代朝鲜国家国王的王畿以外，还将汗国当作它的附属国。

总之，夫余是在涉人的故地建立的国家，而那涉地即是在古朝鲜统治下的真汗，番汗的一部分地域，我们可以这样判断。

夫余也有过「汗」这样的地方。

《三国志·魏志·东夷夫余传》云："国有君王，皆以六畜名官；有马加，牛加，猪加、狗加，犬使，大使者，使者。邑落有豪民，名下户皆为奴仆。诸加别主四出道，大者数千家，小者数百家。"

《后汉书·东夷夫余传》云："以六畜名官，有马加、牛加、狗加。其邑落皆主属诸加"。

附有这些畜名的所谓《加》是怎样的官呢？有人认为它附加了畜名，理解为管理牲畜的官。但，我认为我们不能把这诸加简单地仅作这样的理解和解释。为什么呢？因为，关于诸加这样记载"别主四出道，大者数千家，小者数百数"，又有这样的记载"其邑落皆主属诸加"，位居遣大加郊迎，供军粮"。这就是说诸加是国王的大臣、他们是管辖一定的地方和指挥国家的重要的军事行动的贵族「侯」。那么诸加的名称意味着什么呢？

「加」必将是古代夫余语（即高句丽语和古朝鲜语），而而应当把它唸成为《Kha》。我们在鲜卑语中可以见到「可汗」这个名词。

《宋书》卷九十六《吐谷浑传》云："处可寒——虏言'处可寒'，宋言'尔官家'也。"这「可寒」即正是「可汗」的音写，而在《魏书》卷百一、《北史》卷九十六《吐谷浑传》中都写成「可汗」，其后正史的《乞伏、拓跋蠕々，突厥传》里也都写成为「可汗」。《旧唐书》卷一百九十四上《突厥传》云："可汗者，犹古之单于；妻号可贺敦，犹古之阏氏也。根据这些资料，我们可以知道「可汗」是鲜卑族的国王。当然蒙古族把王称为「可汗」（than，Kaan），这是众所知道的。

另外女真族把皇帝称为「罕安」，而金国的皇帝也就使用了那个称号。如此，「可汗」这个名词就是在蒙古、通古斯等北方族属之间被使用的单语。然而，在高句丽也使用过「可汗」这个名称。这点在《隋书·高句丽传》的记载"俗多淫祠，祀灵星及日，箕子可汗等神"里可以见出。

既然这样，我们就可以推断鲜卑与高句丽是同族，而且与鲜卑邻接的夫余也使用「可汗」这个名称。《三国志·魏志·鲜卑传》注所引用的《魏书》云："鲜卑众日多，田畜射猎不足给食。后檀石槐乃案行乌侯秦水，广袤数百里，停不流，中有鱼而不能得。闻汗人善捕鱼，于是檀石槐东击汗国，得千余家，徙置乌侯秦水上，使捕鱼以助粮。至于今乌侯秦水上有汗人数百户。"《后汉书·鲜卑传》把"汗人"写作"倭人"。这里的"倭人"不可能是日本人，我认为这「倭人」可能是「涉人」的误记。《水经注》卷三《大辽水注》云："白狼水又东北迳昌黎县故城西，……高平川水注之。水出西北平川，东流迳倭城北，盖倭地人徙之。又东南迳楼城北，盖戎乡邑，兼夷称也"。由此可见，"倭人"是白狼水流域的夷人。如上所述，涉的古朝鲜人居住过白狼水流域的昌黎（安黎）一带。所以，我们可能推断「倭」是「涉」字的错字，或者是这两字通音。

那么，位于鲜卑东方的"汗国"，它指的是哪一国家呢？《后汉书·东夷夫余传》云："西与鲜卑接"，可知夫余正是位于鲜卑东方的汗国。如上所述，古代朝鲜族早就使用「汗」（即韩）这个名称了。

根据以上的事实，我想我们是可以把「诸加」解释为「诸汗」的。就是说，「加」（ka·kha）是「可汗」（khan）的异字同语，我以为这样的解释并不是没有道理的。何以见得？「因为，在蒙语或满语里它的名词语尾《n》音的有无决不变化其词汇的本义。例如，蒙语把「太阳」称为「nara」或也「naran」。蒙古古语的名词词尾一般地有《n》字。满语里把「七」称为「nada」，也唸为「nadan」。从蒙，满语有这样的规律这一点看来，也就可以推想在夫余语里也会有这样的规律。据此可以把「加」（kha·ka）释释为「可汗」(khan)，但词尾《n》音被省略了，而意味着「王」或者「侯」的名词。夫余的诸加是次于王的高官，以此可知，夫余的「加」好象是「侯」似的大官。高句丽和百济里不把国王称为「可汗」，而称之为「于罗瑕」或是「鞬吉支」。《周书》卷四十九《百济传》云："王姓夫余氏，号"于罗瑕'，民呼为'鞬吉支'，夏言 '王'也，"从这里可以了解这一点。根据这一个事实，我们可知与高句丽和百济同一系统的夫余族的「加」並不是国王而是次于国王的统治者。

然而，乾隆帝把夫余的诸加解释为管理畜牧的官名。他在《御制〈夫余国传〉订讹》（《满洲源流考》卷一《夫余》条）中写出如下的文字：

《其传曰：'国以六畜名官，有马加，牛加，猪加、狗加，诸加别主四出道。有敌，诸加自战，下户担粮饮食之'。信如其言，则所谓诸加者，何所取义乎？史称夫余善养牲，则畜牧必蕃盛，当各有官以主之，犹今蒙古谓典羊之官曰和民齐一和民者羊也。……译夫余者，必当时有知夫余语之人译其司马司牛者为马家、牛家、遂讹为马加，牛加；正如周礼之有羊人、犬人、汉之有狗监耳。……蔚宗辈既讹'家'为'加'，又求其说而不得，乃强为之辞，诚不值一噱"。乾隆帝辨驳陈寿和范晔因为不知方言（而夫余语），故把「家」字讹传为「加」字，可是，他的说法是没有道理的，因为「家」本来不是夫余语而是汉语的缘故。我们决不能认为「加」是「家」的讹传，我们认为「加」乃是夫余语的音写，这样的看法是妥当的。乾隆帝把夫余的诸加解释为是管理牲畜的官名，我对于他的说法是不能同意的。这个看法所以不能成立，其理由如下：

从有关夫余的记录中，我们没有足够的根据能够肯定夫余是经营畜牧的国家。《三国志。魏志·东夷夫余传》云：《旧夫余俗，水旱不调，五谷不熟，辄归咎于王，或言当易，或言当杀。》从这个记载里可以见得夫余人对于农业是如何重视。《魏志·东夷夫余传》和《后汉书·东夷夫余传》有同一的记载《土地宜五谷。》要说有有关畜牧方面的记载的话，有《三国志·魏志·东夷夫余传》的“其国善养牲，出名马”以及《魏略》的“名曰东明，常令牧马。”从这个资料里可以看到夫余人的牧马业是发达的。然而，在诸加中不是没有“羊加”吗？牛、马、猪、狗是一般农民的家畜。如果要说畜牧民的话，他们的特征必将是牧羊的，但在《夫余传》里完全没有关于羊的记录，而且又没有“羊加”的官名，所以我们不能把夫余当作畜牧族的国家。从而，我们不能不论驳乾隆帝的说法是妄说。

那么，四加（牛、马、猪、狗）的名称是意味着什么呢？对这些名称的由来我不能作语言学上的解释，可是因为有四加之故，我们可以判断是有四汗国的，而它们必然是表示东西南北四个方位的。我这样推断：《魏志·夫余传》和《后汉书·夫余传》都这样记载：“以六畜名官”，可是四加名之外没有另外两加名。有人会推想夫余六加中两加名是在后代记载里脱落的，可是这样的推想是不一定正确的。《翰苑》夫余条也这样记载：“四加在列，五谷盈畴、赤玉可珍，黑貂斯贵。”由此可见夫余有六加的说法是不妥当的。

所以能把四加名推断为行政地区的方位名，其根据又在哪儿呢？我们有必要把夫余的行政地区和高句丽及百济的行政地区的分划法联系起来而推想。《三国志·魏志·东夷高句丽传》云：《本有五族：有涓奴部、绝奴部、顺奴部，灌奴部，桂娄部。"陈寿把高句丽的五部认定为五族，但李贤注《后汉书·东夷高句传》曰："今高骊五部：一曰内部，一名黄部，即桂娄部也。二曰北部，一名后部，即绝奴部也。三曰东部，一名左部，即顺奴部也。四曰南部，一名前部，即灌奴部也。五曰西部，一名右部，即涓奴部也。"而且这五部名从语言学上来说也可以解释为它们是东、西、南、北、中。（关于这点，在这儿不用详论。）由此可见高句丽的五部并不是五部族而是五方位行政地区的名称。百济也有过五部行政地区的划分，《周书·异域·百济传》云："百济者……治国麻城，其外更有五方，中方曰古沙城，东方曰得安城，南方曰久知下城，西方曰刀先城，北方曰熊津城"，又云："都下有万家，分为五部；曰上部、前部、中部、下部、后部。"根据这些资料，可知高句丽和百济是以五方位来划分行政地区的，那么作为与高句丽和百济统治集团同一系列的夫余统治集团，也必将会有与高句丽和百济相同的行政地区划分法，我们不是完全可以这样推想么？虽然夫余仅只有四加的名称，然而可以说那些是属于地方国即汗国那末必然还会有中央地区即王畿，因之我们可以说他们也仍然是以五方位的区划法来划分行政地区的。

高句丽里也有过「加」，《三国志·魏志·东夷高丽传》云："其国有王，其官有相加，对卢、沛者、古雛加、主簿、台丞、使者，皂衣先人，尊卑各有等级。"又云："王之宗族其大加皆称古雛加。"这「加」是国家的最高官而是国王的宗族。这「加」到底有几个，虽然在上引的资料里无法查到，然而根据"其大加皆称古雛加"这个记载，就可以知道有几个「加」了。同时再和"本涓奴部为王，稍微弱，今桂娄部代之"这个记载联系起来想的话，就可以推断那五部必是在五加的统治下，并且也可以想象高句丽也曾有过五加。然而，可以看作有四加，而桂娄部即中央，为国王直接管辖。既然承认夫余是有四加的，那么随而联想高句丽会有四加这就是很当然的事了。

从而，我就把夫余的四加解释为是四汗，而它又是地方的属部，这样判断是妥当的。

三、夫余的社会经济构成

(一) 关于资料

我们在考察这问题时，只能以《三国志》和《后汉书》作为基本史料。为了分析这些资料，首先应当探讨这史料是记录了关于夫余的何时代之社会相，也就是说在这些史料里有关夫余社会的资料是夫余的何时代之社会相。对这点应当把它整理出来。

首先来探讨《三国志·魏志·东夷夫余传》的资料吧。

在这《夫余传》的前半部分里记录了有关夫余社会相的资料，可是这些资料完全不明记它的时期。当然我们不能否认这资料的一部分是描写陈寿在世时—公元三世纪中叶时夫余的社会相，但同时我们不能肯定这资料完全是描写公元三世纪中叶时夫余社会相。随着产生的问题：在这史料里记载的那些社会相能够涉及到夫余的哪个时代。换句话说，现在成问题的就在于：我们是否可以认定这史料的内容是记载从夫余建国初以来的社会相。对于这个问题，我认为这史料的内容是包括从夫余建国初到陈寿时代为止的长时期的社会相，这样认识是比较妥当的。何以见得？

首先因为我们没有足够的材料可以说明夫余建国以来到三世纪为止之间它的社会经济形态是在另一种程度上得到发展的。换言之，没有任何根据可以说明它是从奴隶制社会到封建社会发展的。

当然，夫余是奴隶制国家还是封建制国家，这个问题可以分析有关夫余社会经济制度方面的资料而得到结论。然而，在我们现在所有的史料中，找不到可以论证从一个社会经济形态发展到另一个社会经济形态的根据，也看不出夫余建国后统治集团是交替过，也没有什么能够证实可能产生新的社会经济形态的阶级斗争的事实。

第二个理由是：《魏志·夫余传》的前半部分里叙述了夫余社会相，而在后半部分里虽是记录了与前者相异的时代的一些历史事实，然而，从这个记录里我们是无法看出夫余的社会经济形态是交替过了。即在同传的后半里记录为："夫余本属玄菟，汉末公孙度雄张海东，威服外夷，夫余王尉仇台更属辽东"，"正始中，幽州刺史毋丘俭讨句丽，遣玄菟太守王颀诣夫余，位居遣大加郊迎，供军粮…"，"旧夫余俗，水旱不调，五谷不熟，辄归咎于王，或言当易，或言当杀"，"今夫余库有玉璧珪瓒，数代之物，传世以为宝，耆老言先代之所赐也，其印文言：「涉王之印」。国有故城，名涉城，盖本涉貊之地，而夫余王其中，自谓亡人，抑有似也"等。

对于可以认定为夫余历史上要特记的事实，陈寿提供了如上的资料。从如上列举的"旧夫余俗，水旱不调，五谷不熟，辄归咎于王，或言当易，或言当杀"这段叙述里，我们可以看出他是把夫余的时代性区分开来了。但是我们无法认为这个记录的内容是征标了社会经济形态的特征。陈寿本身也表示过对于这个记录的内容并没有确实的资料，而说过"或言当易，或言当杀"。由此可知他的这记录或许是根据某一个不正确的传闻而记录了的。

因此，我们应当认为《三国志·夫余传》的记载是没把夫余建国以来的这样或那样的一系列资料体系化，而混合起来记述的。所以我们可以认定这史料是夫余国家形成以来到三世纪为止的夫余社会的一般性的资料。

现在先从《三国志》的材料来整理一下吧。

此书中关于夫余的最早的时代的资料是："旧夫余俗，水旱不调，五谷不熟，辄归咎于王，或言当易，或言当杀"，而我认为陈寿是把"旧夫余"与汉代分明区别开来的。何以见得呢？因为他又另外这样写："汉时，夫余王……"，又曰："汉末，公孙度雄张海东，威服外夷，夫余王尉仇台更属辽东"，而且在同传的前半部里这样记载："夫余，在长城之北，去玄菟千里，南与高句丽，东与挹娄，西与鲜卑接。"，而继之又把夫余社会的多方面作侧面的叙述，并再曰："汉末，公孙度云云"，根据这些记载，可知这部分里描写了相当于后汉末以前时期的夫余社会。总之，《三国志·夫余传》的记载是包括相当于汉以前，汉代和后汉时代的夫余社会的简单的一般性的资料。

《后汉书·东夷夫余传》的资料大体上也同前者一致。但在这里把关于夫余政治制度、经济情况，生产关系和风俗等部分的资料次第于东明王传说后而叙述。在这里所叙述的政治制度、经济情况、生产关系和风俗等是似乎在夫余建国后就有的。同传云：

"因至夫余而王之焉。于东夷之域，最为平敞，土宜五谷，出名马，赤玉、貂豽，大珠如酸枣。以员栅为城，有宫室、仓库、牢狱。其人麤大，彊勇而谨厚，不为寇钞。以弓矢刀矛为兵。以六畜名官，有马加、牛加、狗加。其邑落皆主属诸加。食饮用俎豆，会同拜爵洗爵，揖让升降。以腊月祭天大会，连日饮食歌舞，名曰'迎鼓'。是时断刑狱，解囚徒。有军事亦祭天杀牛，以蹏占其吉凶。行人无昼夜，好歌吟，音声不绝。其俗用刑严急，被诛者皆没其家人为奴婢。盗一，责其十二。男女淫，皆杀之；尤治恶妒妇，既杀，復尸于山上。兄死妻嫂。死则有椁无棺；杀人殉葬，多者以百数。"

我们可以说范晔对以上的诸项事实认定为夫余建国以后就有的夫余社会的一系列事实。何以见得？因为他继于上引文而写："其王葬用玉匣，汉朝常豫以玉匣付玄菟郡，王死则迎取以葬焉"的缘故。他所以写成"汉朝常豫以玉匣付玄菟郡"不正是因为承认了上引部分的诸事实是汉朝以前也有过的吗？

《后汉书·夫余传》里的关于后汉以后的夫余的资料是

"建武中，东夷诸国皆来献见。二十五年（49），夫余王遣使奉贡，光武厚答报之，于是使命岁通。至安帝永初五年（111），夫余王始将步骑七八千人寇钞乐浪，杀伤吏民；后复归附。永宁元年（120），乃遣嗣子尉仇台诣阙贡献，天子锡尉仇台印绶金綵。顺帝永和元年（136），其王来朝京师，帝作黄门鼓吹，角抵戏以遣之。桓帝延熹四年（161），遣使朝贺贡献。永康元年（166），王夫台将二万余人寇玄菟，玄菟太守公孙域击破之，斩首千余级。至灵帝熹平三年（174），复奉章贡献。夫余本属玄菟，献帝时，其王求属辽东云。"

我在上面把夫余建国年代大体上认定为公元前三世纪中叶夫余东明王是北夷槀离国的王子，而他统治了原住民涉人的社会。如上所述，涉人就是古朝鲜支配下的真番（真汗、番汗）的人民。如果我的见解能成立的话，那么夫余就不是从原始社会向阶级社会移行的国家，而是在古朝鲜的一部地区建立起来的国家，也是交替成的王国，我们可以这样认定它。而且藁离国也不是原始社会，而是在孟子时代已经有了赋税制度的貊国。

从而，我把《后汉书》上的引文到“因至夫余而王之焉，……杀人殉葬，多者以百数”为止的记录，判断为夫余建国以后就有的事实。固然，从夫余建国后到前汉末为止，夫余王系是不明确的，陈寿和范晔关于夫余王系是没有什么资料，而其叙述中对那王系的叙述并没有注意到。在《三国志》里是把尉仇台当作后汉末的王，而《后汉书》里是把尉仇台当作安帝永初年间的王来记载的。从这点来看也可以知道他们对于夫余王系的叙述是很不注意的。但我们并不能因为夫余王系的叙述不明确而把夫余的建国年代拖至后汉时代。过去日本史家们曾把夫余的建国年代认定为是尉仇台开始的，白鸟库吉在《史学杂志》第六编第十一号《朝鲜古代地名考》里说：《夫余在历史上出现是前汉之末，而灭亡是在慕容氏之中叶》，这是一个臆说。为什么能这样说呢？因为他不把在《史记·货殖列传》和《汉书·地理志》的关于夫余的资料一概提到的缘故。这正是帝国主义御用史学者们一概抹煞他民族的历史而服务于帝国主义侵略者的反动史学的行为。白鸟的说法就是这些反动史家的存在而造成的谎言，即，他们要“证明”日本皇室历史比夫余王系的历史更早，因而达到他们对于朝鲜和中国东北地方的侵略合理化的资产阶级史学家的行为。

那么来讨论一下夫余的社会经济形态吧。

（二） 社会生产力发展程度：

我们从上引的资料里不可能得到足以彻底解决这问题的直接材料，仅只能把间接材料来对汉代前后夫余的生产力发展程度推断一下。

第一个就是关于涉的生产力发展程度的材料。如上所述，涉至迟在公元前三世纪就使用了铁器，跟之而来，我认定在涉地建国的夫余里从建国初就开始了铁器的使用，这样推断是较妥当的。

第二个是关于乌桓的使用铁器的材料。在《后汉书·乌桓列传》里记录乌丸在汉初已使用铁器了。同传云："乌桓者，本东胡也。汉初，匈奴冒顿灭其国，余类保乌桓山，因以为号焉。……男子能作弓矢、鞍勒，锻金铁为兵器。"当然在这个资料里对于乌桓是从何时开始炼铁这方面还没有明记，但这史料里记录为从"乌桓者，本东胡也。汉初，冒顿灭其国"开始写起，到"锻金铁为兵器"为止，并没有写出关于时代的变动，继之写了："昭帝时，乌桓渐强，乃发匈奴单于冢墓，以报冒顿之怨。"我认为这正意味着乌桓从昭帝以前（公元前85--74年）已开始使用了铁制武器。如果乌桓在汉代使用了铁器的话，我们就可以认定夫余在同时也使用了铁器，这样推想是妥当的。何以见得？因为夫余是包括在东胡内的貊族的缘故。也因为如上所述，貊是经春秋，战国初在中国北方极为强大的族属，并且它与乌桓和鲜卑是邻接的具有密切关系的缘故。如上所述，齐桓公是败于胡貊的，这胡貊我是把它认定为貊族，随着，我们可以推想貊族在齐桓公时代就已有了很锐利的武器，在这，我们必须再联想貊国在孟子时期已有了赋税制度的事实。从《三国志》和《后汉书·夫余传》"以弓矢刀矛为兵"这个记录里，我觉得把它解释为这一定意味着是青铜武器不如把它解释为这意味着也有铁制武器更好。

夫余是古代朝鲜的国家中农业最发展的国家，并且建国初已经使用铁器来生产五谷。夫余五谷是很丰富的，所以"其民土著，有宫室、仓库、牢狱"（《三国志·夫余传》），而另一方面统治集团又是“以腊月祭天大会，连日饮食歌舞”，“行道，昼夜无老幼皆歌，通日声不绝”，他们穿的衣服是“白布大袂袍”，而其履为革鞋，在出国时使用的是锦罽和绘绣的装饰品。大人穿的是狐狸、狖、白黑貂的裘，并戴用金银装饰的帽子。由此可知，夫余的统治集团从人民那儿榨取了很多剩余生产物。

通过这些事实，也可以知道手工业也有了相当的发达，即织布、锦、手工艺品、毛织品（罽）等外还制造金银装饰品、毛皮、皮鞋等，还有珠玉加工，以及各种武器的制造，从这些资料上可以看出夫余的手工业是已经相当专门化了。

然而，关于畜牧业正如上所述的，没有什么资料可以说明夫余的畜牧业是很发达的或认为是原始畜牧社会的遗业。

商业和交通在公元一世纪时是相当发达的。《后汉书·夫余传》云：“建武中，东夷诸国皆来献见。二十五年（49），夫余王遣使奉贡，光武厚答报之，于是使命岁通”，又云：“至安帝永初五年（111），夫余王始将步骑七八千人寇钞乐浪”，“永宁元年（120）乃遣嗣子尉仇台诣阙贡献，天子赐尉仇台印绶金綵。”在这里的“献贡”“奉贡”等记载，我们是不应该就单照字面来解释，而应当解释为意味着和平的交易关系。夫余的统治阶级在公元一世纪中期，为追求富而与外国交易物资，因而可知其国的商业是很发达的，交通也是很发达的。

然而，对这个夫余，至今还有许多朝鲜史学家们主张这个社会是处于原始社会的末期。从《三国志》以《后汉书·夫余传》中看来，我认为没有什么资料足以证实夫余是处在原始社会的末期的。

（三）社会经济形态

那么夫余的社会经济形态是怎样的呢？为了阐明这个问题

让我们首先来考察一下阶级构成和经济制度。

在现存的史料里並没有足以直接提供关于夫余阶级构成和经济制度的资料，所以现今对现存的一些史料有各种不同的解释，对它的阶级构成也有各种不同的看法和解释。果真可以把夫余社会当做阶级社会以前的社会吗？

1. 统治集团：

在夫余最高的统治者是国王，但这国王並不是掌握无限权力的如后来的专制君主。裁判权不是国王所有的，而是国中大会所有的。我们从《三国志·夫余传》的"国中大会，连日饮食歌舞，名曰'迎鼓'。于是时，断刑狱，解囚徒"这个资料里可以见得。

当我们联想到与夫余"言语诸事多与同"（同上书《高句丽传》）的高句丽，其国王也没有对于裁判的专制权利时，也可以更明白地看出夫余王也是没有无限的专制权力的。在高句丽有了"东盟"这样的国中大会，这个大会是与夫余的"迎鼓"差不多的。同传又记载："无牢狱，有罪，诸加评议便杀之，没入妻子为奴婢"。这"诸加评议"可能是在"东盟"大会上的事。

但是，我们不能把"迎鼓"或"东盟"与希腊英雄时代的议事会形而上学地结合起来，等同视之，而把夫余同希腊的英雄时代的社会也等同视之。为何呢？因为在军事民主阶段里是还没有国家行政机构的。军事首长是没有行政权力的。恩格斯这样写过："亚里士多德说，英雄时代底 Basileia 是对自由人的统率，而'Basileia'则为军事首长，法官及最高祭司；从而，'Basileia'並未握有后来所谓的行政权力。"（《家庭，私有制及国家的起源》1954年人民出版社，103页）

夫余有了在下面列举的官吏，而国王就通过其官吏来行使自己的行政权。夫余的行政机构决不是氏族制组织，而是统一的国家机构。从而可知夫余王虽然并没有类似后来的专制主义国王的绝对的专制权力，而是在一定程度上受了氏族制度遗习所支配的君主。我们似乎可以认定夫余在迎鼓时也能处罚国王，或者也能交替国王。《三国志·夫余传》的"旧夫余俗水旱不调，五谷不熟，辄归咎于王，或言当易，或言当杀"这个资料足以说明这一点。然而从陈寿的笔法看来，他是没有有关这方面的具体资料的。陈寿仅是从传闻中知道了旧夫余的风俗里有那样一些事实罢了，因之，他也不明确那旧夫余是夫余的何时期的事实。而陈寿所知道的那个时期里夫余并没有那种风俗，这就意味着国王是掌握了最高的权力。由此可知，迎鼓的权限渐々被国王占取了，並形成了国王的专制权力（但还受旧习惯的支配），我们是可以这样理解的。陈寿所说的"旧夫余俗"可以解释为夫余人悠久的古代风俗，也可以解释为是一种反对国王的思想所表现的阶级斗争的反映。但是对于"旧夫余俗……"这资料，我们可以看作夫余的初期或是其以前即东明王移动到涉地之前的风俗习惯。我们可以从北方民族那儿看到和这个相类似的风俗和制度，蒙古族的《枯立尔泰"（K-huriltai）就是这样的。乌桓《有勇健能理决斗论者，推为大人，无世业相继"《后汉书·乌桓列传》鲜卑的风俗是和乌桓相同的（同上）。契丹亦有相同的风俗。我们把北方族都具有这样的风俗这个事实之存在联结起来考察时，北方族的夫余特别是与乌桓，鲜卑邻接的夫余有了作为国家最高会议的迎鼓这个事实决不是可怪的，要之，我们是可以判断在夫余社会中还很强烈地存在氏族社会的遗俗。然而，我们是无法探知到在社会经济生活中它是以怎样的形态残存着，但，作为国家最高会议的迎鼓它是存在的。那么我们可以判断在这样的基础上氏族社会的经济制度的残余也是相当强烈地存在的，可是我们不可能知道这样的氏族社会的经济制度的残余具有怎样的具体的形态。如众所知，蒙古族的《枯立尔泰》（Khuriltai）是在国家形成以后也在长久时间里存在的。随而，我们决不能论断，把夫余的迎鼓与希腊英雄时代的议事会或者人民大会比较起来，把夫余社会认定为是军事民主阶段的社会。作为官僚来说夫余的最高官有马加、牛加、猪加、狗加、在加的下面存在大使、大使者，使者等官。如上所述，诸加即诸汗，其大者是管辖数千家。小者是管辖数百家的地方行政长官。“诸加别主四出道，大者主数千家，小者数百家，我们可以解释这是作为中央政府的大臣而兼任地方长官的，这四加管辖除王畿以外的全部地方。夫余的汗国是不跟中国春秋战国时代的诸侯国同样的，而好像是西周的侯国似的。为什么能这样说呢？因为，夫余的汗国是四个地方行政区域，而作为其长官的「加」是兼任中央政府的大臣的，而且我们无法划到地方分权的缘故。夫余的大加数是一定的，而他们所统治的地域（即汗国）也是一定的，不能和中国的侯国一样有它们兴和亡。在《三国志》和《汉书·夫余传》里对这个「加」并没有称之为「侯」而只称之为「官」。这意味着「侯」与「官」是相异的，因而我们判断夫余的统治机构是在专制主义王权的支配下是比较妥当的，而这专制主义是在一定程度上还受着氏族社会制度的遗习的，它即指的是这种范围内的专制主义。我们没有丝毫根据可以把「加」解释为氏族社会共社的酋长，而且不可能有氏族酋长兼任为中央政权的大臣（官）的氏族社会。在氏族社会里还不可能中央政府机关的官制。「加」也不是百家长或千家长。“大者主数千家，小者数百家”这个资料无疑的是说明了诸加所管辖的地域之户口的多寡。“数千家”“数百家”的户口意味着怎样的阶层这个问题在下面再论吧。作为国家最高官的「加」是大奴隶所有者。《三国志·夫余传》云：《有敌，诸加自战，下户俱担粮饮食之。其死，夏月皆用冰，杀人殉葬，多者百数，厚葬，有椁无棺”，这资料说明了诸加是军事指挥官，并且他们是可以在出葬时任意殉葬一百多名奴隶的大奴隶主。当然诸加是贵族，但这贵族不是仅只支配和管制自己氏族的。即夫余的行政组织不是血缘的组织，而是按地域来划分国家统治下的人民。根据什么能这样说呢？因为，如上所述，我们可以判断夫余的行政区域是与高句丽和百济一样，根据方位来区划的缘故。还把它按历史事实来推测吧，也不能说夫余是依血缘的组织来划分行政组织的。早在东明王建国夫余时，夫余就有古朝鲜人民——涉人居住着，并有新移来的貊人（夫余族）杂居。假使到夫余建国为止，涉和貊还维持着氏族组织，可是通过夫余建国的过程那氏族组织是不能不被破坏的，特别是貊族至迟在孟子时代已经形成了国家，而涉人已经是在古朝鲜国家的统治之下了。通过这两个事实，我们也可以联想到夫余是不可能依据血缘组织而划分行政组织的。从而，虽然四加是贵族，可是没有任何根据把它解释为氏族的酋长。有人主张，“邑落有豪民，名下户，皆为奴仆”里的邑落是氏族公社的组织，可是把这邑落说成是氏族公社的组织倒不如说是阶级分化激烈化了而农村公社也破坏了的村落，这样的看法是妥当的。为什么呢？因为，在邑落之内存在豪民、下户、奴仆等阶级，从而把豪民看成氏族长，倒不如说他是依个体经济而积蓄的富有者更为妥当，因此，并没有什么根据可以把邑落解释为是血缘上的组织，而且也没有根据把它解释为是农村公社。当然如下面将要叙述到的一样，我们应该认为在邑落上，氏族社会的风俗和农村公社的残余在相当程度上是存在的。

2. 豪民：

这个阶级从称之为「民」这点来看，可以说不能认为贵族。我认为就把它按照字面来解释为富裕之民是妥当的。这阶层是不是奴隶所有者？能够对这问题可以给一个肯定结论的直接资料是没有的，我们是不能说豪民没有剥削下户和奴隶就会成了富裕的阶层。《三国志·夫余传》云："用刑法严急，杀人者死，没其家人为奴婢"，又云："邑落有豪民，名下户皆为奴仆"，根据这个资料，可以说夫余的奴隶制是以社会经济制度的形式而存在的。"名下户"的"名"字在毛本、宋本里都写为"民"字。（蔚伯赞编：《历代各族传记会编》第一编《三国志·魏志·东夷夫余传·考证》）所以，我认为把"名下户"读成为"民、下户"是较妥当的。由此可知在邑落里有豪民、民、下户，奴仆等阶层存在。那下户"皆为奴仆"，那么把它解释为沦落成为豪民的奴隶是较妥当的。同传云："窃盗，责十二"，这不正是下户向奴隶的沦落过程吗？贫穷的下户盗取豪民的财物，当他们无法给予十二倍赔偿之时就只有沦落为豪民的奴隶是自明的事了。因而我们可以解释，豪民是由于他们榨取了下户和奴隶而成了富裕的奴隶所有者。这豪民固然不是贵族官僚，但他们在贵族官僚的庇护和国法的保护下还是有可以杀害奴婢的权利。《三国志·夫余传》云："男女淫，妇人妒，皆杀之；尤憎妒，已杀，尸之国南山上，至腐烂，女家欲得，输牛马乃与之。"这个资料不但说明了贵族、豪民等淫乱的生活在法律上都能够得到保护，并还说明了法律上也能容忍任意杀害那保护自己权利的妇女等现象。这证明了在那时道德和法律上对妇女完全与奴隶的身分同等视之的。因而也就傍证了贵族、豪民们都具有任意杀害奴隶的权利，并且可以得到法律上的保护。要之，夫余的贵族和豪民是可以任意杀害奴隶的，而且可以任意殉葬他们的。豪民是统治阶级的一个阶层。

3. 民：

如上所述，我认为把《三国志·夫余传》的"名下户"读成为"民、下户"是较妥当的。为什么呢？从那个社会阶级构成来看，我们应该说它的基本阶级必然是平民，同传里有"其民土著"这样的记录。正是这民可以分化为上层的豪民，或没落而成了下户，而这下户可以再度沦落而为奴隶。这"民"是农村公社的成员呢？或者是个体农民呢？对这一点没有什么根据可作判断。当然，我可以肯定氏族公社和农村公社的残余是存在的。如上所述，迎鼓分明就是公社社会的残余，另外我们从其"人粗大，彊勇而谨厚，不为寇钞"这个记载里可以认为它给我们说明了农村公社的遗习。"不为寇钞"这句话並不是指个人不做盗贼，而是含有人们不做集体性的攻夺的意思。我们所以这样解释，因为在同传里同时记录了夫余社会里存在着盗贼和杀人者的事实。夫余人不做集体性的攻夺这个事实，是因为当时存在了不允许互相间攻夺的那种社会制度的缘故，这样判断是较合理的。如果夫余社会是处在军事民主阶段的话，那么那个民族集团是不可能进行互相掠夺的。

恩格斯对军事民主社会的特征这样说：

"于是氏族制度的机关，便逐渐脱离了自己在人民中、在氏族中、在胞族及在部落中的根基，而整个氏族制度转变为自己的对立物了；它从自由调理本身事务的部落组织转变为掠夺与压迫邻人的组织了，与此相适应，它的各机关也由人民意志底工具而变为旨在反对自己人民的独立的统治与压迫机关了。"（《家族、私有财产及国家的起源》人民出版社版158页）因此我们决不能认为夫余人不作集体性的攻夺的这个事实，是处在军事民主阶段的社会现象，而应该认定为这事实是意味着在国家权力的支配下夫余人不能互相攻夺的结果。集团与集团之间没有互相攻夺的这个事实意味着什么呢?

我们可以说这样的集团的存在就意味着当时的村落民在共同的利害关系上组织成为集团，就是说意味着村落里有共同的财产。从夫余邑落里存在豪民、民、下户、奴隶等事实可以看出私有制是相当发达的，可是这邑落也具有共有的财产的。也就是说大部分耕地虽已经被豪民占有了，而公社所有制也已经破坏了，可是还有一些共有耕地和森林、牧场、荒地、沼泽、河流、池塘、湖泊、道路、桥梁、猎场以及渔场等是共同所有的，并且是在共同管理下的。这样的推想不是合理的吗?

要之，夫余的农村公社虽已经被破坏了，然而它的残余还是残存得很厉害的。因此不能把“民”当作是农村公社成员，而只能把它理解为占有一定面积的耕地，同时共有一定数量的财产的平民。这民是受到了相当强烈的氏族社会的遗习和农村公社残余的支配的。夫余的豪民是与高句丽的大家一样意味着宗家，而民就是指的在习惯上从属于那个宗族的平民。那民中的下层是下户。

4. 下户:

对于下户的社会身分问题，至今为止很多国内外史学家们曾经讨论过。在这里我并不想把所有的说法与解释都一一列举出来，而仅想根据一些基本的资料来论断下户的社会身分。在《三国志·东夷夫余传》里对下户只有这样写:《邑落有豪民，名下户皆为奴仆”，“有敌，诸加自战，下户俱担粮饮食之”。在《后汉书·夫余传》里完全没有有关下户的记录。在其他中国史书中也很难找到下户这个身分的名称。《辞海》下户条里这样写:“(一)贫民，《宋史·高帝纪》:「蠲建康府、太平、宣州逋赋及下户今年身丁钱。」(二)户，饮酒之量也……》。

由此可知，在中国，"下户"并不是一个社会阶层的身分的名称，而指的是贫民。把下户与奴隶这样分开来叙述为《下户皆为奴仆"，可知夫余的下户必定是与奴隶身分有区别的，但与奴隶身分都是很接近的。

现在来具体地探讨一下有关"下户"的资料。

(1) 《三国魏志·东夷夫余传》里有上引的两个资料。

(2) 同书《高句丽传》云："其国中大家不佃作，坐食者万余口，下户远担米粮鱼盐供给之。"

(3) 同书《三韩传》云："其俗好衣帻，下户诣郡朝谒，皆假衣帻。自服印绶衣帻千有余人。"

(4) 《魏略》辑本《高句丽条》云："下户给赋税，如奴。"

从以上诸条可以看出夫余、高句丽、韩的下户虽然其名称是相同的，但其内容并不一样。固然三者对于下户不是奴隶这一点上论点是共同的，但是夫余的下户是可以全部转变为奴隶身分的，而在战时这下户又会成为搬运军粮的辎重兵。

高句丽的下户是给坐食者（即大家）供米、粮、鱼、盐的，并且向国家交纳赋税。由此可知高句丽的下户分明是受到实物地租形式的剥削的。高句丽的统治阶级就从下户那儿榨取实物地租而生活。为什么能这样说呢？因为高句丽有三万户人口，其中有一万口是榨取下户而坐食的。照一户平均五人来计算，高句丽人口十五万人中就有一万多人靠着下户过着寄生的生活。因此我们应该解释为高句丽的剥削阶级已经是没有依靠奴隶制经济制度了。因为我们决不能把高句丽的"给赋税"的下户解释为是奴隶的缘故。然而夫余是与这个情况不同的，他们是将所有的下户都变成为奴隶，而且寄生于那奴隶，可以判断夫余的统治阶级是依赖于奴隶制经济制度的。陈寿在写《夫余传》和《高句丽传》时，在《高句丽传》里完全没有论及下户沦落为奴隶这一点，对这一点我们绝不能说是陈寿的曲笔。

对韩的下户并没有具体的记录，但我们是可以认为在韩是存在着残酷的奴隶制度的。《三国志·三韩传》的"其国中有所为，及官家使筑城郭，诸少年勇健者皆凿脊皮，以大绳贯之，又以丈许木锸之。通日嚾呼作力，不以为痛，既以劝作，且以为健"和"其远处直如囚徒奴婢相聚"这两个记载，是可以说明三韩有奴隶制度的事实。关于这点，在下面再谈。我认为三韩的奴隶制经济制度是当时占主导地位的经济制度。因此我们可以说三韩的"下户"和夫余的"下户"是同一的，而且是可以沦落转变为奴隶的阶层，关于这个推想，在下面《三韩考》里再论吧。

要之，下户是民中的"下户"，即为贫贱民，因此我们不能把下户断定为是奴隶式农奴。换言之，我们可以解释奴隶制社会的下户是可以沦落而转变为奴隶的下层民阶层，而在封建社会里是可以转变为农奴的下层贫民。

朝鲜史学界的大部分把古代朝鲜的各国的下户解释为同一身分的阶层，故或以奴隶身分或以农奴身分规定之。但我们必须慎重地对待各项史料，并也应当把各个国家的具体的事实联系起来解释问题而不应当孤立地解释问题。

在我们要阐明夫余的下户的身分时，"下户皆为奴仆"这个记载将是解决这问题的钥匙。夫余的下户全部都沦落为奴隶而并不是说沦落为农奴。假如象金锡亨同志一样把下户解释成为和部曲一样的贱民的话（《朝鲜封建时代农民的阶级构成》212页），那是意味着部曲的下户不是转变为农奴而是转变为奴隶的。当然我们不能肯定这样的规律。金锡亨同志不把"奴仆"解释为奴隶，而仅解释为包括了农奴的一个概念。他主张在后代的朝鲜封建时代文献里把农奴身分也称之为「奴婢」，所以《三国志》里的奴婢也应当作同样的解释。然而这个解释是他的误解，在中国文献里完全没有把农奴记录为"奴婢"的实例。我们决不能以朝鲜封建史家们对于"奴婢"记录的概念来解释中国古代史料上记录的中国人对"奴婢"的概念。我们决不能认定和部曲一样的贱民都变成为奴隶的那种社会叫做封建社会，并且这种现象也是不可能有的。为什么呢？因为，在封建社会形成过程中，不是部曲转变为奴隶而是奴隶变成为部曲的缘故。就是说，假如农奴制经济制度当先进的经济制度占了主导地位的话，那种社会的统治阶级决不是把部曲变成奴隶的。夫余的下户并不是在奴隶制社会的胚胎里成长起来的先进阶层，而应当判断为是开始阶级分化以后渐次没落的人民阶层。从夫余统治阶级为了把下户变为奴隶而制定的法律对策中看，可以说这就意味着下户经济制度是比奴隶制经济制度更不利于他们，也就是说，统治阶级比榨取下户从榨取奴隶可以获得更多的剩余生产品。换句话说，下户经济制度是在缓慢地向奴隶制经济制度变替的过程中。因此我们应当认为下户经济制度是比奴隶制经济制度并不是先进的制度才对。

那么，下户到底是怎样的阶层呢？实质上下户这个阶层是以农奴的形态存在而受着奴隶般的榨取，并且他们的全部都有转化为奴隶的命运的。这就是从氏族社会末期就存在的"隶农"。马克思和恩格斯就把这隶农称之为「农奴」。然而他们是把这「农奴」和中世纪的农奴区别开来的。

关于农奴制度，恩格斯曾经这样说过："关于农奴制的事件，我们的意见'未得一致'，如商用文体所说的，这使我欢喜。农奴制和隶属状态的确不是中古封建的形态，到处或几乎到处都有，即在征服者让旧民替自己耕种土地之处也都是如此——例如在帖撒利很早就有。这种事实甚至使我和其他许多人不能看清中古的奴役状态；人们很喜欢把它建立在单纯的征服上，这就把此事干脆了结了。”（恩格斯：《致在文特那的马克思》1882年、《马克思恩格斯通信集》第四卷，三联书店1958年版，第672页）。

由此可见农奴制在奴隶制社会也有的，但那个与中世纪的农奴制度是不相同的，那只是奴隶主集团无法将掠取对象变为奴隶的情况下，不得不采用的剥削制度。换言之，那些农奴不是贡纳封建地租，而是奴隶主的无限制的奴隶般的剥削的，这样理解不是妥当的吗？这也就是说，在奴隶制社会初期的农奴性的隶属制度，并不是能够解决奴隶制社会的生产力和生产关系之间的矛盾的、进步的生产关系，而那农奴制能够转变为奴隶制的生产关系。 看那农奴性的隶属的人民必然就有沦落成为奴隶的命运，这也就是说古代社会初期的农奴性的隶属关系是在还没有发展成为古典奴隶制的社会里依据其社会的具体条件发生的存在。奴隶所有者们是没有具备把这般人变成为奴隶的条件，故他们不得不把这般人保持在农奴性的隶属状态上。而那条件是根据其具体的社会历史之特殊性而各个相异的。

恩格斯在1844年写了“家庭私有制和国家的起源”这本书，在其中再次引用了马克思的话说：“现代的家庭，在萌芽时，不仅包含着奴隶制，而且包含着农奴制，因为它从最初起，就是和耕地操作有关的；它以缩影的形式包含了一切的对抗，这些对抗后来在社会及其国家中广泛地发展起来。”（上引书55页）。

恩格斯把和原始社会末期的奴隶制同时出现的农奴制与中世纪的农奴制区分开来，并在这里同时引用了马克思的话。

然而恩格斯並不承认农奴制在人类社会发展上应当是规律性的一般存在，他指出了不存在农奴制的社会也是有的。他在

1890年6月5日给爱因斯特的信里曾这样写过："挪威的农民从没有作过农奴，这个事实在卡斯第里亚（是西班牙中部的一州）也是如此——对于挪威的整个发展给了一个完全不同的背景，挪威的小资产者是自由农民的儿子，因而比起德国的可怜的小市民来，他们是真正的人。同样地，挪威的小资产阶级妇女，比起德国的小市民妇女来，也要高出不知多少。"（《马克思恩格斯、列宁、斯大林论文艺》1957年人民文学出版社版30页）

因此我们不能把马克思、恩格斯对于与奴隶制同时出现的农奴制的论点无条件地教条地搬用于任何社会，而且决不应该将那个农奴制与中世纪的农奴制等同视之。

恩格斯指责过在雅典国家形成以前已经有佃户存在的这种看法。他的话如下：

在雅典国家形成以前，"在亚蒂加的田地上到处都插着抵押的牌子，上面写着这一块地已以多少钱抵押给某某人了。没有插这种牌子的田地，大半都因未按期付还押款或利息而出售，归贵族高利贷者所有了。农民只要允许他作佃户依旧耕种原地，能得到自己劳动生产品的六分之一以维持生活，将其余六分之五以地租方式交给新主人，那他就谢天谢地了。"（《家庭、私有制和国家起源》上引书107页）

由此可见在雅典国家形成以前，已经有佃户和地租方式的剥削制度。然而其佃户跟着奴隶制度的发展就转化成了奴隶，而不是直接转化成封建制度下的佃户。同样，这不就是说前者的境遇在其身分上来看是农奴，但从实质上以其被剥削的这点来看，不应当把它与奴隶等同视之吗？处在还没有移行到奴隶制社会的这种生产力微弱的社会阶段的农奴和佃户，他们的经济状态与封建社会的农奴和佃户是不可同视的。为什么呢？因为生产关系是适与生产力发展程度相适应的缘故。这就是说，在原始社会末期，是决不可能形成封建生产关系的。

在雅典国家形成以前，佃户们把生产品的六分之五交给奴隶所有者地主这意味着什么呢？这不是意味着奴隶般的剥削么？那般佃户除了被榨取生产品的六分之五以外，还受着经济外的强制，这样的看法是很自然的。那佃户并不是变为农奴而是沦落为奴隶的。恩格斯继上文而说："不仅如此，倘若出卖土地所得的钱不够还债，或者债务没有抵押保证，那末债务者便不得不把自己的子女出卖到海外去做奴隶，以偿还债务，父亲出卖子女——这就是父权制和一夫一妻制的第一个果实；要是吸血鬼还不满足，那末他可以把债务者本人出卖做奴隶。雅典族底文明的曙期，就是如此。"

这就是说那佃户并不是变为农奴而是沦落为奴隶。由此可知一般地在原始社会末期发生的农奴是不可能不经过奴隶社会而直接转变为封建社会的农奴。在原始社会末期出现的「农奴」继续以一个经济制度存在着，而随着其取得主导地位就直接转化成为封建农奴，这样一种社会内部发展规律是不可能想象的。这也就是说封建经济制度在原始社会末期发生，并随其占主导地位而直接移行为封建社会，这样一种社会发展规律是不可能想象的。

夫余的下户是民而不是奴隶，我们可以判断下户从原始社会末期开始存在，而不断地编入奴隶阶级里的贫民。这样是较妥当的。夫余的下户不可能与原始社会末期发生的「农奴」或是「佃户」在身分上完全一致，然而，他们是都有转变为奴隶的相同命运的，基于这点他们可以属于同一范畴。要之，夫余的下户虽是平民，但是又受着奴隶般的榨取，其身分不可能不转变成奴隶。这下户是因氏族的遗习在奴隶制度不能急速发展的社会条件下，形式上维持着「民」的身分，而实际上受了奴隶般的剥削，随着奴隶制的缓慢的发展渐次编入奴隶队伍的隶农。

5. 奴隶

在《三国志》和《后汉书·夫余传》里记载的「奴仆」和「奴婢」，指的就是奴隶。某些朝鲜史学家主张因为在朝鲜封建社会文献上的「奴婢」也解释成为农奴，我认为这是不妥当的解释。夫余邑落里存在着豪民、民、下户、奴仆，其下户皆为奴仆了。我们决不能把这奴仆（即奴隶）解释成为共同体的奴隶，而应当把它解释为是贵族和豪民的私有财产的奴隶。我们能把这豪民的奴隶认为仅是家庭奴隶而并没有参加生产劳动吗？当然家庭奴隶也是存在的，然而我们不能说邑落的豪民并没有榨取奴隶的劳动力而凭空成为豪民。贵族的豪民用如何方法来把下户变成为奴隶呢？"下户皆为奴仆"这资料就说明了豪民们把下户大量地变成了奴隶，贫民的下户当盗窃之后，无法付出十二倍的赔偿之时，他们不得不变为奴隶。自从阶级国家形成以来，「民」渐次沦落为下户，而下户又全沦落为奴隶了。奴隶的数目就是这样渐次增加着，而贵族们就有了数百数千的奴隶，贵族和豪民为了把下户变成为奴隶所作的一种手段将其制定的法律，这不就是说统治阶级并不是将下户当做基本的榨取对象，而是把奴隶当做基本榨取对象吗？如果统治阶级把下户当作基本榨取对象的话，他们决不是使那般下户全部变成为奴隶，这样的看法是很自然的。从而如其说夫余的奴隶仅为家庭奴隶，不如说是大多数的奴隶参加生产劳动，这样的推想是妥当的。特别是，不难想像，在相当程度上发达的手工业和矿业是奴隶负担的。就是说，夫余社会的上层建筑起了强化奴隶经济制度的作用，也就是可以看出並不是强化下户的隶农经济制度。

我们没有根据主张夫余的奴隶是与古代东方诸国的奴隶同一的。我认为夫余的奴隶制是比古代东方诸国的奴隶制更为发展。为什么这么说呢？

其理由：第一个是夫余的奴隶不都是家庭奴隶，反而其大多数是生产奴隶。如上所述，假如夫余的奴隶制是家庭奴隶的话，其统治阶级决不要把全部的下户当做家庭奴隶。

至于东方的家庭奴隶制，恩格斯是这样说过的：

"在东方，家族奴隶是特殊的，即是，在这里，奴隶不是直接地形成生产的基础，而仅是间接的民族的成员。"（《自然辩证法》神州国光社版 279页）

由此可见，东方的家庭奴隶是仅间接地当家族的成员形成生产的基础的。夫余的奴隶的大多数不是这样的奴隶，我以为这样推断是妥当的。因为，在夫余存在着相当多的下户，而那般下户都变成奴隶的缘故。

第二个是奴隶的数目相当多。固然《三国志》和《后汉书·夫余传》里没有关于奴隶数目的资料。但，我们依据《邑落有豪民，名下户皆为奴隶。诸加别主四出道，大者主数千家，小者数百家"这个资料可以推断夫余的奴隶数目。这里的"大者主数千家，小者数百家"的"家"指的是什么？夫余的户口一共有八万。可是四加管辖的户口是不到一万家。那么，四加管辖的家意味着不是一般的人口。我认为这个家是下户的家。为什么呢？如上所述，夫余的统治阶级是用所有的办法来把下户转化成奴隶的，因此统治阶级的主要的统治对象不得不是下户，不够一万家的人口我们不能把他们认为是基本群众的普通「民」，因为普通的民应当占八万户的绝大多数的缘故。有人会想不够一万家的人口是贵族和豪民层。可是这样的看法很难成立的，因为统治阶级的统治对象不是统治阶级本身的缘故。所以，四加誉精的不够一万家的人口把它解释为是下户是妥当的。

第三个：贵族能殉葬一百多人的那样的奴隶，我们并不能把它认为是家庭奴隶。

假若我的说法能成立的话，我们能把夫余奴隶的数目概算出来。我们认定夫余社会的占主导地位的经济制度是奴隶制经济制度的话，也应该认定奴隶数目比下户数目更多一些。那么，奴隶数目大体上相当于一万户左右的人口。我们把"皆为奴仆"的下户当奴隶计算的话，夫余的奴隶数目大概是二万户左右的人口。那么，奴隶数目是大体上等于全人口的四分之一。换句说说，夫余的下户不够一万户，而奴隶数目则比它多一些。

要之，夫余的社会经济形态是奴隶制经济制度占着主导地位的奴隶制经济形态。因此，我认为夫余的奴隶制度是比古代东方诸国奴隶制度更发达一些的。

夫余是在东夷诸国中农业较发达的富强的国家。《晋书》卷九十七《东夷夫余传》云："其国殷富，自先世以来未尝被破"。其人口有比高句丽人口两倍多（高句丽人口有三万户）。如上所述，在夫余里无法找到畜牧经济部门。早在东明王建国以前，居住在夫余地域的濊人就已经经营了农业。从其地理条件来看也可以看出夫余的农业很早以前就很发达了。

夫余的统治机构为了强化奴隶制度起了积极的作用，而并不是为强化封建经济制度而起作用的。夫余的法律是奴隶主的法律，而决不是封建地主的法律，更加不能把那样严格而残忍的法律看作氏族社会末期的法律。现在我们没有什么资料可以说明支配夫余社会的那样的观念形态，而仅只能知道夫余的建国者是「天之子」，由此可知他们已将王的权力与天相结合起来。

从以上所论，我们可以论断夫余的社会经济形态是奴隶制经济形态。这奴隶制国家是已经经过了古代东方奴隶制阶段，而它的生产奴隶制已发展到了一定的程度。然而，我们并不能说这社会是与亚细亚的社会特性全然不同的特殊社会。夫余仍是氏族制的遗习和农村公社残余被强烈地留存着的专制主义国家，基于这点，我们可以认定夫余是具有亚细亚社会的特性的。

第四节 三韩考

一 对于三韩东迁说的批判

我在这里首先列举中国著名的几位学者关于三韩的说法並加以批判。从来关于西周时代的古韩国的资料很缺乏，並且这韩国与貊族有了关系，所以有人把古韩国认为是三韩的先行国。而且主张古韩国后来东迁到现今朝鲜地域而在汉初成立了三韩国。

这第一个主张者是后汉的王符，《潜夫论》的注释者汪继培也是这样主张的。我已经在《涉貊考》里引用了他的说法。他把古朝鲜（韩氏）被卫满驱逐到海中去（《潜夫论》卷九《志氏姓》第三十五），他的主张的根据是这样的：桓叔的后裔是韩氏，宣王时代韩侯国的后裔韩西（汪继培《笺》云：「韩西」是朝鲜"的误记。）也是韩氏。我认为他的论据很模糊，所以不能肯定他的说法。我们决不能找到资料把古朝鲜王的姓认为是韩氏。《魏略》云："其子及亲留在国者，因冒姓韩氏。準王海中，不與朝鲜往来"。（《三国志．东夷韩传．裴注》所引用）由此可知，古朝鲜最后的王準的姓也不是韩氏。因此我们不能肯定王符和汪继培的说法。

明代学者郝造卿在《燕史》里认为宣王时代的古韩国东迁后在汉初成为三韩。他的说法是没有任何科学性的根据的。他的主张也是很模糊的，他全然没有论及宣王时代韩国从东迁时起到成为三韩时止，经过了怎样的过程这个问题。他把古韩国与貊区别开来，而且认为这韩不是古代朝鲜族的国家而是西周的一个侯国。他认为这韩国东迁后在汉初成了三韩国。换句话说，他认为三韩不是古代朝鲜的国家，而是西周的侯国移到朝鲜境内而成立的国家。因为我们没有任何根据三韩是西周韩侯国的后身国，所以我认为郭氏的说法是没有什么值得考虑的。

到了近代章太炎在解释《诗经·大雅·韩奕》时，他把燕的位置认定是现今北京一带，而且把貊的领域认定是东北地方，从这样的见解出发，他认为「韩城」和「韩侯」的「韩」即是三韩的「韩」。他在《大雅·韩奕义》（《太炎文录续编》卷一）里说："《大雅·韩奕》首言「倬彼梁山」，梁山为晋望，《笺》谓在冯翊夏阳西北，故说韩后为晋所灭，其地则春秋韩原是也。次言「溥彼韩城，燕师所完。王锡韩侯，其追其貊」。冯翊韩原去燕二千里，地处中原，与貊犹隔绝，故《笺》训「燕」为「安」。其说追、貊则云：「后为猃狁所逼，稍稍东迁」。然韩原在龙门下，去北塞犹远，独太史公《匈奴列传》称梁山以北有大荔戎，《秦本纪》称厉共公伐大荔，取其王城。《汉书·地理志》「左冯翊临晋：故大荔」，此为与韩原近。及观《春秋·僖十五年传》，晋阴饴甥会秦伯盟于王城，杜《解》：'冯翊临晋县东有王城'，则是时尚未有大荔，况宣王中兴时。且大荔本西戎小部，亦非貉、濊貊、小水貊之类，自在东北，与高句骊同种。《逸周书·王会解》已有'濊人'，汉时乐浪郡自单单大岭以东七县皆以濊为名。小水貊则在西安平县北，夫馀王印亦称'濊王'，知貊本东北旧人。郑云'被逼东迁'，史传亦无其事也"。他又这样说明王肃把古韩国认为是涿郡地域的说法云："王子雍知郑说不合，故云涿郡方城县有韩侯城。《水经·圣水条》据其说，直云：「圣水东南经韩城东」。按方城即今固安县，北去京师一百二十里，以为燕师所完，近之矣。圣水者，今之琉璃河，水非深广；琉璃河入永定河，即古桑干河，而产亦极少。诗言：「川泽讦讦，鲂鱮甫々」，皆圣水所无有。且固安平原，熊罴虎鹿亦不产焉。地虽偏北，其去貉亦尚远也，余赖韩侯之国，即《后汉书》所谓三韩。梁山乃入觐周京所经之道，非其国有梁山也”。他还引用《后汉书·东夷韩传》的三韩说，认定三韩是在今朝鲜境内而且认为《韩奕》里的“百蛮”是沃沮、挹娄等，並且他还认为貊是涉貊、小水貊、夫余涉王等。因此他认为《韩奕》里的韩城是三韩地域，同时他说在西周初韩城属于幽州。他接着这样说：“大氐幽州初置，本以燕为侯伯，宣王以韩、朝鲜、涉貊西北讫于辽东，地皆绝远，更分其地，使韩侯统之”。这就是说，他认为韩侯国是宣王时封韩侯于三韩（今朝鲜地）的侯国。换句话说，他主张古代朝鲜的三韩在西周初已经受了燕侯的支配，到了宣王时期，作为西周的韩侯国而处在西周统治之下。而且对于《诗经》的蹶父孔武，靡国不到，为韩姞相攸。莫如韩乐”这句诗，他这样解释：“借令韩在冯翊，去镐京无几，行李远来至为便速，蹶文虽屡至其国不为武，为女相攸亦不待尽历诸国也”。而且他这样说明蹶文之女稼于韩侯的理由：“箕子封于朝鲜，子孙欲自海道入寇，则家得自其西陑之。微、箕虽贤，犹以其后嗣有变为惧，而箕子封地在绝远，燕一系不足以遥制，是故援权于韩，使犬牙相错，其形格势禁，亦可谓至矣。宣王之时，韩侯服属已远，惧其习於貉道，恃远而潜，由是妃以将相大臣蹶文之女以相柔也。”

如此，章太炎把古代朝鲜的韩国认做西周的侯国，我认为，他的主张的论据是从箕子朝鲜是西周的侯国的传统的说法出发的，他认为幽州包括今朝鲜领域

我不能肯定他的说法。为什么呢？因为，第一个理由是我不能把箕子朝鲜传说认作历史事实，第二个理由是我们没有任何根据可以说明西周的领域包括现今的朝鲜领域。我在下面考察三韩时将论驳他的说法。章氏的说法是中华大国主义思想的

的一个表现，我在他的说法里找不到任何科学性。他的说法是依据王符和郭造卿等人的说法而来的。但是，在他的说法里值得注目的是他认为西周时代的古韩国不是西周人的社会，而是古代朝鲜族的社会。总之，根据《韩奕》的诗篇和对它的解释，我们有根据主张古韩国不是西周人的社会而是貊族的社会。《毛诗·郑氏笺》认为韩侯是武王的后裔，可是这不过是一个臆测。章氏驳他的说法说："说者皆云：'武王后封韩原，今云三韩者，亦武王子邪？投诸亲于大荒，古者宜无是'。答曰：《春秋》曲沃桓伯之弟已称韩万，韩原之国入春秋不复见，其诚为武王子故封以否，经记亦无正文也。"（同上书）

我在上面已经谈过在古朝鲜和夫馀里存在过「汗国」。所以，我想把西周的古韩国认做貊国的「汗国」的这个说法并不是完全错误的。总而言之，在古代朝鲜的社会里存在过许多汗国；又不仅是三韩存在过的。因此，我把宣王时期的韩侯国解释为被西周占领的貊族的汗国，就是说宣王以前的古韩国就是貊族的汗国。

下面我根据具体的资料来考察三韩。

二、三韩的历史地理和三韩的分立

三韩的历史地理还没有定论。在其历史地理上成问题的不是三韩分界线问题，而是三韩的北境问题。我对于把三韩的领域认为今朝鲜中部以南的地域的传统说法不能不怀疑，所以先来考察这个问题。

我们为了阐明三韩的北境位置，应该先阐明古辰国的北境位置。

《三国志·东夷韩传》云："辰韩者，古之辰国也。"《后汉书·东夷韩传》云："韩有三种：一曰马韩，二曰辰韩，三曰弁辰，……皆古之辰国也。"陈、范两氏的传说不同。我以为，陈氏的说法是由来于同一的「辰」字的误证。为什么能这样说呢？因为，他只写了三韩当中的马韩五十余国，而且记载为"辰王治月支国"的缘故。月支国（或目支国）是马韩五十余国之一。假如辰韩是古辰国的话，辰王是应该解释为「辰韩王」，那么其辰王（即辰韩王）怎样统治了马韩的月支这个问题就被提出来了。陈寿或许是把《魏略》的"初右渠未破时，朝鲜相历谿卿以谏右渠不用，东之辰国。时民随出居者二千余户，亦与朝鲜贡蕃不相往来"这个记载中的「辰国」与「辰韩」的位置等同视之，由此写："辰韩者，古之辰国也。"这就是说，他把自己时代的朝鲜的位置看作与朝鲜位置相同。从这样看法出发，他犯了《倭传》里所犯的相同的错误。因此，我认为陈寿的说法是不合理的，而范晔的说法是正确的。

范晔的说法与《史记》和《魏略》的记载相一致。《史记》现行本里记载着："真番旁众国"，可是这个记载可能是误记。因为，《汉书·朝鲜传》里记载："真番、辰国"，并且《史记》版本中最早的版本南送绍兴初杭州刻本《史记集解》(1955年中国文学古籍出版社影印本）里也写道："真番旁辰国"的缘故。在《汉书里记载的"真番、辰国"不应该读作为一个国名，而应该读作"真番和辰国"两个国名。根据《史记》（南宋刻本）的资料来看，我们应当认为辰国是与真番邻接的国家。

那么，真番的领域在何处与辰国接境就成了问题。我在上面已经谈过，古朝鲜在辽西地域的时候，辽河以东的大部分地域是真番国（即真汗、番汗）；古朝鲜被燕击退到辽东莫汗地域去以后，真番的位置就是辽河和大凌河之间以及辽河中游东方的地域，其真番人被中国人认作是倭人。因此，我认为倭人居住的地域即围绕卫氏朝鲜的全部地域是原来的真、番地域。如上所述，涉的地域是在鸭绿江以北而以鸭绿江为界线。但陈寿认为涉地就是今朝鲜中部东海岸地带，所以他写道："涉，南接辰韩"，范晔也写"涉……南与辰韩接"。如上所述，我不能肯定他们的说法，可是我认为这些资料给我们提供了能够了解辰国与涉的位置关系的根据。

《魏略》里写朝鲜相历谿卿"东之辰国"，我想这资料可能是最可靠的。我已经在上面谈到，我们在《魏略》记载上决不能找到根据把古朝鲜位置认定在今朝鲜领域之内。卫氏朝鲜並不能越过鸭绿江界线，我可以把鸭绿江东南边地域解释为辰国。这样解释，大体上能够与《后汉书》的"韩……地合方四千余里"的记载相符合。如果认为古代的辰国在现今平壤以南，则其地域不满二千里（根据现在的里程），而且並不能说从平壤《东之》。如上所述，在鸭绿江以南的地域完全没有发现三足土器。並且先秦时代中国的青铜器文化遗物也差不多没有，我认为这是一个特征的文化差异的事实；而且也足以根据了说，在鸭绿江以北使用三足土器时期，居住在鸭绿江以南的另一个部族还没有使用这个东西。

虽然我们无从知道古代的辰国立国多久，但在记载上，在卫氏朝鲜时期，他就是与其对立的一个国家。《史记·朝鲜列传》记载："传子至孙右渠，所诱汉亡人滋多，又未尝入见，真番旁辰国欲上书见天子，又拥阏不通。"由此可知，汉武帝时，辰国可以与汉室来往书信。看来，辰国与卫氏朝鲜似乎有敌对关系。

《魏略》记载："朝鲜相历谿卿以谏右渠不用，东之辰国，时民随出居者二千余户，亦与朝鲜贡蕃不相往来。

那么辰国从何时起分成为三韩呢？马韩的北边是何处？

《三国志·魏志·东夷韩传》记载："准（準）既僭称王，居韩地，自号韩王。其后绝灭，今韩人犹有奉其祭祀者。汉时属乐浪郡，四时朝谒。"《后汉书·东夷韩传》有关于同一事实的记载。即"初，朝鲜王準为卫满所破，乃将其余众数千人走入海，攻马韩，破之，自立为韩王。"陈寿和范晔都说準王败于卫满，走向韩地（马韩地），因此他们认为韩（马韩）在卫满朝鲜侵入以前就已经存在。然而，陈寿说韩地在汉时属于乐浪郡。根据他的见解，準王逃入的韩地就是平壤附近的地域。

陈寿的这个说法是有矛盾的。乐浪郡的位置就是卫氏朝鲜地域，也既是原来準王的古朝鲜地域。準王从这里"入海"走向韩地。因此，这个韩地显然已经脱离了卫氏朝鲜领域。如果是那样的话，这韩地不是不可能属于乐浪郡吗？根据《魏略》关于到韩地即辰国去的历谿卿与卫氏朝鲜不相往来的资料我们只能这样判断，而且，这样判断也比较自然。被卫氏所败而亡命的準王不可能依旧卫氏朝鲜领域（即乐浪郡）之内

因此陈寿的这个记载是不符合事实的。陈寿没有理由不知道卫氏朝鲜地域就是汉时乐浪郡这个事实。尽管如此，他把準王亡命的韩地说是"汉时属乐浪郡"一定有某种的理由。我们决不能设想，他会没有根据地做了这样的记载。

我们只能做这样的判断。这是由于他误认汉时乐浪郡地域而产生的错误。我认为，他的记载之所以自相矛盾，是由于他乐浪郡古朝鲜认作自己时代的朝鲜领域，而在这个基础上，机械，机械地结合了别的所谓準王亡命的地域，即韩地，也是自己时代的朝鲜，即平壤地域的资料的缘故。

如果不是这样，而韩确实是属于乐浪郡的话，显然这个韩不是辰国的韩，应当是在辽东的真汗和番汗的"汗"，而不可

能是鸭绿江以南古辰国的韩。可是从他把韩写作"古之辰国"这点看来，显然也是指鸭绿江以南的韩。如上所述，我们认为他的说法之所以错误，是由他的古朝鲜知识的不正确而引起的。我认为，我们必须利用使他犯错误的一个侧面的资料即韩属于陈寿所认定的古朝鲜领域（即平壤附近）这个资料。如果陈寿所说的"汉时属乐浪"的这个"汉"就是后汉的话，那么他的说法就是正确的，而且没有任何的矛盾。为什么呢？因为后汉乐浪郡就是平壤地域。

总之，我认为，根据《三国志》资料，我们可以主张古辰国位于鸭绿江以南的现朝鲜领域。

然而，直到现在为止，许多学者认定前汉的乐浪郡的位置为现今朝鲜平壤一带，并且由此出发而把辰国即三韩的位置也局限在平壤以南地域。因此，三韩的北界线直到现在还未阐明。

我们《三国史记》可以找到百济与马韩的界线。同书卷二十三《百济本纪》第一始祖十三年八月（公元前6年）条记载："遣使马韩，告迁都。遂划定疆场，北至浿河，南限熊川，西穷大海，东极走壤。"依据这个记载，百济的领域北至浿河，我认为，这个浿河不是大同江，而是黄海道平山郡猪滩。马韩领域就是在其以北的地域。其国境线是百济建国初的界线。因此，马韩五十四个国中，大部分在浿河以北。我认为这个看法是较妥当的。换句话说，我认为百济初期，马韩的领域比百济领域广大。因此，我们难于设想，马韩的王畿在于与百济的国境线地带的黄海道某一地域。从地理的位置来看，我认为马韩的中心地在其以北的平安南道的这个看法比较自然。

上面已经说过，我认为《三国史记》卷十四《高句丽本纪》第二大武神王十五年（公元32年）夏四月条上的崔理的乐浪国是区别于汉的乐浪郡的一个王国。上面我也说过，我认为沃祖从辽东半岛东海岸起，至现今辽宁省的通沟地方为止。高句丽王子的董从沃沮袭击在鸭绿江以南的乐浪国崔理，使崔理投降。这个崔理的乐浪国，我们只能认为就是位于百济北方的马韩。为什么呢？因为在这个壤的乐浪国与黄海道平山以南的百济之间很难被发现有过马韩的存在。虽然金富轼不把马写作"马韩"而写作"乐浪国"，但与上引的《百济本纪》的记载联系起来，乐浪派不能不是马韩。从《三国史记》具体记述这两个资料来看，这不是决不能说是空虚的说法而抹杀的吗？

据《高句丽本纪》，崔理的乐浪国于公元三十二年亡于高句丽。并且根《百济本纪》卷一始祖二十七年（公元9年）四月条，马韩被百济所灭。同条云："二城降，移其民于汉山之北，马韩遂灭。"即马韩亡于公元前九年。崔理的乐浪国的灭亡年代与马韩的灭亡年代有差异。可是年代的若干差异，不是成为否定马韩与乐浪国是一个国家的根据。马韩在南方被百济所败，献出三城，汉山以北地域被百济所夺。从百济说来，马韩势力衰弱，不是可以写做"马韩遂灭"吗？为什么可以这样推想呢？因为马韩"二城降，移民于汉山之北"，所以汉山以北意味着还有马韩的势力。百济攻夺马韩首都的事实是没有的。因此，即使南方地域被百济所夺，但其首都与北方地域在其后若干期间是可以维持得住的。我们到底不能把马韩看作位于乐浪国和百济之间的另一个国家。马韩是三韩中最大的国家。并且我们完全没有根据认为在三韩国即古辰国与卫氏朝鲜之间还存在过一个区别于马韩的崔理的乐浪国。古辰国与卫氏朝鲜相邻接。其中，马韩是与它直接邻接的。

我们还是有根据主张马韩就是崔理的乐浪国。

现在，仔细地来探讨《三国史记》卷二十三《百济本纪》第一始祖本纪的记载。

同十年秋九月条云："王出猎护神鹿，以送马韩。"

同十一年（公元8年）夏四月条云："乐浪使靺鞨袭破瓶山栅，杀掠一百余人。"

同秋七月条云："设秃山、狗川两栅，以塞乐浪之路。"

同十三年夏五月条云："王谓臣下曰：'国家东有乐浪、北有靺鞨，侵轶疆境，少有宁日'"。这里容易看出，"东"字与"北"字写颠倒了。

同八月条云："遣使马韩，告迁都，遂利疆场，北至浿河南限熊川。"

同十四年春正月条云："迁都。"

同七月条云："筑城汉江西北，分汉城民"。

同十七年春条云："乐浪来侵，焚慰礼城。"

同十八年冬十月条云："靺鞨掩至，王帅兵逆战于七重河，虏获酋长素牟，送马韩，其余贼尽坑之。"

同十一月条云："王欲袭乐浪牛头山城。"

同二十二年秋九月条云："王帅骑兵一千猎斧岘东，遇靺鞨贼，一战破之，虏获生口，分赐将士。"

同二十四年秋七月条云："王作熊川栅。马韩王遣使责让曰：'王初渡河，无所容足，吾割东北一百里之北安之'"。

同二十五年春二月条云："王闻之喜，遂有併吞辰、马之心"。

同二十六年冬十月条云："王出师，阳言田猎，潜袭马韩，遂併其国邑，唯圆山、锦岘二城固守不下。"

同二十七年夏四月条云："二城降，移其民於汉山之北，马韩遂灭。"

同三十七年夏四月云："旱，至六月乃雨。汉水东北部落饥荒，亡入高句丽者一千余户，浿带之间，空无居人。"

我们把以上这些资料联接起来探讨吧。

在记载上，因为"马韩"与"乐浪"的名称关系，百济的敌国好象是两个国家似的。马韩与百济的北域相连接，这是没有再述的必要。《三国史记》现行本记载："国家东有乐浪，北有靺鞨"，可是我认为这是误记。因为这与百济北接马韩的记载有矛盾，而且靺鞨也不可能在马韩领域之内。这个靺鞨究竟是指哪个族属这是优待我们史学界来阐明的问题。不管怎么样，我只能判断说，百济"国家东有乐浪"的这个记载是"北有乐浪"的误记。

十一年夏四月条记载："乐浪使靺鞨袭破瓶山栅"。同七月条记载："设秃山、狗川两栅，以塞乐浪之路"。它记载的是，乐浪使靺鞨侵犯百济。然而，同十八年冬十月条记载："靺鞨兵至，王帅兵逆战于七重河，虏获酋长素牟送马韩，其余贼尽坑之"。前者与后者之间有七年时间之差。然而，我认为十八年条虏获靺鞨酋长送给马韩的记载一定与前者有联系。其前面没有记马韩使靺鞨侵犯百济。因此，使靺鞨侵犯百济的"乐浪"与百济虏获靺鞨酋长送给马韩的"马韩"不是一个国家吗？如果乐浪与马韩是两个国家的话，那么这个记载就有了疑问了，而且，从虏获靺鞨酋长送给马韩的前一年即十七年春"乐浪来侵，焚慰礼城"这个事实看来，这个靺鞨也该解释为乐浪派遣来的。从十一年乐浪使靺鞨侵犯百济时起，至十八年百济虏获靺鞨酋长送给马韩时止，其间完全没有关于马韩侵犯百济的记事。因此，对于靺鞨十八年侵犯百济，我们把这个靺鞨解释为是乐浪所利用不是很自然的吗？

如果这样解释是正确的话，那么这个"乐浪"和"马韩"就是一个国家。我认为，金富轼未能整理用"乐浪"名称和用"马韩"名称写的资料，而把两者看作两个国家是错误的。

《高句丽本记》所记载的乐浪国分明与百济北方的马韩地域相一致，这就是我们那样推想的根据的。总之，他好象没有知道马韩与乐浪国的关系似的。

我们究竟不能把《百济本纪》上引文的“乐浪”看做是汉的“乐浪”。为什么呢？因为马韩是在百济的北面，而汉乐郡又位于马韩以北。因此我们不能说汉乐浪郡与百济隣接而侵犯百济，这是不可能的。如果所说的是后汉的乐浪郡的话，那么完全有那样的可能。因此，我们可以认为金富轼把关于后汉乐浪郡的资料与其关于与马韩的关系的资料混合一起而写，可是，其年代必须一致才能证实确是那样记载的。不过，后汉光武帝设置乐浪郡的年代（公元44年）与乐浪侵犯百济的年代（公元8年）並不一致。即马韩灭亡之前，乐浪侵犯了百济，而在马韩灭亡之后，就完全没有乐浪侵犯了百济的记载。由此可见，我们不能把这个“乐浪”判断为汉四郡的乐浪郡，而只能认为侵犯百济的乐浪就是崔理的“乐浪国”，这正是“马韩”。

那么应当提起的问题是，马韩五十余国中，不是没有乐浪国吗？

《三国志》上的“马韩五十余国”是百济还未分离之前的国名，而“乐浪国”不是可以解释为百济分离后的马韩的王畿名吗？马韩五十余国的王畿就是“月支国”。我们也可以推测说，百济分立为一个国家，同时马韩的首都可能移动。因此，其首都是可以从月支国移到乐浪国的。如果承认马韩五十余国中卑离国的“卑离”是乐浪国的“乐浪”的异字同意词的传统说法的话，那么乐浪国可以认为就是马韩的王畿。因此，马韩五十余国中没有乐浪国这个问题並不是一个怎么大的问题。

根据上述理由，我认为古辰国的北境是以鸭绿江为界线，並且马韩国也称为“乐浪国”。崔致远已经把马韩认作高句丽

(引用在《三国遗事》卷第一《纪异》第二《马韩》条)，他认为高句丽地域是与马韩同一位置。我认为他的看法是正确的。

然而，这里有问题的是，《魏略》上所说的卫右渠时朝鲜东接辰国，与《三国志》上的卫满时期準王已经亡命至韩成为韩王的记载有了矛盾。即陈寿认为在朝鲜王準亡命时，已经有了韩，鱼豢认为在卫右渠时期也依然有辰国的存在。如何合理地解释这个问题呢？我认为这并不是怎么重要的问题。

如上所述，在古朝鲜已经有了莫汗、番汗和莫汗，而且，在夫馀也有汗国。因此，我认为在辰国也有从古被称为"韩"的行政区域的这个判断是不可能有错的。所以，我想陈寿与鱼豢的两个见解都有可能性。根据这样解释，我认为陈寿与鱼豢的说法都可以得到合理的解释。

我认为古朝鲜的"莫汗、番汗、莫汗"与辰国的辰韩、弁韩、马韩"是同一名称。朝鲜史家申采浩早就注视过这个问题而且发表过意见。他在《朝鲜史研究草前后三韩考》上把古朝鲜的"真、番、莫"等三韩叫做"前三韩"即三朝鲜，並且说古朝鲜被卫满所亡，古朝鲜人向辰国迁移建立了马、弁、辰等三韩。他写道："《管子》的'发朝鲜'是'番朝鲜'《说文》的'乐浪番国'也是'番朝鲜'。大祚荣的国号'震'取义于辰韩或辰国；弓裔的国号（新罗末新兴国）'摩震'取义于马韩。《宋书》上称辰韩和马韩为'秦韩'、'慕韩'，其取用的汉字相通。因此我们要从沿革上去寻找这些名称的意义"。並且他在解释真、番、莫等三汗的意义时，这样写道：

"《史记》封禅书》上说'三一神者，天一、地一、太一……三一之中，太一最贵……五帝者太一之佐，因此，天一、地一、太一就是三神的别名。屈原的《九歌》里「东皇太一」的歌名，可见，太一等三神的名字在司马迁以前就在中国

流行了。从'启棘宾商、九辩、九歌'这个句子看来，可知'东皇太一'的歌名从屈原以前的古代时候起已经流行于中国沿海的民间了。中国历史上大都称移居于山东、江苏等地的古代朝鲜人为'九夷'，九夷传下的三神的名称被汉族译成汉字记载在歌名或传条里。前面说过，「신」(Sin)被译成「太」。太一是「신한」(Sin-han)的意思；天一是「말한」(mae-han)的意思；地一是「불한」(bue-han)的意思。在「신」(Sin)「불」(bul)、「말」(mal)三韩里，「신한」(Sin-han)居首位就是《封禅书》所谓「三一之中，太一最贵」的意思。「신한」(Sin-han)之下有大官五人，称为"五加"。这五人就是五个国务大臣……"。

他把「辰」读作「신」。而且他主张，三韩的最高官名即"臣智"(신지)和"臣遣支"(《三国志·韩传》)与高句丽的"太大兄"是同一官名，与新罗的"上大等"也是同一官名。因此，「신크지」的音就是「臣遣支」，其义为「太大兄」或「上大等」。从而，他把「辰国」解释为"大国"，把其王解释为"辰王"(大王之意)。

他的说法果真能够成立吗？他应当考证韩的官名"臣智"或"臣遣支"与高句丽的官名"太大兄"及新罗的"上大等"相同，然而《三国》、《后汉书·东夷传》高句丽上没有"太大兄"的官名，而在《隋书》上有。韩的臣遣支或许与高句丽的太大兄是异字同名，因此我认为也可以把它读做「신크지」(即臣遣支—SinK-chi)。「成吉」可以读作「싱크」(Sink)因此，「太大」也可以读作「싱크」(Sink)。从这样的意思来解释的话，「辰国」可以解释为"大国"，辰韩也可以解释为"大韩"。可是他未能论证天一，也一可以读做「말한」(mal-han)(即马韩)，「불한」(Bul-han)(即番韩或弁

韩）。而且他也未能确实证明「番」、「弁」都能读作「Bul」这个问题。因此，我们很难承认他的说法。

对于三韩的名称，有的说法是从语言学来解释的。梁柱东在《朝鲜古歌研究》421页上说："原来自称为「한」（Han）的北方民族，南迁到半岛以后，「韩」先分成「南、东」两韩，就是「马韩、辰韩」；从辰韩又分出的韩就是「弁韩」，或叫「弁辰」（gara sən）。在《三国史记·新罗记》开国初称「马韩」为「西韩」，从这个例子看来，可知以方位称呼「韩」，即从北方移来的住民称马韩为「南韩」；而在辰韩（东韩）说来，马韩就是「西韩」。「南」的古训「마」（ma）与「아즈마즈먼」等的「맞」（mat）是同源语。北方民族向南迁居称「前方」和「对方」为「마」。因此，鸭绿的古称「马訾水」（汉书·地理志）就是「마ㅅ 가ㅅ」（南川）的借字。百济地名里冠以「马」字的诸地名往往取义于「南」字，这个名称南风为「마파람」（maparam」正是其遗痕"。

他的说法充分可以成立。这样的说法并不是他第一个人提出来的。把「马」主张为「南」的早在李星湖的《星湖僿说》卷一上，天主里说过："南风谓之麻，即景风。东南风谓之緊麻，即景名风也"。「麻」也可以记载为「马」。现在朝鲜人民也称南风为「마파람」（马风、麻风）。我们知道「辰韩」的「辰」可以写做「緊」，因此，也可以称东为「緊」。从而「辰韩」也可以写做「緊韩」，意味着「东韩」。并且弁韩的「弁」字的解释，丁若镛在《我邦疆域考》卷二《弁辰考》里已经有了阐明。他写道："弁者，驾洛也。驾洛者，伽耶也。东俗凡冠帻之尖顶者，通谓之'弁'，亦谓之'驾耶'。今禁府皂隶，及郡县侍奴，犹戴尖顶之帻，名之曰'驾耶'，亦谓之'金驾耶'。方言流传，必有所本也。新罗时驾洛国，在今金

海，或称'加罗'或称'伽耶'……必其巾帻特为尖顶之制，故之曰'驾罗国'，而中国之人译之以文，则谓之'弁辰'也"。

他把「弁」读做「가라」(gara)和「갈」(gal)。他在解释驾罗国名时说："巾帻特为尖顶之制，故号之曰驾罗"。但，梁柱东斥他为谬说，他把「가라」解释为「中分」，因此把「弁韩」解释为「가라한」，即「中分韩」，他的说法是合理的。他说，因为「弁韩」是辰韩里分出来的韩，所以也可以写作「弁韩」。

在三韩称号的解释上，至今还没有否认这个说法的其它解释。因此我们认为依据这个解释是不会有错的。

那么「古之辰国」即「东国」，即古朝鲜看时可以解释为「东国」的意思。

辰国的"三韩"与古朝鲜的"三汗"的名称可以看作偶然的一致吗？《三国志·东夷传》韩条里把辰王和韩王区别开来记载着。同传里记载，辰王统治月支国，下面接着说："准既僭号称王，为燕亡人卫满所攻夺，将其左右宫人走入海，居韩地，自号韩王；其后绝灭；今韩人犹有奉其祭祀者"。所以，可以解释说，韩的名称在准南下以前就已存在的。准所亡命的韩地是哪个韩地是哪个韩地还不明确。可是《后汉书·东夷传》韩条所说的"初，朝鲜王准为卫满所破，乃将其余众数千人走入海，攻马韩，破之，自立为韩王"看来，可知准所亡命的韩是马韩，并且马韩人在准的后裔绝灭之后成为辰王。由此可见，"马韩"的名称和"辰国"的名称是同时存在的。韩王即准的后裔绝灭之后，马韩人自立为辰王，由此看来，我们好象不能认为在准亡命韩地的当时，三韩已分立起来了。可是这样说来，我们就没有根据提出古辰国不存在"韩国"的主张。

根据准王亡命韩地和准王（即韩王）的后裔绝灭后马韩人

乃称为辰国这两个资料，我认为，古辰国的地方行政单位是被称为「韩」的。为什么可以这样说呢？

其一，如上所述，因为做为古朝鲜诸部族的行政单位的"汗国"已经存在了的缘故。即不管在夫余或古朝鲜或狛，都有汗国"的存在，因此，认为古辰国也可以存在"汗国"是妥当的。

其二，因为不能设想准王亡命而能统治辰国全部，他所占有的只是辰国的一部分地域，这一部分地域被称为"韩"。即因为"韩"这个名称并不是准王亡命后产生的，而是在他亡命的当时，辰国有一个称为韩"的地方行政单位，我认为这样解释是妥当的。马韩人自立为辰王的资料意味着马韩地域出身的人成为辰国的王，所以在辰国之内有过叫做"马韩"的行政区域不就得到了证明了吗？因此，我认为，在称为辰国的时代其行政区域就已经称为「马」、「辰」、「弁」等三韩的这个解释是妥当的。其行政区域名是使用方位的名词。因此，它能够与古朝鲜的"汗国"的名字相一致，而且很难设想，古朝鲜灭亡之后，古朝鲜人南下才开始使用"三韩"的名称。换句话说，在辰国时就已经有了三韩的存在了。

那么三韩国在何时分裂了呢？根据上引诸资料，从准王到韩地域为韩王时起，辰国实际上已开始分裂了。《三国遗事》卷一《纪异》第二马韩条记载："《魏志》云「魏（卫）满击朝鲜，朝鲜王准率宫人左右，越海至韩地，开国马韩"。这就意味着曾经是辰国的地方行政单位的马韩被分裂了。可是准王的后裔灭绝后，马韩人自立为辰王，而且在卫右渠时期仍然使用《辰国》这个国号。这就意味着马韩的势力最强大，马韩王在三国分裂以后还作为三韩（辰国）的统治者而出现。《后汉书东夷传》韩上所记载的"马韩最强大，共立其种为辰王，都目支国，尽王三韩之地，其诸国王先皆是马韩种人焉”这个资料就是说明这个事实。换句话说，准王亡命后，辰国分裂为三韩，可是三韩为马韩人所统治。从而，我认为，三韩的分立与古朝鲜的灭亡是处于同一时期。

三、三韩人是什么族属？

那么三韩人是什么族属而他们与古朝鲜人又有什么关系呢？现在我们还缺乏能够确凿说明这个问题的具体资料，不过通过间接资料可以阐明两者之间的关系。第一个资料是朝鲜王准到韩地为韩王以及右渠时期朝鲜相历谿卿率领二千余户来到辰国，第二个资料是《三国志，东夷韩传》的《桓、灵之末，韩、濊彊盛，郡县不能制，民多流入韩国》的记载。并且三韩的形成是因古朝鲜人的流入而使辰国分裂成三国。所以综合这些事实来看，很难认为辰国人与古朝鲜人是不同血缘的两个族属。

《三国志·韩传》上记载：“十月农功毕，亦复如之。信鬼神，国邑各立一人，主祭天神，名之‘天君’。”；同《濊传》上记载：“常用十月节祭天，昼夜饮酒歌舞，名之为‘舞天’”。因此可知，韩与濊在同一时期同样地祭天神。《后汉书》上也有相同的风俗，也有不同的地方。

资料上没有记载说韩的语言和濊的语言以及高句丽（貊）的语言都相同。可是三韩的语言是相同的，而且新罗、百济、高句丽的语言也都一样。《梁书》卷五十四《诸夷列传》东夷百济条记载：“百济……今其言语服章略与高骊同，”同新罗条记载：“（新罗）语言，待百济而后通焉”。由此可见，三国的语言是相同的。从而我们可以推断百济与新罗的前身韩和高句丽的前身貊使用相同的语言。由此可知，韩人的语言与濊的语言也是一样的。因为濊与高句丽的语言风俗大体上相同(《三国志》、《后汉书·东夷濊传》)。因此,从濊族即朝鲜人大量迁移而与韩人融合的事实,以及与其相反的,稍没有向韩迁移的事实看来,我认为韩也是濊的一部族。我想这样判断是妥当的。

如上所述,辰国从古代起就是与古朝鲜不同单位的一个社会。即当古朝鲜使用三足器时,在辰国却完全没有使用。可见在辰国没有使用三足器的必要性,同时也说明辰国曾构成一个与古朝鲜不同的社会。可是许多青铜器以及被认为受其影响的各种石器,特别是生产工具大体上是一致的。对于这个问题,下面还要举出一些具体的证据。总之,青铜器文化在鸭绿江南北基本上是一致的。对于这一点,今日内外考古学者们的意见大体上相同。因此,我们没有根据把韩人看为与古朝鲜人不同血缘的另一种族。

当然新石器文化在鸭绿江南北也有许多是共通的。

四、三韩的社会经济形态

1、关于《三国志》、《后汉书·韩传》所根据的资料的时代性。

《三国志》和《后汉书·韩传》是我们考察三韩的社会经济形态的基本史料。如众周知,因为同《韩传》没有整理资料而极简单地没有体系地罗列了许多复杂的资料,所以在判断其社会经济形态上,可以引起混乱的。即粗略一看同《韩传》也有好象反映原始社会现象的资料,同时,还有关于生产铁而与诸国交易使用铁为货币的资料。

然而,国内外的许多史学者从来夸大上引书《三韩传》中反映似乎原始社会现象的资料，而且机械地把这些资料与马克思、恩格斯的原始社会理论结合一起而主张三韩为原始社会。他们认为，这样解释好象就是把马克思主义史学应用于朝鲜古代史研究上的进步的学说。同时，他们认为《三国志·韩传》就是关于《三国志》作者的生存时代的关于三国的资料。因此他们主张，朝鲜直到三世纪为止，都是处在原始社会。今天朝鲜还是有一部分史学家是这样主张的。归根结底，这些史学家关于三韩的结论与日本资产阶级史家们的说法很多是一样的。

究竟三韩可以认作原始社会吗？而且《三国志》、《后汉书·韩传》可以看作反映三世纪三韩社会的资料吗？为了追求完成本节的目的，让我们探讨一下《三国志》和《后汉书·韩传》的资料的时代性。

如众周知，《史记》和《汉书》里没有韩传。可是这样说，当然不能成为根据而主张在前汉时代三韩还是原始社会。《史记》和《汉书》的《朝鲜列传》也决不是朝鲜的历史记录，而不过是卫满和汉武帝侵略朝鲜的记载。也就是说《史记》和《汉书》的《朝鲜列传》是司马迁和班固用列传形式写作的关于与汉朝直接发生军事和领土关系的异族的记载。因此，我们应当认为，在汉朝时候，因为三韩并没有与汉朝发生这种关系，所以司马迁和班固没有写三韩列传，而不是因为当时完全不知道三韩的存在，或且因为三韩是原始社会的缘故而没有写韩传。在《史记·朝鲜列传》是关于三韩的前身辰国有简单的记载。辰国派使者送信给汉武帝，因受卫右渠的阻碍而未能达到汉武帝的手里（《史记》《汉书·朝鲜列传》）。这个资料我们必须要加以注视的。这个资料是司马迁记载的，那么就容易看出司马迁不仅认为韩与前汉具有直接关系，而且认为辰国（即三韩）决不是野蛮的原始人。司马迁虽然为了肯定地描写武帝灭卫氏朝鲜而置四郡的事实而记载了"真番旁众国（辰国准者）欲上书见天子，又拥阏不通，但这是根据确实的资料而写的，而决不是无根据地写的。显然，司马迁认为辰国具有能够与武帝来往书信的政治文化。总之，我们必须认为，武帝时，辰国已经与汉朝有了相当密切的关系。如果辰国在送信之前未与汉室发生外交关系的话，那么很难认为辰国派遣使节送信。当涉君闾在元朔元年（公元前128年）已与汉室发生直接外交关系时，与其邻接的辰国与汉室也可能发生外交关系。

如众周知，据《尚书序》的伪孔传，𬎆与西周成王已有了关系。顾炎武《日知录》卷二十九《三韩》条记载："今之谓辽东为'三韩'者，考之《书序》，'成王既伐东夷'，《传》：'海东诸夷驹丽、扶余、𬎆、貊之属'。《正义》：'《汉书》有高驹丽、扶余、韩，无此𬎆，𬎆既韩也'"。顾氏认为西周初韩与中国已有了关系。《尚书》上记载："周武王克商，遂通道于九夷"。当然所谓"九夷"应当解释为西周代的许多夷族，并且不能认为其中一定有韩存在。当然，如果认为西周初的古韩国是夷国的话，则九夷之中可以包含古韩国，可是我认为，古韩国东迁不能成为三韩，所以很难认为九夷之中包含三韩，关于这点，在下面再谈。

然而，我们可以推测说，被称为辰国的韩能够与中国接触是燕势力向辽东扩张以后，大体上在汉初与汉室有了什么关系。换句话说，从汉初起，汉人对辰国开始有了了解。武帝以后，因为韩直接邻接乐浪郡，所以应当认为与汉有了密切的关系，特别是光武帝在本壤设置乐浪郡后，其关系就更加密切了。《后汉书·光武记》建武二十年条记载："东夷韩国人率众诣乐浪内附"由此可以推断说，光武帝以后，后汉与韩有了更密切的关系。

陈寿在《三国志·韩传》里说，韩"汉时属乐浪郡，四时朝谒"。虽然这个「汉时」究竟是指汉的哪个时期并不明确，不过我认为把这个"汉时"判断为光武帝以后时期比较妥当。如上所述，光武帝在以平壤为中心的萨水（今清川江）以南地域设置了乐浪郡，据我判断，这个地域就是本来的乐浪国，其乐浪郡就是马韩。从而，"韩属乐浪郡"的事实就成为光武帝以后的事实，因为资料上并没有韩隶属前汉乐浪郡的记载。如果韩从前汉起属于乐浪郡的话，则《汉书》里似乎要有关于韩的记载；可是《汉书》里并没有记载，由此看来，我们这样推想是更为自然的。事实上我们很难相信陈寿关于后汉时韩属于乐浪郡的记载，因为《后汉书·东夷韩传》记载："建武二十年（44年），韩人廉斯人苏马谌等诣乐浪贡献，光武封苏马谌为汉廉斯邑君，使属乐浪郡，四时朝谒。灵帝末，韩、濊并盛，郡县不能制，百姓苦乱，多流亡入韩者。"显然这里记载的与上引的《光武帝纪》二十年条的记载是同一史实。由此可见，上引的《三国志》正是记载这个事实的。即光武帝时，韩的一邑投降于乐浪郡，而不是整个韩国从属于乐浪郡。

如果韩从属于乐浪郡的话，韩是不可能独自进行军事行动的，然而，后汉安帝时，马韩联合高句丽和濊貊攻击了玄菟城。《后汉书》卷五《安帝纪》建光元年（121年）十二月条记载："高句丽、马韩、濊貊围玄菟城，夫余遣子，与州郡并力，讨破之"。同书延光元年（122年）春二月条记载："夫余王遣子将兵救玄菟，击高句丽、马韩、濊貊，破之"。据这个资料可知，位于乐浪郡南方的马韩通过乐浪郡地域进行军事行动。可知在这时期，乐浪郡势力已经有名无实了。《三国志·东夷韩传》记载："桓、灵之末，韩濊强盛，郡县不能制，民多流入韩国"。这意味着乐浪郡实际上已被废止了。《三国史记》

卷十五《高句丽本纪》第三太祖大王九十年（140年）条记载"秋八月，王遣将，袭汉辽东西安平县，杀带方令，掠得乐浪太守妻子"。由此可知，桓帝（147－162年）以前，乐浪郡实际上已亡，乐浪太守的妻子恳却到辽东。马韩反对乐浪郡，所以和那里的统治者展开了顽强的斗争。

如上所述，前汉以来，韩与汉已有了密切的关系。后汉光武帝占领了原来的韩地域以后，韩与后汉又展开了持续的斗争。因此，武帝以后，中国人对韩有了具体的认识；到了光武帝以后，就有了更详细的理解了。因此，《东夷列传》就记载在《后汉书》上。这就是说，《后汉书．东夷列传》是根据前汉以来所积累下来的知识写成的，而决不是仅仅根据三国时代才得到的资料写的。我认为这个看法是妥当的。范晔写《东夷．韩传》就是为了记载关于后汉时代的韩的历史。陈寿亦是根据前汉以来传下来的资料写《东夷．韩传》。如果说范晔抄袭了《三国志．东夷韩传》的话，那么应当解释说，因为范晔认为《三国志．韩传》所根据的资料是关于后汉时代的三韩的资料所以他写了《后汉书．东夷韩传》。

总之，《三国志》．《后汉书．东夷韩传》是根据前汉以来所积累下来的知识写的。而决不能认为它只是根据关于三世纪的韩的资料写的。因此，《三国志》、《后汉书．东夷韩传》所记载的关于三韩的资料是根据前汉以来这样那样收集起来的资料，所以那里所记载的关于韩的很悠久的古代事实也可能被口传下来。因此我们认为，有人以为《三国志．东夷韩传》是关于三世纪韩的记载，其记载内容说明原始社会，因之主张朝鲜直到三世纪为止是原始社会的这个见解是非常轻率的短见。

最后附言一句，当我们处理史料时，即使有很多资料反映似乎原始社会现象，但也有资料能够看到阶级国家的标志，这个社会，我们决不能认为是原始社会，因为国家形成后，原始社会的痕迹还能长期存在的缘故。那么《三国志》、《后汉书·东夷韩传》里是否有资料能够认为韩是一个阶级国家呢？

2）三韩的社会生产力

三韩已普遍使用铁器。《三国志·东夷弁辰传》云："国出铁，韩、涉、倭皆从取之。诸市买皆用铁，如中国用钱，又以供给二郡。"《后汉书·东夷韩传》云："辰韩……国出铁，涉、倭、马韩并从市之，凡诸贸易皆以铁为货。"

由此可知，辰韩生产大量的铁，与涉、马韩、倭、乐浪郡以及带方郡贸易，由此可知铁器在三韩已被广泛地使用了。

朝鲜西北地方发见了战国时代的明刀钱和铁器；最近在平安南道、黄海道土圹墓里（汉式墓以前的坟墓）又发掘出来许多铁器。朝鲜民主主义人民共和国科学院考古研究所1957年在平安南道江西郡台城里（大同江下游流域）发掘了古坟二十八基，其中十二基是土圹墓。这土圹墓被认为不是汉式坟墓而是古代朝鲜的坟墓，也有人认为这些土圹墓与战国时代中国的坟墓形式相同。不管怎样，在这些土圹墓里，有了汉式文化遗物完全不同的土器、石器、青铜器、铁器占其大部分。因此，很清楚的，这些并不是汉人的坟墓。这里被发掘出镰刀、斧头、剑、枪、凿、怀、锥形器、镞、门型铁制品、铁制车舆具等多量的铁器。与这些铁器同时出土的有青铜镜（第四号土圹墓出土）、弩机、铁刀子（第6号土圹墓出土）和陶仓（第十二号墓出土）等汉文化遗物。并且做为青铜器，所谓北方系文化的车舆具很丰富；而且在朝鲜各地和中国东北一带以及朝阳十二台营子有出土的细型短剑。同时，有中国东北一带和朝阳出土的青铜剑柄头。这些土圹墓（判断为其墓制），意味着大的相当于公元前3—1世纪时期，大同江流域已经进入铁器时代的事实"（同上《发掘报告结论》116页）。从这些坟墓里混杂几件前汉的遗物这个事实看来，我们认为，把它判断为相当于前汉时期的朝鲜的铁器文化的遗物是正确的。台城里出土遗物中，石板（第四号出土）、砚（第12号出土）、铁刀子其与辽东半岛出土品相同。石板与刁家屯五号墓出土品（《南山裡》图版第42牧羊城东坟砖椁出土品（同上图版第四十二）完全相同，日本考古学者们认为这石板是砚。砚与牧羊城东古坟的出土品（《南山裡》第52图）非常相似。铁刀子是与牧羊城发见的铁刀子（《牧羊城》插图十）完全一样的汉式铁刀子。并且铁斧头有与牧羊城南山裡出土品相同型态的。在台城里遗物中发见一件有特征性的四足土器。第五号砖室墓所发掘的四足土器（《台城里发掘报告》图版 XLVII）虽还未能阐明其用处，但这样的四足、五足土器在羊头窪发见很多。（《羊头窪》第35图）。日本考古学者们认为辽东半岛的铁器是前汉时代的遗物（牧羊城、羊头窪、南山里结论》），这个结论大体上是正确的。朝鲜科学院考古学研究所的发掘报告结论说在台城里古坟群中，土圹墓是纪元前3—1世纪的坟墓。这个结论与前者一致。以上两者之间相同的遗物是前汉文化的遗物。

因此，我们认为，毫无疑问，台城里土圹墓里发掘出来的铁器是相当于前汉时代。

我们可以认为，相当于前汉时代在大同江流域一带居住的人民已经相当广泛地使用铁制的农具了。如上所述，认为这个地域是古辰国，也即马韩地域。从随同出土的遗物看来，台城里铁器也决不是汉人的遗物，实际上，武帝的乐浪郡并不是设置在这个地域里的。因此，我认为，所谓三韩在辰国时代，即卫满侵入前时期已经使用铁器的说法决不是妄说，虽然《三国志·东夷韩传》记载好象只有辰韩生产铁器，但是并不能说铁的使用是从辰韩最先开始的。有人说台城里铁器是朝鲜初期的铁器，因而认为，台城里铁器是恩格斯所说的在原始社会末期出现的初期铁器，即比青铜器还不锐利的那样的铁器。可是我们认为这是短见。在台城里遗物中，铁斧头、铁镰刀、铁刀子、铁剑等，我们决不能把它们规定为初期铁器。实际上铁刀子不是汉式遗物吗？因此，我认为马韩从纪元前起已经在相当程度上使用了铁制的生产工具。我想这个看法是妥当的。

三韩使用铁器从事农业，生产五谷以及养蚕。

《三国志·马韩传》云：

"其民土著，种植，知蚕桑、作绵布"。

又云：

"常以五月下种讫，祭鬼神，群聚歌舞饮酒，昼夜无休。……十月农功毕，亦复如之"。

同书《弁辰传》云：

"土地肥美，宜种五谷及稻，晓蚕桑，作缣布……"

《后汉书·东夷韩传》大体上也有相同的记载。

并且《三国志·马韩传》与《后汉书·东夷韩传》记载："以璎珠为财宝，或以缀衣为饰，或以悬颈垂耳，不以金银锦绣为珍"。从这个记载看来，三韩人似乎还不会做金银细工；但与其这样解释，不如解释说，这个记载意味着三韩人把金银装饰品看作不如璎珠贵重的东西。我认为，在铁器已被普及的社会里，不可能不会金银加工，而是金银品已被认为是普通的装饰品。三韩人已经使用璎珠，因此他们已经能够在珠玉上穿孔，虽然我们不知道其珠玉是什么种类，但我想是比金银更珍贵的宝石类。因为从辰韩遗迹金海贝塚发掘玻璃制玉的事实来推测，我们是可以这样设想的。因此，我们认为，三韩人已经把握了能为在宝石上穿孔的工具。如果与铁器已被普及的事实联系起来考虑的话，那是有充分的可能性的。

商业，如上所述，铁在辰韩是作为货币被流通的。然而，我们不知道他们把铁作成什么形态，可是从"诸市买皆用铁，如中国用钱"的记载看来，可知他们并不把铁作成钱。因此，我们只能认为他们是依据铁的重量规定货币的价值。辰韩与涉、倭、马韩都进行过贸易，由此可知他们的商业相当发达。根据辰韩与倭贸易的事实，我们可以推断，马韩与中国以及倭也进行过海外贸易，马韩与西海上的"州胡"进行过海上贸易。但我们不知州胡在今日的哪个地域。虽然从来国内外史家们都推断说州胡是济州岛人，可是都没有确实的根据。州胡作为居住在马韩西海中的大岛的族属，是马韩人语言不通，风俗也完全不同的一族属。据白鸟库吉的主张，州胡是由海上移到济州岛的鲜卑族或乌丸族。（《史学杂志》第三十七编第一号白鸟《亚细亚北方族の辫发について》）因为仅只认为中部朝鲜西南地域是马韩的领域，所以他把马韩西海的大岛认做济州岛，主张乌丸或鲜卑族移住到济州岛。白南云先生也认为州胡是济州岛的居民。可是我们不能同意他们两位的全部说法。从州胡与鲜卑人一样的头发样式，穿皮革衣和牧畜等事实看来，我们可以推测州胡可能是鲜卑人或是乌丸人。但是他们把济州岛认作州胡的居住地的说法，我们是不能同意的。因此，我认为，把马韩西海上的大岛认做"庙岛列岛"是比较重要的。

总之，三韩人与国内商业一起进行海外贸易，所以商业经济相当发展。从而，必须认为商人阶层已有相当程度的存在。

阶级构成

一、统治阶级

1. 国王

在三韩有国王，在地方「国」有叫做「臣智」或「臣云遣支」的渠帅，《三国志·东夷韩传》里记载了两种「辰王」，我们有必要明白地阐明这两种「辰王」。同传马韩条记载：《辰王治月支国》，同时把这个月支国记载为马韩的地方国，因此，统治这个月支国的辰王不可能称为辰韩王；从而，这个辰王只能解释为古辰国王。《三国志·韩传》里记载了马韩五十余国后，接着说"辰王治月支国"之云，接着还记载了古朝鲜准王亡命韩地成为韩王的事实。仅々只有这个记载，要把这个辰王解释为辰韩王是没有根据的。可是陈寿在《韩传》序里头写道《辰韩者古之辰国也》，从而，前者的辰王似乎可以解释为辰韩王；可是事实上不能这样解释。因为《辰韩者，古之辰国也》的这个记载是陈寿的错误，《后汉书·东夷韩传》的"韩有三种……皆古之辰国也》的这个记载，是正确的。为什么这样说呢？因为辰国分裂而形成了三韩国的缘故。从而，《三国志·韩传》马韩条所说的《辰王治月支国》的辰王，只能意味着《古辰国的王》。陈寿在同传弁韩条里说《其十二国属辰王，常用马韩人作之》，当然，这个辰王正是辰韩的王。辰国时代，其王建都于马韩月支国，从而，可以说，马韩人成了辰王。《后汉书·东夷韩传》的"马韩最大，共立其种为辰王，都月支国，尽王三韩之地，其诸国王先皆是马韩种人焉》的记载说明了这个事实。然而，如上所述，陈寿在《弁韩传》里说《辰王常用马韩人作之》，这意味着三韩分立之后，辰韩的王不是辰韩人而是马韩人，这是陈寿的错误。

这个错误是由于他把所谓辰国时代的辰王是马韩人的古代资料混同了辰韩时代的事实而引起的。据我判断，他的错误是由来于《辰韩者古之辰国也》这不正确的知识。

总之，三韩分立以前，辰国时代已经有了国王；三韩分立以后，各国都有国王统治国家。並且，三韩之内还有各个地方国，在其渠帅中，大的称为「臣智」。

我们对于《臣智》是什么样的存在有加以阐明的必要。《臣智》的社会地位的研究在阐明三韩社会性质上是主要的意义。首先，让我来列举《三国志》与《后汉书·韩传》是关于《臣智》的资料。

《三国志·韩传》：

1、“韩……有三种，……辰韩者，古之辰国也。马韩在西，其民土著，种植，知蚕桑，作绵布，各有长帅，大者自名为臣智，其次为邑借”。

2、同传马韩条云：“辰王治月支国，臣智或加优呼臣云遣支报安邪踧支渍臣离儿不例拘邪秦支廉之号。”

3、同传马韩条云：“景初中，明帝密遣带方太守刘昕，乐浪太守鲜于嗣越海定二郡，诸韩国臣智加赐邑君印绶，其次与邑长。……部从事吴林以乐浪本统韩国，分割辰韩八国以与乐浪，吏译转有异同，臣智愤治韩忿攻带方郡崎离营”。

4、同传弁韩条云：“弁辰，亦十二国，又有诸小别邑，各有渠帅，大者名臣智，其次有险侧，次有樊濊，次有杀奚，次有邑借”。

5、《后汉书·东夷韩传》云：“辰韩……诸小别邑，各有渠帅，大者名臣智，次有俭侧，次有樊秖，次有杀奚，次有邑借。”

分析这些资料，(1)(2)例文里的「臣智」应当解释为是三韩的臣智而不是古辰国的臣智。因为在(1)例文里不是说三韩有王，而是说“各有臣智”，而且在(2)例文「臣智」是辰王的别称。然而，在(1)例文里，意味着诸韩国都有臣智。(4)(5)例文里记载辰韩的臣智。然而，在三韩内有诸"国"的国邑和别邑，其邑的渠帅称为"臣智"。总之，辰国时代称三韩的长帅为"臣智"而三韩时代则称其国邑与别邑的渠帅为"臣智"。然而，以现有资料看来，我们无从知道辰国时代在三韩地域之内是否存在过几个国？首先在现有资料里并没有记载，辰国时代三韩之内有"国"，因此，我认为，辰国时代在三韩地域之内没有存在过叫做"国"的行政区域，这个看法是妥当的。即可以这样解释：在辰国分裂成为三韩以后，三韩之内划分了叫"国"的行政区域。换句话说，三韩的诸国是阶级分化过程中产生的现象，我们没有根据把它解释为原始公社社会的氏族共同体。当然，在诸国内氏族社会遗习的存在与否是另外的问题了。

那么"臣智"的存在到底是什么样子呢？据"各有渠帅大者自名为"臣智"的资料看来，可知臣智这个名称，不是由国家赋予的名称，也不是由人民赋与的名称。我们有必要来说明臣智这个名称的意义。显然臣智 是古代朝鲜语的吏读式的记名。《翰苑》三韩条引用《魏略》里的记载，把臣智解释为官名。同书云："《魏略》曰：'三韩各有长帅，其置官，大者臣智，次曰邑借'"。上面说过，申采浩在解释这个名称时，把它解释为与高句丽的「太大兄」和新罗的「上大等」，具有相同意义的古代朝鲜的官名。可是我们不能同意他的说法。

因为，第一，在上引的例文(2)里，臣智与官分明有所区别，第二，在古代朝鲜语里"臣智"被作为"王"的意思比做为官名来解释更妥当。从上引例文(2)里可知，'臣智'是"臣云遣支"的略称。我认为"臣云遣支"与《周书》·《北史》、《通典》等所见的《鞬吉支》是相同的名词。

《周书》卷四十九《异域上百济传》云："王姓夫余氏，

号于罗瑕，民呼为鞬吉支》。

《北史》卷九十四《百济传》云：《王姓夫余氏号于罗瑕百姓呼为鞬吉支，夏言並王也。”《通典》卷一百八十五《边防一百济》云：“王号于罗瑕，百姓呼为鞬吉支（鞬音·乾），夏言並‘王’也”

这个“鞬吉支”不是“臣云遣支”的略称么？不就是三韩时代称作“臣云遣支”，到了百济时代转变为“鞬吉支”么？或许古代朝鲜语本身即使没有变化，但是中国人用汉语转载朝鲜资料时，不就有这样程度的变化可能么？

《日本书纪》、《古事记》里把韩王记载作‘旱岐”或“干岐”，它们读作“コニキシ”（Koni Ki Si）或“コニキ”（KO－ni－Ki）。

当然，这个名称是用日本语按古代朝鲜语的音记载下来的，这是为日本学者们公认的事实。古代日本人称韩王为“KO－ni－Ki－Si”，而中国人则称它为“鞬吉支”。可见日本语的“旱岐”（或干岐）与汉语的“鞬吉支”，都是相同的古代朝鲜语的标音文字。由此可知，“旱岐”或“干岐”和“鞬吉支”都是古代朝鲜语“臣云遣支”的略称或是其音转。总而言之，我认为最妥当的解释，就是三韩时代以带有与“鞬吉支”或“臣云遣支”类似的音的名词称呼国王。“臣智”是“臣云遣支”的略称。因此“臣智”不是由国家赋与的官名，而是“王”的意思。根据这样解释，上引的例文(1)里所说的“各有渠帅，大者自名为臣智”和同例文(2)里称辰王的号为“臣智或加优呼臣云遣支”云云等两个资料就能得到很自然的解释。

如果说“臣智”是官名的话，那么“大者自名为臣智”的记载和辰王的号为臣智的记载就没有道理了。陈寿把三韩国的渠帅叫做“臣智”同时在弁辰韩里记载：十二国，亦有王”，显然，他也认为臣智就是王。

因此，我认为辰国时代在三韩内曾经有过三个"臣智"，到了三韩时代，三韩内各国分立以后，又有了叫做"臣智"的新的权力者登场。《三国志·韩传》里不是有"部从事吴林以乐浪本统韩国，分割辰韩八国以与乐浪，吏译转有异同，臣智情况韩忿，攻带方郡崎离营"的记载吗？臣智到了韩末时候，似乎具有几乎独立的势力。即我想三韩初在韩王的专制王权下的地方行政区域不是逐渐加强而被分权化吗？当我们理解中国西周王朝的历史时，对于三韩的诸国从中央权力里分立出来的事实就会一点也不觉得很奇怪的。在西周王朝时代，存在有数百个的侯国，这些侯国中的某几个在社会经济发展过程中逐渐强大起来而经过了分立化的过程。三韩诸国在后汉初形式上属于韩王，可是实际上已经有了独立的行动。《后汉书·韩传》记载："建武二十年（44年），韩人廉斯人苏马谡等诣乐浪贡献。光武封苏马谡为汉廉斯邑君，使属于乐浪郡"。可是廉斯邑君苏马谡与《魏略》的廉斯鑡是一个人物。当部分的臣智背叛韩而投降于外来势力时，一些忠实于韩王室的臣智就激励韩王反对外来势力，一直与之斗争。《三国志·韩传》"臣智激励韩忿，攻带方郡崎离营"的记载说明了这个事实。如果韩王的专制主义的权力是相当强的话，那么"臣智激励韩忿"就没有记载的必要。而且，一个国邑的臣智不可能单独向敌投降，而且，其国邑是不可能受敌方的支配的。我们只能这样解释：这样的事实意味着三韩国王的专制主义权力的薄弱，并且意味着地方势力逐渐强化而达到了擅自行使政权的境地。我们没有根据把三韩的王及其诸国的臣智解释为军事首长或是酋长。朝鲜的大部分史家把三韩认作部落联盟。可是我认为，这个见解是没有慎重考虑史料，而只是从朝鲜阶级国家从三国才开始形成的这个前提出发而产生的。因此，我认为，那样主张的人虽然是教条主义地想把《三国志》和《后汉书．韩传》的资料吻合于马克思、恩格斯的原始社会理论，可是事上这些资料是说明已经发展了的阶级国家的。在三韩已经具备了发达的官僚机构。

2　官僚机构

我们根据现有资料无法知道三韩的官僚机构。《三国志．韩传》马韩条记载：《辰王治月支国……其官有魏率、善邑郡归义侯、中郎将、都尉、伯长"．这些都是辰王的官吏。因此我们应当认为这些官吏是三韩以前辰国时代的官名。如上所述，《后汉书．韩传》里说："马韩最大，共立其种为辰王，都月支国，尽王三韩之地，其诸国王先皆是马韩种人焉"。因此，辰王分明是三韩分立以前统治三韩的辰国之王。

在这些官名中，大部分是汉式名称。这是与《高句丽传》所见的官名相反，是以汉式记载其名称的。因此，我们不能完全认为这些官名都是依照辰国时代所使用的官名而作的记载。尤其是当考虑到高句丽、百济、新罗的官名不用汉式记载的事实时，我认为辰王的官名不是袭用辰国的官名而是以汉语翻译辰国的官名的名称。我想这个看法是妥当的。其中魏率象是袭用辰国的官名似的。因为，在百济官名中，有"达率、恩率、德率、打率、奈率"其官名，这些好象是自古以来使用的，与"魏率"似乎有些关联的缘故。

虽然我们无法研究这些官吏的一切职务，可是"中郎将"和"都尉"的职务是很清楚的。中郎将是秦朝开始设置的郎中令的最高官，担当着宿卫侍直，即最高的警察官。都尉是秦朝开始设置的官名，是统辖武事的官吏。

由此可知，辰王已经具备了警察机构和军事机构，而且也具备了其它行政机构。

总之，在辰国内已经具备了发达的官僚机构。虽然《三国志》和《后汉书》上没有记载马韩的官名，可是从上述辰王的官僚机构发达的事实来推测，我们可以判断在马韩内具备了更发达的官僚机构。在辰韩内，臣智之下有"险侧、樊濊、杀奚邑借"等官僚。这样等级复杂的官僚机度，我们绝不能把它解释为军事民主主义阶级的统治制度。

总之，三韩已经已经具备了发达的官僚机构。

二、被统治阶级

在《三国志》和《后汉书·韩传》里，并没有关于《夫余传》和《高句丽传》里的大家、豪民等阶级的记载，而只有关于下户和奴婢的记载。

1、下户：

《三国志、韩传》云："其俗好衣帻，下户诣郡朝谒，皆假衣帻，自服印绶衣帻千有余人"。可知下户是连衣帻也不能有的贫民。据我解释，下户是到乐浪和带方郡去纳贡的，所以这个下户是在投降于乐浪郡的廉斯邑里居住的下户、下户是韩国臣智的下仆而受其奴役。可是只有《韩传》资料，我们还无法论断三韩的下户身分。因此，很难判断这个"下户"与夫余的"下户"以及高句丽的"下户"是否相同？不管怎样，据《三国志·韩传》资料可知，下户是被统治阶级奴役的连衣帻也没有的贫民。那么，这个下户是否象夫余的下户一样是转落为奴隶的贫民？我们可以从阐明韩的奴隶制度状况而得到推断。

2、奴隶：有关三韩的奴隶的资料并不很多，而仅仅只有下列这一些。

《三国志、韩传》云："其北方近郡诸国，差晓礼俗；其远处直如囚徒奴婢相聚"。

《魏略》云："至王莽地皇时，廉斯鑡为辰韩右渠帅，闻乐浪土地美，人民饶乐，亡欲来降，出其邑落，见田中驱雀男子一人，其语非韩人。问之，男子曰：'我等汉人，名户来，我等辈千五百人，伐材木为韩所击得，皆断发为奴，积三年矣'。鑡曰：'我当降汉乐浪，汝欲去不？户来曰：'可'。辰鑡因将户来来出诣含资县，县言郡，郡即以鑡为译，从芩中乘大船入辰韩，逆取户来降伴辈尚将千人，其五百人已死。鑡时晓谓辰韩：'汝还五百人。若不者，乐浪当遣万兵乘船来击汝'。辰韩万五千人，弁韩布万五千匹。鑡收取直还。郡表鑡功义，赐冠帻田宅、子孙数世》（弁韩的读法有问题，下面谈到。）

那么有问题的是，前者资料里的"奴婢相聚"将如何解释呢？关于"奴婢相聚"的解释，在朝鲜史家之间直到现在为止还有争论。有的学者把《相聚》解释作"集体居住在村落里"的意思，主张说，形成村落的这些奴婢不能看作奴隶而是农奴身分。他们的理由是，奴隶不可能集体居住而形成村落，所以认为这些奴婢并不是奴隶。还有的学者虽然也把"相聚"解释为居住一起形成了村落，但是他们却把这些奴婢解释做与黑劳士一样。

果真，我们只能这样解释韩的奴婢吗？"相聚"可以作为动词"集合"来解释的。即，可以解释为，像囚徒一样集合起来从事集体劳动。这样解释的根据是什么呢？第一，因为三韩内存在过残忍的奴隶制。《三国志·韩传》云："其国中有所为及官家使筑城郭，诸少年勇健者皆凿其皮，以大绳贯之，又以丈许木插之，通日嚾呼作力，不以为痛，既以劝作，且以为健"。《后汉书·韩传》云："其人壮勇，少年有筑室作力者，辄以绳贯脊皮，缒以大木，嚾呼为健"。我们只能解释说，这是关于韩的统治阶级残忍地使役奴隶的事实的记载。我们毕竟不能照字面来解释，说因韩人的勇健，而"以绳贯脊皮，鎚以大木"。因此，我认为更妥当的解释是，这个资料说明了奴隶主为了防止奴隶的逃亡，用绳穿了奴隶的脊皮，把奴隶当作牛马一样地奴役着。因此，奴婢被集体驱使去从事这样的土木工事，这不是很明白的吗？

从上列的《魏略》资料上，可以明白地看到三韩内大量地奴役奴隶的事实。辰韩人扣留了汉人千五百人，剃去他们的头发，把他们全部变成了奴隶。薙发是为了便于识别而作出的奴隶的标志。虽然我们没有资料能够判断三韩的奴隶是否全部薙发，可是据《魏略》的资料可以推断韩的奴隶全部薙发。这些汉人奴隶在三年之间就死去了三分之一，即五百人，由此可知其奴役是多么的残酷。《魏略》上说，在这些奴隶之中，一名"田中驱雀"，可是只据这个记载，不能主张韩的奴隶是作为家内奴隶而被奴役。"田中驱雀"这个资料，决不能说明韩的奴役劳动是一般性的劳动，而只不过说明廉斯鑡偶然看到了这样劳动的汉人奴隶。如果说千五百人的汉人奴隶都作为家庭奴隶被奴役，那么三年之间是不可能死去了三分之一的。因此，更妥当的看法是这千五百名的汉人奴隶是集体被驱使去从事最吃力的劳动的。

据上引的资料，辰韩献给乐浪郡一万五千人，与弁韩布一万五千匹作为杀死五百汉人的赔偿。假若这是事实的话，则辰韩全国每一户征集一名也不足其数。即使每一户征集一名，但也不能征集到一万五千名。因此，征集一万五千名的人民已是全国性的大变动，而且也决不是在短时期之内所能执行的。然而在记载上，辰韩执行得很简单。

因此，我不得不怀疑这记载。上引的"乃出辰韩万五千人牟韩（据殿本考证疑牟韩乃弁布之误）布五千匹"这个记载有问题。因为我们很难设想辰韩献给乐浪郡三十倍的赔偿（即汉人死了五百人，用一万五千人来赔偿）。而且辰韩用弁韩布（或弁韩布）来赔偿之故。所以，我认为把上引的文字改为“乃出辰韩万五千人年，韩布五千匹”是较为妥当的。「人年」应是辰韩的货币单位。

总之，我没没有根据地把“奴婢相聚”的奴婢解释为农奴。中国文献资料上的奴婢並不是农奴而是奴隶。

那么马韩的奴隶可以看做黑劳士吗？如众周知，黑劳士制起源于征服，存在于最落后的奴隶制国家（例如，斯巴达、克里特等），这些国家浓厚地保留着民族共同体制。当然，在类似斯巴达的国家里也可能有像黑劳士的奴隶制。可是我们在马韩内找不到征服的事实。当然，我们不能无视百济是夫余族南下建设的国家这个事实。尽管考虑其境遇，但我们不能找到根据主张夫余族南下使马韩人变成了黑劳士。在百济奴隶制实施以前，马韩的奴隶制就已经存在着。因此我认为马韩的奴婢不是农奴，也不是象黑劳士的奴隶。因此我想所谓奴隶制在三韩内也有某种程度的发展，奴隶象囚徒一样地集体参加生产劳动或矿山、土木工程等苦工的说法並不是妄说。当然，可以推测三韩内存在过家庭奴隶，但是，我们缺乏具体的资料，便不能够主张家庭奴隶制就是占主导地位的经济制度。

三、社会经济形态

那么，三韩社会是什么样的社会经济形态呢？

首先我们应该考察一下三韩的社会政治制度。

三韩存在过共同体么？至今为止，许多史家都认定三韩是处在氏族社会末期的社会。他们认定《三国志》和后汉书·韩传》的《邑落》就是共同体，其“渠帅”就是共同体酋长，而且“国”是部落。这样的论者们，把《三国志·韩传》的《居处，作草屋、土室，形如冢；其户在上，举家共在中，无长幼男女之别”的这个资料，解释为关于父家长制的大家族居住状况的记载。可是我们不能用这个资料来证明三韩的家族形态就是父家长制的大家庭，这个资料只不过记载了马韩家屋制度的特异。陈寿对马韩的贫民窟，是站在统治阶级的立场带着主观的蔑视而加以记述的。当然，我们考虑后世朝鲜的家族制度就不能无视三韩的大家族制的存在，可是，那是存在于宗家即大家，作为贫民，大家族制是不可能存在的。土窟式家屋内，居住父家长制的大家族不是不可想象的吗？所谓“无长幼男女之别”不过是统治阶级贱视人民的表现，并不意味着马韩人还处在野蛮阶段。我们没有任何根据地把“下户”解释做不是单一家族而意味着父家长制的家族。三国时代史家所写的“户”的概念当然应当解释为意味着单一的家族。

“邑落”能够解释为共同体吗？不能这样解释的。因为《三国志·韩传》记载：“其俗少纲纪，国邑虽有主帅，邑落杂居，不能善相制御”。所谓“邑落杂居”不是氏族单位的邑落，而是意味着各邑落人自由移动而杂居着。因此，统治者们不是说“不能善相制御”其人民吗？这正意味着共同体被破坏，因为陈寿把三韩诸国的统治者记载为“主帅”、“渠帅”、“长帅”等名称，所以有的人因为其文字就联想到原始社会的酋长，可是，我们不能这样肤浅地观察。上面已经说过，其“长帅”、“主帅”、“渠帅”自称为“臣智”（王），陈寿在《韩传》弁辰条上也记载说“十二国，亦有王”。因此我们不能用资料的文字上表现来想象它是原始社会。陈寿明白地记载说辰王有各种类的官，因此，把辰韩的臣智、险侧、樊濊、杀奚、邑借等解释为官名比解释为酋长的称号更符合本意。上面辰王的官我认为是辰国的官。因此我推断三韩内存在过与其类似的官制。三韩内存在过常备军，《三国志·韩传》上说"兵衣布袍"这是说明军队的衣服制。由此可知，其军队就是穿着一定制服的常备军。作为辰王的官，都尉的存在的事实说明了国家内存在着军事机构。我认为三韩也有都尉的存在，这个看法是正确的。常备军是为镇压人民和侵略外族以及防御外族侵略而设置的机构。并且，辰王还有一个官叫中郎将，是掌握宿卫的最高官，即国家警察机构的最高官。辰国已经具备了军队、警察机构，三韩当然也具备了。

有的人把韩的"别邑"解释为各部落的共同的什么地域。可是这样解释"别邑"是缺乏根据的。《三国志·韩传》说："国邑各主一人，主祭天神，名之'天君'。又诸国各有别邑，名之为'苏涂'立大木，县铃鼓，事鬼神。诸亡逃至其中，皆不还之。好作贼。其立苏涂之义，有似浮屠，而所行善恶有异"。同书弁辰条记载："弁辰，亦十二国，又有诸小别邑，各有渠帅，大者名臣智，其次有险侧，次有樊涉，次有杀奚，次有邑借"。前者记载"别邑，名之苏涂"似乎是陈寿的错误。别邑在韩的诸国内都有。《后汉书·韩传》上说："辰韩……诸小别邑，各有渠帅……"。并且同传上，苏涂和别邑并没有任何联系。同传上又记载："诸国邑以一人主祭天神，号为天君；又立苏涂，建大木以悬铃鼓，事鬼神"。这里认为苏涂是树立于诸国邑内的一个神竿。

这两个记载中，我们无法判断哪个是正确的。可是，不管怎样，在这两个资料里，我们找不到根据可以把三韩认作氏族社会。三韩诸国之内，国邑与别邑共存，国邑是行政都市，而别邑是施行宗教仪式的地域。我认为这样解释是较妥当的。别邑里树立叫做苏涂的神竿，通过这来"事鬼神"。这个地域被视为神圣的，犯人逃亡到了这个地域里，国法也就不能加以逮捕。三韩内存在了这样的风俗。因此，我们不能认为这个社会是原始社会。三韩内具备了常备军和警察机构，统治阶级实施了严峻的刑法。《后汉书·韩传》上所谓《弁辰与辰韩杂居……而刑法严峻"的这个资料就说明了这点。同样的，我们不能把具备行政统治机构而"邑落杂居"的三韩认作原始社会末期。因此，我们不能不认为三韩是以奴隶制为主导经济制度的奴隶主的国家。即比古代东方诸国的奴隶制更发展，而且共同体组织与专制主义王权都已经崩坏了的那样的一个奴隶制国家。

第五节 沃沮考

我们在仔细地探讨《三国志》和《后汉书．东夷沃沮传》时，可以提出以下的几个问题。

1，沃沮是不是一个国家？其历史地理如何？

2、沃沮人民是哪个族属？

3、沃沮社会经济形态如何？

我在这里第一、第二问题混在一起谈吧。

在《三国志．魏志．东夷沃沮传》和《后汉书．东夷沃沮传》里，我们可以看出四个沃沮，就是北沃沮、沃沮、东沃沮和南沃沮等。

以下列举关于四个沃沮的资料。

一、东沃沮：

甲，《三国志、魏志、东夷沃沮传》云：“东沃沮，在高句丽盖马山之东，滨大海而居。其地形：东北狭，西南长，可千里。北与挹娄、夫余、南与涉貊接。户五千。无大君王，世々邑落各有长帅。其言语与句丽大同，时々小异。

乙《后汉书、东夷沃沮传》云：“东沃沮，在高句丽盖马大山之东，东滨大海，北与挹娄、夫余，南与涉貊接。其地东西狭，南北长，可折方千里。土肥美，背山向海，宜五谷，善田种，有邑落长帅。人性质直彊勇，便持矛步战。言语、饮食、居处、衣服有似句骊。其葬：作大木椁，长十余丈，开一头为户；新死者先假埋之，令皮肉尽，乃取骨置椁中；家人皆共一椁，刻木如生，随死者为数焉。”

二、沃沮

甲、《三国志、魏志、东夷沃沮传》云：“汉初，燕亡人卫满王朝鲜时，沃沮皆属焉。汉武元封二年（前108年）伐朝鲜，杀满孙右渠，分其地为四郡，以沃沮城为玄菟郡；后为夷貊所侵，徙郡句骊西北，今所谓'玄菟故府'是也。沃沮还属乐浪，汉以土地广远，在单单大岭之东，分置东部都尉，治不耐城，别主领东七县，时沃沮亦皆为县。汉光武六年（30年）省边郡，都尉由此罢。其后，皆以其县中渠帅为县侯，不耐、华丽、沃沮诸县皆为侯国。夷狄更相攻伐，唯不耐濊侯至今犹置功曹、主簿，诸曹皆濊民作之。沃沮诸邑落渠帅，皆自称三老，则故县国之制也。国小，迫于大国之间，遂臣属句丽。句丽复置其中大人为使者，使相主领；又使大加统责其租税、貊布、鱼盐、海中物，千里担负致之；又送其美女以为婢妾，遇之如奴仆。其土地肥美，背山向海，宜五谷，善田种。人性质直强勇，少牛马，便持矛步战。食饮、居处、衣服、礼节，有似句丽。其葬：作大木椁，长十余丈，开一头作户；新死者皆假埋之，才使覆形，皮肉尽，乃取骨置椁中；举家皆共一椁；刻木如生形；又有瓦鑵置米其中，编县之于椁户边。毋丘俭讨句丽，句丽王宫奔沃沮，遂进师击之，沃沮邑落皆破之，斩获首虏三千余级，宫奔北沃沮。"

乙、《后汉书·东夷沃沮传》云："武帝灭朝鲜，以沃沮地为玄菟郡，后为夷貊所侵，徙郡于高句骊西北，更以沃沮为县，属乐浪东部都尉。至光武罢都尉官，后皆以封其渠帅为沃沮侯。其土迫小，介于大国之间，遂臣属句丽。句丽复置其中大人为使者，以相监领，责其租税、貂布、鱼、盐、海中食物，发美女为婢妾焉。"

三、北沃沮：

甲、《三国志·东夷沃沮传》云："北沃沮，一名置沟娄，去南沃沮八百余里。其俗南北皆同。与挹娄接，挹娄喜乘船寇钞，北沃沮畏之，夏月恒在山岩深穴中为守备；冬月冰冻，船道不通，乃下居村落。王颀别遣追讨宫，尽其东界，问其耆老："海东复有人不？'，耆老言：'国人尝乘船捕鱼，遭风暴吹，数十日，东得一岛，上有人，言语不相晓，其俗常以七月取童女沉海'。又言：'有一国亦在海中，纯女无男'。又说：'得一布衣，从海中浮出，其身如中国人衣，其两袖长三丈'。又：'得一破船随波出在海岸边，有一人项中复有面，生得之，与语不相通，不食而死。其域皆在沃沮东海中'。"

乙、《后汉书·东夷东沃沮传》云："又有北沃沮，一名置沟娄，去南沃沮八百余里。其俗与南同。界南接挹娄。挹娄人喜乘船寇钞，北沃沮畏之，每夏辄藏于岩穴，至冬船道不通，乃下居邑落。其耆老言，'尝於海中得一布衣，其形如中人衣，而两袖长三丈。又于岸际见一人乘破船，顶中复有面，与语不通，不食而死'。又说'海中有女国，无男人，或传其国有神井，闚之辄生子云。'"

四、南沃沮、

在上引两个资料里只有其名。

首先我们把这两个资料对照而探讨吧。

1、关于东沃沮的资料：上引的两个资料里关于东沃沮的位置、制度、语言和习惯的记载大体上一致。两者之间的差异是这样的：在前者说为"东北狭，西南长"，在后者说为"东西狭，南北长"。而且在后者记载着其葬法，还有关于自然条件和人性的记载。

2 关于沃沮的资料

关于其位置和沿革的记载，两者一致。然而，前者里有和

《后汉书》上的关于东沃沮的葬法大体上同一的记载。也就是说关于葬法的同一的记载，《三国志》里是在沃沮条下记载的，《后汉书》是在东沃沮条下记载的。《后汉书》並在东沃沮条下记载着关于自然条件和人性的记载，《三国志》是在沃沮条下记载的。

3. 关于北沃沮的资料：

两者在内容上大体上相一致。

陈寿和范晔用了东沃沮、沃沮、北沃沮、南沃沮等各不相同的地名，可是他们把这些沃沮在《东沃沮传》里混在一起写了。而且其内容的一部分不相一致。从这点来看，他们的关于沃沮的智识是似乎不明确的。根据这些材料，我们可以看出这四个沃沮中有三个沃沮是不同的国家或行政单位，可是他们把这些沃沮在《东沃沮传》里混在一起写了。

我们现在根据这些资料而阐明其各不相同的沃沮的真相。

首先考察一下关于沃沮的名称。如上引资料里可见，带有"沃沮"这个名称的几个地域看来，我们可以推测「沃沮」这个名称是一个普通名词而不是专用名词，而且是由来于一个普通名词的专用名词。如上所述，在古代朝鲜的地名和河名中，那样的名称很多。

《满州源流考》卷九《疆域二．沃沮》条云："謹案、两汉、魏、晋时国於东方者，为夫余、挹娄、三韩；其邑落散处在山海间者，又有沃沮，涉等名。以史传核之，沃沮之在东者，东滨大海，北接挹娄、夫余，又有北沃沮、南沃沮，並皆散处山林，无大君长，所云单々大岭，即长白山，单々与满洲语珊延音韵相近也。今自长白附近，东至海边，北接乌拉，黑龙江西至俄罗斯，丛林密树绵亘其间。魏毋丘俭讨高丽，绝沃沮千余里，到肃慎南界，则沃沮者，即今之窝集也。”

《满州源流考》的编著把“沃沮”解释为满州语“窝集”（丛林），在朝鲜古代语研究分野里还没有对这个名称的定论，所以我想承认《满州源流考》里的说法。因为满州语和朝鲜古代语的词汇有相同的，而且如上所述“沃沮”这个名称解释为当一个普通名词是合理的缘故。我认为，所以陈寿和范晔当写《沃沮传》时把四个沃沮混在一起而写得不清楚，因为他们把“沃沮”这个名称解释为一个专用名词即一个地名或族名。我从这样的见解来出发，考察下列的资料。

1．东沃沮

东沃沮的位置在高句丽盖马大山之东而滨大海，由此可见其地域是现今朝鲜咸镜北道海岸一带。这地带的地形是东西狭而南北长的，所以我认为《后汉书》的记载比《三国志》为妥当。关于这个地形的资料问题不太大。《三国志》东夷东沃沮条里没有关于其农业的记载，而在《后汉书》里记载着“土肥美，背山向海，宜五谷，善田种”，陈寿把与此同一的内容在沃沮条里记载着。然而，东沃沮地域在现今咸镜南北道一带，这地带是在朝鲜领域内最不适宜于农业的地带，现在也不能说是“土肥美、背山向海，宜五谷，善田种”的地带。因此，我们可以判断在三世纪时这地带决不能生产丰富的农作物。所以，我认为《后汉书》的这个记载是因为其名称的同一而混同视之，所以把关于别的沃沮的农业状况的资料在东沃沮传里记载了。《三国志》里把同一资料记载为沃沮的农业状况，我认为《三国志》的记载是正确的。

两个资料上的关于语言、风习与高句丽大同小异这点的记载是大体上一致的。我们根据《后汉书》的“言语、饮食、居处、衣服有似句丽"和《三国志》的"其言语与句丽大同，时时小异"这两个资料来看，可以判断沃沮人民不是与高句丽人民完全同一的。换句话说，这些资料意味着沃沮人民不是貊族系统的人。

关于墓葬制度，《三国志》是在"沃沮"条下记载的，而《后汉书》却是"东沃沮"条下记载。关于沃沮的墓葬制度，在考古学上还没有阐明，所以我这里不能判断其是非。

要之，关于东沃沮的两个资料不明确，我认为陈寿、范晔不能不这样叙述。因为我认为在三世纪的中国人恐怕不能得到关于今朝鲜咸镜道一带的材料。因此，我认为《三国志》的关于东沃沮的记载是近于事实的，并且《后汉书》的记载是因为同一名字之故，便彼此混为一谈，而且把关于别的沃沮的材料当作东沃沮的资料而写了。

2. 沃沮

沃沮的位置是汉四郡的最初的玄菟郡领域，《三国志·沃沮传》云："汉武元封二年，……分其地为四郡，以沃沮城为玄菟郡"，《后汉书·沃沮传》云："武帝灭朝鲜，以沃沮地为玄菟郡"。《后汉书·东夷传》云："涉及沃沮、句丽，皆本朝鲜之地也"。因此，我们十分清楚地看到沃沮是玄菟郡地域，同时它是古朝鲜的一个地方。

为了解决沃沮的位置问题，我们应该首先阐明玄菟郡的最初位置。

《汉书·地理志》玄菟郡条云：

"玄菟郡 武帝元封四年开。高句丽，莽曰下句丽 属幽州。应劭曰：'故真番朝鲜胡国'。 户四万五千六，口二十二万一千八百四十五。县三：高句丽 辽山辽水所出，西南至辽队入大辽水。又有南苏水，西北经塞外。应劭曰'故句丽胡'。

上殷台　莽曰'下殷'。如淳曰'台音鲐'，师古曰：'音胎'。　西盖马　马訾水西北入盐难水，

西南至西安平入海，过郡二，行一千一百里。莽曰玄菟亭。"

这个记载不是设置汉四郡当初的玄菟郡的地理记载，而是昭帝五年以后，把玄菟郡移动到高句丽西北方以后的玄菟郡地理记载。因为，如上所述，《汉书·地理志》大体上是西汉末年的地理志。

在这个资料中，我们应该注目的是应劭的注说，应劭把玄菟郡认为是"真番朝鲜胡国"。

然而，从来许多学者们各用自己的意见来解释这玄菟郡，由此他们的注释是各不相同了。那么，我们应该如何解释玄菟郡的注呢？

我们应该把玄菟郡注读为"武帝元封四年开。高句丽，莽曰'下句丽'。这高句丽分明是王莽称为下句丽的那个高句丽，因此这高句丽指的不是玄菟郡的一个县的高句丽，而是王莽以前的高句丽国，这样解释是妥当的。就是说，我们不应该把玄菟郡注里的"高句丽"和玄菟郡属县之一的"高句丽"混为一谈。然而日本史家那珂通世在《朝鲜古史考》里说："武帝元封四年，开高句丽，这一段意味着开高句丽而当作真番的属县，至于当作玄菟郡治是昭帝以后的事"。然而我们没有根据说高句丽是真番的属县。我认为他似乎把玄菟郡注"应劭曰'故真番朝鲜胡国'"认为是对高句丽县的注。但是，我认为应该把它解释为对其上面的高句丽（即王莽叫做下句丽的）的注。因为我们不能把高句丽县认为是真番朝鲜胡国。应劭不是把自己时代的高句丽看作与真番朝鲜（即真番）

是同一的胡国吗？

那么，班固为什么在玄菟郡注里这样说明，这样的问题可以提出来，班固没有理由不知道玄菟郡移动的事实，并且还没有理由不知道移动的说法。我们仔细地探讨玄菟郡注，可以知道他是为了说明元封四年时的玄菟郡的位置而写的。如果他在玄菟郡注里解释高句丽县的话，他不是不必再去注释其三县中的高句丽县么？

所以我把玄菟郡的注释为开郡当时的玄菟郡在王莽当时是属于高句丽领域的意思。这样解释不是妥当的吗？在开设玄菟郡当时有没有高句丽是这个问题很不清楚，可是可以知道，这郡的中心地域是沃沮城。那沃沮城是曾经属于卫满朝鲜领域的，而且在卫满以前是古朝鲜的一个地方。沃沮曾经属于玄菟郡，后来这郡移动到高句丽西北方去以后，沃沮和涉貊一起属于乐浪郡，再分立为岭东七县的一部分而处在乐浪郡东部都尉的管辖下（《三国志》·《后汉书》的《沃沮传》）。其人民是涉人。《三国志·东夷涉传》云："自单单大山岭以西属乐浪，自领以东七县，都尉主之，皆以涉为民"。

我在上面已经论断为涉的地域是在鸭绿江北方的不耐城（即后来的国内城），这不耐城是后来高句丽首都，而且是现今辽宁省辑安县通沟。根据《三国史记》卷十三《高句丽本纪》第一琉璃王三十三年春正月条的记载，知道高句丽首都从纥升骨城移动到国内城去的时期是公元三年（汉平帝开始三年），由此可知王莽时期的高句丽的首都就是国内城，那不耐城，然而根据《三国志》和《后汉书》的资料，可以知道沃沮和不耐是不同的两个县名。《三国志·东夷沃沮传》记载为后汉光武六年（公元30年）"省边郡"，而把不耐、华丽、沃沮当作侯国。由此可以看出这不耐指的是高句丽首都的不耐城。玄菟郡已经在始元五年（公元前 82 年）移动到高句丽西北去，那末我们十分清楚地看出高句丽是在始元五年以前就存在的。始元五年以前高句丽的首都是纥升骨城，而且不耐还是处在乐浪郡东部都尉 治下的。高句丽扩张国土而移动到不耐城（国内城）的时期是公元三年（根据《三国史记》资料），可是《三国志·沃沮传》记载为"汉光武六年（30）省边郡，都尉由此罢。其后，皆以其县中渠帅为县侯，不耐、华丽、沃沮诸县皆为侯国"。从这记载中可以看出不耐是直到公元 30 年为止还处在乐浪郡东部都尉的统治之下。那么，《三国史记》的高句丽移动到不耐城的年代和《三国志·沃沮传》里的不耐变为后汉侯国的年代便不相一致。然则，我们应该怎么去解释这个问题呢？我想这样判断：光武帝在公元三十年"省边郡，都尉由此罢"这意味着高句丽扩张国土而夺还乐浪郡。所以我们可以推想汉正式废乐浪郡以前东部都尉的统治下的岭东七县的一部分已经被高句丽所夺还。这样判断是较正确的。

因此，我们可以知道在王莽当时高句丽的首都是国内城（不耐城），就是现今辽宁省辑安县地域。所以，我们可以判断开始当时的玄菟郡地域是现今辑安县一带。沃沮城是与不耐城邻接的，所以沃沮地域应当是鸭绿江下游北岸一带的地域。

从这样的前提来考察沃沮位置时，我们可以阐明其领域。根据《三国志·沃沮传》，沃沮是《背山向海，宜五谷，善田种》的地带，而且是高句丽"又使大加统责其租赋，貊布，鱼盐、海中食物，千里担负致之"的地带，那么这样的地带正是该当于辽东半岛东南面海滨地域。这地域是以现今盖平为中心的乐浪郡（前汉）的东部，山脉坐落在这两地域之间，单单大岭不是把辽东半岛分成为两个地域的山脉的最高峰，就是现今的摩天岭吗？我把岭东七县认定为是从辽东半岛东南岸到现今辑安县的地域。

如此，则沃沮地域和东沃沮地域是完全不相同的，然而，从来内外学者们把沃沮地域与东沃沮地域等同视之而把沃沮地域认为现今朝鲜咸镜南北道，从这样的看法出发，他们主张玄菟郡的位置是现今朝鲜咸镜南北道。可是，如上所说，我不能同意这说法。

那么，沃沮人民是哪一个族属？，有没有沃沮族？这是十分重要的问题。

《三国志·东沃沮传》云："食饮、居住、礼节，有似句丽"，由此可见沃沮人不是与高句丽人同一族。如上说过，沃沮是乐浪郡岭东七县之一，而七县民都是涉民（同上书），那么十分清楚沃沮民就是涉人。也就是说，涉人是古朝鲜的亡人，曾经属于卫满朝鲜，在开创汉四郡当时属于玄菟郡，玄菟郡被高句丽退却高句丽的西北方去以后，其民处在乐浪郡东部都尉的统治之下，后来高句丽击破乐浪郡以后属于高句丽的。古朝鲜的亡人经过这样的过程来当作高句丽人民了。

如上所说，东沃沮人也不是与高句丽完全同一的，根据"户五千，无大君主"这个资料看，可以判断东沃沮不是一个单位的族属，东沃沮人似乎是古朝鲜沃沮地域人民集体地移动到现今咸镜道东海岸地域的。他们可能把自己的领域叫做原住地名的"沃沮"，因为关于其移动时期的材料缺乏，所以我们不能论断其移动时期，可是可以推想为在卫满侵略朝鲜之后。卫满侵入以后，逐渐侵犯了乐浪周围的地方，其人民即涉人展开了反卫斗争，而且其一部分人民移动到别的地方去，这样的看法是妥当的。我们根据考古资料也可以这样说。鸭绿江一带的古代文化遗物是与豆满江南岸的咸镜北道一带的文化遗物大体上相同的，关于这点，朝鲜考古学者们的意见是大概一致的。关于这个问题，在下面再谈。

3 北沃沮：

《后汉书·北沃沮传》云："又有北沃沮，一名置沟娄，去南沃沮八百里，其俗皆与南同。界南接挹娄。挹娄人喜乘船寇钞，北沃沮畏之"。根据这个资料，我们可以说北沃沮位于挹娄北方的海岸地带，而且挹娄位于南、北沃沮之间八百里的地域。那么，其地域是距南沃沮（即东沃沮）八百里的地域，即刻当于现今苏联沿海州附近海岸一带。

我并不是根据一个偏见而这样判断的。如众周知，在苏联沿海州地域里曾经发现过与朝鲜境内发现的青铜镜完全一样的东西，这点是几十年以来考古学者们谈到的，所以在这里不必再谈。从来内外考古学者们把在沿海州发现的青铜多纽镜不与古朝鲜人民的居住地即北沃沮联系而考查，而主张朝鲜的青铜多纽镜是从沿海州方面传播来的所谓西伯利亚青铜器文化。我认为这样的看法是完全没有科学性的谬论。看起来，今天朝鲜考古学者们的看法是大体上无异议的。

我们肯定地说北沃沮人也是涉人，就是古朝鲜人民移动到那儿去的。《三国志》和《后汉书》的记载不是说明北沃沮人与东沃沮人是同一族的吗？假如不然的话，陈寿和范晔当然没有理由把它们混在一起写了。换句话说，他们承认了北沃沮人是与东沃沮和沃沮人同一族的。当然我们现在决不能否认这一点。假若承认这点的话，我们便不该肯定在朝鲜广泛地流布的青铜多纽镜是西伯利亚传播来的说法。我们有根据主张在沿海州发现的青铜多纽镜是北沃沮人的文化。这点也在下面再谈。

4. 南沃沮

《三国志》和《后汉书》里并没有记载关于南沃沮的具体的资料，而只记载为"去南沃 八百里，"这南沃 ，从与北沃沮的地理上关系来看，其地域是与东沃沮完全一致，我们并不能找到除了东沃沮以外的另外一个南沃沮地域。北沃沮南方八百里的地域。北沃沮南方八百里的地域该当于咸镜北道地域，而不能当于别的地域，从而，陈寿和范晔对于南沃沮的资料更没有一言半句，这是应当的。因此，我认为，南沃沮是北沃沮的对称而是东沃沮的别名而已。东沃沮是因为在高句丽的东边之故而高句丽人把它叫做"东沃沮"，而且它也因为在北沃沮的南方之故而亦把它叫做"南沃沮"。

如上所述，我根据了《三国志》和《后汉书》的资料来考察了三个沃沮的地域。这两个资料中特别引人注目的是《三国志。沃沮传》里的"又有瓦鬲，置米其中"的这个记载。鬲就是鬲，这资料说明沃沮使用鬲的事实。同时我们要注目的是同一资料的其它东夷诸国列传里没有这样的记载。实际上一直到现在为止，现今朝鲜领域里还没有发现过鬲。就是说在鸭绿江以南地域里还没有发现过鬲或鼎等三足土器，从这点来看，我们可以推断沃沮不得位于今朝鲜领域之内。因此，我认为《三国志》的资料是正确的。如众周知，在鸭绿江以北的地域里到处发现过鬲 鼎等三足土器 所以我们根据文献资料和考古资料而可以主张沃沮位于鸭绿江以北的地域，沃沮本来是古朝鲜的一个地方，由此可以推想不仅沃沮而且古朝鲜到处都使用鬲和鼎等三尺土器。实际上，我在上面所说的古朝鲜领域内到处都发现三足土器，但是在现今朝鲜领域里便没有发现过这些土器了。

在下面我要考察一下沃沮的社会经济形态。到现在为止，内外许多史学家们主张沃沮是处于原始社会末期的社会。可是我不能肯定那样的主张：其理由是这样的：

1、如此所述，沃沮本来是古朝鲜的一个地方，所以我认为古朝鲜社会经济形态的性质怎么样沃沮社会经济形态就怎么样。因为我决不能把古朝鲜社会认为是原始社会所以不能把沃沮社会认为是原始社会。关于古朝鲜的社会经济形态在下面再谈，

2、作为古朝鲜之人的沃沮人民不能维持独立的政权，处在汉朝势力的统治下，后来又处在高句丽的统治下了。换句话说，沃沮在古朝鲜灭亡之后，被汉朝政治机构统治，它决不是处在原始社会状态的。现在我们没有资料阐明沃沮社会经济形态问题。在《三国志，沃沮传》里仅写道："沃沮诸邑落渠帅皆称为三老，则故县国之制也"由此可见沃沮的统治机构是按照汉郡县的行政机构而作的，我们只根据这一个资料，也不能主张沃沮是原始社会。还有一个资料说明沃沮的殉葬制度，《后汉书 沃沮传》云："其葬……随死者为数焉"。这"随死者"不是被奴隶所有者殉葬的奴隶吗？从这一点看来可以说沃沮决不是原始社会。

3.沃沮人是涉人，所以沃沮人的社会发展程度是与涉的社会发展程度相同的。

总而言之，我以为可以主张沃沮决不是处在原始社会，到沃沮编入高句丽以后，其社会经济构成是同一的。

第四章 先秦时代 朝一中关系

第一节 根据考古资料所看到的朝一中关系

我在这里根据至今为止国内外考古学者们发掘报告的资料，把其代表性的遗物相互对比来考察先秦时代朝一中两国之间的经济文化交流关系。

一、石器文化上互相的关系如何？

我想考察至今为止在朝鲜发现的几个代表性的石器的分布情况。

1、石 锄

在朝鲜各地出土的石锄也在中国东北辽宁省、吉林省、黑龙江省以及内蒙古各地发现。朝鲜科学院考古研究所调查的石锄的出土地如下。这石锄被认为不是新石器时代的遗物，而是青铜器时代初期的遗物。

朝鲜：

- 咸镜北道钟城郡弓心里。同道雄基郡龙水里贝塚。同道会宁郡金生里散布地。同道钟城郡潼关里包含层。同道穩城郡永忠面永达河散布地。同道庆兴郡踰岘里大草岛海崖平原。同道清津市农圃里贝塚。同道会宁郡五洞大包含层家屋址。以及其他地域。
- 平安南道江南郡柳寺里散布地丘陵。同道温泉郡弓山里原始遗跡。
- 平安北道枇岘郡东西里。
- 慈江道中江郡中德里大包含层（河边）。同道东新郡温沙里。同道渭原郡龙渊里石塚。同道江界市石岘洞。

中国：

- o 辽宁省抚顺东公园（沈阳博物馆所藏）。同朝阳（同上）。建平（同上）。阿城成高子（同上）。桓仁（同上）。德惠清水沟（同上）.
- o 吉林省敦化（长春博物馆所藏）。新立城、土城子、永吉旺起屯、通化江口、长春相家沟（以上都是长春博物馆所藏）。
- o 黑龙江省黄山嘴子、呼伦贝尔盟免渡河、靖宇松江口（哈尔滨博物馆所藏）。
- o 热河凌源（沈阳博物馆所藏）。
- o 内蒙古昭乌达盟巴林左旗细石器文化遗址。

我们可知在朝鲜、辽东、辽西、内蒙古、黑龙江省等广泛的地域里使用过同一形态的石锄（参照图录第一）。以上列举的在中国方面的资料是金基雄、石圣姫两位同志1960年春天参观东北各地博物馆而蒐集的。在下面列举的石器、土器也是同一的。

2. 石犁

朝鲜考古学者们认定石犁是新石器时代和青铜器时代初期的遗物。

朝鲜：

- o 黄海道凤山郡智塔里.
- o 咸镜北道游仙郡永绥里黑狗峰（豆满江边）。

中国：

- o 吉林省通化江口。长春市西郊新立城水库工地。吉林市西团山。吉林市石碑岭（以上都是在长春博物馆所藏的）。
- o 赤峰（沈阳博物馆所藏）。林西。

○ 内蒙古昭乌达盟巴林左旗。

我还没有蒐集关于在辽宁省、黑龙江省等地出土的石犁的资料。哈尔滨博物馆陈列着日本人奥田曾经从朝鲜咸镜北道八一川拿来的当地出土的一个石犁。在过去日本考古学者们没有那么注视在朝鲜出土的石犁，而且没人把它的分布地域联系起来而考察过。（参照图录第二）。

3、环状石斧

环状石斧在朝鲜许多地方出土。朝鲜考古学者们认定这环状石斧不是新石器时代的遗物，而是青铜器时代的遗物。这种石器在中国辽东、辽西、黑龙江以及热河地带也出土。

朝鲜：

○ 咸镜北道钟城郡三峰里包含层。同郡洛生里埋葬地遗址。同道茂山邑散布地。同道会宁邑沙乙里散布地。

○ 平安南道江东郡支石里。平壤市美林里第2地点。

○ 平安北道龙川郡新岩里包含层。同龙岩里贝塚。

○ 黄海北道凤山邑新兴洞。同黄州郡沈村里居住地。同金川郡江南里散布地居住址。

○ 黄海南道殷栗郡山东里包含层。同地支石（石棚）。同白川邑石箱坟附近。

○ 江原道元山市中坪里包含层。

○ 慈江道江界市公贵里包含层居住址。同时中郡深岩里居住地。

○ 江原道江陵郡城德里散布地。

○ 京畿道高杨郡纛岛面九政里。同江华郡下道面东幕里。

○ 忠清北道忠州郡忠州面大牛桥附近。

○ 忠清南道扶余郡窥岩面罗福里。

○ 庆尚南道庆州郡江东面毛四里。同晋州郡平居面二岘里。

- 济州道济州邑三阳里。

中国：

- 辽宁省汪清县新华闾墓葬区（长春博物馆所藏）。高丽寨、羊头洼、大连滨町贝塚、貔子窝。
- 吉林省蛟河河拉法（松花江流域）、长蛇山、猴石山（以上长春博物馆所藏）。
- 黑龙江省安达县。
- 热河赤峰第一住地。

以上列举的环状石斧其形态很相似，不能分别其地域特征。（参看图录第三）

4、星状石斧

在朝鲜环状石斧出土的地方大体上星状石斧也出土。这星状石斧被认定是青铜器时代的遗物。其出土地方如下。

朝鲜：

- 咸镜北道钟城邑。
- 两江道新坡郡新增里。同惠山郡豆满江流域。
- 慈江道江界市外公贵里。
- 平壤市美林里包含层。平壤附近江南郡元岩里。
- 黄海北道凤山郡智塔里散布地。同凤山邑新兴洞包含层。
- 黄海南道金川郡江南里居住址。同延安郡天台里散布地。
- 平安北道定州郡石山里。

中国：

- 辽宁省羊头洼。鞍山大孤山。辽阳太子河（沈阳博物馆所藏）。
- 热河东家营子。小库伦。

这星状石斧的形态有四头斧、六头斧、十头斧以及六角的双重式放射形等。其中有好象非有金属工具很难制造的，並且有的是与中国北方发见的青铜制棍棒头很相似。在朝鲜各种形态的星状石斧都出土，其形状不是按地域而有特征的。其各种形状的星状石斧都相似于中国东北、内蒙古、热河等地出土的东西，有的是完全相同的。例如，在朝鲜慈江道江界市外公贵里出土的星状石斧与热河小库伦出土的六瘤石斧很相似，平壤附近江南出土的也很像它。在平壤附近江南郡元岩里出土的星状石斧很像绥远青铜棍棒头，在辽东半岛羊头洼出土的多瘤块形石斧很像在朝鲜慈江道江界市外公贵里出土的东西。在朝鲜黄海北道长渊郡白村里发现的一个两角石斧（朝鲜民主々义人民共和国物质文化委员会保存过，但在卫国战争时已散失），这个石斧很像绥远青铜鹤嘴镐。这两角星状石斧因为散失，所以现在不能画其实测图，可是保管过这东西的人这样说："角是好象短剑一样薄，两面有锐利的刃。"（《文化遗产》1958年第1号《江南元岩里原始遗跡发掘报告》72页）。在林西发现的石环（《考古学报》1960年第1号　吕遵谔《内蒙林西考古调查》图九第11）很象在平壤美林里发现的星状石斧的残形。（参照图录第4、5）

5、石磨盘和石磨棒

石磨盘和石磨棒在朝鲜许多地方出土。在中国辽宁、吉林、黑龙江省等省、热河和内蒙古地域也出土。其形状很相似。

朝鲜：

o　咸镜北道会宁邑沙乙里散布地。同五洞大包含层居住地。同同山里散布地。同弓心里。同镜城郡三峰里、潼关里、洛生里。同庆兴郡踰岘里大草岛。同富宁郡龙渚里贝塚。同清津市农圃里贝塚，同茂山郡邑所在。茂山邑。同游仙郡永绥里。

○ 慈江道中江郡中德里大包含层。同草坐里散布地。

○ 咸镜南道北青郡江湖里包含层。同芳佳里包含层。

○ 两江道厚昌郡东兴里。同惠山郡春洞里散布地。

○ 平安北道碧潼郡南中里。同东仓郡鹤城里散布地。

○ 平安南道温泉郡弓山贝塚。同胜湖郡金滩里包含层居住地。同大同郡院场里。

○ 黄海北道黄州郡沈村里居住地。同凤山郡智塔里包含层原始遗跡第一地区。同金川郡江南里居住地。

○ 黄海南道信川郡青山里。同延安郡天台里泥炭层。

○ 江原道元山市中坪里包含层。

中国：

○ 辽宁省桓仁（磨石盘，沈阳博物馆所藏）沈阳下坎子（同上）。辽阳三道壕（同上）。

○ 吉林省长春新立城（大磨石盘，吉林省博物馆所藏）。长春石碑岭（研磨棒子，吉林博物馆所藏）。张家店（磨石盘残片，吉林博物馆所藏）。

○ 黑龙江省牛场（磨石盘，哈尔滨博物馆所藏）。

○ 热河凌源（石臼，辽宁省博物馆所藏）。赤峰红山后第二住地。

○ 内蒙古东苏尼附近C遗跡。

如上列举的朝鲜和中国各地出土的磨石盘和研磨石棒其形状很相似，特别是在长春新立城出土的大磨石盘和朝鲜咸镜北道会宁邑五洞以及在同镜城郡间坪出土的磨石盘在其里面有大小的凿痕，我们能判断这些东西是完全同一的。（参照图录第6、7）

6．石镰

石镰也在朝鲜各地发见。

朝鲜：

- 咸镜北道会宁郡五洞大包含层居住地。同钟城郡防镇地散布地。同钟城郡潼关里包含层。同钟城郡洛生里大包含层。
- 慈江道渭原郡龙渊里积石塚。同江界邑公贵里包含层居住地。同时中郡深贵里居住地。
- 平安北道香山郡立石里散布地。
- 平壤市梧野里。
- 黄海北道凤山郡智塔里。
- 汉城市冷川洞。

中国：

- 北中国殷代遗址。
- 城子崖。
- 安徽省淮河。
- 辽宁省汪清县新华闾墓葬地（长春博物馆所藏）。
- 吉林省通化英额布、同金化乡（长春博物馆所藏）。

在黄海北道凤山郡智塔里出土的石镰，其形状是与中国北方殷代遗址出土的石镰的形状完全同一的。（《文化遗产》1957年第6号都宥浩、黄基德《黄海北道凤山郡智塔里发掘中间报告》14页）

然而，都宥浩同志主张：很难说朝鲜的石镰与中国新石器时代和商代的石器有直接的联系。他说在朝鲜西北地方差不多没有从中国方面传来的考古上的倾向，而其影响是在朝鲜东北地方容易看得出来的（同上书）。果然，我们把在现今朝鲜领域内发见的新石器文化遗物与中国新石器文化比较一下的话，我们很难看出其相互之间的直接的联系来。特别是在朝鲜完全没有发见三足土器，从这点看来，可知现朝鲜领域和中国新石器时代文化没有直接的互相联系。虽然这样，可是我们决不能说古代朝鲜族的新石器文化与龙山文化和商代文化没有什么关系。因为，在新石器时代朝鲜族不但居住在现朝鲜领域，而且其大部分居住在鸭绿江以北地域的缘故。（参照图录第8 ）

7．有孔石斧

在朝鲜差不多没有发见有孔石斧。仅在咸镜北道曾经被日本人发见过若干。日本考古学者梅原末治说：“石斧中的环状品，其特别发达的多头石器类在咸镜北道和平壤附近发见过，在咸镜北道发见有孔石斧，还发见能认定是打制丁字形锹乃至石锄的石器，其他通有的石斧、石镞以外石庖丁（半月刀）、挟入石斧也广泛地分布，在咸镜北道出土除了石镞以外石及细石器这点是一个特征性的现象”（梅原：《朝鲜古代文化》42页）。至今为止，我们在其他地方没有发见有孔石斧。然而，如众周知，有孔石斧是在辽东半岛和赤峰出土的，而且在中国广泛地分布的。这有孔石斧是龙山文化的一个特征。这有孔石斧与鬲、鼎等陶器同样地在鸭绿江以南地域没有发见。

我们根据如上列举的资料可以这样说：

其一，朝鲜、中国东北一带、热河和内蒙古一部分地带有同一的石器文化遗物，而且这些地带的石器文化是属于同一系统的。

其二，现今朝鲜领域内的石器文化与中国中原的石器文化没有什么直接的联系，可是鸭绿江以北和沿岸以及咸镜北道的有的石器是与中国中原新石器文化有关系的。

二. 陶器文化上的互相关系如何？

1. 三足陶器

至今为止，在朝鲜全然没有发见过三足陶器（鬲、鼎等）。1957年6～7月朝鲜科学院考古研究所发掘平安南道江西郡台城里遗跡结果发见只有一个四足土鼎和一个三足土奩。这四足陶鼎是在同遗跡第五号塼室墓里发见的，它是与有汉字铭（大官宜吉）的瓦当和铁制品的破片伴出的。这陶鼎的底部四面有距形的孔，而且其底面是长方形。（朝鲜科学院考古研究所1959年《台城里古坟群发掘报告》86～87页）这陶器大概是前汉初期的东西，而不是新石器时代的陶器。同一种类的陶器在辽东半岛羊头洼遗跡里被日本考古学者们发见过。在羊头洼遗跡有三足、四足、五足的陶器。在那里没有完整形态的，而只有破片，所以我们很难比较两者的异同。可是我们可以对比其两的底部，由此可以看出两者的相似点。我们对照羊头洼发掘报告62页第38圖，可以看出是与在台城里出土的四足陶器相同的。

在台城里出土的土奩是在辽东半岛南山里出土的东西相同的。在南山里发见的两个土奩，其形态有一点不一样（参照《南山里发掘报告》第21圖、第52圖），在后者即南山里东古坟（汉代塼墓）里出土的土奩是与台城里出土的东西很相似。（参照圖录第9、10、11、12、13、14）

在朝鲜发见的唯一的四足陶鼎和土奩是汉代遗物，而不是新石器时代文化遗物，所以这些陶器是不能成为朝鲜和中国新石器时代文化交流的证据。

除了这些陶器以外在上记两处同时出土同一形态的石板，日本考古学者们曾经把它判断是砚。

在中国东北一带和热河地带出土三足陶器的地方如下：

o 辽东半岛貔子窝、高丽寨、羊头洼等地。

o 辽东省建平、万佛堂、铁岭得仙台、沈阳、八家子、朝阳等地。

o 吉林省土城子、长蛇山、蛇山子、安隆泉，安广新荒乡永和屯、长春红石砬子、新立城水库、长春市红嘴子、长春市张家店、大安县新荒乡大和屯、吉林省大顶山、骚达沟等地。

o 黑龙江省杜尔伯特旗、阿城成高子、昂々溪、松花江二龙、嫩江下游等地。

o 热河凌源

o 内蒙古小库伦、赤峰等地。

这样，鸭绿江以北各地出土三足陶器，可是在鸭绿江以南还没有出土三足陶器。如上所述，在鸭绿江南北地带很多石器是共通的，可是三足陶器在鸭绿江以南完全没有发见过，这点是值得研究的科学问题。我们调查其他陶器和青铜器的流布情况，就可以获得这个问题的解答。

2. 篦纹圜底陶器

根据朝鲜科学院考古研究所所调查，篦纹圜底陶器大部分是在朝鲜西海岸一带出土，而且其一部分是在西北朝鲜的河沿地带也出土。然而，在黄海道一带也发见这陶器，朝鲜考古学者们预见今后可能发见更多的在海岸沿线的篦纹圜底陶器。（《文化遗产》1958年第4号黄基德：《朝鲜西北地方原始土器研究》69页）我们看这陶器的更广泛的分布范围，在朝鲜西北方，平安北道定州郡大山里和鸭绿江江口的龙岩浦贝塚的这类陶器分布范围延长到中国东北地方的南部，热河和内蒙古一带。在朝鲜南方，在京畿道一带即江华岛仁川附近的岛，汉江畔的广州郡岩寺里和全罗北道群山巷附近也发见这陶器。（鸟居龙藏：《平安南道、黄海道古迹调查》1916年）。

在内蒙古林西附近出土篦纹圜底陶器的遗跡，同时发见了波状点线纹陶器。（《考古学报》1957年第一期汪宇平：《内蒙古自治区发见的细石器文化遗址》。）波状点线纹陶器大概是与篦纹圜底陶器伴出的，这两者本来有密切的关系。然而波状点线纹陶器出土的遗迹是与只有篦纹陶器出土的遗迹有区别的。设使在同一地区里两者都出土，可是其包含层是有严密的区别的。因此，我们可以推测这两者的出现时期是不同的，在其文化综态上有差别。（《文化遗产》1958年第4号黄基德：《朝鲜西海岸地方原始土器研究》69页）。

对篦纹圜底陶器从北方南下的事实没有异论。对这陶器在朝鲜使用过的年代，朝鲜考古学界认定其上限是公元前一千五百年以前。（朝鲜科学院考古研究所：《弓山原始遗迹发掘报告》45页 结论）平安南道西海岸附近的弓山遗迹是完全没有金属器的新石器遗迹，所以我们可以判断篦纹陶器使用年代是属于青铜器以前的新石器时代。

在朝鲜咸镜北道东海岸一带只发见篦纹平底陶器而没有发见篦纹圜底陶器，而且没有大型陶器，这点是与在东部西伯利亚没有大型篦纹陶器这个事实有共通点的。

在朝鲜很多地方发见直线几何学文陶器。这陶器也与大陆方面有联系的。苏联考古学者 О.П. Окладников 认定这直线几何学文陶器是通古斯系统的文化，而且其源流是在Байкал附近和 забайкал 地带新石器时代遗迹里发见的。（同氏：《Приморье в I тысячелетний до нашей эры》.《Современная Археология》XXVI 1956）对直线几何学文陶器是从北南下的这个说法也似乎没有异论。（参照图

录15、16、17、18、19）

3、彩色陶器

彩色陶器在咸镜北道雄基和草岛发见，而且日本考古学者横山在汉城郊外丘陵遗迹发掘过一种彩色土器。（梅原末治《朝鲜古代文化》41页）。日本考古学者藤田认定日本丹涂弥生式土器是与在朝鲜咸镜北道豆满江岸地域广泛地流布的丹涂磨研土器系统有联系的，并且梅原也以同样的看法来认定在汉城郊外发掘的彩色土器是豆满江流域的丹涂磨研土器的传播的标志。在庆尚南道金海郡会岘里石箱坟里发见过一个彩色小壶。（日本《考古学》第6编第2号）

如众周知，彩色陶器是在貔子窝、赤峰红山后以及沙锅屯等地发见过的。在潢河、老哈河流域，彩色土器也广泛地分布，吉林省博物馆收藏在吉林省双阳收集的彩陶片一个。果然这些彩陶文化是不是仰韶文化的同一系统这个问题还是未解明的。在咸镜北道草岛发掘彩色陶器文样是几何学文样，而它似乎与仰韶彩陶文样完全没有相同的地方。然而，从在赤峰和辽东半岛的石器文化有很多共通点这点来出发看的话，我们很难说咸镜北道的彩色陶器是与热河、辽东半岛的彩色陶器文化没有什么关系的，这些彩陶文化是属于同一文化系统这样的看法是较妥当的。因为，尤其是在朝鲜内完全没有原始绳席纹土器，而篦纹陶器、无纹厚壁粗质土器和黑陶等却广泛地流布着，从这点来看，主张仰韶文化波及到朝鲜境内的根据是很薄弱的。这个问题是将来进行考古研究以后才能得到结论。反正十分清楚，在朝鲜领域内的彩陶文化的年代与辽东半岛和热河的彩陶文化年代差不多。（参照图录20）

4 黑陶

在朝鲜咸镜北道茂山、五洞、三峯、草岛等地发见了黑色磨研陶器。这黑陶是不是龙山文化的传播这个问题还没有定论。这黑陶也与铁器并出土，而且是没有用辘轳制造的，所以有的考古学者主张这黑陶不是龙山文化的传播，而是受斯基泰（SKitai）黑陶的影响的。可是，假若认为豆、甑等黑陶（在朝鲜的）是受龙山文化的影响的话，我们很难断论咸镜北道一带的黑陶一定是受斯基泰文化影响。

在辽东半岛有与龙山文化有直接的关系的黑陶，这点是考古学者们都肯定的。如众周知，这黑陶在营城子、四平山、文家屯、郭家屯、牧羊城下层以及羊头洼等地发见的。在辽东半岛的黑陶当中有纯粹的黑陶，还有在其形态上属于黑陶系统的。《羊头洼发掘报告》云：《在羊头洼首先第一类黑色土器从其土器的性质看来，可以说它是黑陶。其土质精良，很薄，其形态整正，而且其表面是被磨研而发黑色。壶、碗口、豆口、豆脚等里也可以看出黑陶风的制法。只有用过辘轳的痕跡不是四平山那么显著的。在里面可以看出辘轳的痕跡，可是表面是往往用手来磨研的。褐色土器也是从这黑陶发展的，第三类黑色乃至赤色粗质的鬲、鼎脚等也是在城子崖的黑陶文化中看得出来的。假若我们看卜骨、有孔石斧、石包丁、骨锥和纺锤等伴出遗物的话，显然看出这两个文化是有密切的关系的》（同上书75页，综结，金関丈夫、三宅宗悦、小野清一等）。

我们在这里把在茂山发见的黑色磨研土器和在辽东半岛发见的黑色磨研陶器比较一下。在茂山遗蹟第12号居住地发见了一个豆。这豆的形态是特异的，而且它是与在牧羊城第一号石墓里发见的豆的形态很相似（参照《牧羊城发掘报告》插图十）。在茂山遗蹟第五居住地发见的豆（黑色、又有褐色）的形态也是与在牧羊城第一号石墓发见的豆的形态很相似。在茂山遗跡第一地点（第1，2、3居住地）发见的黑色磨研坯形陶器形态、是在朝鲜第一次看到的特异品。《茂山邑虎谷原始遗跡发掘中间报告》（《文化遗产》1960年第1号64页）云：“特别是坯形土器是在原始土器当中特殊的，其形态和精巧的制造手法使我们感到它是否模倣金属制坯子，……有这样特殊形态的坯子是在我们国家原始遗跡是第一次发见的，我们还没有看过其类例”。然而，我们把与它类似的形态的土器在羊头洼遗物当中可以看到。羊头洼的这个东西虽然是比茂山的东西小可是其形态很相似而使我们感觉到这两者之间有文化联系。在茂山发见的黑陶坯子也是在羊头洼看得到的形态。在羊头洼发见的小形陶器的底缘有刻目文，这是与在貔子窝、单砣子和金州望海埚发见的形态一样的，而且这样的形态是在山东龙口贝塚里也发见的（《羊头洼发掘报告》61页）（参照图录21、22　）

5、深钵形陶器

在朝鲜其形态与镀相似的深钵形陶器广泛地分布着。近年在平安南道江西郡台城里土圹墓、黄海北道银波郡葛岘里土圹墓、黄海北道黄州郡顺川里古城和咸境北道罗津草岛原始遗跡等发掘了这陶器，固然，这陶器在解放前也被日本人发见过。日本考古学者梅原末治主张这陶器是与镀一样为北方系统文化遗物（《青丘学丛》第七号《在古代朝鲜的北方系统文化的遗痕》）。这就是说，他认定这陶器不是古代朝鲜自身的文化遗物而是《北方传来的文化遗物。今天，我们应该检讨资产阶级考古学者的这样的主张。因为他们主张古代朝鲜人不能创造自己的文化，其所有的文化都依存于外族的缘故。首先，我们在方法论上不能承认这样反动理论。同时，我认定古代朝鲜族从北方南下其大多数部族在鸭绿江以北经过石器时代过渡到金属器时代，所以我们以为，我们应该再考察所谓北方系文化而研究。当然，这问题不能简单地得到结论。但是我首先对把古代朝鲜文化遗物中与北方文化有联系的东西叫做“北方系文化”（即北方外族的文化）的说法不能不反对。其北方系文化是不是古代朝鲜人民自身创造的或是在西伯利亚方面文化的影响下造成的？我们应该研究这个问题。而且我们应该进一步考察西伯利亚方面的文化遗物中有没有受古代朝鲜族的文化影响。我们没有调查研究过这些问题，把古代朝鲜的文化起源寻找在北方西伯利亚方面这个态度是在方法论上不对的。我们完全没有根据主张古代朝鲜人民的新石器文化和青铜器文化只依存于外族的文化，而且没有他们自身的创造。可是，当然我们可以说古代朝鲜的所谓“北方系文化”遗物在某些方面上与西伯利亚方面的文化有联系。

朝鲜民主々义人民共和国科学院考古研究所出版的“考古资料”第二集说明在黄州郡顺川里出土的深钵形陶器说：“这是在古代土圹墓中发见的典型的东西，与铁制两耳壶在其样式上有共通性的。我们在斯基泰（Skitai）土器中可以发见与其类似的形式，从这点看来这是显示着与北方系文物的联系性的”。我认为，我们可以这样说，可是我们决不能说这形态上的类似就意味着古代朝鲜“北方系文化”一定是从斯基泰文化传来的。古代朝鲜的深钵形陶器发达到铁制镬，从这点看来，我认定这陶器是古代朝鲜人创造的较为妥当（参照图录23，24）。

这种陶器在中国辽宁省和赤峰也发见过。

三、大石文化上的互相关系如何？

对在朝鲜的两种形式的大石文化遗物还没有定论。就是说，在朝鲜南部地域分布的石棚（一名棊盘式或称南方式）与在从朝鲜中部到辽东地域分布的石棚（一名卓子式或称北方式）有什么关系这个问题还没有阐明。这两者的时期的先后问题尚未解明，有人说北方式石棚和积石塚结合起来而变成了南方式石棚。日本考古学者驹井和爱说：在南朝鲜石棚（棊盘式）的下面出土了清白镜，细线锯齿纹镜、戈、剑和玻璃璧等（驹井：《日本访华考古考察团在中国科学院考古研究所演讲记录》1957年）。他要把棊盘式石棚的起源在中国寻找。他说：日本瓦棺或与中国有关系，清白镜铭纹与离骚赋传近似。前者或表现屈原之心情，故其初可能先在南方流行而非在北方。细线锯齿纹镜在日本、西伯利亚及中国东北合共出土约20多枚。中国内地未闻发见。此种镜上有二钮，凹面有极细之线纹。在中国不能说没有，因墨子书中曾谈到凹面镜之原理，《周礼考工记》凫氏作镜亦有凹状，《淮南子》称之为燧。……大约凹较深者为取火用，浅者为照运，因想细线锯齿纹镜或源自中国》（同上）。可是，细线锯齿纹镜在中国未发见，所以他只推测它将在中国发见，从这样的根据来推断棊盘式石棚是与中国南方有关系的。

可是，我们不能肯定他的主张。首先，我认为，他主张在朝鲜许多地方，中国东北、日本和西伯利亚发见的细线锯齿纹镜起源在中国南方这种想法是方法论上有错误。关于这点在下面再讨论。其次，他当讨论到棊盘式石棚的起源时不考察在其上限时期的特征，而提到在其下限时期的特征即青铜器遗物，这样来考察其起源问题也是方法论上的错误。

据张政烺教授的说法，与棊盘式石棚同一类似的石棚分布在山东半岛。他说山东省淄川县南定之王母山有一石棚便属于这种形式。在山东半岛最东端有许多大石遗跡，凡是地名村名带「石棚」字者都有石棚存在。如莱成县崖头集之北，距离四五里的石门子就有许多石棚，构造的形式和布置的行列，与朝鲜南部的石棚群都相同。在崖头集十二里的儿女石乘一大石碣，其东有一大石棚，这种石碣与石棚共存的现象，与朝鲜全罗南道顺天郡的情形完全一致"（张政烺等："五千年来的中朝友好关系"3～4页）。他关于两者之关系说："关于大石文化的具体内容，我们在这里不能细谈。我们想要说明的，仅是就石棚的形制，看原始共产社会时朝鲜南部和山东半岛的关系，朝鲜中部及北部和辽东半岛的关系，当时尚无「国家」或「民族」出现，两地人民的生活在一海之对崖，社会发展的阶段相当，物质的和精神的文明也极为一致"。（同书4～5页）

根据驹井的说法，可以知道碁盘式石棚到青铜器发达时期为止尚存续。然而，至今为止在桌子式石棚（北方式）里未发见青铜器。从而，朝鲜考古学者们认为北方式石棚是原始公社社会的坟墓。但，有人在北方式石棚里发见了很多人骨，而且主张这石棚是奴隶社会的坟墓。孙晋泰1933年调查平安南道大同江上游一带的石棚，对在平安南道成川郡灵泉面柳洞里发见的石棚的状况这样写："据农民的话，去年（1932年）有人发掘这石棚而发见了只有一个大豆粒那么大的黄金珠，其外完全没有什么，在地下六尺处有了很多人骨。他们认为这石棚石都是墓葬"（日本《民俗学》第五卷第6号，孙晋泰：《关于朝鲜的石棚》）。孙氏根据这农民的话，断论了这石棚是实施殉葬制的奴隶制社会的产物。可是，我认为他的主张的根据是很薄弱的。他调查的这石棚不是北方式的，而是大石盖坟墓。他说："使用于石棚的十余尺长的大扁石放在坟上，其大盖石露出，其支柱是累积小石而造的。他在平安南道顺川郡舍人面的倒坏的石棚和大石盖古坟里发见人骨，这石棚在半毁的古坟中露出，其支石的一半是在墓里被埋没，这半毁的古坟中一片盖石，三片支石露出了一半，根据这些事实，他推断朝鲜石棚是古坟石室的完全露出的东西。他主张大石盖坟墓就是装置石棚石室的坟墓逐渐废其支石，代之积累小石而当做其支壁的（同书）。

他不分类朝鲜石棚的南、北方两种，而认定石棚的支石被废掉的坟墓就是大石盖坟墓。他所调查的大石盖坟墓是与南方式石棚的形制相一致的。由此可知大石盖坟墓不但在南部朝鲜而且在平安南道也有。

从而，我们对朝鲜两种石棚的时间性问题还没有得到结论。我们不能肯定日本考古学者们分类的所谓第一式（即碁盘式或南方式）和第二式（即卓子式或北方式）的分类法，这就是说，朝鲜石棚从南方流布到北方的说法是很难成立的。有人主张，朝鲜石棚是从南方随着海流同时传到朝鲜和山东半岛的，可是这主张也是很难成立的。为什么这样说呢？其理由如下：

1　假若石棚是从南方随着海流而传来的南方文化的话，为什么在中国华东和华南海岸地带没有流布呢？这问题是很难解明的。

2．在辽东半岛和山东半岛有多种新石器文化遗物上的共同性，可是在鸭绿江以南地域和山东半岛差不多没有共通性。那么我们就很难认定朝鲜南方的石棚和山东半岛的石棚是文化交流的表现。今天，北方式石棚是新石器时代文化遗物这个说法大体上是没有问题的。假若驹井主张南方式石棚是在青铜器全盛时代的文化遗物的说法能成立的话，我们把南方式石棚认为是北方式石棚的变形，这样看法不是很自然的么？从而，我们认定在山东半岛的石棚也是从辽东半岛传来的较为妥当。

这问题是将要具体地调查研究后才能得到结论的。可是，朝鲜和山东半岛有同一的大石文化，据这点看来，可以说朝鲜和山东半岛有民俗上的共通点。我想，我们没有根据主张大石文化起源于世界上某一个地方而世界上各地的大石文物是从那个地方传播的。我们决不能肯定资产阶级考古学者们的所谓文化移动论，用石材而造坟墓的新石器时代的民俗是当然在近邻族属之间会相互传播，同时各异族属会有共通的民俗。假若，把山东半岛和朝鲜的大石文化都认定为南方文化的传播的话，为什么在中国其他地域没有传播这大石文化，对这个问题就无法回答。从而，把朝鲜大石文化与南方文化联系起来而考察的根据很薄弱。濊和貊族是从上古以来就有用石材造坟墓的风俗。固然，积石塚是与石棚同时存在的，我想那是实际上可能的。我推想，石棚不是民族成员的坟墓，而是其酋长的坟墓，所以民族成员的坟墓即积石塚可能是与酋长的坟墓即石棚是同时共存的。

假若石棚是南方文化的话，为什么在日本没有石棚呢？据驹井的报告，在日本北海道和东北地方有环状立石，而且其环状立石是从西伯利亚传来的（上引报告）。他说：在西伯利亚有很多环状立石，可是没有石棚。那么，我们可以这样推想：在朝鲜和中国东北地带存在的石棚是濊和貊族的积石墓制受西伯利亚的立石（menhir）的影响而变成的。与其说朝鲜的石棚是南方文化的传播，不如说古代朝鲜族本身的民俗受了西伯利亚方面的立石文化的影响而变成的。

总之，新石器时代末期——青铜器时代初期古代朝鲜族和在山东半岛居住的东夷族是在墓制上有联系这点是毫无疑问的。

四、卜骨

一九五九年七月——九月在朝鲜咸镜北道茂山邑虎谷原始

遗迹里第一次发掘三片卜骨（肩胛骨）（《文化遗产》1960年第一号，黄基德：《找山邑虎谷原始遗迹发掘中间报告》 72页）。这些卜骨都有占卜的痕迹，而是与在龙山文化和商代遗迹所发掘的卜骨为同一系统的。我们把这些卜骨（《中国考古报告集之一》图版伍拾叁《邢台曹演庄遗址发掘报告》（考古学报》1958年第4期图版捌 6～8）和在河南陕县七里铺商代遗址发掘的卜骨（《考古学报》1960年第一期）对照，什么差异也不能辨到。

五、墓葬制

《三国志、东夷、夫余传》云："有棺无椁"，《后汉书、东夷、夫余传》云："有椁无棺"。由此可见这两者在内容上是不一致的。《三国志、东夷、高句丽传》记载为"积石为封"而《后汉书》同传中也有同样的记录。《三国志、东夷、东沃沮传》曰："其葬作大木椁，长十余丈，开一头作户，新死者皆假埋之，才使覆形，皮肉尽，乃取骨置椁中。《后汉书》同传中也有相同的记载。从以上所引文也同样可见它是意味着没有使用棺。濊的关于墓葬制的文献资料是没有的。韩的墓葬制的记载是这样的，《三国志、东夷、韩传》曰："有棺无椁
而《后汉书》里对这个就没有言及。从以上的夫余之有关墓葬制的二方面资料固然不能任意断言那一方面正确，然而从夫余与高句丽是同族这一点以及从范晔虽然参考了《三国志》但并没有照样记载反曰"有椁无棺"这点看来可想《后汉书》资料是正确的。下面让我们整理一下来考查到今的一些考古学上的资料吧。

今天被认为是朝鲜的纯粹新石器时代的坟墓，除了石棚以

外有在咸镜北道地域发掘的若干坟墓。日本考古学者梅原末治曾这么记叙过：“确实足以能认定是石器时代的墓，到现在为止仅只有在咸镜北道发现的几个，在半岛的其它部分並没有发现。这坟墓是比鸟居博士早就认定为是新石器时代的支石墓晚一些，这点是现在毫无疑问的。北鲜的新石器时代的墓在雄基松墙洞遗迹都是在地下东枕伸展仰卧葬的，並且已有副葬品，而其一例都是与贝壳墓有同样的形状。其次在镜城郡潼关镇地境洞丘陵上的墓也同样是仰卧伸展葬的，並且用川石以长方形包围。会宁郡碧城面凤仪里狗山南畔的墓和上记的潼关附近豆满江畔的急斜面的墓是以栅状砌成段的，並且，在以东枕来进行仰卧伸展葬这点上各自少有些出入之处，但也有某些相似之处。归纳起来推测，可以注意到它与日本的屈身葬有所不同，而与在满蒙或北支那发现的若干例是一致的。”（《朝鲜古代文化》1946年12月出版 P.38～59）

这个墓制是以贝壳葬形状的，並且用川石以长方形包围的。这个就可以认为是积石塚的原始型，而这个墓制在辽东，热河等处都能见到。在朝鲜直到三国时代都还继续存在着。如果依据日本考古学者的调查的话，可知在辽阳太子河附近，鞍山、盖平、户平、芦家屯、熊岳城、关东州（辽东半岛）黄海沿岸的董家沟或是大岭屯，渤海沿岸营城子、旅顺、铁山一带的石墓，甕棺，堅固墓是最古的，其次就是贝墓，继此有砖墓，石椁坟。墓的形制是把棺放在中廊，而周围是以川石充填的，而其副葬品是手制瓦器、铜剑、铜斧、铜镞，玛瑙制小环玉等。这些墓都撒布在老铁山麓牧羊城附近（《牧羊城发掘报告》P.63）然而使用棺的痕迹是不明的，仅只看到由于木材的腐烂而形成的腐蚀土。这报告没有论及在牧羊城第一号墓（在尹家疃村落西南官屯子河原右岸露出的石墓）有没有使用棺的痕迹。他们认定这石墓是新石器时代向青铜器时代过渡的一种墓制，並且是在周末——汉初制定的。这年代的推定是由于他们把辽东和朝鲜的金属器时代的开始认定为从战国末——汉初的缘故，从而这个年代的推定是需要探讨。

石墓在赤峰红山后也存在，赤峰红山后石椁墓都是土葬的，並且是伸展葬的。大体上一般的来说是东枕，仰卧、横卧。在25墓中一墓是有俯卧伸展葬的，而第八号墓是西枕（《赤峰红山后发掘报告》P.15～P.17），其中第2、6、15、18号墓多半是积石塚的状貌。特别是与18号墓一样，其侧壁不太明了这点就更是这样的了（同上）。这些石墓是属于第二次文化层的，並且被认定为与彩色土器文化有一定间隔的红陶文化，在这儿有石制触斧、块状多头石斧等古式石器，並有青铜器出土。这些石墓都被认定为是青铜器时代的遗物。並且也被认定为是与西伯利亚的minusinsk坟丘文化，东俄Ananino文化，南俄Skitai文化有联系的北方Eurasia文化的右翼。日本考古学水野说：南满、朝鲜的青铜器文化是与北方Eurasia文化对立的（《人类学杂志》第5卷、5号，水野《块状多头石器》）。如上所述，朝鲜的块状多头石斧（星状石斧）是直接与中国山东一带以及热河、内蒙古连接的，因而不能肯定他的说法的正确性。

如在下面将要谈到，不用说石器，大部分的青铜器是与绥远式青铜器有联系，从而我们认定朝鲜和辽东的积石塚有联系较为妥当。与此类似的石椁墓最近在平安南道大同郡和盛里发现，这是双椁坟，而出土铁器，被认为大体是高句丽的坟墓（朝鲜科学院考古研究所：《考古资料集》第一集1958年图版LXII）。这是与上记的积石墓有直接的连系的。我们可以认为这是从新石器时代传下来的墓制。与此类似的积石墓在平安南道顺川郡南玉里也发现。这积石墓是用普通石头来推积而造的石室，盖石是扁石（同上《考古资料集》第2集1959年图版XLI）。

我们可以认定这些积石墓是"无棺有椰"的石椰墓。这样的积石墓在龙山文化的坟墓里也存在。龙山文化的"墓葬发现得较少，在土坑竖穴墓中，葬式除伸直仰身以外，也有俯身葬。另外，还有用大块碎石所推成的石塚，葬式不详。"（《考古学基础》49页）。这墓葬制不是与辽东、朝鲜和热河等地的积石塚墓制有联系的么？

如上所述，朝鲜石器文化是与辽东，热河及内蒙古一部地域的石器文化有联系的。根据考古学者们大体上所认定的，最原始性的文化是以所谓北方系统的篦纹土器为特征的一个系统，还有与前者先后而更广泛地分布的以所谓无纹厚壁为特征的一个系统。其次彩色土器文化流布在咸镜北道一带，继之黑色磨研土器系统也流布在咸镜北道地域。大石文化何时发生这个问题还不明，可是在新石器时代末期发生这个说法似乎大体上一致的。然而，朝鲜新石器时代的下限年代怎么推定这个问题是由于考古资料的调查研究不够而还没有定论。从来日本考古学者们把朝鲜金属器时代的上限年代认为在战国末。日本考古学者们在《牧羊城发掘报告》的结论里说："要之，周末——汉初的南满州是朝鲜和日本的金属文化的出发地，其文化渐次向东波及；从北朝鲜波及到南朝鲜，从南朝鲜波及到日本。"固然，我们不能肯定这种说法。

如日本考古学者所认定的一样，果然在辽东半岛的黑陶文化是到秦——汉初为止继续存在的吗？如果把在辽东半岛的黑陶和卜骨认为是与龙山文化有直接的联系的话，山东半岛的黑陶文化传播到辽东半岛以后为什么殷、周的青铜器文化没有传播而到了战国末才传播其青铜器文化这个问题是应该说明的。

然而，日本考古学者们想要"证明"在中国东北和朝鲜的古代住民是与中国人很长时期没有文化上关系的完全别的种族，而合理化他们侵略中国东北的政策，所以他们造下了这样的臆说。

如今天朝鲜和中国考古学者们所论证的一样，很显然，在朝鲜、辽东和热河等地的青铜器时期是至迟在春秋时代以前；我们还没有具体的资料可以断论其上限年代，可是十分可以说在朝鲜、辽东和热河地带到战国末为止还处在新石器时代这种说法不过是胡说。他们硬要伪造日本金属器时代的上限年代，可是不能溯及到汉初，从这点来出发，他们想要把朝鲜和中国东北金属器时代的开始也不应该早于战国末，所以他们作了这样的结论。固然，在朝鲜和中国东北地域里石器和金属器被并用了很长时期这个事实是内外考古学者们公认的。可是那样的时期我们不能认为新石器时代吧。

总之，石器文化上有特征的遗物是在朝鲜辽东、热河和内蒙古一部地域共有的。日本考古学者们说："以褐色磨研砂粒土器，石器和骨角器为组成部分的辽东新石器文化从辽东半岛一角出发在熊岳城，铁岭等几乎全南满洲一带散满着，与松花江流域的长春石碑岭地带其样相分明是不一样的。可是其与朝鲜和热河方面的境界是不清楚的。在海岸方面与庙岛列岛、山东海岸和中国东海岸有多少关系。例如，刻目是在中国东海岸到处存在的。可是，这现象是意味着相互文化交流，而不能说同一文化圈。南满州是独自的辽东文化圈，而有独自性的样相。"（《羊头洼发掘报告总结》）我们很容易看出他们追求的目的是什么，他们的说法是反映着想要把朝鲜、满州和热河地域殖民地化的日本帝国主义侵略者的政治野心。然而，如上所述，我们不能否认在朝鲜、辽东、热河地域在其石器文化上有同一的文化系统。

当讨论朝鲜石器文化时，主张所有的石器似乎都是外来的文化影响的产物的说法也是我们不能肯定的。在朝鲜的所谓北方系统文化果然是古代朝鲜族传受外族文化影响而造的吗？在朝鲜的所谓北方系文化是外来文化这个说法是不一定正确的。所谓北方系文化是从鸭绿江以北传来的这个意思上可以说的，但是，当讨论古代朝鲜全般的文化时那是不正确的。因为古代朝鲜族本身是从北方南下的，从而可以说在朝鲜的北方系文化是古代朝鲜族自己创造而带来的。这样的看法不是妥当的吗？朝鲜考古学者们把篦纹土器流传到现今朝鲜地域的年代认为大约公元前1,500～2,000年（《弓山发掘报告结论》）可是其前在朝鲜地域的土著文化是如何存在的这个问题是还没有解决的。

把朝鲜新石器时代的所谓北方系文化认为是从北方的异族传受这样的看法是我们应该探讨的。而且，由于黑陶文化、三足器文化和彩陶文化遗物（假如把这认为是仰韶文化的波及）在现朝鲜狭小的一角里发见，就主张朝鲜新石器时代文化与中国上古时代文化没有什么联系这样的看法也是不正确的。我们不能否认朝鲜民族的祖先的古代族属的大部分在新石器时代曾居住过辽东、辽西、热河等地域这个事实从而也不能否认上古时代的朝鲜族与中国在文化上有了密切的关系，而进行过相互文化交流的事实。

六、青铜器文化

我没有进行调查研究能够讨论朝鲜青铜器文化的全貌。我只想综合到今为止发表的代表性的考古资料而推断其历史的性质。

1、细形短剑

朝鲜青铜器文化的代表性的一个是细形铜剑。关于这点，日本考古学者们也没有异论。在朝鲜，它的出土地是很广泛，遍及朝鲜各地。到今为止，其出土地名如下。

咸镜北道

钟城郡潼关里

咸镜南道

北青郡土城里、兴南市。

平安北道

龟城郡新市洞石箱坟。

平安南道

平壤市美林里、将泉里，船桥洞，贞梧洞。和东大院洞，顺安郡石岩里砖筑墓，江西郡台城里土圹墓、孟山郡封仁面南阳里、顺川郡慈山里、大同郡龙岳面上里古坟、大同郡南兄弟山面，大同郡大同江面、大同郡江南邑等大同江流域一带。

黄海北道：

黄州郡内东面，凤山郡松山里围石葬、同木棺葬、银波郡葛岘里古坟、黄州郡青龙里土圹墓，黄州郡黑桥里古坟、黄州郡天柱里、黄州邑火车站附近、载宁邑等。

黄海南道

殷栗郡云城里土圹墓

江原道

春川附近、杨州郡九里面回老里石棚

京畿道：

水原。

忠清南道

牙山郡屯浦面屯浦里石箱坟，保宁郡良心面岩树里庆尚北道：

盈德郡柄谷面沙川洞石箱坟，庆州郡外东面入室里。同内东面九政里，同东方里、同排盘里、同道昌里、庆州郡内南面塔里、尚州郡、金泉郡金五山、永川郡花山面莲湖洞。

庆尚南道

金海邑会岘里贝塚区石棚和甕棺内。

全罗北道

全州郡草浦面云上里

全罗南道

木浦市

在这些地域出土的铜剑其形态上虽然有若干差异，可是基本上它们是属于同一形态的，而且都是铸造品。其特征是短而且锋利的，这样形态的短剑在日本北九州也发现过，日本考古学者们也承认它是从朝鲜流传去的。这细形短剑是在东亚具有特殊形态的，而区别于中国的短剑。这短剑早就在辽东出土很多，近年在朝阳也出土了。朱贵先生把在朝阳出土的铜剑认为是春秋末——战国初的东西（《考古学报》1960年1期《辽宁朝阳十二台营子青铜短剑墓》结论）。他认为这铜剑是东胡族的遗物。这铜剑在北满和内蒙古地域还没有发现过。到今为止发现的这铜剑其大部分在辽宁和朝鲜地域分布着。

与这铜剑并出的是其剑柄和石制枕状物。这些东西在细形铜剑出土的地方都出土。这遗物在朝鲜和辽宁地域广泛地存在着。过去日本人在朝阳、錦州、抚顺、牧羊城、貔子窝、旅顺老铁山以及高丽寨等地和朝鲜各地发现这些东西。日本考古学者岛田贞彦推断说：这些剑柄将在热河省也可能发现（《满洲史学》第二卷第四号、岛田贞彦：《从考古学上看的热河省的古文化》。在牧羊城发现的具有完整的形态的剑柄头在陕西省也出土。（参照图录）。这剑柄头和剑柄结合在一起的在平安南道大同郡大同江面发现过。简素化的剑柄头（青铜制）在平壤附近和黄海北道地域发现得很丰富。

这青铜短剑是古代朝鲜人创造的，其铸范在朝鲜发现过。这铜剑的铸范早就在平壤附近发见过，它现在保存在平壤中央历史博物馆。我们没有根据主张朝鲜特有的这细形短剑是从外族传播来的或是模仿外族的东西而制造的。如下将述，这青铜器是属于同多纽细线锯齿纹铜镜同一文化系统。有人说后者是属于西伯利亚系统的，所以前者也是在西伯利亚青铜器文化的影响下制造的，可是我不能肯定这种说法。细线锯齿纹铜镜不是在西伯利亚广泛的地域里出土的，而是只在离朝鲜很近的沿海州地域出土的，所以没有根据主张它是西伯利亚青铜器文化的遗物。如上所述，我认为北沃沮处过在沿海州地域，从而有充分的根据主张移动到那地域的古朝鲜人带去了自己的青铜器。从而，我想，这细形青铜剑不是在所谓北方系文化和中国青铜器文化的影响下制造的，而是古代朝鲜人自己制造的文化遗物，这样看法是较妥当的。如果我们认定在朝阳发掘的青铜剑的年代算是春秋末——战国初的话，就应当认为在朝鲜领域内发现的青铜短剑的年代也是与之同时，其使用人都是古代朝鲜人。如上所述，我认为古朝鲜领域在燕昭王以前到达现今河北省北部，而且东胡（《史记、匈奴列传》上的）是貊族。假若在朝阳发现的青铜短剑）是东胡的遗物的话，可以更明确地证明东胡是古代朝鲜族。假若这青铜短剑的使用者是乌桓和鲜卑的话，那么它应当是在乌桓和鲜卑的居住地域里发现得更多的。可是，它是在朝鲜广泛地被使用过，所以认为在朝阳的短剑的使用者也是古代朝鲜人较为妥当。

这细形短剑与狭锋铜鉾在其形态上很相似其锐利的形态相似，铜剑似乎是从铜鉾发达而成取。朝鲜的铜矛是与殷的铜矛的形态不一样的。朝鲜的铜矛附着耳把这点与殷的铜矛类似，可是其整个形态是不相类似的，从而，很难说朝鲜铜矛与殷的铜矛有联系。朝鲜的铜矛是与在赤峰红山后蒐集的铜矛在其形态上很类似的（《赤峰红山后发掘报告》第28图）。然而，在朝鲜发见的戈形青铜短剑与殷戈在其形态上类似，所以可以说戈形短剑是与中国青铜器文化有关系的。朝鲜的短剑与绥远青铜短剑在其形态上不相似。

总之，我们找不到根据主张朝鲜的细形短剑是从外族传来的，而且不能不认为它是古代朝鲜人民自己创造的文化遗产。

2、细线锯齿纹铜镜

细线锯齿纹铜镜是与细形短剑一样为朝鲜青铜器文化的代表性的一个。到今为止其出土地如下：

平安南道：

平壤附近、顺川郡北仓里、成川郡、大同郡大宝面反川里、甑山郡安石里、大同郡南兄弟山面。

黄海北道：

凤山郡松山里围石葬、凤山郡渔池硐。

咸镜南道：

永兴郡龙江里

庆尚北道

庆州郡内东面坪里、金川郡金五山。

这铜镜在日本长门国丰浦郡安冈村大京富任、大和国南葛城郡吐田乡村、河内国中河内郡豊下村大字大县等地也发现过（日本《考古学杂志》第十九卷第三号高桥健自：《关于新发现的细线锯齿纹镜》）。这铜镜在苏联沿海州海参威附近也发现过。（同上书）。最近，这种铜镜在辽宁省朝阳十二台营子第1号墓里发掘到两面，在第2号墓里发掘到二面。（《考古学报》1960年第一期，朱贵：《辽宁省朝阳十二台营子青铜短剑墓》）。如众周知，这铜镜是与中国铜镜没有什么联系而具有其特殊性的。朱贵先生认定这铜剑是同青铜短剑一样为东胡的青铜文化遗物。

然而，日本考古学者高桥健自关于细线铜镜说："这铜镜是至少在远古亚细亚东边的文化交涉上有重要意义的一个事项。大家所知道的这铜镜的分布似乎不一定是与汉文化有直接的关系的结果。所以至今为止，我认为这镜是日本和通古斯系统的遗物。然而，这次新发见的东西是在汉族的殖民地乐浪疆域的。从而，可以说这镜是汉文化所产，而且在南朝鲜和日本发现的东西是其南下的，在沿海州的东西是其东渐的"（同上论文）。

果然，这种说法是多么轻率的非科学性的？把在乐浪出土的所有东西认为是汉文化遗物这种看法正是日本殖民主义者的看法。他们硬说在日本殖民地统治下的朝鲜人民没有自己的文化，他们从这种反动的见解来考察朝鲜古代的文化，根据他的调查，在日本发现了三面，但是他没有说这种铜镜是通古斯系统的哪一个民族使用过的。其后日本学者们对于细线铜镜的起源问题的见解如何还不明。可是过去他们没有承认朝鲜的青铜器文化。几乎全部的日本考古学者们不认定朝鲜青铜器文化的存在。他们认为朝鲜青铜器文化是从中国传来的。如上所述，驹井和爱的说法是其中之一。

今天在朝鲜考古学界还没有发表关于这细线锯齿纹铜镜的起源问题的定论。有人说朝鲜青铜器文化是西伯利亚青铜器文化的传播，可是我们不能肯定这种说法。假如把古代朝鲜族的居住地域认为只限现今朝鲜领域的话，我们决不能解决这个问题。如在下面将要讲到的一样，朝鲜青铜器遗物的大部分是与所谓北方系统有共通性的，而且与所谓绥远式青铜器文化一致的也不少。我们把这事实与如上所述的古朝鲜和貊国的历史地理相结合而考察时，这便成为重要的问题。

要之，这铜镜的绝大多数在古代朝鲜族的居住地域里出土，其铸范在朝鲜平安南道孟山郡南阳里发见。这铸范现在保存在平壤中央历史博物馆，我认为朱贵先生发表的上引的说法是对的。他认为这铜镜是与细形短剑同是东胡族的文化遗物，而且其年代算是春秋末——战国初。如上所述，我认为东胡的大部分是古代朝鲜族，从而我想，把这铜镜认为古代朝鲜族创造的文化遗物是较妥当的。固然，这铜镜在汉四郡里也被使用过，从其分布状况来看，可以知道它是古朝鲜从辽西到辽东东迁以后更广泛地被使用过的。我们没有根据主张这铜镜是古代朝鲜人从乌桓和鲜卑传受而广泛地使用过的，而且也没有根据主张和驹井和爱一样而说这铜镜是从中国传来的。并且，在海参威附近发现的这种铜镜是北沃沮人使用过的，我认为这样的看法较为妥当。在海参威附近出土的一面铜镜决不能成为根据而主张这铜镜的起源在西伯利亚。

3、车、马具

到今为止在朝鲜所发见的青铜制车、马具是与中国中原的车，马具在其形态上不一样的，有的学者说朝鲜的车、马具属于所谓北方系文化。近年在朝鲜发现的车、马具中一部分，其用途尚还不明了的。

(1) 铜铎和各种铃

椭圆形断面的梯形铜铎（把半月形环连接在其上）是朝鲜青铜器遗物中的一个代表性的，其数量很丰富，而且出土的地域也很广泛。我们还不知道其上限年代，可是，很显然，其下限年代是很晚的。1954年朝鲜科学院考古研究所发掘黄海北道殷栗郡云城里土圹墓时发现了四个铜铎。这个铜铎与细形短剑和狭锋铜铎并出，其形态与从来发见的是一样的。与此并出的一个马铎的钟心锤是用五铢钱造的，由此可知这铜铎是相当于西汉时代被使用过的。（朝鲜科学院考古学及民俗学研究所1958年《大同江流域发掘报告》15页）由此可知，古来的铜铎在汉文化传来以后也被使用过。可是根据这点就主张这铜铎是汉文化的影响这个说法是决不能成立的。我想，其上限年代是与细形铜剑的上限年代大体上一致的，可是还不能断论这点。我们还不知道这铜铎与所谓北方系文化有什么关系，可是我认为在细形短剑和细线锯齿纹铜镜发现的地方可能有这个铜铎。

此外，在朝鲜具有特殊形态的铃发现过，在庆州入室里古坟里所发现的遗物中与马铎一同出土的有一个带柄的铃（图录39第4图）、一个锚形铃、一个尖头圆筒形铃。1921年日本人在庆尚北道闻庆蒐集了在洛东江沿岸出土的一些青铜铃，其中有两个尖头圆筒形铃、两个八手形铃（图录39、2图）、两个双头铃（图录40、1图）、一个环状双头铃（图录39、1图）。1949年在平壤市贞栢里采土场所发现的古坟中有一个枕形铃（图录39、3图），而且在相似于坛子的圆筒器顶部附加铃的出土在黄州附近和其他地方。

关于这铜铃的时期及其与外部的文化联系还没有定论。

日本考古学者梅原末治认为古代朝鲜的一些马具和铃类是属于北方系文化的。（《青丘学丛》第七号《在古代朝鲜的北方系文化》）他把鲇贝房之进所藏的双头铃认为不是铃而是辔镳。他把双头铃与在阿尔泰积石墩发掘的辔镳比较起来，而认为朝鲜的双头铃是北方系文化传来的。並且他认为朝鲜特有的铃的使用时期是相当于汉代。

朝鲜的铎铃到底是不是北方异族的文化的传来品？关于这点，我们不能不怀疑。因为，如上所述，古代朝鲜族的大部分从悠久的古代到战国末为止居住在鸭绿江以北，而在那里经过青铜器时期的缘故。

要之，朝鲜青铜器文化之一的铎，铃类不是异族文化的传来品，而是古代朝鲜人民创造的他们自己的文化遗物，这样判断是较为妥当的。

（2）车舆具

在朝鲜发现的车舆具当中有代表性的是"乙字形器"，车轴头，圆筒形器，管形器，"手枪形器"以及笠头形器等。

这些车舆具等与中国中原车舆具不一样，因此我们不能认为这些遗物是汉文化的传来或是它的模仿。今天朝鲜考古学者们也还不能清楚地说明这一些东西的用途，而把它们只认为是车舆具。最近，这些车舆具在江西郡台城里土坟墓里大量地发现，而且细形铜剑，狭锋铜鉾和铁器等与这些车舆具一并出土。这些遗物所发现的土圹墓中第六号墓里有了汉代的一把铁刀子，在第4号墓里又有前汉的铜镜，由此可知，台城里遗物群是相当于前汉时代的东西。然而，在这些古坟里发现的文化遗物与在所谓乐浪古坟里出土的文化遗物其大多数不同。其主要的遗物是与乐浪古坟的遗物相异，由此可知，台城里遗迹先行于乐浪郡遗迹。换句话说台城里遗迹证明在平壤一带地域没有前汉乐浪的事实。

与上记的车舆具并出的遗物当中"盖弓帽"很多。（图录92、2）。过去日本考古学者们把这东西叫做"竿头"。如众周知，这种遗物是在中国北方（所谓绥远式青铜器）渭水流域大量地出土，而且在外蒙古和西伯利亚地域也出土。（日本《

东方考古丛刊》乙种第一册《内蒙古、长城地带》65页）。由此可以推测，这盖弓帽是发源在中国北方的文化遗物，而且由于这东西在朝鲜很丰富这事实来考虑，也可以推测这遗物是居住过中国北方的古代朝鲜族的青铜器文化的遗物之一。

总之，朝鲜的车舆具类不是外族文化的传来品，而是朝鲜人民创造的他们自己的文化遗物，这样判断是较妥当的。

4、兽形带钩

在朝鲜发现的带钩当中也有汉式带钩，可是又有比汉式带钩更精巧的兽形带钩发现。1919年在庆尚北道永川郡渔隐洞发现的各一个马形和虎形带钩，在庆尚北道善山发现了三个马形带钩。（1922年《朝鲜古迹调查报告》第2册）。而且在忠清南道乌致院石塚里与原始无纹土器一同发现了马形带钩。在平壤附近发现的二个马形带钩现在保存在平壤中央历史博物馆，关于这种带钩，日本考古学者江上波夫认为是鲜卑族的所谓"师比"之一类（《东方学报》第二册、江上：《关于师比郭落带》），梅原末治同意了江上的意见（《青丘学丛》第七号，梅原：《在古代朝鲜的北方文化遗物的痕迹》），除了这些以外，还有在乐浪古坟出土的刻龙的样子的带钩和刻着其名不明的动物的带钩。

我们根据历史记载可以知道鲜卑爱用的郭落带是雕刻祥瑞动物的东西，可是还不知道鲜卑爱用的带钩到底是怎样的。所谓绥远青铜器文化遗物当中，我们找不到上记的那样的精巧的兽形带钩。我在《涉貊考》里已经推行断貊族可能使用过兽形带钩。梅原末治在瑞典博物馆里参观Andersson在内蒙古奥尔特斯附近蒐集的多数遗物，而判断在朝鲜出土的兽形带钩是与在Ordos（奥尔特斯）出土的东西属于同一系统（《同上书》）。

以与兽形带钩同青铜钮形小金具大量地出土这事实来出发，他断定兽形带钩是北方系文化遗物。

要之，在朝鲜发现的带钩並不是汉式带钩的模制品，而是古代朝鲜人民创造的文化遗物。假若这遗物与内蒙古青铜器遗物属于同一文化系统的话，这正是貊族的青铜器文化传播到鸭绿江以南的，这样推断较为妥当。江上波夫在《内蒙古、长城地带》里认定绥远青铜器中鸟形带钩是与在朝鲜庆尚北道永川郡琴湖面出土的铜环很类似（《同书》96页）。（参照《在南朝鲜的汉代遗迹》图版十一之2.4）。並且，在乐浪郡遗迹出土的带钩也是与绥远式青铜鸟形带钩类似的（《同书》第五十六图）。

其它，青铜钮和小形装饰品等很多青铜遗物是与内蒙古、长城一带的青铜制品很相似。

5．铜鍑

在朝鲜完全没有发现青铜鼎、鬲、爵、瓿等大器物，而只发现青铜鍑。这鍑的形态是与深钵形陶器一样。这铜鍑比铁鍑发现得少一些。到今为止发现的铜鍑很少，铁鍑在平安南道和黄海道一带地域里发现。梅原末治认定这铜鍑不是在汉式铜器影响下制造的，而是北方绥远式青铜鍑的传播（上引书）。我认为，他的说法是有道理的。这铜鍑是与所谓北方系青铜文化有关系这点是不可怀疑的。北方绥远式青铜鍑是哪一个族属使用过的这问题还是不清楚的，可是从貊族居住过在中国北方地域的事实来考察的时候，那铜鍑是貊族使用过也未可知。

以上列举的朝鲜青铜器的代表性的遗物是与中国青铜器文化没有直接的联系，而是与所谓北方系青铜器文化有联系的，先秦时代中国青铜器文化的传播和模仿它而造的青铜器遗物是很少的。在朝鲜的先秦时代中国青铜器文化遗物有：在平壤以北地域发现的战国时代的布钱和刀钱，在平安南道大同郡石岩里发现的异形内行花纹镜和方格山字镜等。（1922年《古迹调查报告》第二册《在南朝鲜的汉代遗物》）除了铜器以外，在慈江道渭原郡龙渊洞发现了战国铁制农具和铁锌。最近在咸镜南道也发现了战国铁器。

我们把这些资料与先秦时代朝——中关系的历史事实结合起来而考虑时，不得不怀疑。从新石器时代起有了相当的文化交流，殷末以来许多中国人到朝鲜去了，特别是秦代陈胜起义时燕、齐、赵人民数万人避难到朝鲜去了，而且汉初以卫满为首的燕人集团移居在朝鲜，我们考虑这些事实时，可以十分推想先秦时代中国青铜器文化很丰富地传播到朝鲜去了。假若平壤是古朝鲜的首都的话，在平壤附近应当有先秦时代的中国青铜器或铁器遗物，可是实际上没有那些东西。过去，日本学者们主张古朝鲜文化是中国文化的移植，可是他们关于这个问题不但不能回答，而且也没有提到。

我们没有必要把这个问题那么神秘地考虑，只须根据历史事实便容易解答。

其理由是：第一，如上再三所述，古朝鲜领域是鸭绿江以北辽东、辽西地域。从而，我们在鸭绿江以南地域里很难找到考古学上的材料可以证明先秦时代朝——中文化交流。我认为，关于先秦时代朝——中文化交流的考古学上的材料是应该在辽东，辽西地域寻找的。在朝鲜领域里，先秦时代中国文化遗物很少这个现象决不是偶然的，而是与历史事实相一致的。战国时代在鸭绿江以南存在了辰国，这辰国是与中国的文化交流不太密切的，在文献上我们看不到关于辰国与中国的文化交流的资料。《史记》和《汉书》里完全没有关于辰国的记录只记载了"辰国"的名字。

第二，古代朝鲜族的绝大部分居住在辽东内蒙古的一部地域以及辽西和河北省北部地域，而在那里经过新石器、青铜器和铁器时代，其文化比较辰国无疑是先进。显然，北方文化南下到鸭绿江以南去了。因此，我们可以说，在朝鲜的所谓北方系统青铜器文化决不是北方的外族的文化的传播，而是居住在鸭绿江以北地域的浚（包括古朝鲜在内）和貊族创造的青铜器文化的传播。

我认为，寻找古代朝鲜人民的青铜器文化的起源应该在辽西、热河和辽东一带。现在我们还没有调查研究在这些地带的青铜器文化。因此，我们关于古代朝鲜人的青铜器文化的起源问题还不能作结论。固然，我们可以设想，古朝鲜人交易殷、周的青铜器而使用过，或者是与中国人同时开始使用青铜器。反正，在朝鲜、辽东、内蒙古一部地域和辽西一带流布同一系统的青铜器文化这个事实意味着在这些地域里居住过的古代朝鲜族创造了自己的特有的青铜器文化。当然可以说这青铜器文化可能是与外部文化有联系的。从而，我们可以说在鸭绿江以北地域居住过的古代朝鲜人民一方接受中国的青铜器文化，而创造了自己的固有的青铜器文化。

过去，日本御用史学家们主张，古代朝鲜人在汉四郡设置的结果才过渡到金属器时代，而把汉武帝的侵略朝鲜这个事实认为进步的现象。例如，藤田亮策就是在《朝鲜考古学》上这样说的。

今天，中国考古学者认定在朝阳发掘的细形铜剑和细线锯齿纹铜镜是春秋末——战国初的遗物。如众周知，这铜镜和铜剑是发达的青铜器。在朝鲜青铜器发现得很少，而且很多青铜器是与铁器并出的。根据这事实而主张朝鲜人没有经过青铜器时代这个说法是决不能成立的。尤其是，朝鲜人民到汉武帝时期为止处在用新石器的原始社会，而在汉四郡设置以后才过渡到铁器时代，因此其生产力突然发展而从原始社会飞跃到封建社会这个说法是不值得考虑的胡说。

我们将来在辽东、辽西和内蒙古地域进行考古学上的调查研究后才能解决关于古代朝鲜族的青铜器文化的起源问题，而且能阐明在先秦时代的朝—中文化交流关系。

关于铁器问题，将在《古朝鲜社会生产力》这一小节上谈到。

第二节 根据文献资料所看到的古朝鲜与中国的关系

关于先秦时代朝鲜诸部族与中国的关系上面已大略叙述了一些。这里，我想把上述内容加以体系化，同时补充一些新的文献资料再加以考察。

在《尚书、禹贡篇》的诸夷中，除乌夷之外，其它诸夷族都是与古代朝鲜族不同的族属。虽然在国内外的史家之中，从来就有把嵎夷解释为朝鲜族，但我并不同意这个说法，因为这个说法缺乏考证的根据。《禹贡篇》上记载乌夷、嵎夷、莱夷、淮夷、和夷为五夷，而没有记载《东夷》的泛称。然而，《尚书、周书旅獒》上记载说："惟克商、遂通道于九夷、八蛮"。《旅獒篇》是 代的伪作，所以这资料是不可靠的。然而，这九夷就意味着与《禹贡篇》的五夷不同。换句话说，西周初与西周有关系的夷族比在禹时有关系的夷族，其数有所增加。随着时间的经过古代汉人所接触的夷族渐次增加，这是很自然的事。九夷虽然也可以解释为在记载上表示多数夷族的意思，可是古代中国注释家们大体上不这样解释的。

《尚书伪孔传》上把九夷解释做海东诸夷它是这样记载的："海东诸夷、武王克商，皆通过焉"。

《竹书纪年、卷上、夏太戊六十一年》云："东九夷来宾"。虽然我们无从知道这九夷是指什么夷族，但我认为，大体上与《尚书》上记载的九夷相同。这记载比《禹贡篇》的记载要晚些。

《论语》上也有关于九夷的记载。《论语子罕》云："子欲居九夷，或曰：'陋，如之何？'子曰：'君子居之，何陋之有'"。

关于这，班固在《汉书·地理志》上这样解释："殷道衰，箕子去之朝鲜，教其民以礼义，田蚕织作，乐浪朝鲜民犯禁八条……今于犯禁寖多至六十余条。可贵哉，仁贤之化也。然东夷天性柔顺，异于三方之外，故孔子悼道不行，设浮于海，欲居九夷，有以也"。班固认为孔子所说的九夷是古代朝鲜诸族。

《墨子》上也有关于九夷的记载。《墨子卷五、非攻中》第十八云：《九夷之国、莫不宾服》。

关于这，孙诒让是这样解释的。他注云："《尔雅、释地》云：'九夷、八狄、七戎、六蛮、谓之四海'。《王制、孔疏》云：'九夷，依《东夷传》九种，曰畎夷，于夷，方夷、黄夷、赤夷、玄夷、风夷、阳夷'。李巡注《尔雅》云：'一曰玄菟，二曰乐浪，三曰高骊，四曰满饰，五曰凫臾，六曰索家，七曰东屠，八曰倭人，九曰天鄙'。案《王制·疏》所云，皆海外远夷之种别；此九夷与吴、楚相近，盖即淮夷，非海外之东夷也。《书叙》云：'成王伐淮夷，遂践奄'。《韩非子·说林上篇》云：'周公旦攻九夷……九夷亦即淮夷故也'《吕氏春秋·古乐篇》云：‘成王立，殷民反，王命周公践伐之。商人服象，为虐于东夷，周公遂以师逐之，至于江南’。又《察微篇》云：‘犹尚有管叔、蔡叔之事与东夷八国不听之谋’。《高注》云：‘东夷八国附从二叔，不听王命，周公居摄三年，伐奄，八国之中最大，著在《尚书》，余七国小又先服，故不载于经也’。案东夷八国亦即九夷也。春秋以后，盖臣属楚吴越三国，战国时又专属楚。《说苑·君道篇》说：‘越王句践与吴王战，大败之，兼有九夷’。《淮南子·齐俗训》云：‘越王句践霸天下，泗上十二诸侯皆率九夷以朝’，《战国策》云：‘楚苞九夷，方千里’，《魏策》云：‘张仪曰：楚破南阳九夷，内沛、许、鄢陵危’，《李注》云：‘九夷，属楚夷也’。若然，九夷实淮、泗之间，北与齐、鲁接壤，故论语子欲居九夷’，参互检覆，其疆域固可考矣’。

孙氏把西周以来中国文献上的九夷解释为汉土境内的夷族，而不解释为海东诸夷。他列举《韩非子》、《淮南子》、《战国策》，《吕氏春秋》等书上关于九夷的地域的记载资料，否定了把九夷认做海东诸夷的说法。我们应当认为孙氏的说法是正确的。

把九夷解释为海东诸夷是秦汉以后的说法。《博物志·卷一·地理略·自魏氏曰已前夏禹治四方而制之》云：“齐……越海东，通于九夷”。这九夷分明意味着古代朝鲜诸部族。因此，我们不能把先秦文献上所见的九夷与秦、汉以后文献上所见的九夷看做同一的九夷。

总之，我们不能认为，在殷周时代，中国人与古代朝鲜族的诸部族都有了接触，所以在那时候，中国人就已经知道了其他诸部族，反之，我们应当认为，在那时候，中国人只知道被称为乌夷或肃慎的古朝鲜族的一部分。

我在上面已经提到，我认为上古时代的乌夷或肃慎是一个族属，那就是古朝鲜族。通过箕子传说，我们知道，在殷代，古朝鲜已经与殷有了密切的关系。根据现存史料，我们不能否认这样一个事实，那就是，在殷周时代，在东北夷族之中，与中国关系最密切的人民是古朝鲜人。如果肯定了这点的话，那么我所认为乌夷或肃慎是古朝鲜人的这个拙见就完全不是妄说了。我想，肃慎是乌夷和泼族混合在一起的族名，除古朝鲜人以外，其它别的族属就缺乏足以为证明的根据了。

固然，“乌夷”是围绕渤海沿岸而居住过的古代族属的泛称。如上所述，檀君氏族在太古时代从阿尔泰地域向东移动。很清楚，那族属何时达到渤海沿岸地域这问题，但，其名称不见于《尚书》，因此我认为那族属名是被包括在“乌夷”之内。这就是说，从阿尔泰地域向东移动的这个族属已经在殷代以前到达渤海沿岸地域而定居，与原住民的夷族混合在一起了。这古代族属从西周起中国按其居住地域而称做其部族（或部落）名，例如，肃慎、泼人、发人、俞人、青丘等。其中泼人已经于西周初居住在河北、河南地域，箕子亡命而到那泼地去了。随着西周势力强大，泼人退却到滦河流域地域而建成了古朝鲜国，而且古箕国迁徙到山西汾水东去了。

檀君传说尽管是一种传说，但是根据中国记载，檀君是与尧同一时期的人，这个记载说明古代中国人已经承认了古朝鲜与中国从悠久的古代起就已有了关系了。

我们不能只因为是传说，就抹杀了自古以来由中国传来的这样的传说。我认为，从这个传说中，我们可以找到能够认定古朝鲜从悠久的古代起就与中国有了某种关系的根据。

肃慎虽然从舜那时代起就与中国人民有了经济交流，而且在西周初，与周王室甚至有了政治上的关系，但是，如上面所述，我们未能发见关于殷与肃慎之间的关系的资料。可是，如果卜辞的「隹尸」可以解释做乌夷的话，那么可知，殷与乌夷已经有了某种的关系。卜辞上有"乙巳卜去匸东隹尸コ"、"乙巳卜去南隹尸"、"壬午卜伐屯明东北尸"等记载（陈梦家：殷虚卜辞综述 285页）。

殷代的乌夷不就是西周肃慎的先祖吗？

殷遗民大量避乱到朝鲜，徐居正在"筆苑雜记"上引用涵虚子的"天运绍统录"这样说："箕子率中国五千人入朝鲜，其诗书，礼乐、医巫、阴阳、卜筮之流，百工技艺，皆从而往，故曰半万殷人，渡辽水者是也"。如上所述，我们虽然不能完全相信箕子传说，但是，殷周之际殷遗民避乱到朝鲜的传说是可以认做历史事实的。因为，如果完全没有殷遗民避乱到朝鲜的事实，则史家们到底编不出关于箕子朝鲜的传说来。而且，在殷周时代，朝鲜的位置並不是在现在朝鲜地域，而是在渤海沿岸地域与殷领域直接相联接。自古以来，中国诸学者都承认殷民大量避难到朝鲜这个事实。这个事实说明了在殷代中殷人与古朝鲜已经有了某种关系了。

今天，由于缺乏关于古朝鲜与殷的文化交流的史料，所以我们对于这方面不能具体地了解。我们只知道在夫余内使用过殷曆的事实。《三国志、夫余传》上说"夫余……以殷正月祭天，国中大会，饮食歌舞，名曰迎鼓"。殷曆是以十二月为岁首。

虽然我们也可以把夫余使用殷曆的事实解释作殷曆是自秦汉传入了夫余，但是更妥当的解释是，夫余在秦以前已经开始使用殷曆了。为什么可以这样解释呢？因为夫余在秦以前已经继承了貊国的文化，我们认为貊从殷代起已经与殷有了文化交流了。而且，汉使用殷曆是从高祖元年起至武帝元封六年止，从太初元年起使用太初暦並以正月为岁首。

夫余使用殷曆这个事实意味着其先祖即貊在殷代就使用殷曆，一直传到夫余还是使用这个殷曆法。如上所述，我认为，貊与涉（即古朝鲜人）决不是两个族属，而是一个古代朝鲜族在一定的历史阶段里分裂出来的独立的政治单位。它们在哪个时期分裂的，我们无从知道，但是根据《诗韩奕》的资料与历史注释家们的注释，我认为，貊至迟在西周初已经居住在山西北部，形成了在古朝鲜之外的另一个政治势力，即建立了「古韩国」，这貊已经使用了殷曆。

根据《诗·韩奕》，我们可以知道韩侯国就是占领貊的「古韩国」的侯国。它被貊所灭亡，到了宣王时代，西周夺取了貊的领域，又恢复了韩侯国。

然而，高句丽、涉、韩等都在十月祭天。虽然我们无法知道，这里所说的十月是夏曆还是殷曆？但是结合殷曆以十二月为岁首这个事实看来，我想，"十月祭天"里所说的十月不是殷曆十月。

总之，古代朝鲜的曆法有殷文化的影响的这个事实，我们是不能加以否认的。

显然，殷曆对上古时代的朝鲜文化有巨大影响，特别是对农业的发展有巨大的贡献。

而且，我认为，古朝鲜社会到了西周初已经有了划时代的发展了。箕子传说上所说的；"犯禁八条"我们不能把它当作后世的虚构而加以抹杀掉。如上所说，箕子传说借用了箕子的殷末王族的名义，而说明了殷遗民大量地迁居朝鲜的历史事实。如果古朝鲜直到西周初还处在野蛮阶段的话，那么文明的殷人大量迁徙到那里去是没有道理的。而且，即使说，先进的殷人迁移到古朝鲜以后，古朝鲜才依靠他们建立了文物制度，但是假若古朝鲜社会没有达到建立那样的文物制度的程度的话，我们认为是绝对不可能的。当然，我们应当承认，殷人对于古朝鲜社会文物制度的树立有一定的肯定影响。而且，我们应当认为，由于殷人迁移到古朝鲜（即辽地）传达了殷朝奴隶制社会的文化，因而促进了古朝鲜社会经济文化的发展，并且，殷人加入了古朝鲜族的统治阶级的队伍，对古朝鲜社会文物制度的树立作出了一定的贡献。我们认为，这样解释箕子传说是比较妥当的。《汉书、地理志》上说箕子把"犯禁八条"教给乐浪朝鲜人民，汉四郡设置以后，增加到犯禁六十余条。从这个记载来看，显然，古朝鲜的"犯禁八条"在卫氏朝鲜以前已经存在着。我们不能没有正确的根据而抹杀从来关于西周初在古朝鲜已经有了"犯禁八条"法律这个记载。如上所述，西周初被称为肃慎的古朝鲜与西周有了政治上的关系，因此，我们可以设想，从来关于西周初古朝鲜已有了"犯禁八条"的资料，决不是凭空虚构的。我认为，在古朝鲜统治阶级制定犯禁八条法律上，殷人是和他们有着一定的关系的。

今天我们没有方法知道所谓箕子的犯禁八条的内容是些什么？《汉书、地理志》注者颜师古说："八条不具见"。李朝时代学者洪伯源在《东国通鉴提纲》卷一《朝鲜纪》上关于箕子犯禁八条这样说："按，八条之教，史失其目，甚矣吾东文献之不足征也。或曰，诗书为一，劝农为二，工商为三，织作为四，经画为五，相杀以命偿为六，相伤以谷偿为七，相盗没为奴婢为八。或曰，父子有亲、君臣有义、夫妇有别、长幼有序、朋友有信为五条，相杀偿命、相伤偿谷、相偷为奴婢为三条，总为八条。由前之说，则是时吏民蠢然无识，太师立教，必以丧服、祭祀为先，而八条无之，由后之说，则五常大伦，不应共法令三条并列为八条，皆不合理。姑阙之，以俟知者"。

根据这个资料，我们知道，在犯禁八条中，“相杀偿命，相伤偿谷，相偷为奴婢”的三条是自古以来共同的说法。因为不管是哪一个国家，作为一个阶级国家都有这三条法令，所以，我们认为在“犯禁八条”中有这三条的自古以来的说法是妥当的。

西周时代，被称为肃慎的古朝鲜与西周王室有密切的政治经济关系。肃慎的楛矢、石砮是西周王室视为贵重的交易品，武王（或成王）给肃慎所谓「命」。依据《逸周书、王会篇》的资料，稷慎、濊人、良夷、青丘、俞人等古朝鲜人参加了西周王会。当然，我们不能完全相信这资料，但是，根据这资料可以知道，古代中国人认为在西周时代，古朝鲜人已经与西周王室有了某种的政治关系。

另一方面，貊从西周初起至宣王时代止，在山西西北地方与西周王室也有了密切的政治经济关系。貊经过了春秋战国时代，居住在中国北方和东北方成为强大的势力。如上所述，齐桓公（B.C.685～643）在北伐战争里，败于貊。同时，朝鲜与齐进行了文皮㲥服的交易（《管子》卷二十三《揆度》）。在中国先秦文献上，朝鲜这个国名第一次发见于《管子》里。我在第一章一节里已经认定，中国人在管子时代已经使用朝鲜这个国名了。可知，这时期朝鲜在政治经济方面力量加强，而且与齐有了密切的政治经济关系。然而，这里应当提到的是，朝鲜与邻接的燕没有交易，却与齐交易这个问题。在《管子》的记载中，我们完全没有根据能够解释说朝鲜进行过海上贸易。朝鲜与齐有直接的政治经济关系，这是有一定的理由的。换句话说，这应当解释作，意味着位于朝鲜与齐之间的燕的势力的衰弱。

我认为，随着朝鲜势力的强大，朝鲜与中国的关系就越加密切。《博物志、杂说》上说“箕子居朝鲜，其后伐燕之朝鲜，亡入海，为鲜国师”。可知，朝鲜征伐过燕。虽然我们难于断论其时期，但据上引资料，我们可以推断大约为齐桓公时期。为什么可以这样推断呢？因为《魏略》上记载，燕昭王以前，朝鲜王要征伐燕，后来中止。经过后几代，朝鲜又被燕将秦开所败。换句话说，朝鲜伐燕是在燕昭王以前几代的事实。因此，我认为即使《管子》是战国时代所作，但“朝鲜”这个国名在管子时代已被中国人所称呼了。而且朝鲜与齐交易的记载也绝不是无根据的。如下将要讨论的一样齐桓公时期燕国被北方族征伐，那时齐桓公救援它，就是说，在齐桓公时期燕国是有名无实的。因此，我推想在那时候古朝鲜能通过燕地而与齐国进行交易是一个存在的事实。

在大陆上有了这样的关系的时期，居住于山东半岛的东夷人通过海上与古朝鲜进行了经济文化交流。日本考古学者们发掘了辽东半岛南端数个地点之后论断古代中国人移住到该地传播中国文化（貔子窝、牧羊城、南山里等发掘报告）。我认为这说法大体上是正确的。

西周以来，东夷族在反对西周势力的长期斗争过程中，居住于山东半岛的莱夷人大量越海来到辽东半岛和朝鲜，这是不难推测的。齐灭莱夷是在鲁襄公六年（公元前567年）（《左传》襄公六年十一月传）。此后东夷人继续来到辽东半岛或直接去朝鲜半岛，这是易于推断的。上面引用的《博物志》记载“齐……越海而东，通于九夷”意味着齐通过海上与朝鲜进行交易。这可能是灭莱夷之后的事实。

战国时代，中国北方人民大量到朝鲜避乱。《三国志》濊传》说：“陈胜等起，天下叛秦，燕、齐、赵民避地朝鲜数万口”。根据这些资料，可以判断中国人民在战国时代也因避乱移居朝鲜。燕、齐、赵民数万口在朝鲜避乱，这是因为他们早知朝鲜是可以避乱的地域。

威胁着燕的古朝鲜在燕昭王时期被燕所败，被燕夺取西方二千里（或千里）地域，其势乃弱。

《魏略》云："昔箕子之后，朝鲜侯见周衰，燕自尊为王，欲东略地，朝鲜侯亦自称为王，欲兴兵逆击燕，以尊周室。其大夫礼谏之乃止。使礼西说燕，燕止之不攻。后子孙稍骄虐，燕乃遣将秦开攻其西方地二千余里，至满潘汗为界，朝鲜遂弱"。根据这资料可知古朝鲜在燕昭王以前以强大的势力威胁着燕的王国。鱼豢把朝鲜认为西周的侯国。我们不能认为这记录是对的。他承认箕子传说为历史事实，並根据箕子受西周王室封于朝鲜的传说把古朝鲜认为侯国。如果古朝鲜为侯国，在西周春秋时代其侯国名应留在历史记载上。但与燕有那样密切关系的「古朝鲜侯国」的历史，为何没有留在西周、春秋、战国时代的历史记载之上呢？这个问题是鱼豢所不能回答的。

因此，朝鲜为西周的侯国，这个古代中国人的说法是没有考虑之余地的。

如上所说，从殷末起至战国止，汉人移住到朝鲜，这意味着什么呢？难道不是意味着古朝鲜的经济、文化决不是停留在野蛮阶段吗？《汉书·地理志》说："朝鲜……、仁贤之化也，然东夷天性柔顺，异于三方之外，故孔子悼道不行，设浮于海，欲居九夷，有以也"。颜师古注释说："《论语》称孔子曰'道不行，乘桴浮于海，从我者其由也欤，'言欲乘桴筏而适东夷，以其国有仁贤之化，可以行道也"。上面我已肯定了孙诒让的说法，即孔子所说的九夷不是朝鲜。但我们有必要考虑班固为什么把孔子所说的九夷解释成为朝鲜。班固认定古朝鲜在孔子时期已经具有高度的文化。班固认定古朝鲜在孔子时期孔子所要求的社会阶级秩序维持得很好。班固不会毫无根据地写出这样的记载。先秦时代中国人没有亡命到别的外族地域而亡命到朝鲜。我考虑到这个历史事实时，可以判断班固之说决不是无根据的。朝鲜王准使燕、齐、赵的避难民数万口居住于西方。汉初燕王卢绾逃亡匈奴，故燕人卫满亡命到朝鲜。他从准王受到西方百里之封，这地域就是燕、齐、赵民数万口居住的地域。

我们对卫满夺取古朝鲜政权有考虑的必要。《史记》、《汉书·朝鲜列传》把卫满写为满。满不是普通农民，也不是什么特别的贵族，而似乎是居住在燕的一个宗族长知识分子。他结党千余人的事实和准王给他"拜以博士"的事实都可以说明这个问题。他所结党的千余人都是普通农民而不是军队。这些人民是以满的宗族为中心集结起来的。因此这决不是革命的组织而不过是亡命之徒而已。也就是说，他们是找安居之地而来的。他居住朝鲜西方百里之地，纠集真番人、朝鲜人、燕、齐亡命者而形成了一个政治势力（《史记·朝鲜列传》）。他与准王见面时穿着胡服（即朝鲜衣服）。《三国志·濊传》说："汉武帝伐灭朝鲜，分其地为四郡，自是之后，胡、汉稍别，无大君长"。显然，这里的"胡"就是朝鲜。满穿朝鲜衣服，这说明他和朝鲜人有密切关系。他没有军事政治势力，但他能集结真番人、朝鲜人。这意味着什么呢？他能集结古朝鲜人的主要原因会有两个，一是他是朝鲜人或与朝鲜人有密切关系，二是他善于利用古朝鲜人民的阶级斗争，对反对统治阶级的斗争动员了朝鲜人民。如果两者都不能考虑的话，就不能理解燕人满夺取了准王的政权这一事实。因为我认为上面两个原因都有，这样解释是妥当的。

我在上面已推断过，燕代在朝鲜列水之间存在过的方言为古代朝鲜语。这里长期住过古代朝鲜人。汉人是燕昭王以后即

公元前四世纪末 —— 三世纪初开始来往的。因此我认为朝鲜被燕打败之后，被占领了二千余里的领土，这时期许多人民在燕势力下归化为燕人。燕昭王以后到满夺取朝鲜的政权（公元前194年）为止约百年之间许多朝鲜人已经燕人化，这是不难了解的。卫满的千余人集团就是这样的朝鲜人。满为何在燕王卢绾逃亡匈奴的机会亡命到朝鲜呢？

卫满不是汉人而是归化为燕人的古朝鲜人，这论断的根据还是薄弱的。但我认为由于上面的理由，觉得很难说卫满是汉人。我在这里不过提出问题而已。

《三国志、韩志》云："辰韩在马韩之东，其耆老传世自言，古之亡人避秦役来适韩国，马韩割其东界地与之，有城栅，其言语不与马韩同，名国为邦，弓为弧，贼为寇，行酒为行觞，相呼皆为徒，有似秦人，非但燕、齐之名物也。名乐浪人为阿残人，东方人名我为阿，谓乐浪人本其残余人，今有名之为秦韩者"。

从来有人轻信这个记载，主张辰韩似乎是秦人的国家，日本资产阶级史家们就是这样主张的。但我认为这种说法是无根据的。根据《辰韩传》引用的辰韩的耆老的话，秦人避乱来韩国，其语言的一部分词汇和马韩语不同，把辰韩也叫做秦韩等。

如上所说，秦代陈胜大农民起义时燕、齐、赵民数万口避乱到朝鲜。秦代、汉代人民避乱到韩，这是不难推测的。我在《三韩考》里已经论述过，三韩直到汉初为止称为辰国，辰国内有三个地域即三韩。而且，辰韩的名称，"辰"是古代朝鲜语"东"的意思。汉初以前的辰国的"辰"，古朝鲜的真番、莫汗的"真"也是"东"的意思。因此，陈寿、范晔之说把辰韩这名称来源解释为秦是靠不住的。说是辰韩的一部分词汇与汉语相同，但没有充分的根据认定这些词汇是辰韩人全体人民所使用的词汇。固然我们很容易推想，已归化的秦人使用那些词汇。辰韩人称乐浪为“阿残”（即我残余人），根据这资料，认为使用受汉语影响的词汇的人是古朝鲜的亡人，古朝鲜的亡人与亡国的同时大量移动到韩。古朝鲜长期与汉文化接触，因此，一部分词汇受到汉语的影响，这是容易理解的。我们不能认为马韩语和辰韩语是不同。因为从马韩兴起的百济和从辰韩兴起的新罗的语言是相同的。

说陈寿和范晔把辰韩社会的一部分使用的一些词汇是汉语加以夸大，而且把它和秦代汉人避乱到辰韩地域的历史事实结合起来了。这样解释是妥当的。

《魏略》里有这样的记录，就是汉人千五百人成为辰韩的奴隶，他们使用汉语。换句话说，这些汉人的语音和辰韩人的语音是不同的。由此可见，辰韩语言和汉语是不同的。这《魏略》的记录是正确的。如果辰韩是汉人的国家，做辰韩的奴隶的汉人的语言是不会不通的。

总之，《辰韩传》的记载只不过是陈寿的臆说而已。但，我们通过这些资料可以知道一些汉语词汇在辰韩或古朝鲜使用。如上所说，燕占领古朝鲜的广大地域之后，古朝鲜语的一部分词汇成为燕边境和朝鲜洌水之间的方言（即燕的方言）。汉人大量移动到朝鲜之后，一部分汉语词汇使用于古朝鲜和辰韩。先秦时代和秦汉初朝——中人民之间的关系和文化关系是非常密切的。

总而言之，先秦时代朝——中人民有着血缘关系，就是许多朝鲜人民华化了。同样许多华人也朝鲜化了。

第五章 古朝鲜国家形成及其社会经济形态

第一节 古朝鲜社会生产力如何？

至今为止还没有关于古朝鲜历史地理的定论，从而还没有进行过在其全地域上的考古研究调查工作，因此，我们还不能以考古资料论断古朝鲜的社会生产力发展情况。如上再三谈过的一样，我认为古鲜领域是现今辽东，辽西、内蒙古的一部地域和河北的北部地域，所以我想，只根据至今为止在今朝鲜领域内所发现的考古资料而论断古朝鲜社会生产力的发展情况是决不可能的。到今为止，在朝鲜领域内所发现的考资料在推断古朝鲜社会生产力发展情况上不过只能成为间接的资料。

涉人大部分在渤海沿岸居住过，其一部分曾经在殷——周初时期在黄河南北居住过；西周，春秋时代貊族在山西省和河北北部，到了战国时代移动到河北省东北部、热河和朝阳一带地域去了。同样，古代朝鲜族大部分居住在现今中国领域，古朝鲜国家最初是在辽西地域形成的。因此我想，对这地域里的古代文化遗物不进行调查研究，我们就不能对古朝鲜社会生产力发展情况作出结论。

因此，我只不过想根据从来调查的考古资料和文献资料对古朝鲜社会生产力的发展情况作出初步的推断。

上面已经谈过，涉、三韩、夫余等国在公元前三世纪已经使用铁器了。从来认为，朝鲜所使用的最初铁器是与慈江道渭原郡龙渊里发见的明刀钱同时发见的各种铁制农具，朝鲜铁器文化完全是由中国铁器文化输入的。日本资产阶级史家们主张因为卫满的侵入，朝鲜从新石器时代转入到金属器文化。他们故意地抹煞和歪曲文献资料和考古资料，试图用此来合理化日本的侵略我们应当暴露他们的史学是多么非科学的。

解放后，朝鲜考古学者们进行了许多发掘调查工作，结果取得了足以论驳日本御用史家们的胡说的根据。

1956 年，咸镜南道永兴邑所罗里发见了6-7个象渭原里发见的铁器（铁斧头）一样的铁斧头。这些铁斧是铸造品，现在被收藏在咸兴博物馆里（《文化遗产》 1958年第3号 56页）。铸造的铁斧头，不仅是从中国传来的而且在朝鲜也有制造。在平安南道孟山郡与大同郡斧山面发见了铁斧头的铸范。其铸范与朝鲜发见的青铜斧铸范的形态相异，因此可以判断是铁斧的铸范。关于这，朝鲜考古学者们认为，铁斧铸造，无疑是在煅冶铁斧之先，我国发见铸范的事实是我国在与以煅冶铁斧为主的汉代文化接触之前已经制作铸造铁斧的证据。（同上书）。而且，这铸范的铁斧形态与渭原郡龙渊里或是永兴郡所罗里土城所发见的铁斧的形态不同，因此不能认为那是从中国传来的.

最近在咸镜北道茂山遗迹发掘到三个铁凿，朝鲜考古学者们判断，这是比渭原出土的战国铁斧更早的铁器。朝鲜科学院考古研究所正在作成中有关于这三个铁器的发掘报告（即《茂山遗迹发掘报告》）。战国时代的中国铁器与绳席纹土器并出，但在茂山，五洞等地完全没有绳席纹土器的遗迹上发掘了铁斧头。而且，在被认为是比乐浪古坟更早的坟墓的平壤附近土圹墓里也发现了铁斧、铁镰等农具.

总之，今日朝鲜考古学界已经得到了在现今朝鲜领域内最迟在公元前三世纪已使用铁器这个结论，并且认为，将来进一步进行发掘调查，可以找到追溯其年代的根据。并且有的考古学者主张，朝鲜的铁器是北方系统铁器文化比中国系统铁器文化更先传播。

然而，今日中国的考古学者们认为，战国时代的铁器很多发见于北方即长城内外。佟柱臣先生在《考古学报》1956年第一期上发表的《考古学上汉代及汉代以前的东北疆域》一文上详细地叙述在辽宁、内蒙古、长城内外地域发见铁器的情况。我想这里不需要详细介绍其内容。他认为，在这一带出现的铁器都是燕国的。郑绍宗先生在《考古通讯》1956年第1期上发表了《热河兴隆发现的战国生产工具铸范》这个文章。文中叙述了在热河兴隆发见以农业工具为主的87个铁范的情况。据黄展岳先生的说法，在战国时代遗迹中铁器发见的主要地方达20处之多，其中除成都、昭化、衡阳、信阳、长沙等五处以外，主要是在黄河以北，其中在长城以北有鞍山、锦州、赤峰、承德、滦平、兴隆等六个地方（《考古学报》1957年3期《近年出土的战国两汉铁器》）。

我们根据这些资料，可以知道中国战国时代的铁器长城以北地带比中原地带更发达。

然而，中国考古学者们论断，在上述地域里所发现的铁器所发现于燕代遗迹。可是我不能不认为，我们很难认定其铁器文化一定是中原铁器文化的传播。其理由如下：

1. 我在第一章里已经说过，古朝鲜领域在燕昭王以前大部分在辽西地域，貊国从其以北即燕北方至热河，内蒙古地带。公元前三世纪初其领域变动，缩小到今辽河以东。古朝鲜被夺去西方二千余里的领域之后，其地域里实际上人口稀少，汉人居住得不多，《汉书·地理志·燕地》云："上谷至辽东，地广民稀，数被胡寇。"根据这个资料，可知辽西地域成为燕的领土之后，这里是汉人们居住不安全的地域。并且，实际上，在燕昭王以前，汉人们不曾在这地域里居住过。不过，当然在战国末的动乱时期，赵燕人有不少到这儿来避难的。

不能不引起疑问的是，从公元前四世纪起，在成为燕的领域的不能安居的地域里，汉人的铁器文化为什么比中原地带更发达？换句话说，至公元前四世纪为止，燕人占领了全然不使用铁器的地域不是不能突然看到铁器文化的发达吗？尤其是辽西地域住民也很稀少，但在内蒙古或热河地域的中国人大量移居到那儿去就突然创造了铁器文化，这样的说法不是也很难成立吗？战国时代铁器文化发达的地域正是古朝鲜地域与貊国的地域。

这些地域在古代已经是有名的铁产地。《汉书，地理志，辽东郡，平郭注》云："有盐官，铁官。"据此可知汉代辽东郡平郭县制铁已经发达了。平郭县的制铁不是战国以来的制铁吗？日本考古学者鸟居龙藏在《南满洲调查报告》里说："在旅顺双岛湾贝县塚，同郭家屯贝塚及大石桥盘龙山遗迹发掘了一小块与一种铁渣一样的东西。由此看来，他们当时已经知道熔解铁的煅冶技术了。我认为在东蒙古的东胡民族遗迹里也存在这样的事实。果如此则可以这样推测，即当时居住在从满洲到蒙古的民族已经使用铁而且也能煅冶铁了。他们从哪里取得了煅冶铁的原料？其技术是从哪个族属传来的？这都是应当研究的问题。但东夷从早就知道铁，汉族的铁器使用是在铜的使用以后，并且满洲从古代起就是铁产地。联系这事实来考虑的话，我主张，那不是受汉族的影响，相反的，是东夷所独特的，他们当时已经具有其技术了。这个事实在东亚细亚文化史上是属于最值得注目的事实。……并且我们有能够更明白地证明熔解铁这个事实的材料。那就是旅顺遗迹出土的闪缘珍岩石斧，其表面之半边附着有熔解的铁渣。因为这个缘故，石斧的他部分有着一种象火烧过的一样的光泽。这是当时在土锅里熔铁时用这个石斧在锅中搅拌呢？或是熔解的铁液偶然流出附着在石斧上呢？可能是两者中之一吧。不管怎样，这个事实不能不

说是说明当时民族已经使用和锻冶铁这个事实的最重要的资料。"同上书 51 页）

至今为止，我还不知道用考古学的证明来否定鸟居的说法的事实。崔东壁已经主张过，东夷先使用铁这个事实。今天也有史家是这样主张的。

根据以上这些资料，我推断，古朝鲜的铁器使用时期并不迟于中国的铁器使用时期。因此，断定古朝鲜的铁器文化是从中国传来的这个说法是很难成立的。

古朝鲜的青铜器使用时期问题也是一个还未得到解决的问题。日本学者们从来就否认朝鲜的青铜器时代。他们主张，由于汉的铁器文化传来朝鲜，朝鲜从石器时代直接转入铁器时代，今日朝鲜考古学者们反驳了日本学者们的这个主张，并且认定青铜器时代的存在。可是，在朝鲜内发见的青铜器中，很多是与铁器时代遗物并出的，而认定是纯粹的青铜器时代的遗物却较少。如同我上面所的一样，这个问题也是只有调查研究鸭绿江以北地域的青铜器遗物才能得到结论的。古朝鲜族在河北省北部，辽宁，热河，内蒙古地域早已经过青铜器时代。即，同地域所发掘的铁器，如果是战国时代的遗物，则该地青铜器当然是在其以前所被使用的。如上所述，古朝鲜与殷已有密切的文化关系，并且殷民很多移居到古朝鲜去，涉地直接与殷国相邻接。从西周以后，到战国末为止，中国人不断地移居到古朝鲜去。根据这些事实可以容易地推测，殷的青铜文化流入于古朝鲜。然而，现今朝鲜领域内的青铜文化遗物，没有中国青铜器遗物，而都是具有自己独特的特征，并且很多是属于所谓北方系文化。我认为这是中国北方发达的古朝鲜的青铜器文化。并且我把北夷"橐离国"名称解释为"铜之国"。我们还不知道，这北方系青铜器文化与中原青铜器文化是有何种关系。今日在凌源一带发掘了大量的西周时代的青铜器。可是，我们不能根据这个资料就速断：凌源一带是西周的疆域。这些青铜器文化遗物，有的可能是西周青铜器传入该地域的，有的可能是西周制造青铜器的技术人员移居到该地制造的。总之，考古学者们认为在长城内外地域，中原青铜器文化比北方系青铜器文化更早。我没有进行过考古学的研究可以阐明这个问题。但是如上所述，以我的见解来臆测的话，我想涉族的古朝从殷代起已经输入了中原青铜器文化，从春秋时代起，"北方系"青铜器文化，不是与貊族东迁一起在古朝鲜发达了吗？我不过只提出这样的问题。可是我想，古朝鲜人从殷代起早就使用青铜器了。这个看法是妥当的。

今日几乎没有文献资料可以阐明古朝鲜的经济情况。我们只能用若干间接的资料来推测古朝鲜的经济情况。

我在上面已经谈到貊国的二十分之一的赋税制度。貊位于古朝鲜北方山间地带。所以我们可以推断，围绕着渤海位于平原地带的古朝鲜的农业生产比貊国的农业生产发达：因为从其地理条件看来是如此，而且从殷末以后，汉人不断移居朝鲜的事实看来也是可以这样推断的。並且我们有必要考虑汉辽东地方农业发达的这个事实。中国考古学者们在辽东三道壕西汉村落遗迹发掘了大量的农具。在同遗发见了140件农业生产工具，10件手工业工具，以及其他斧鋆、曲刀凿、曲刃刀、铸头、刀子、铁爪吊、铁链、铁钉以及铁锅等（《文物参考》1955年12期，李文信《辽阳三道壕西汉村落遗址》）。某学者根据这资料，认为这地域经营庄园。很明白的，前汉时代，这里农业非常发达。我想，这个资料可以成为推断古朝鲜的农业经济情况的间接资料。因为汉四郡设置以前为止，这里是古朝鲜地域。如果，汉四郡设置以前为止，这里的农业落后的话，那么汉四郡设置以后，农业生产力能够突然发展起来吗？如果汉四郡设置以前没有农业生产力的基础，那就是不可能的了。这里从其以前就很可能丰富地生产铁器。

我们在《史记．朝鲜列传》里可以看到如下的资料。即，“左将军卒正多率辽东兵先纵，败散，多还走，坐法斩。楼船将军将齐兵七千人先至王险，右渠城守，窥知楼船，军少，即出城击楼船。楼船军败散走，将军杨仆失其众，遁山中十余日，稍求收散卒，复聚。左将军击朝鲜浿水西军，未能破向前。天子为两将未有利，乃使卫山因兵威往谕右渠。右渠见使者顿首谢，愿降，恐两将诈杀臣，今见信节，请服降。遣太子入谢，献马五千匹及馈军粮，人众万余，持兵，方渡浿水，使者及左将军疑其为变，谓太子已服降，宜命人毋持兵。太子亦疑使者、左将军诈杀之，遂不渡浿水，复引归。”根据这资料，大体知道卫氏朝鲜的军事力的准备程度。卫右渠为了防御武帝侵略的攻击，几乎一年间坚守王险城。武帝在元封二年（前 109 年）秋开始了军事行动，元封三年夏攻落了王险城。可知，其武器与军粮准备得相当丰富。这就暗示卫氏朝鲜的农业生产力提高到与汉同等程度。卫满背叛汉室夺取了朝鲜王权之后，他决不可能想接受从汉供给的铁器，显然他是依靠从来古朝鲜的农业生产力，即古朝鲜的农业生产力如果显著地低于中国的话，那么卫满就不放弃燕而且不侵入朝鲜了。並且赵、齐、燕民数万口就不移居了。这些事实不是意味着战国末古朝鲜农业生产决不落后于赵、齐、燕等国吗？为了逃避战国末的动乱而离开自己乡土的人民，显然最主要的就是寻求出路，那样的地方正是农业生产力有了发展，而且是一个安定的社会。换句话说，避难的中国人民不是因为知道古朝鲜是一个可以安居的国家吗？所以，我们不能主张，古朝鲜经济或且一般文化程度显著地落后于赵、齐、燕，而应当认为与这些国家同等才妥当。

《汉书·地理志》云："殷道衰，箕子去之朝鲜，教其民以礼义，田蚕、织作。乐浪朝鲜民，设禁八条：相杀，以当时偿杀；相伤，以谷偿；相盗者，男没入为其家奴，女子为婢，欲自赎者，人五十万，虽免为民，俗犹羞之，嫁取无所雠，是以其民终不相盗，无门户之闭，妇人贞信，不淫辟。其田民，饮食以笾豆。都邑多放效。吏及内郡贾人往々以杯器食。郡初取吏于辽东，吏见民无闭臧，及贾人往者，夜则为盗，俗稍益薄。今于犯禁寖多，至六十余条。可贵哉，仁贤之化也！然东夷天性柔顺，异于三方之外，故孔子悼道不行，设浮于海，欲居九夷，有以也。"

班固把古朝鲜的经济、法律、道德评价得很高，他把"孔子欲居九夷"解释作孔子欲求到朝鲜去。关于这个问题，上面已经谈过，我认为班固的解释是不正确的。可是，班固这样解释的事实意味着他把古朝鲜认定是一个经济、政治、文化上发达的国家。

古朝鲜人民犯罪之后用五十万钱就可以赎罪。这可以与汉的法律对比来看一看

《汉书·帝纪·文》云："令，死罪，入赎钱五十万，减死一等。"可知古朝鲜的赎罪法令与汉的法令相同。我们根据此资料可知，古朝鲜的货币经济已经发达。西汉时代的货币价值调查如下。《汉书·卷一，高帝纪第一上》云："关中大饥，米斛万钱。"《汉书，食货志，第四下》云："米至石万钱，马至匹百金。"《汉书·武纪元狩五年》云："天下马少，平牡马二十万。"根据这些资大体可以斟酌前汉时代的货币价值。在古朝鲜货币流通也同样发达。其货币究竟是什么货

币我们还无法知道。战国的刀钱与布钱很多流布在现今朝鲜平安南，北道与辽东，其它可以认定为古朝鲜的货币的还未发见。根据这个事实来推测，我们只能解释说，在古朝鲜流通的货币就是战国时代的布钱与刀钱．虽然在这个货币流通之前是流通什么货币我们无法知道，但是根据《三国志·东夷·弁辰传》的"诸市买皆用铁，如中国用钱，又以供给二郡"这个记载，不是可以推测古朝鲜独自的货币是铁片或是铁块吗？

我们缺乏关于古朝鲜的商业经济的直接资料。但是根据战国货币大量被发掘出来的事实可以推测古朝鲜对外贸易已经发达了。有的人主张，在朝鲜发见的战国货币是中国避难民带来贮藏起来的。但是我们不能只这样推想，应当认定古朝鲜的商人与赵、齐、燕等国贸易而获得了很多的战国币。如上所述，《管子》上记载，古朝鲜已在春秋时代与齐做过文皮熊服的交易．

第二节　关于古朝鲜的文字使用

今日我们缺乏资料能够全面阐明古朝鲜文化，在这里只想对古朝鲜人民的文字使用时期作一些考察．

我们虽然知道《三国史记》、《三国遗事》等所引用的许多古书名，但是由于这些古书已全部遗失，现在无法知道其著作时期。如上面所说的一样，高句丽在国初已有《留记》百卷。高句丽的先行国——貊国（即藁离国）已使用文字，这是很明白的。古朝鲜传留下来的文学作品只有一篇诗《箜篌引》。这篇诗收录在《古今注》上。《古今注》云："《箜篌引》，朝鲜津卒霍里子高妻丽玉所作也。子高晨起刺船而濯，有一白首狂夫，被发提壶，乱流而渡，其妻随呼止之，不及，遂坠河而死。于是援箜篌而歌曰：'公无渡河！公竟渡河。坠河而死，当奈公何！’声甚悽惨，曲终，亦投河而死。子高还而语丽玉丽玉伤之，及引箜篌而写其声，名曰《箜篌引》。又有‘箜篌谣’，不详所起，大略言结交当有终始，与此异也。”虽然我们不能知道这首诗的创作年代，但是根据箜篌这种乐器的制作年代，可知是汉四郡设置以后的作品。《史记·武帝纪》云：“祷祠泰一后土，如用乐舞，益召歌儿作二十五弦箜篌瑟自此起。”同书《集解》云：“应劭云：‘武帝命乐人侯调始造箜篌’。”我们据此可知乐浪郡朝鲜人民已经广泛使用汉字。《论衡》上有关于古朝鲜人使用汉字的记载。同书卷十九《恢国篇》云：“辽东乐浪，周时被发椎髻，今戴皮弁，周时重译，今吟诗、书，春秋之义。”虽然我们无法知道这个“周时”意味着哪个时期。但是根据同书上往々把“周”与“东周”区别记载的事实，大体可以推测这个“周时”意味着西周时代。“重译”的意思虽然也不明确，但是这不仅语言，而且从文字，不是也可以解释作重译吗？乐浪朝鲜人在后汉初已经能够很好地掌握汉文，能够吟诵《诗》、《书》、《春秋》等经书。

我们通过古朝鲜的地名、人名可以推测他们使用汉字的时期。我们不能认为古朝鲜在汉四郡设置以后才用汉字记录地名和人名。根据古代朝鲜语的吏读式记载地名和人名，我们可以推测古朝鲜在先秦时代已经使用汉字。例如“浿水”分明是古代朝鲜语“pi-la”，“piə-la”的吏读式记名。在古代朝鲜语里“水”叫做“la”。我们不能设想古代中国人把“pi-la”“河”记录作“浿水”。并且“发”，“伐”、“不”、“不而”、“乐浪”、“夫里”、“盖马”等也都是古朝鲜语的吏读式记名，“朝鲜”这个国号也是古朝鲜人自己的记名。如上所述，这个名称由来于水名，其水名亦是古代朝鲜语的吏读式记名，尤其是，古代中国人记载蛮夷国名，大部分是怀着恶意而使用文字的，但是"朝鲜"这个文字就不是如此，由此看来，也可以作出这样推断的。并且古朝鲜的"设禁八条"的法令不是文书上记载的法令吗？

因此我们认为，古朝鲜人使用汉字最迟在《管子》时期，我想这不会错的。如果，再进一步推测的话，根据西周初殷遗民大量移居朝鲜的事实，也可以设想古朝鲜人在西周初已经开始使用殷文字了。尤其是，根据肃慎受"命"（即策书）于周成王（或武王）这个记载，也可以那样推测的。

日本考古学者鸟居龙藏把旅顺貔子窝遗物中发掘出来的土器底面所画的图案推断为象形文字（《南满洲调查报告》53页）

迄今我们还未发见能够主张古朝鲜人使用自己的象形文字的根据。

第三节　古朝鲜国家形成与社会经济形态

古代的中国史家们认为古朝鲜从西周初起就是与西周的诸侯国相同的阶级国家。

《汉书》卷二十八下《地理志》第八下《燕地》条云："殷道衰，箕子去之朝鲜，教其民以礼义、田蚕、织作。乐浪朝鲜民设禁八条：相杀，以当时偿杀；相伤，以谷偿；相盗者，男没入为其家奴、女子为婢，自偿者，人五十万。"

《后汉书》卷一百十五《东夷，涉传》云："昔武王封箕子于朝鲜，箕子教以礼义．田蚕．又制八条之教。其人不相盗，无门户之闭，妇人贞信，饮食以籩豆。其后四十余世，至朝鲜侯準自称王。"

《三国志·东夷·涉传》云："昔箕子既适朝鲜，作八条之教以教之。无门户之闭，而民不为盗。其后四十余世，朝鲜侯号称王。"

《魏略》云："昔箕子之后，朝鲜侯见周衰，燕自尊为王，欲东略地；朝鲜侯亦自称为王，欲兴兵逆击燕，以尊周室。其大夫礼谏之，乃止。使礼西说燕，燕止之不攻。后子孙稍骄虐，燕乃遣将秦开攻其西方，取地二千余里，至满潘汗为界，朝鲜遂弱。"

《博物志》卷九《杂说》云："箕子居朝鲜，其后伐燕之朝鲜，亡入海，为鲜国师；两妻墨色，珥两青蛇，盖句芒也。"

《通典》卷一百八十五《边防》—《东夷上．序略》云："周初，封商太师，国于朝鲜，太师为国陈洪范，其地今安东府之东，悉为东夷所据。……其朝鲜，历千余年，至汉高帝时灭。"同书《朝鲜》云："朝鲜，周封殷之太师之国，太师教以礼义、田蚕，作八条之教，无门户之闭，而人不为盗。其后四十余代，至战国时，朝鲜侯准亦僭称王。"

在《箕子传说考》里，我已主张过，我们不能完全相信箕子朝鲜传说。但根据古箕国与古涉地一致的事实，可以推测箕子避难到涉人地域为可有之事。

但我们根据这些资料论断古朝鲜的阶级国家形成是在西周初，我认为这个论断有点过早。所以，我想在关于古朝鲜的诸资料中，从关于古朝鲜的晚期资料起，往上追溯探讨，用这方法来论断古朝鲜国家的形成期。

关于卫氏朝鲜具备国家机构的阶级国家的事实是无可怀疑的。只看《史记．朝鲜列传》的简单记载也可以知道，卫氏朝鲜的统治机构有几个相即大臣，也有将军，还具备大量的军队。我们完全没有根据能够主张，汉初燕国人卫满夺取而维持的这个政权不是阶级国家。

那么关于被卫满夺取去政权的朝鲜是否是个阶级国家，过去国内外的许多学者有疑问的，并且还有不少人主张其社会是原始社会末期。《魏略》的资料虽然简单，但它对于判断古朝鲜社会是不是阶级国家提供了重要根据。

《魏略》云："及绾反入匈奴，燕人卫满亡命为胡服，东渡浿（泖）水，诣准降，说准求居西界，故中国亡命为朝鲜藩屏。準信宠之，拜以博士，赐以圭，封之百里，令守西边。"朝鲜王準把卫满"拜以博士"，这意味着朝鲜政权承认中国的博士地位。朝鲜王準了解博士地位这个事实说明朝鲜具备有相当的文教制度。朝鲜如果没有任何的文教制度，并且不具备文教机构的话，那么他们是不可能理解博士地位的。所以我们应当认定在卫满以前古朝鲜已经具备了相当的文教制度。并且朝鲜王準给卫满"封之百里"，可知古朝鲜已有封给贵族或高官以一定面积的土地的制度。显然，这事实意味着统治阶级按地域统治人民而决不是意味着行政组织是氏族的血缘单位。由此可知，我们完全没有根据认为王準时期的古朝鲜是氏族社会的末期。

与之相反的，如上所述，王準时期的古朝鲜已经进行了尖锐的阶级斗争。不具有武力的卫满领导古朝鲜人民打倒了古朝鲜王权这个事实意味着卫满利用了古朝鲜人民的阶级斗争。

我们不承认古朝鲜人民的阶级斗争就无法说明卫满政权的成立。《史记·朝鲜列传》的"稍役属真番、朝鲜蛮夷及故燕、齐亡命者王之，都王险"这个资料说明了这个问题。"稍役属真番，朝鲜蛮夷"这个记载，我们决不能解释作朝鲜人民因为处在野蛮阶段，所以没有任何抵抗地服从于卫满。VI是原始社会对外族的血的复仇烈强。然而，古朝鲜人民服从于卫满而与卫满合力进行了夺取王权斗争这个事实意味着卫满巧妙地利用了古朝鲜人民的阶级斗争，此外不可能有别的解释。

因此，我们只能认为，王準代的古朝鲜已是阶级斗争相当激化的社会。《魏略》上关于朝鲜王僭居为与中国同等的王的事实有如下的记载。

《魏略》云："昔箕子之后朝鲜侯见周衰，燕自尊为王，欲东略地，朝鲜侯亦自称为王，欲兴兵逆击燕，以尊周室。其大夫礼谏之，乃止，使礼西说燕，燕止之不攻。后子孙稍骄虐，燕乃遣将秦开攻其西方，取地二千余里，至满潘汗为界，朝鲜遂弱。"

根据这个资料，我们可以知道如下的事实

1．朝鲜王在燕昭王以前，燕侯自称为王时即燕易王（公元前332—321年）时期以王之称号对东周王与诸侯。

2，在燕易王时期，朝鲜已有"大夫"的官名。

3．朝鲜在燕易王时期因为强大，曾经企图侵犯燕。

我们把这些事实联系起来考察，可知古朝鲜在公元前四世纪后半期，在国王统治下具备着统治制度，设置了强有力的军队。我们没有根据可以把这个王解释为军事首长，并且也没有根据把企图侵犯燕的军事力量解释作军事民主阶段的军事行动。"大夫"这个官名尽管是汉文解释的名称，但古代中国人承认古朝鲜的官名与中国的"大夫"相等，这是很明白的。鱼豢在记载的概念上並不明确古朝鲜的"大夫"是先秦时代的"大夫"，还是汉代的"大夫"？但根据古朝鲜的"大夫"劝谏国王的记载，可知鱼豢认为古朝鲜的"大夫"是与汉代的"大夫"相同的官名，先秦时代的"大夫"是位于"卿"与"士"之间的一个官僚阶层。然而秦，汉时代的大夫是论议国家大事的官名，它属于郎中令，有太中大夫、中大夫、谏大夫等。並且，汉代，爵的第五级称为大夫。谏国王的古朝鲜的"大夫"可以解释它起了秦、汉时代的大夫的作用。所以，很明白的，公元前四世纪后半期古朝鲜已有相当发达的官制。从而应当承认公元前四世纪后半期的古朝鲜是个具有发达的官制的国家。

如上所述，貊国在孟子时期已有二十分之一的赋税制度。我认为貊国在孟子以前时期已形成了阶级国家。古朝鲜比貊国先进的事实是毫无疑问的。貊位于古朝鲜的北方，主要是居住在山间地带；古朝鲜在渤海沿岸，位于平野地带。由此易于推断，古朝鲜的生产力比貊国发达。並且只看自古以来中国关于古朝鲜的文献资料，也很明白，古朝鲜是比貊国先进的国家。从而，我认为，古朝鲜是比貊国更早的阶级国家，这个看法是妥当的。换句话说，我们易于推断，古朝鲜在孟子时期以前的时期已经形成了阶级国家。

"朝鲜"这个名称，显然不是族名而是国名。如果我们承认了这个事实，那么就应当认定朝鲜国家在战国以前就已存在了。

《博物志》云："箕子居朝鲜，其后伐燕之朝鲜，亡入海云云。"由此可知，朝鲜在公元前四世纪中叶以前有过征伐燕的事实。我们找不到别的资料能够断定这是什么时候的事实。根据《史记·燕召公世家》燕召公后九代间的历史並没有被记载下来，关于燕被外族侵犯的事实，记载上说，燕庄公二十七年（公元前664年）燕被山戎侵犯，齐桓公救援之。其后，记载上没有关于燕受外族侵犯的事实。燕赐王以前，国力最弱的时期就是庄公（公元前690－658年）时期。如上所述，齐桓公北伐，被貊所败。然而，所谓伐燕的山戎，因不能与桓公对抗而迁移。

根据这些资料，我推断，朝鲜伐燕的事实是在庄公时期。並且，联系《管子》上记载"朝鲜"这个国名的事实，更可以作这样的推断。並且，管子当时，朝鲜与齐进行交易这个事实意味着燕势力的衰落。因为在朝鲜与齐之间，燕如果作为一个强大的国家而存在的话，则朝鲜不可能通过燕的领域与齐进行交易。换句话说，位于滦河流域一带的古朝鲜不与燕进行交易而直接与齐进行交易这个事实，把它解释作朝鲜势力压倒燕而与齐进行交易是妥当的。《博物志》的资料，我们应当解释作是齐桓公时期传下来的古朝鲜历史的断片。

尽管说：《管子》是战国时代编纂的书，但我们不能认为其所记载的一切资料都是后代的伪作。我们完全没有根据能够主张，《管子》所记载的．"朝鲜"这个国号不是管子时期而是战国时代所存在的。联系以上引用的资料来考察时，我认为"朝鲜"这个国名是管子时期中国人所已经知道的。我想这看法是妥当的。从而我认定，朝鲜在公元前七世纪就是一个具备着足以伐燕的兵力的国家。我们不能无视于上引许多资料所认定的朝鲜从西周初起是个"侯国"的事实。我们能够认为中国古代史家们没有任何根据地认定古朝鲜是个"侯国"吗？称朝鲜为"侯国"是由来于箕子朝鲜传说，事实上並不是侯国。只从《春秋》上完全没有记载朝鲜的事实来看，也能很明白地知道朝鲜不是西周的侯国。

我们还没有资料能够证明"朝鲜"这个国名在《管子》以前时期是否存在。从而，我认为，在使用"朝鲜"这个国名以前，古朝鲜的诸部落是按其居住地域而呼其名称，即肃慎、涉人、良夷、俞人、青邱和扬州等。西州初这些诸部落组成了两个部落联盟，其一个部落联盟（即涉人）形成了国家，另一个落联盟是被肃慎氏领导的。朝鲜是统一这些所有的部落的国家名称。燕昭王以前，位于现今辽河以西的朝国把辽河以东的真番（即真、番、莫汗作为其属藩。如上所述，真番是真汗与番汗的略称。此外还有莫汗．燕昭王时期，朝鲜是位于现今辽东和辽西的强大的国家。

总之，朝鲜国至迟在公元前八世纪已经形成了，这是无可怀疑的了。在其以前即西周时代，我认为先进的几个部落已形成了部落联盟而且其部落联盟被称为肃慎（或稷慎）。另一方面，位于现今河北省清漳河（即古涉水）流域的由于几个部落（即涉人）组成的部落联盟形成了国家即所谓"箕子朝鲜"（古箕国）。

根据在古朝鲜领域内所兴起的高句丽的下户至迟在公元三世纪已经变成农奴身分这个事实以及在卫满侵入时阶级斗争已相当激化的事实，我们不能不认定古朝鲜是个相当悠久的国家。我们决不能承认这样的说法，即主张古朝鲜到汉初为止还留在原始社会，因于受卫满的侵略，以及其后武帝的侵略，突然转变成阶级国家。

那么，现在來考察古朝鲜的社会经济形态是什么样的。我们几乎没有资料能够论断古朝鲜社会经济形态。所以，我们应当把极少的资料加以合理的解释说明，而且不能单纯只在文字上解释说明，而必须与古朝鲜同时存的古代朝鲜诸国的社会经济形态相比较而加以解释。上引的《汉书·地理志》的记载是推断古朝鲜社会经济形态的唯一资料根据。虽然我们不能断定古朝鲜的"设禁八条"的法律是哪一时期制定的。但根据箕子制定的记载，显然可知是悠久的古代的东西，在伪满以前已经存在着的。"八条"的法令当然是成文的法律，而决不是约言上的法令。但我们无法正确知道这八条法令的全部内容。

洪伯源（18世纪）在《东国通鉴提纲》卷一《朝鲜纪上》说："按八条之数，史失其目。甚矣，吾东方文献之不足征也！或曰：诗书为一，劝农为二，工商为三，织作为四，经画为五，相杀以命偿为六，相伤以谷为七，相盗没为奴婢为八。或曰：父子有亲，君臣有义，夫妇有别，长幼有序，朋友有信为五条，相杀偿命，相伤偿谷，相偷为奴婢为三条，总为八条。由前之说，则是时东民蠢然无识，太师立教，必以丧服祭祀为先，而八条无之。由后之说，则五常大伦不应与法令三条并列为八。皆不合理，姑阙之以俟知者。”

洪氏否认古人的说法是正确的。在“设禁八条”的法令中不能包括人伦道德问题，这个看法是妥当的。显然，这八条法令的内容是保护古朝鲜统治阶级的利益，维持其政权而压迫人民的。所以我们应当认定，《汉书·地理志》的资料上只记载八条中的三条。在“相杀，以当时偿杀；相伤，以谷偿；相盗者，男没入为其家奴，女子为婢，自偿者，人五十万”这个资料中，我们能够寻找到什么呢？

杀人犯即处于死刑。夫余在叫做“迎鼓”的国中大会上裁判而决以刑，高句丽在所谓“东盟”的国中大会上诸加评议后判决以型。这国中大会一年召集一次。所以在夫余或高句丽罪囚一年判决一次。但是在古朝鲜与此不同，在罪犯出现时，随时裁判，随时执行刑罚。因此，我认为古朝鲜的法律机构比夫余或高句丽初期的法律机构发达。在古朝鲜“相伤，以谷偿”，但在夫余和高句丽初期就没有这样的法律。这意味着古朝鲜法律制度比夫余或高句丽初期的法律制度发达。在古朝鲜盗窃他人物件者变成为奴隶。在夫余“杀人者死，没其家人为奴婢；窃盗，一责十二。”在夫余盗窃他人物件而受法律处罚时，赔偿十二倍。古朝鲜的法令是把相同的罪犯变成为奴隶。这意味着古朝鲜的法令比夫余的法令更加严厉，并且也意味着朝鲜的奴隶制比夫余的奴隶制更发达。换句话说，古朝鲜的统治阶级比夫余的统治阶级需要更多的奴隶。从而意味着古朝鲜的统治阶级比夫余的统治阶级占有更多的奴隶。并且自赎者赔偿五十万钱这个事实正是意味着一名的奴隶被贩卖了五十万钱。转落为奴隶的人民赔偿五十万钱即免其身分的事实显然意味着古朝鲜的奴隶主把一名奴隶看作五十万钱的财产。以汉武帝时的货币价值来换算的话，五十万钱相当于壮马二匹半。这样的制度在夫余或高句丽初期是看不到的。

我们通过古朝鲜的八条法令中残存的三条法令可知古朝鲜统治阶级为了把贫民转落为奴隶制定了多么残酷的法令，並且可知奴隶的价格都有制定。从而可知，古朝鲜的贫民恒常受着将被转落为奴隶的命运的威胁，並且可以推断古朝鲜奴隶主卖买奴隶。我们缺乏在古朝鲜有叫做"下户"的贫民阶层的记载，但根据夫余、高句丽、三韩等都有"下户"的事实，可以认为在古朝鲜也有"下户"阶层的存在。在夫余下户都转落为奴隶。然而，在夫余的法令里，没有盗贼变成奴隶。尽管如此，下户都转落为奴隶，因此，可以推断古朝鲜的下户一定也转落为奴隶。我们完全没有根据能够推断古朝鲜的下户象高句丽的下户一样是农奴的身分。

从而，我们只能论断，占有朝鲜的主导地位的经济制度是奴隶制。根据古朝鲜王準封卫满百里的土地的记载，说不定有人主张古朝鲜是封建制，但这事实不能成为说明社会经济制度的资料。我们完全没有根据推测古朝鲜社会是否存在农奴制经济制度。

我根据以上极简单的资料论断古朝鲜是奴隶所有者的国家。如上所述，古朝鲜末期是阶级斗争激化的奴隶制相当发达的国家。卫满政权是利用古朝鲜的阶级斗争而夺取其成果的政权。我推断，卫满政权可能是由中国导入其政治、经济及文化制度的。因此易于推测，卫满朝鲜时期其社会经济形态比其以前有了质的变化，这就是说，在卫满朝鲜开始发生封建制经济制度。然而，这决不是意味着卫满在朝鲜历史发展上起了进步的作用，而是意味着卫满是利用了古朝鲜的社会发展的客观规律的。

结 论

上述我做的研究，仅是一些粗浅的未成熟的看法，总而言之，可以得到以下几方面的结论。

一、关于古代朝鲜族

依据文献资料，三国以前的古代朝鲜族属是似乎包括好几个族属，即有朝鲜、涉、貊、夫余、沃沮和韩等。有的史家把这些名称解释为各相异的族属名。然而，我认为，这些名称绝不是各相异的族属名。朝鲜，涉，沃沮和韩是涉族，夫余和高句丽是貊族。但，涉和貊决不是不同的族属，它们是使用着同一语言的，同一族属内的两个部族。

太古时有原住民居住在今朝鲜地域内。我认为这原住民是与那些居住在渤海和黄海沿岸的族属同一系列的族属。在中国古文献里把它叫做「鸟夷」。而那些原住民的神话是卵生神话。

涉和貊是同一的在阿尔泰地域兴起的，並在新石器时代开始向东移动。而涉至迟在殷代在渤海沿岸定居，直到西周初其一部居住在黄河下游的南北地域。那涉族是被檀君氏族军事首长统治的，它已经在阿尔泰地域过渡到父系氏族社会，而檀君氏族是世袭了其军事首长的。这个时期的确是很悠久了，可以说大体上是四千年以前。这涉是在渤海沿岸旺盛起来与当地的原住民即鸟夷混合而形成了许多部落，肃慎、发人、良夷、涉人、青丘、俞人和扬州禺禺等都是在渤海沿岸居住的涉地域的部落名称，而其一部向鸭绿江南移动，並与那里的原住民混合而形成了后来的辰国（即韩族）。

貊比涉较迟东迁，在西周时代居住在中国山西之北境，而后来再东迁。在春秋——战国时代，它居住在现今河北省北部和东北部，并与涉族南北为邻。汉代学者们是无法区分涉和貊的。即，虽然涉和貊是经过长期的各异的政治生活而建立了各异的国家，然而其文化大体上是同一的。貊主要地居住在山间地区，而涉很早就开始住在平原地带。虽然我们可以看到貊经营过狩猎和畜牧的痕迹，但是，并没有足够的资料来证狩猎和畜牧经济是占了它的经济生活的主要地位。换句话说，虽然貊族主要是居住在山间地带，但它从很早开始经营农业而为主，即没有任何根据可以说貊是畜牧或者是狩猎族。貊是春秋时代在中国北方具有强大势力的族属，也是所谓东胡中最主要的族属。貊至迟可计春秋末在现今河北东北部、热河、朝阳一带建立了貊国（或槀离国），于公元前三世纪初，与古朝鲜一起败亡给燕，其之一部迁涉到松花江以南地域（即涉地）而建立了夫余其之大部分人民迁涉到古朝鲜的领域而建立了高句丽。因而涉在夫余古朝鲜完全能得以混合了。在涉地与涉人混合的人民就被称为「涉貊」。汉代学者们把「涉」和「涉貊」分不开而同一律看待了。但这并不是说涉人建立了「涉貊」这个国家。

《三国魏志·东夷·高句丽传》云："高句丽在辽东之东千里，南与朝鲜、涉貊、东与沃沮，北与夫余接"。这涉貊是古朝鲜灭亡之后，其遗民与貊人混合的人民，他们是汉四郡设置以后居住在单单大岭以东，反对乐浪郡的统治而作斗争，不受其支配的。这涉貊（或涉）后来属于高句丽，成为高句丽人民。

韩族是居住在鸭绿江以南地域，它在分成三韩之前就形成了辰国。这韩人是与涉人同族的古代朝鲜族的一个部族，而绝不是与涉人相异的别的族属。然而，固然，这韩族是早在新石器时代开始就南下与其原始民混成的。我把其原住民认定为是与居住在渤海和黄海沿岸的岛夷同一系统的族属。

沃沮也不是单一的一个族名，而是古朝鲜的遗民，即涉人。居住在古朝鲜沃沮地域的沃沮人，是与涉貊人相邻接的，并与它进行反对乐浪郡的斗争。因为沃沮人民与涉民的共同斗争，在公元 30 年时乐浪郡不得不废止。这沃沮，亦是后来与涉人一起成为了高句丽人民。沃沮是位于单々大岭以东地域的，其是在鸭绿江以北的。随同古朝鲜的灭亡，古朝鲜人民的一部分也迁徙到今日咸镜道和苏联沿海洲地区去了。前者称之谓东沃沮，后者称之谓北沃沮。这两者之间存在着挹娄族。古朝鲜有过许多地方叫「沃沮」这个地名，从而它不是一个固有的地名。随之，亦就不能把《三国志·东夷·沃沮传》里所记载的「沃沮」解释为一个地名或是族名。

总之，朝鲜民族的祖先是原住民乌夷和从北方移动来的北方族合成的，而其分成为三个大部族即涉、貊和韩族。现在来论述北方族移动的经路还过早,但,我仅是依据檀君传说里的地名是中国西方地名的事实，貊在西周时代居住在中国西北方的事实，以及朝鲜语言是 Ural-altai 语言系统的事实，我臆测它是从 altai 山地区出发通过中国西北方而东迁的。关于这个问题，将要专门研究。

我们从现存的文献资料里，无法找到根据主张涉、貊和韩族是不同系统而用不同语的不同族属。

二. 关于古代朝鲜族居住的地域

当考察古代朝鲜族的历史地理时，如以后代的历史地理概念来考察的话，这是脱离历史主义立场的形而上学的方法。再者，当考察古代朝鲜族的居住地域之时，把其地域认定为是朝鲜民族的固有的领土，那么，这是犯反动的民族主义错误的。同时，如果认为，把阐明古代朝鲜族的居住地域是在现在的兄弟国家即中国的领域之内当做为民族主义的立场，並否认对其研究的必要性，那么，这是犯民族虚无主义错误的。我们不应当犯这两种错误。我们应当根据历史资料对其历史地理做按照事实的阐明。为什么呢？因为我们不把历史地理按事实阐明的话，就无法阐明古代朝鲜人民所创造的全部历史。古代朝鲜族在原始时代和国家形成以后也移动，从而其领域有了变动。把朝鲜民族的领域认定为从旬古就是鸭绿江以南的地域的这种看法是非历史主义的看法。朝鲜封建统治阶级事大主义者、中国封建和资产阶级统治阶级大国主义者以及日本资产阶级史家们都是那样想的。这些看法是抹煞和歪曲史料的非科学的说法。古代朝鲜的原住民从太古开始就居住在渤海沿岸至朝鲜半岛地带。至迟在公元前二千年代，被檀君氏族支配的涉族，从阿尔泰山地带移动到渤海沿岸定居。虽没有足以能断定其定居到渤海沿岸时期的直接文献资料，但从中国古文献记录肃慎与舜之关系的事实，可以推测大抵上说来是舜代（即公元前2355——2206）。我认为，肃慎是涉人与鸟夷的一部混合，而居住在今日河北省的东北地域。涉族的一部出入于中原一带，居住在清漳水（即古涉水）流域。《水经注》里，有关于涉水和古涉邑的记录，这事实可引以为证明。杨守敬在《战国疆域图》里，把古涉水和古箕国在黄河以南的徐州西南方。他承认了在河北和河南的两条河水，现在无法知道杨守敬是根据什么资料来认定河南的涉水的。但我先肯定杨氏说法，由此认定涉人南下到那个地域。如果我们认定涉人居住在河清漳水流域的话，那么对离此地不太远的河南地域居住过涉的事实就並没有什么值得奇怪了。我认为这是箕子亡命而去的涉地。

从而，我们可以推断，到西周初为止，涉族的一部是居住在河北——河南的一部地域的，而它被西周击退到燕的东北地域即后日的右北平滦河流域地带。古朝鲜族即涉族日益旺盛起来，居住在现今辽西和辽东的广大地区。

另一方面，貊在西周时期是居住在中国山西省北部。在宣王时期（公元前 827－782 年）被西周击退而东迁，春秋时代居住在今河北省西北和北部（即代以东）地域，战国时代再东迁到河北省东北部，热河，朝阳一带而建成貊国（即槀离国）它与古朝鲜向南北相接。

至迟在春秋初（公元前八世纪）涉族（即古朝鲜族）在现今滦河下游地域统合许多部落的古朝鲜国，居住在辽东的真、番、莫汗就成为古朝鲜的藩属国。

在鸭绿江以南地域居住的韩族形成了辰国，关于这个辰国的形成时期，现在什么根据也找不到。但如果我们认定公元前三世纪在朝鲜领域内有使用过铁器的事实的话，那么就可以认定辰国一定是在其前形成的。

貊国灭亡之后，其一部迁徙到松花江以南的涉地，建立了夫余。

直到公元前三世纪的古代朝鲜族的诸族部之居住地大体上就如上所述。

三、关于三国（高句丽、百济和新罗）之前古代朝鲜诸国的形成以及其经济形态

至今为止，许多内外史学者们都认为朝鲜民族的阶级国家的形成是从三国的形成开始的。然而，另一方面，民族主义的史学家们是肯定所谓檀君朝鲜为阶级国家，並且，现在南朝鲜的反动统治集团还使用着所谓檀君纪元。日本帝国主义御用史学家们故意抹煞和歪曲朝鲜民族的历史和文化，它们主张朝鲜民族一直到汉武帝侵略为止还处在原始社会。他们恣意地解释

《三国志·东夷列传》的资料，把三国以前的诸国为原始社会。在这资料中有似乎描写原始社会现象的记录，他们把它夸张，反之，能够认定为发展的国家机构的记载他们完全抹杀掉。这是日本帝国主义御用史学家们从他们的殖民主义政治目的出发来抹杀和排斥他民族的历史和文化的卑鄙行为。

今天，我国有些史学家们，仅只把古朝鲜认定为阶级国家，而三韩、夫余和沃沮等认定为是处在原始社会末期的社会，对貊国（即高句丽国）就干脆一点没有言及。我觉得这些人都不慎重地解释和分析史料，而教条地解释《三国志·东夷列传》以及其它史料。

虽然，在描写古代朝鲜的好几个社会的史料中，似乎描写原始社会现象的部分更多些，而对发展的国家制度和机构方面说明的资料极其稀少，可是我们不能把这个社会认为是原始社会，而且也不应该那么认为。要明白，问题并不在史料分量的多寡，而在于史料的内容，在古代国家里当然有原始社会的多方面的残余。如果我们把已经发展的国制度和机构里存在的原始社会之残余夸大视之，那么，我们就不能正确地观察古代人民创造的历史了。

当我们研究古代文献史料中所记录的关于古代朝鲜人民历史的资料之时，当然不应当忽视任何一个字。关于夫余和三韩的阶级国家机构和剥削制度的资料，我们决不能一览而过。有人对这样资料说成为，那是陈寿以自己时代的观念而现代化的写法。我们很不清楚他们说法的根据是什么，但认定事实上是与其相反的为妥当。何以见得？因为，包括陈寿在内的古代中国史家们叙述中国周边民族的历史时，对它们的评价往往是极少，甚至是忽视的，这绝不可能说得上什么过大的评价了。

果然有根据主张与古朝鲜同时存在的辰国辰国（三韩的前

貊）和夫余等是原始社会吗？没有的。我找不到任何根据可以那样主张，反而认为有资料更明白的证明，它们是比古代东方诸国的奴隶制更发达一步的奴隶制国家。

古代朝鲜族的一部的涉之先进部落，在西周初在现今河北省清漳水流域（即涉水）形成了国家，河北省漳武县的古涉邑就是其首都，这地域与《汉书．地理志》琅邪郡箕县（即古箕侯国）大体上是一致的；但，杨守敬认为在河南省也有涉水，并认定在那流域里存在了古箕国，未知孰是？这两处的涉地和古箕国是离得不太远的，反正可以肯定箕子避难于涉地而成了涉人统治集团的领导者，便将这国家叫做「箕国」。箕子绝不是什么本来的人名，而是后代人赋予的名称；那最初的箕国并不是西周的侯国，而是涉人的国家，并且应当该为涉人被西周击退而东迁，其箕子的后代就被推戴为箕国君，后来这箕国迁徙到山西汾水之东。我认为，「箕」这个地名是从古代朝鲜语"gam（即王）来的名称，「箕城」应解释为与「王险城」是有同意义的。涉人的这个箕国，并不是支配全部涉族的，而应当认为仅是其一部的国家。虽然，建立了箕国的涉人东迁的时期是不明白的，但可以分明肯定是西周时代。并且，也可以知道就是它东迁以后与居住在辽西，辽东的诸部落——肃慎、良夷、俞人、青州和杨州等联合一起形成了朝鲜国，我推测其统治者，即是涉人王「箕氏」。在朝鲜国形成以前，居住在辽西、辽东的诸部落形成了部落联盟，而肃慎是支配它们的；后来涉人东迁，与肃慎联合，并夺取了其支配权而形成了统一的国家，称这个国家为「朝鲜」。我以为这时期至迟可计为春秋初，即公元前八世纪初。

貊在西周初，已在山西北部形成了叫做「韩国」的部落联盟；它被西周击退，逐渐东迁，与中原势力相持而斗争的过程中形成了国家。我认为，齐桓公的征伐军被貊所败的时期，貊已经形成了国家（即橐离国），这可以大体上认为是公元前七世纪初。

夫余是貊国被燕所败而东迁之后（即公元前三世纪初）形成的。

另一方面，居住在鸭绿江以南的韩族（涉族的一部族）形成了辰国，但还没有资料能够断定其建国时期。然而，我想，这与朝鲜国的形成时期并没有多大的时代上差异。

这些国家都是奴隶制的国家；但是，主张这奴隶制与古代东方诸国的奴隶制有同一性质的根据是极其不足的。固然，很明显地能看出，古代朝鲜诸国的奴隶制没有发展到古典奴隶制，但不能因此就规定其与古代东方诸国奴隶制是同一的。

古代朝鲜诸国的奴隶，比其家庭奴隶还是以生产奴隶为主，而这些奴隶不是属于公社所有，而属于奴隶私有制的；那时公社已被破坏，仅是其残余尚顽强地残存着；因此，各国的王权受到了公社残余的一定程度的限制，无法行决对的专制主义权利。

根据奴隶制没有能够发展到古典奴隶制这一事实，我们无法否定古代朝鲜诸国的奴隶制是属于亚细亚型的奴隶制的。我们没有具体的资料足以主张古代朝鲜诸国是经过与古代东方诸国的奴隶制一样的奴隶制；可是，我们判断其经过了那样的奴隶制是合乎逻辑的。

有人主张，因为无法认定朝鲜的铁器使用时期是公元前三世纪以前，故无法认定古代朝鲜国家之形成是公元前三世纪以前。同时，他们亦认为，在公元前时期的朝鲜铁器是初期铁器，那样生产力很低的条件下不能形成国家，随而主张无法认为在三国以前形成了国家。

恩格斯说："下一步把我们引向野蛮底高级阶段，一切开化民族都在这个时期经历了自己的英雄时代——铁剑时代，但同时也就是铁犁与铁斧时代……最初的铁往々比青铜还要柔软些。所以，石器只是慢々地消灭的。"（《家庭、私有制和国家的起源》上引书 56页）。

然而，我们决不能把这个说法教条地搬用于具体的每个民族历史，我们知道，在铁器使用以前，已经有了形成国家的民族的历史了。中国在使用铁器之前，已是经过了大约一千年前的奴隶制国家，因此我们决不能仅据生产工具来规定社会的发展阶段。仅想以生产工具来规定社会发展的阶级的这样主张，对今天的现实是有害的。现今，我们所使用的生产工具虽比先进的资本主义国家落后一些，但，我们正在建设着比资本主义制度更进步更发展的社会主义国家，而且，虽然还没有完成农村机械化，但也完成了先进的农村集体化。

我们不应当把恩格斯的在野蛮高级阶段使用铁器的说法教条地搬用，特别要考虑到古代朝鲜族是与古代汉族相邻而居住的，并且也是在汉族后来的领域内经过了国家形成的过程，从这些事实看来，可以有理由充分地说明古代朝鲜族亦是在使用铁器以前已有可能形成了国家。

再则，某些论者认为，在三国以前古代朝鲜的每个社会经济制度中，共同体经济制度在量上是优势的，从而，也就主张古朝鲜的每个社会都还处在原始共同体社会末期。如上所述，我是无法找到根据认定三国以前的古代朝鲜诸国的共同体经济制度在量上优势的，而依据现存的资料亦仅能找到其残余的存在。

每当我们在规定某一个社会的经济形态之时，不能仅以其某一个经济制度之量上的优势来作规定。对于经济制度和社会经济形态之间的关系，马克思这样说过：

“人们在自己生活的社会生产中，参与一定的、必然的、不依他们本身意志为转移的关系，即与他们当时的物质生产力发展程度相适合的生产关系。这些生产关系的总和就组成为社会的经济结构，即法律的和政治的上层建筑所藉以树立起来而且有一定的社会意识形态与其相适应的那个现实基础。物质生活的生产方式决定的社会生活、政治生活以及一般精神生活的过程。并不是人们的意识决定人们的存在，恰好相反，正是人们的社会存在定人们的意识。社会的物质生产力发展到一定阶段时，便和它们向来在其中发展的那些现存生产关系，或不过是现存生产关系在法律上的表现的财产关系发生矛盾，于是这些关系便由生产力发展的形式变成了束缚生产力的桎梏。那时社会革命时代就到来了。随着经济基础的变更，于是全部庞大的上层建筑中也就会或迟或速地发生变革。在考察这些变革时，必须时刻把经济生产条件方面所发生的那些可用自然科学精确眼光指明出来的物质变革，去与人们所藉以意识这个冲突并力求把它克服的那些法律的、政治的、宗教的、美术的或哲学的形式，—— 简而言之，思想形式 —— 分明滑楚。正如我们评判一个人时不能以他对于自己的揣度为根据一样，我们评判这样一个变革时代时也不能以它的意识为根据。恰巧相反，这个意识正须从物质生活的矛盾中，从社会生产力和生产关系间现存的冲突中求得解释。无论哪一个社会形态，当它所给以充分发展余地的那一切生产力还没有展开以前，是决不会灭亡的；而新的更高的生产关系，当它所藉以存的那些物质条件还没有在旧社会胞胎里成熟以前，是决不会出现的。所以人类始终只会抱定自己所能够解决的任务，因为我们仔细去看时总可看出，任务本身只有当它能藉以得到解决的那些物质条件已经存在或至少是已在形成过程中的时候，才会发生的。大体说来，亚细亚的、古代的、封建的与现代资本主义的生产方式，是社会经济形态向前发展的几个时代。”（《政治经济学批判序言》人民出版社 1955 年版 1－2页）

我们根据马克思的这个命题，可以了社会经济形态并不是单纯的经济制度，并且是包括了法律、政治、宗教、艺术及哲学等上层建筑的。从而，当我们在规定某一个社会的经济形态时，不能仅以那社会的某一个经济制度的量上的优势就来规定那社会的经济形态。举例说明，在未发达的资本主义国家里封建的经济制度在量上可以占优势；即，比其依附于资本主义经济制度的生产量，还是依属于封建经济制度的生产量可以多得多。但是，资产阶级掌握了政权，并且这个政权把资本主义经济制度当做自己的社会经济基础的话，这个社会可以说是资本主义社会。换句话说，这社会是资本主义经济制度占据主导地位的资本主义的社会经济形态。同样，在奴隶制经济制度占据主导地位之后，其前社会残余的共同体的经济制度的残余在量上是可以占优势的。如众所知，在古代东方诸国，比其奴隶制经济制度，是共同体经济制度或其残余在量上占优势；即，社会的基本生产群众还是以共同体农民数量比奴隶多得多。但是，那个社会的统治阶级把奴隶制经济制度当作其主要的社会经济基础，并且为了更巩固其基础，就制定了法律、国家制度以及其他观念形态，因此，我们就该规定这种社会为奴隶制社会。

从而，某一社会里某一种经济制度占据主导地位，这意味着其经济基础上的上层建筑占据了统治地位。换言之，在规定社会经济形态时，不能仅以经济制度的数量上的正比作规定。我们应当依据其政权的经济基础和它为了巩固它的经济基础而实施的对策，而规定其社会经济形态。在属于同一经济形态的各个社会里，实际上其各个社会里的不同的各个经济制度的比率是相异的。即，虽然是同一的奴隶制经济形态，在某一国家里共同体的经济制度可能比奴隶制经济制度在数量上多一些，又在某一国家里实际情况可以与此相反的。

因此，我们在研究「古代的」社会经济形态时，虽是某一个社会在史料上有关氏族共同体残余和被认为农村公社的资料有很多，但是奴隶所有者统治那个社会的话，我们决不能把那个社会认定为原始社会。我们决不能把统治阶级为了获得奴隶而制定法律的那种社会认定为原始社会末期，而且在那样的社会里原始共同体的经济制度实际上是决不可能残存的。那社会里的已经变质了的即变成为奴隶主阶级的剥削对象的那般共同体（形式上）的成员们，他们已经奴隶般地被剥削，而只有沦落为奴隶的命运。我们应当认为，把奴隶制经济制度当作自己的经济基础，并且为巩固它的上层建筑积极地起着反作用的这样的社会是属于奴隶制经济形态的国家。

我认为，在古代朝鲜诸国（即在三国以前）里有为了把下户（即贫民）变成奴隶而制定的苛刻的法律和政治制度，同时並没有足够的资料可以证明古代朝鲜诸国有农村公社或是氏族公社的经济制度，因此，我们应当认定，在三国以前的古代朝鲜诸国里，在遥远的古代，其公社已经破坏了，从而，它们是经过了长久的奴隶制社会的。

古代朝鲜诸国家的社会发展是由于其内在的发展规律而发展的，而决不是受邻邦的影响即客观的因素而决定的。古朝鲜並不是因为卫满和汉武帝的侵略之故其发展阶段得以飞跃，而且那是不可能的。

今天，在朝鲜把三国认为封建社会的大部分的史家们，他们就主张朝鲜古代社会发展的飞跃。他们主张，公元一世纪前后朝鲜的社会生产力是飞跃地发展起来的。我无法找到足以这样主张的任何根据。他们並没有公开的主张，但，他们的说法文论理只归结于汉四郡影响。我们能说是因为汉武帝的侵略古代朝鲜便从原始社会飞跃到封建社会吗？我以为，绝不可能这样说，因为，我们没任何根据能主张古朝鲜到汉武帝侵略时期为止，其社会生产力落后得不可能形成国家的缘故。

我们不能不批判这种说法只不过是日本资产阶级史学的余毒和同时也是尚未克服的民族虚无主义立场的表现。

固然，我们可以认定，在某一个民族的历史发展过程的某一个阶段（即社会经济形态），是可以飞跃的，而且实际上也是有的；但，我们绝不应该这样做，说朝鲜民族的古代史也有飞跃的可能性，从这前提出发，把现存的史料尽可能解释得符合于此前提，而使此前提得以成立。这是一种脱离实际的教条主义的方法，而也是与历史唯物主义水火不相容的。

四. 关于继承古朝鲜文化的问题

三国以前，古代朝鲜人民创造了自己独自的文化。固然，这个文化没有能象古代中国文化一样开花而发展。但，我绝不能承认某些人的主张，说"古代朝鲜文化纯粹是汉族文化的影响下发生的，而且其程度也处于极幼稚的程度"的说法是正确的。如同我们从考古遗物里明白地看到的一样，古代朝鲜人的石器，青铜器、铁器和其他文化遗物是与汉族文化遗物完全相异的，是具有自己独特的特殊性的。由于在古朝鲜全地域里，考古学的发掘调查工作尚未普遍地进行之故，我们还不能知道先秦时代燕人的文化对古代朝鲜文化有过如何影响。现在，在古朝鲜西南的地域里，发现了很多殷、周的文化遗物，因而我把这文化遗物推测为殷、周文化传到古朝鲜的。这个问题，内外史学界尚还没有提起，但我认为这问题是应当被提起和被解决的。古朝鲜人民虽然接受了殷、周的多方面的文化，但并没有把它照原样当做自己的文化，而是把它有效地利用于自己文化的发展的。

由于缺乏资料，我们不可能知道古朝鲜社会全部的上层建筑，观念形态的发展程度，我们只能知道「天王」的思想是从很早开始存在的。如果我们把檀君传说里氏族图腾神话的发生时期认为大体上相当于殷代的时期的话，那么也应当认定「天王」思想大体上也和它处于同一时期。何以见得？这是因为作为军事首长的檀君氏族的图腾神话是与「天王」直接关联着，但，我们不可能认定这「天王」的观念是受了殷文化的影响而发生的。「天王」的观念，是在社会发展过程中过渡到阶级社会的时期作为支配者而出现的氏族利用了原始人对天的原始信仰，将天变为自己的宗族神，而且实际上在檀君神话里完全没有卵生神话的影响的反映；随之，就无法认定檀君神话在卵生神话和天的思想结合的殷人的思想中，仅是受天的思想的影响。这个天的思想，不仅存在于夫余和高句丽人之间，而且，后代人还认定这些国家的统治者都是同一血缘，即天王之子檀君的后裔。这事实意味着古朝鲜、夫余及高句丽人都是属于同一族属，并且拥有共同的文化。事实上夫余和高句丽都是古朝鲜领域内兴起的，而且它们的人民就是古朝鲜人，即涉人与貊人混合而形成的。

古朝鲜虽是灭亡了，但其人民绝大部分成了夫余与高句丽人民，而且其一部分移居在三韩，随之，古朝鲜文化是由夫余、高句丽和三韩继承下来的。而，三国亦绝不是与古朝鲜不同的另一族属，其文化与古朝鲜文化在很多方面都是共同的。再者，实际上古朝鲜灭亡后，较多的古朝鲜人民迁徙到三韩去，而成为三韩人民。因此，那种主张由于古朝鲜政权灭亡了，所以古朝鲜文化灭亡了的这种说法到底是不可能成立的。

五、关于先秦时代朝——中关系

朝—中两国人民从原始时代起就相邻而居住着，随之，各方面都有密切的联系。

围绕在渤海和黄海沿岸居住的被称为「乌夷」的族属都是属于同一的文化系列。从卵生神话与大石文化的流布情况看来我们可以这么说，乌夷的一部分是与涉人融合而形成朝鲜人，而另一部分在西周以后被西周征服而与西周人融合在一起了。

涉与貊，从阶级国家形成时期开始，已与古代中国人民进行经济、文化的交流。阶级国家形成以后，统治阶级的互相侵略是不断进行着。但是中国人民，以箕子为首，从西周初开始就已不断地迁居到古朝鲜人的领域内，并且中国人民认古朝鲜为安居地。这点足以证实虽然两国统治阶级互相进行了侵略，然而两国人民之间还是友好亲善的。再则，古朝鲜和貊国迁徙之时为数甚多的朝鲜人民成为燕民，并在燕与朝鲜冽水之间留下了方言。

资产阶级史家们在叙述朝中两国关系史之时，主张朝、中两国人民从古代开始就有互相敌对的关系。今天，在南朝鲜，反动史学者们仍在虚伪的宣传说自古以来中国人民是朝鲜人民的仇敌，再则，过去中国的资产阶级史家们主张自古以来中国人都是从政治、经济及文化上统治和支配朝鲜人民的，并在某种境遇下又把中国统治阶级对朝鲜的侵略说成似乎这种侵略对朝鲜历史发展起着进步的作用。还有，有的教条主义者把过去阶级社会里两国人民之间的亲善关系给予现代化的色彩，而把它叙述为似乎无产阶级国主义的亲善关系。

今天，我们应当从历史的具体事实和实际情况出发来分析问题。在阶级社会里统治阶级相互之间不抛弃侵略的企图，所进行的侵略行为，对被侵略国家历史发展上到底是不可能起进步作用的。当这种侵略战争的时期，人民就被统治阶级欺骗，侵略国人民和被侵略国人民之间不可能有亲善的关系。敌对国人民之间有可能亲善，这唯有在共产党的领导下才有可能。

然而，在古代国家里，当不进行侵略战争时期，人民之间可以结成亲善关系。由于被燕昭王所击破，朝鲜被燕夺取西方二千余里之后，秦的数万口避难人民迁徙到朝鲜去，与朝鲜人民一起安下来。移居在马韩的秦人民，从马韩得到了其东部的一定地域，并得以在那儿过着安定的生活。在朝鲜和三韩，有好几个汉语词汇被使用了。

如此，在先秦时代，朝、中两个人民之间曾结成了密切的亲善关系，而且许多中国人民已朝鲜化，同样许多朝鲜人民也华化了。

虽不能无条件地信任箕子朝鲜的传说，但也不能一口否定这传说是毫无根据的。箕子并没有去朝鲜避难，而只是向涉水流域的涉人地域去避难，他在涉人的箕城成了涉人的统治集团的一员。后来箕国亡了，箕氏受了西周的分封，迁涉到山西汾水东去而成为箕侯。以此可知古朝鲜的王系不可能是箕子的后裔。而应当认为，古朝鲜王是箕国统治者系统，因而将其姓也称为「箕」。或如同朝鲜古语言学者们所主张的一样，「箕」字解释成古代语中"王"的意思的话，那么，「箕」不是姓，而应当解释为"王"才对。总之，本来「箕」并不是姓，而是地名，在晋的旧姓中，箕氏是由来于箕侯国的。从箕子不是人名的事实看来，就能明白这一点。即使说古朝鲜王家是箕氏，它与晋国的箕氏是丝毫没有一点系谱上的关系的。我们不可能否认箕子在作为古朝鲜之先行国的涉人的箕国建设中所起的肯定作用，并可推测，那传说是曾到古朝鲜的。我们认为，中国学者们是根据在古朝鲜流行的那个传说，加以扩大，编造了箕子朝鲜的传说。

最后，关于卫满，我们不得不怀疑，与其说卫满是汉人，不如说他是同化于燕的古朝鲜人，这样解释是较妥当的。关于这点，我只不过是当一个问题提出而已。

在这里，我发表了以上一些粗浅的未成熟的探讨结果，希望能得到各位先生们、同志们和同学们的各方面的指导。

1961.5.24.

附图：见李址麟著："古朝鲜研究"的附图

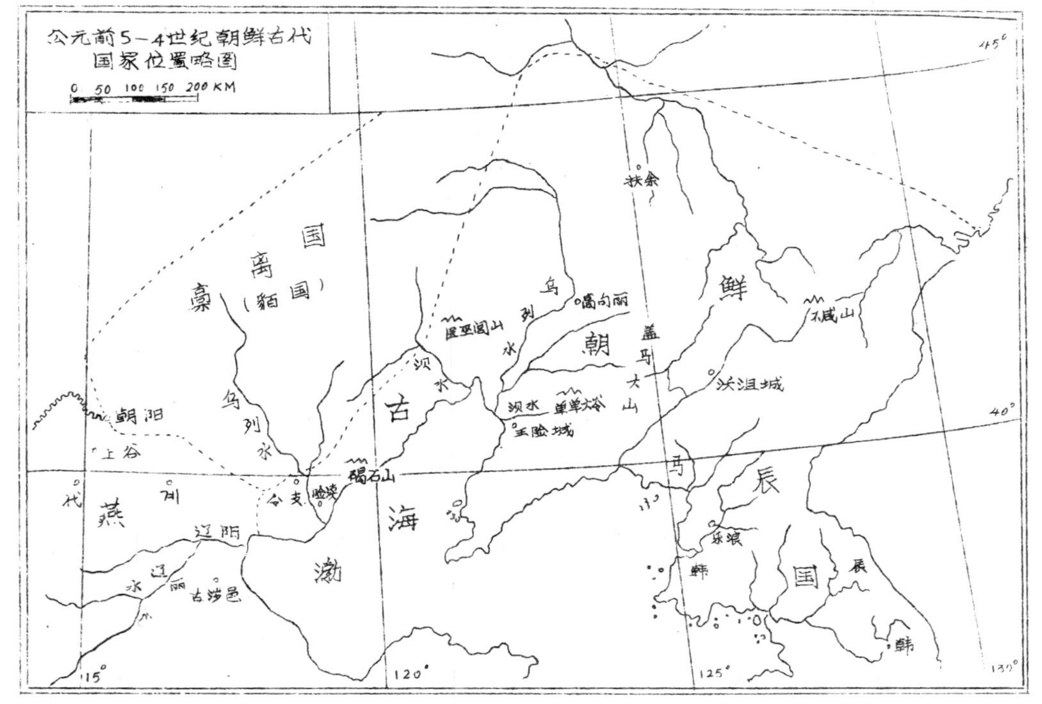

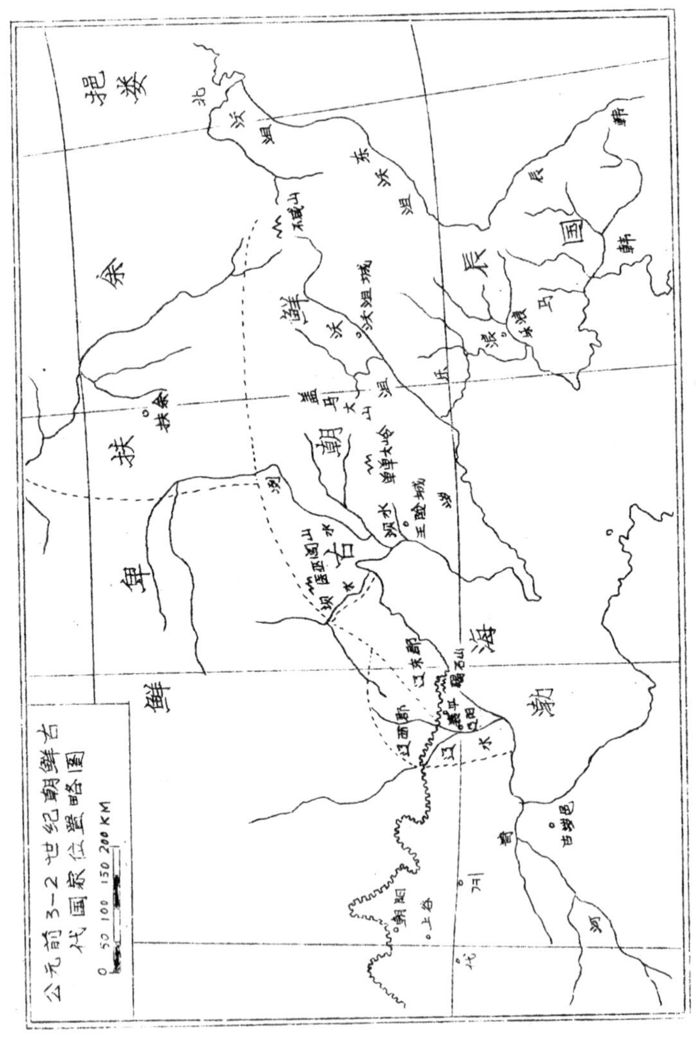
公元前3-2世纪朝鲜古
代国家位置略图
0 50 100 150 200 KM
挹娄
北沃沮
东沃沮
不咸山
夫余
扶余
朝鲜
沃沮
沃沮城
盖马大山
单单大岭
王险城
辰国
马韩
辰韩
辽东郡
辽西郡
碣石山
襄平
辽水
渤海
上谷
河

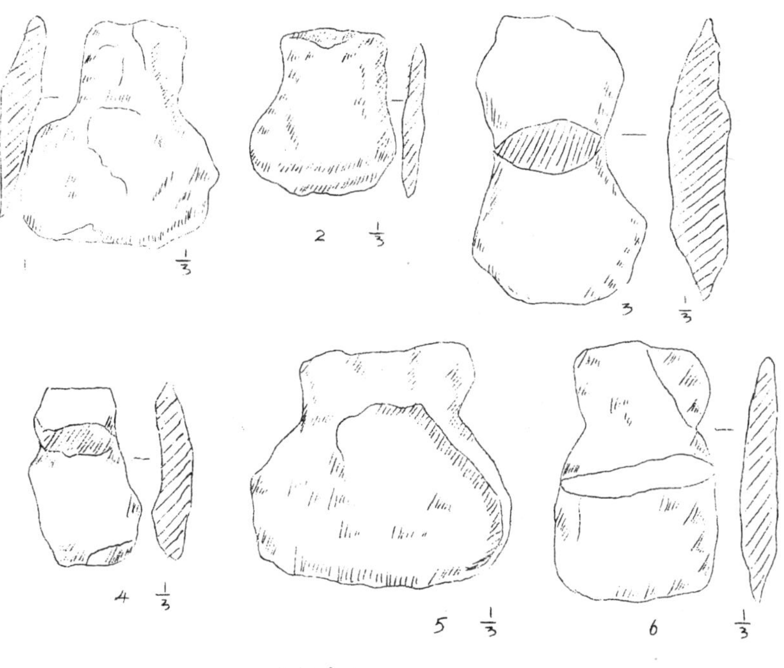

图版1 石锄

1. 咸镜北道碧波岛出土（《文化遗产》1957年第1期88页）

2. 平安南道温井郡弓山里出土（《文化遗产》1957年第6期图版第十六的9）

3. 慈江道五水德出土（《文化遗产》1958年第5期52页）

4. 中国辽宁省凌源出土（沈阳博物馆藏）

5. 内蒙古自治区昭乌达盟巴林左旗细石器文化遗址出土（中国《考古学报》1959年第2期图版五的4）

6. 中国吉林省旺起屯出土（吉林省博物馆藏）

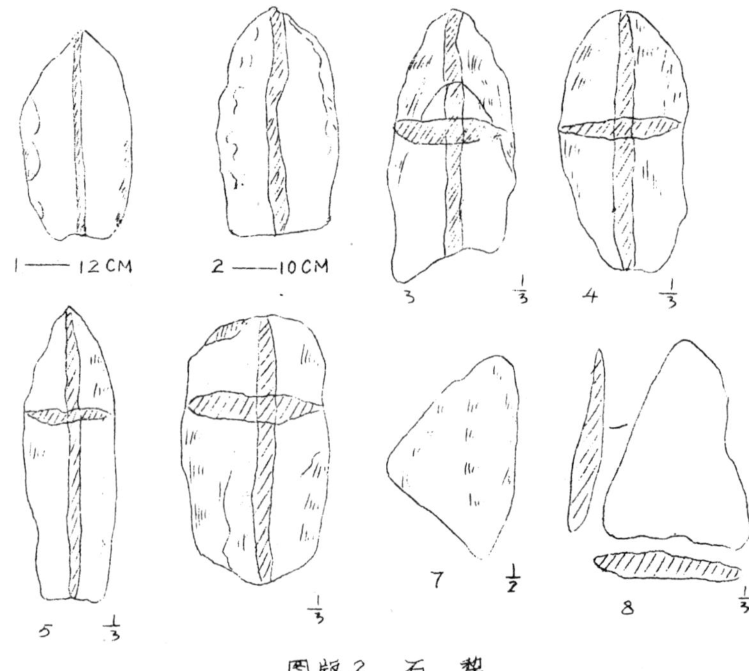

图版2　石　犁

1. 黄海北道凤山郡智塔里出土（《文化遗产》1957年第5期33页）

2. 咸镜北道游仙郡永绥里黑狗峰出土（《文化遗产》1957年第6期17页）

3. 中国吉林省通化县江口出土（吉林省博物馆藏）

4. 中国吉林省长春市西郊新立城水库工地出土（吉林省博物馆藏）

5. 中国吉林省吉林市郊外西团山出土（同上）

6. 中国吉林省石碑岭出土（同上）

7. 内蒙古自治区昭乌达盟巴林左旗细石器文化遗址出土（中国《考古学报》1959年第2期图版四的4）

8. 中国赤峰出土（沈阳博物馆藏）

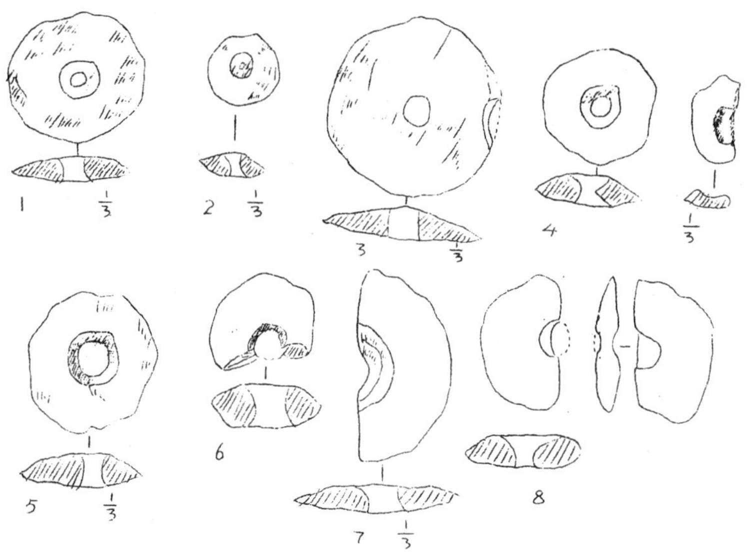

图版3 月状石斧

1. 咸镜北道三峰出土(《文化遗产》1959年第1期35页，插图九的1)
2. 两江道茂山出土(《文化遗产》1959年第1期)
3. 黄海北道凤山郡新兴洞出土(《文化遗产》1959年第2期18页)
4. 慈江道江界市外公贵里出土(《文化遗产》1958年第4期62页)
5. 中国吉林省交河拉法(松花江流域)出土(吉林省博物馆藏)
6. 中国辽宁省赤峰红山后第1居址出土(《赤峰红山后》第27图)
7. 中国辽宁省大连市滨町贝丘出土(《羊头洼》图版五六)
8. 中国辽宁省赤峰红山后第一居址出土(《赤峰红山后》第27图)

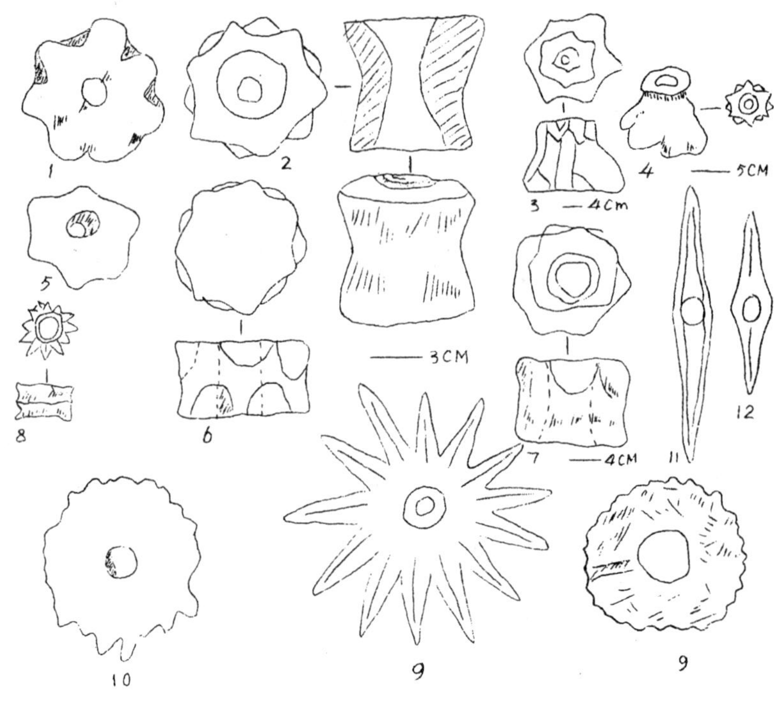

图版4 星状石斧

1. 咸镜北道钟城邑出土(《内蒙古长城地带》第58页)

2. 慈江道江界市外公贵里出土
3. 平安南道江南郡出土(《文化遗产》1958年4期82页)
4. 平安南道江南郡猿岩里出土
5. 中国热河东家营子出土(天津博物馆藏)
6. 中国辽宁省羊头洼望海埚出土(《羊头洼》第13图)
7. 同上。 8. 绥远青铜棍棒头。 9. 平壤市美林里出土。

10. 中国内蒙古自治区林西出土(中国《考古学报》1960年第1期18页第九图的11)

11. 中国绥远青铜角驼螺形棍棒头(《内蒙古长城地带》第18页第11图)

12. 黄海南道长渊郡出土石棍棒头构思图

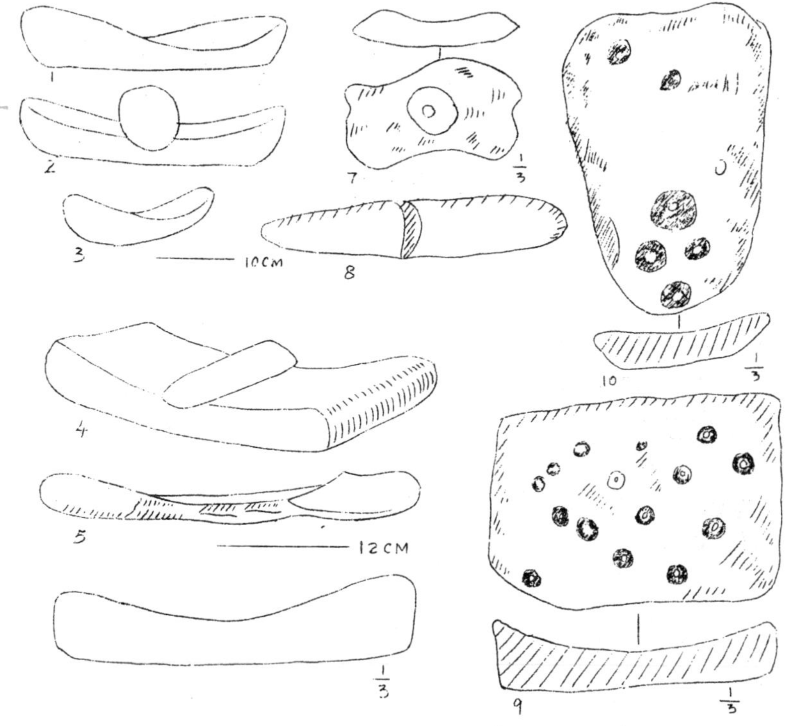

图版 5 磨石

1.2.3. 平安南道温泉郡弓山里出土

4. 中国辽宁省赤峰红山后第一居址出土

5. 中国内蒙古东苏尼附近 C 遗址出土

6. 中国黑龙江省牛场出土（哈尔滨博物馆藏）

7. 中国辽宁省沈阳下坎子出土（沈阳博物馆藏）

8. 咸镜北道会宁邑五洞出土（磨石台）

9. 中国长春新立城出土（吉林博物馆藏）

10. 咸镜北道钟成郡干平里出土

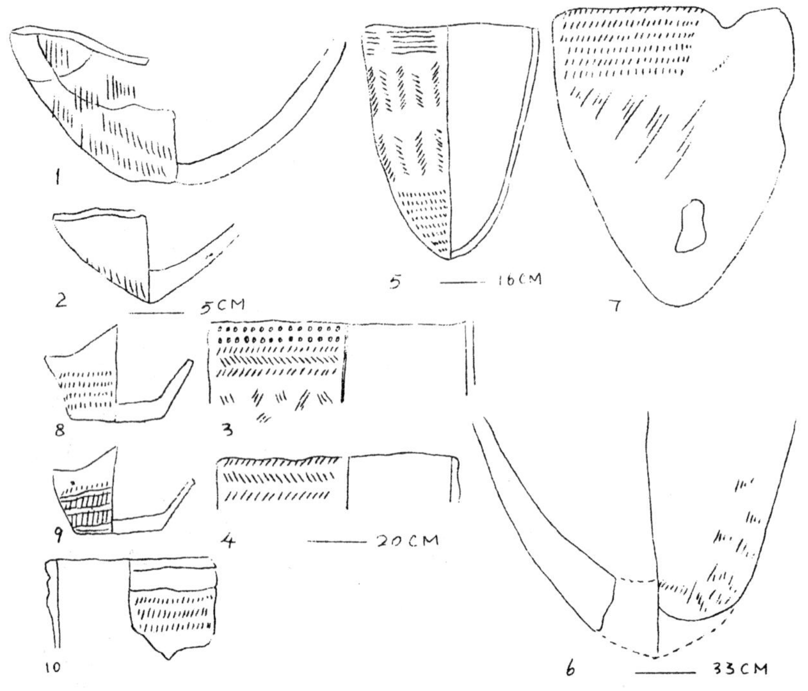

图版 6　篦纹陶

1,2. 平安南道温井郡弓山出土圆底陶

3.4.同上，陶器口沿

5. 黄海北道凤山郡智塔里出土

6. 内蒙古奥楼顿陶劳加伊庙、南方采集·东苏尼附近也有..

7. 京畿道岩沙里出土（藤田亮策著《朝鲜考古学》图版二）

8.9.10. 中国吉林省农安田家坨子出土篦纹平底陶器（吉林省博物馆藏）

• 박준형

연세대학교 사학과를 졸업하고 같은 대학원에서 석사, 박사학위를 받았다. 연세대학교, 가천대학교 등에서 강의했으며 2004년부터 연세대학교 동은의학박물관에서 학예연구사로 근무하였다. 2017년 7월부터 현재까지 해군사관학교에서 박물관장 겸 군사전략학과 교수로 재직 중이다.

주요 논저로는 『고조선사의 전개』(서경문화사, 2014)와 「2000년대 이후 한국학계의 고조선사 연구 동향 검토」(『선사와 고대』 54, 2017), 「예·맥 관련 최근 논의의 비판적 검토」(『백산학보』 112, 2018), 「고조선의 대외관계사 연구를 위한 새로운 모색」(『한국고대사연구』 95, 2019) 등이 있다. 공저로는 『한국의 대외관계와 외교사: 고대편』(동북아역사재단, 2019), 『한중관계사상의 교역과 교통로』(주류성, 2019), 『고대 동북아시아 교통사』(공역: 주류성, 2020) 등 다수가 있다.

고조선적연구

초판인쇄일 2021년 2월 08일
초판발행일 2021년 2월 10일
편 저 자 박준형
발 행 인 김선경
책임편집 김소라
발 행 처 서경문화사
주 소 서울시 종로구 이화장길 70-14(204호)
전 화 743-8203, 8205 / 팩스 : 743-8210
메 일 sk8203@chol.com
신고번호 제1994-000041호
ISBN 978-89-6062-231-9 93910

정가 28,000